MAUREEN
FORRESTER

MAUREEN FORRESTER

Au-delà du personnage

UN RÉCIT AUTOBIOGRAPHIQUE

Avec la collaboration de
Marci McDonald

Traduit par
Jean Chapdelaine Gagnon

Données de catalogage avant publication (Canada)

Forrester, Maureen, 1930-

    Maureen Forrester: Au-delà du personnage

  Traducation de: Out of character.

  ISBN: 2-89111-396-9

  1. Forrester, Maureen, 1930- . 2. Chanteurs — Canada — Biographies. I. McDonald, Marci. II. Titre.

ML420.F73A314 1989   782.1'092'4   C89-096457-2

Maquette de couverture: France Lafond
Photo de la couverture: Peter Paterson

Photocomposition et mise en pages: Imprimerie Gagné Ltée

Dépôt légal:
4ᵉ trimestre 1989

ISBN 2-89111-396-9

Ce livre a été traduit en français grâce à une subvention du Conseil des Arts du Canada.

Je dédie ce récit de ma vie et de ma carrière à tous ceux qui, à quelque moment, m'ont apporté leur aide, tout spécialement à mes parents, à mon mari Eugene et à nos enfants, sans qui je n'aurais pu me consacrer à ce métier, ainsi qu'à notre nourrice Tita, qui a pris soin des enfants et veillé à leur éducation pendant mes nombreuses tournées; mais aussi à ma très chère amie Irene Bird, qui a dirigé la maisonnée en mon absence, y assurant l'ordre et la discipline.

Je désire enfin exprimer mon admiration et adresser mes remerciements à l'auteur Marci McDonald pour sa sensibilité et sa perspicacité, qui m'ont permis de me rappeler des souvenirs et des événements; sans elle, ce livre n'existerait pas.

Table

Ô art sublime
En combien d'heures grises
Où le vain tourbillon de la vie m'abusait
As-tu rallumé dans mon coeur les feux de l'amour?
M'as-tu transporté loin dans un monde meilleur?
       Franz Schubert,
       An Die Musik/À la musique,
       opus 88, nº 44, 1817.

Avant-propos

Comme d'habitude, l'avion était en retard. Nous avons atterri à l'aéroport de Dorval trois heures seulement avant mon concert Bach avec l'Orchestre de chambre McGill. Lorsque je suis enfin arrivée à l'hôtel, j'étais déjà épuisée; et, en défaisant mes valises, j'ai constaté que j'avais oublié les chaussures qui s'harmonisaient avec ma robe. C'était l'été, et je n'avais rien d'autre à me mettre aux pieds que les sabots bleu marine que je portais et qui ne pouvaient décemment accompagner une robe de tulle blanche! Je me précipitai rue Sainte-Catherine, mais toutes les boutiques étaient déjà fermées et nul n'eut pitié de cette blonde hystérique qui secouait les portes à coups redoublés. Finalement, je me suis résignée; je n'allais pas risquer une crise cardiaque pour si peu. Je m'en passerais, tout simplement. Le moment venu, j'ai enfilé ma robe et mes bas de soie et je me suis élancée sur scène. Pendant quatre-vingt-dix minutes, j'ai interprété sans chaussures des cantates de Bach; chose incroyable, personne dans la salle ne l'a remarqué.

À vrai dire, j'ai toujours soupçonné que nul n'avait la moindre idée de la personne que je suis réellement, derrière le personnage public. À cause du genre de musique que j'interprète, les gens s'imaginent souvent que je suis une femme grave et sérieuse, une sorte d'intellectuelle. Mais, comme se plaît à le répéter Eugene, mon mari, je serais plutôt une joyeuse paysanne. Je ne m'identifie pas à ma voix.

Ma voix, je ne m'en suis d'ailleurs jamais beaucoup préoccupée. C'est un don du ciel. Certains chanteurs passent leur temps à se dorloter; le moindre courant d'air leur donne des palpitations. Par bonheur, je suis aussi robuste qu'un cheval de trait et aussi énergique qu'un cheval de course. Cinq heures de sommeil me suffisent et je ne répète presque jamais. Selon moi, on ne devrait chanter que si on y trouve du plaisir; sinon, mieux vaut s'en abstenir.

En près de trente-cinq ans de carrière et malgré cinq grossesses, je n'ai dû annuler que deux spectacles pour des raisons de santé. Un jour où je devais donner un concert à Washington avec Tatiana Troyanos et la Handel Society, je me suis réveillée en proie à un mal de dents terrible causé par un abcès. Le dentiste consulté décréta qu'il fallait effectuer sur-le-champ un traitement de canal qui nécessiterait deux jours de travail. Mais je chantais le soir même et je ne pouvais courir le risque que la novocaïne m'engourdisse la langue et les muscles faciaux et nuise ainsi à ma diction. «Dans ce cas, allez-y, lui dis-je, mais sans anesthésie.» Il crut que j'étais devenue folle, et la douleur fut en effet atroce. L'opération terminée, je pus donner mon concert. Dans la vie, telle que je la conçois, il ne faut jamais s'arrêter ni rien regretter.

J'ai eu une existence extraordinaire. J'ai travaillé avec quelques-uns des plus grands noms de la musique du XXe siècle, et, dans mon pays, j'ai reçu les plus hautes distinctions. Mais, à l'insu de tous, même des membres de ma famille, j'ai vécu des moments difficiles. C'est pourquoi j'ai accepté d'écrire ce livre. Peut-être servira-t-il à quelqu'un. Après tout, si une fille d'origine très modeste comme moi a pu réussir, malgré un abandon des études à treize ans, n'importe quel individu talentueux peut en faire autant.

Il m'arrive de me dire, quand je jette un regard sur mon passé: «Pourquoi moi? En quoi étais-je si différente des autres membres de ma famille?» Jamais cette impression ne s'impose avec autant d'intensité que lorsque je me trouve à Montréal, où tout a commencé. La vie que je mène dans cette ville quand il m'arrive d'y séjourner peut sembler plutôt enviable: à Place des Arts, je partage la vedette avec les plus grands orchestres du monde; j'échange de bons mots avec Mstislav Rostropovitch, s'il se trouve en ville au même moment; je suis invitée à la table de certains des plus éminents citoyens canadiens, que je considère comme des amis.

12

Mais il m'arrive aussi parfois de m'évader après une répétition, de louer une voiture et de filer vers un quartier de la ville où toutes ces connaissances ne songeraient même pas à s'aventurer: une petite enclave populaire et indéfinissable du centre-est de Montréal. Il ne s'agit pas de cette portion de la rue Saint-Denis à la mode depuis peu et qui se donne des airs avec ses cafés et ses boutiques chic. Il faut pousser un peu plus à l'est en empruntant le boulevard Saint-Joseph, au-delà des énormes flèches vertes de l'église Saint-Stanislas à l'ombre desquelles j'ai grandi. Je me faufile alors dans un labyrinthe de rues à sens unique jusqu'à ce que j'arrive devant une petite église de briques rouges à l'angle de deux rues. Elle semble avoir rapetissé par rapport au souvenir que j'en ai gardé. Un écriteau noir et or annonce en latin qu'il s'agit de la paroisse orthodoxe romaine Saint-Jean-Baptiste. Si ma mère apprenait ce qu'il est advenu du temple Fairmont Taylor Presbyterian, où elle a passé tant d'heures de sa vie et dont elle m'a forcé de rallier le choeur dès que je pus ouvrir la bouche, elle se retournerait dans sa tombe.

Après un virage, je m'engage rue Fabre, une artère à trois voies étroites. Rien n'a changé: c'est toujours la même enfilade de bâtiments à trois étages de différentes formes et couleurs, tous rattachés et garnis d'escaliers en spirale de fer forgé menant du trottoir aux logements du premier et du deuxième étage. Que je détestais ces escaliers! Quand j'étais jeune fille, je les considérais comme le triste apanage des classes laborieuses. Aujourd'hui, une nouvelle vague d'immigrants se sont installés; ils ont peint des icônes sur certaines façades, mais dans chacune de ces étroites constructions aux minuscules jardins à l'avant comme à l'arrière, cinq familles s'entassent toujours les unes sur les autres.

La voie ferrée barre la rue et, au milieu du pâté de maisons, un camion de livraison s'engage à l'intérieur d'un garage de briques semblable aux autres et que seule distingue une enseigne au néon: «Usine en opération» — unique indice que la boulangerie Durivage est devenue un géant de l'alimentation qui approvisionne en pain la moitié de la ville. Sa gigantesque cheminée répand dans la rue l'odeur sucrée de ses fours.

Ah, les odeurs! Quand je ferme les yeux, je peux encore humer l'incroyable mixture d'odeurs dans laquelle j'ai grandi: celle de la suie de l'incinérateur près de la voie ferrée, mêlée aux émanations d'huile de l'usine de peinture, trois rues plus loin, et aux arômes sucrés et enivrants des cuves de la chocolaterie Cadbury. À quoi s'ajoutaient les effluves persistants du crottin laissé par les chevaux qui tiraient dans la ruelle les voitures des chiffonniers, des marchands de glace et des livreurs de pain.

Il y avait très peu d'automobiles garées le long des trottoirs et la rue Fabre ne paraissait pas si étroite. Après toutes ces années, lorsque j'y reviens, je me sens comme Gulliver arrivant dans Lilliput. Mais quand j'étais enfant, tout mon univers se limitait à cette rue et il avait pour centre une petite maison blanche portant le numéro civique 5334, où j'aperçois à cette heure, à la fenêtre de la façade, des rideaux de dentelle attachés sur les côtés.

Garée devant la maison, je peux regarder à mon aise, sans être reconnue, et me rappeler le chemin parcouru depuis lors. Pas une ombre de nostalgie dans mes souvenirs. En fait, quand je retourne rue Fabre, c'est toujours le même sentiment qui s'empare de moi, presque aussi intense qu'à l'époque: un irrépressible besoin de fuir.

CHAPITRE PREMIER

Le sens du spectacle

Dès mon plus jeune âge, je ne tenais pas en place; il me fallait découvrir le monde en solitaire. Avant même d'apprendre à lire ou de fréquenter la maternelle, je battais le pavé. J'avais à peine quatre ans et je savais déjà où se trouvait l'arrêt du tramway, à quatre rues de chez nous. J'avais mis au point un stratagème pour m'offrir des balades gratuites: il suffisait de faire semblant d'accompagner un adulte. J'attendais que se présente une femme qui aurait pu vraisemblablement passer pour ma mère et je montais derrière elle sans payer.

C'est en savourant mon geste de bravoure que je m'installais pour admirer le paysage. Je m'étirais sur le bout de mon siège pour regarder par la glace les maisons d'Outremont pendant que le tramway s'agitait en grimpant le chemin de la Côte-Sainte-Catherine. Je mourais d'envie d'avoir un aperçu, même très bref, de la vie qu'on menait derrière ces façades de pierre imposantes, flanquées de tourelles, et d'une architecture prétentieuse, mais seules des pelouses étagées en pente raide et de lourdes tentures de brocard aux fenêtres s'offraient à ma vue. Je rêvais que j'habitais l'une de ces maisons où la table était richement dressée et où trônait dans la cuisine un vrai réfrigérateur plutôt qu'une glacière comme celle qui, chez nous, fuyait sur le linoléum au milieu de la nuit. De retour à la maison, il m'arrivait parfois de m'asseoir sur le siège de la toilette et de m'imaginer que je recevais en entrevue des aspirants serviteurs pour ces demeures. À quatre ans, je nourrissais déjà des rêves de grandeur.

Quand le tramway s'arrêtait au bout de la ligne, je descendais, puis je répétais le même manège pour rentrer. Parfois, mes escapades tournaient mal. Je me retrouvais en banlieue, à Cartierville, où des agents de police me recueillaient. Mais je n'ai jamais eu peur. Au poste de police, on communiquait avec mes parents; lorsqu'ils arrivaient, j'étais parfois assise sur les genoux d'un agent, en train de manger une glace. Aucune intention malicieuse n'était à l'origine de ces fugues. Je voulais simplement voir comment on vivait ailleurs. J'ai toujours rêvé d'une vie meilleure que la nôtre.

Je crois que cela m'est venu tout naturellement: mes parents n'avaient-ils pas tous deux quitté leur pays d'origine? Lorsqu'elle s'était embarquée sur un bateau à Belfast, ma mère n'avait que dix-sept ans. En Irlande du Nord, qui était déjà secouée par des tensions, son père, Matthew Arnold, était apprêteur dans une filature de coton. Elle avait grandi dans un quartier protestant; pourtant, elle et sa soeur, ma tante Bertha, évitaient certaines rues, de crainte d'être poignardées par un catholique. Parfois, la nuit, elles devaient se réfugier dans le sous-sol pour échapper au Sinn Fein. Dans cette famille de trois filles et deux garçons, ma mère — née Marion May Dumican Arnold — était le deuxième enfant. Très tôt, ma grand-mère avait constaté que Marion n'était pas très studieuse; elle l'avait alors retirée de l'école et l'avait envoyée travailler au salon de thé d'une des tantes de ma mère, dans un autre quartier. Au bout de quelque temps, comme sa fille ne rapportait aucun salaire à la maison, ma grand-mère demanda à cette tante pourquoi elle ne versait aucun salaire à ma mère. La tante lui répondit: «Parce que May reste assise toute la journée sur la table de la cuisine à divertir les cuisiniers. Elle ne fait rien d'autre que chanter.»

Ma mère aurait dû devenir chanteuse. Elle avait une jolie voix d'alto, très semblable à la mienne, et toute sa vie durant elle chanta dans les soirées et aux thés paroissiaux; cinq ans avant sa mort, à soixante-seize ans, elle était encore membre d'un choeur. Mais dans sa jeunesse, à Belfast, elle n'avait pas eu l'occasion et encore moins les moyens de se destiner à une carrière de chanteuse.

Sa tante Nellie était venue au Canada plusieurs années plus tôt et s'y était mariée; ses lettres à sa famille donnaient l'im-

16

pression qu'on menait à Montréal une vie merveilleuse. À dix-sept ans, alléchée par ces lettres, ma mère partait donc à la conquête du monde, sautant à bord du bateau ravitailleur sur la rive du loch et s'embarquant ensuite sur un transatlantique qui l'emmènerait pour toujours loin de l'Irlande. Cela se passait pendant la Première Guerre mondiale et elle fit le voyage sur le *Lusitania*, que les Allemands devaient couler quelques mois plus tard. Elle adorait raconter cette traversée, qui avait été des plus éprouvantes.

Elle ne devait jamais revoir sa mère. Quelques années à peine après l'arrivée de ma mère au Canada, Ann Arnold mourut. Les seuls souvenirs d'elle que possédait ma mère étaient quatre assiettes à dessert d'un service de porcelaine Royal Crown Derby que ses parents lui avaient envoyé comme cadeau de noces. Il avait dû en coûter une fortune à cette pauvre famille irlandaise pour expédier ce présent; mais lorsque la porcelaine était arrivée à destination, toutes ses pièces étaient en miettes à l'exception de ces quatre assiettes. Ma mère les rangeait toujours à la place d'honneur: la corniche de bois qui courait bien haut sur les murs de la cuisine. J'affectionnais ces assiettes lisérées de noir, d'orange et d'or et j'espérais en hériter. Mais des années plus tard, lors-qu'un incendie se déclara dans l'appartement de ma mère, les pompiers, avec leurs jets d'eau, les ont détrônées de leur perchoir, réduisant à néant le dernier souvenir qui la rattachait à ses racines irlandaises.

Quand ma mère arriva au pays, elle s'installa d'abord chez sa tante Nellie, dans Maisonneuve, près de Montréal, et trouva du travail comme bonne chez les McBride, une famille de West-mount. Mais sa carrière de bonne fut de courte durée: elle détes-tait cuisiner et exécrait le travail d'entretien. Quand j'étais enfant, la maison ne me semblait jamais propre. Voilà qui explique pour-quoi je suis devenue une maniaque de la propreté. Chaque fois que je suis de la distribution d'un opéra, dès qu'on m'attribue ma loge, je m'amène avec un seau, des torchons et un grand sac rempli de produits de nettoyage. Je me sens incapable de répéter tant que je n'ai pas astiqué le plancher, les surfaces de comptoir et la salle de bains. Mes amis disent toujours à la blague que je me présente aux répétitions accoutrée en femme de ménage.

À San Francisco, il m'est arrivé de jouer l'affreuse belle-mère de l'opéra *Cendrillon*, dans une mise en scène de Brian

Macdonald. On m'avait assigné une luxueuse loge de vedette du War Memorial Opera House fraîchement rénové; il y avait même un immense miroir mural pour le maquillage, encadré de dizaines d'ampoules électriques, toutes empoussiérées. Je les ai dévissées une à une et les ai nettoyées. Quand les deux chanteuses qui jouaient mes horribles belles-filles me surprirent à cette tâche, elles n'en crurent pas leurs yeux et éclatèrent de rire. Je leur expliquai que cette manie me venait de ce que ma mère n'avait pas été une femme ordonnée.

Après avoir renoncé à la carrière de bonne, ma mère se trouva un emploi comme serveuse dans un salon de thé, le Irish League, ce qui lui convenait d'ailleurs beaucoup mieux, compte tenu de sa nature grégaire et du plaisir qu'elle prenait à faire rire les gens. Même très jeune, avec ses cheveux auburn et ses yeux d'un brun ardent, elle était, tout comme moi, d'une stature assez imposante; mais ce qui nous distinguait le plus, c'était son goût pour les chapeaux. Un jour, dans un tramway, un chapelier lui demanda de lui servir de modèle pour présenter ses créations. En regardant évoluer ma mère, j'ai appris que toute femme, quelles que soient ses mensurations, peut avoir dans la rue le port d'une reine.

J'ai toujours prétendu que ma mère aurait dû épouser un ministre du culte. Dans les choeurs, aux ventes de charité et lors des visites aux malades, elle se sentait comme un poisson dans l'eau. Elle a peut-être même laissé passer une occasion: pendant un certain temps, elle a fréquenté le révérend John McIlroy, également émigré de Belfast. Puis elle a fait la connaissance de Thomas Forrester et le sort en fut jeté.

Grand, timide, posé, l'air digne, il avait le gros nez crochu des Écossais et sa chevelure de boucles blondes aux reflets roux était déjà clairsemée. Le sourire, qui ne lui venait pas facilement, lui creusait des fossettes; un seul regard de ses yeux doux et tristes d'un gris-bleu vous transperçait jusqu'au coeur. Il avait émigré de Glascow avec ses parents quand il était adolescent et son père avait trouvé du travail aux Angus Shops du Canadian Pacific Railway, à Montréal. Sa mère était décédée peu après leur arrivée, et les sept enfants avaient quitté l'école très tôt pour apprendre un métier. Mon père, qui était l'aîné, était devenu ébéniste.

Au cours d'une soirée à la Caledonia Society, il avisa une brunette pleine d'entrain et bien en chair qui se détachait de la foule. Il lui demanda de lui accorder une danse, mais elle lui répondit qu'elle ne savait pas danser. «Dans ce cas, je vais vous montrer», lui dit-il de son accent guttural d'Écossais. C'était un merveilleux danseur et ils se sont aimés dès cet instant. Leurs fréquentations se prolongèrent jusqu'à ce que ma mère fût en âge de se marier sans le consentement de ses parents ou de proches qui les représenteraient. Le 27 mars 1917, elle eut vingt et un ans, et le lendemain, 28 mars, ils s'épousaient.

Mon père n'a jamais gagné beaucoup d'argent et la vie n'a pas été facile pour eux. Leurs deux premiers enfants sont morts en naissant, tout comme le dernier. Beryl vint enfin, et, à deux ans d'intervalle, Arnold puis Jean. Je suis l'enfant de la dernière chance, de dix ans plus jeune que Beryl et de six ans la cadette de Jean. À ma naissance, le 25 juillet 1930, le pays était au plus fort de la crise économique; sans emploi, mon père tirait le diable par la queue et travaillait à la construction de maisons à Longueuil, sur la rive sud du Saint-Laurent. Nous étions si pauvres qu'en hiver il traversait à pied le fleuve gelé pour se rendre au travail, malgré le vent glacial, dans le seul but d'économiser le prix du transport.

En ce temps-là, nous habitions un deuxième étage, rue Fabre. Mon premier souvenir remonte à cette époque: je me revois dans une couchette qu'on transporte dans la rue; j'aperçois mon père à une extrémité, et, à l'autre, mon oncle Dick; entre les barreaux, je risque un coup d'oeil sur le monde environnant. Ma mère n'a jamais cru que mes souvenirs puissent remonter aussi loin, parce que je n'avais alors que neuf mois. Je garde pourtant un souvenir très net de cette journée: nous déménagions plus au sud, rue Fabre, pour nous installer dans un rez-de-chaussée où j'allais passer les vingt et une années suivantes.

Parce qu'elles sont très profondes et sombres, j'ai toujours qualifié de cavernes ces maisons en rangée de Montréal. De chaque côté d'un corridor central, on trouve invariablement deux pièces; il n'y a de fenêtres qu'à l'avant et à l'arrière, de sorte que le rez-de-chaussée est inévitablement humide et déprimant. Nous n'avions pas de chauffage central. La tuyauterie, non encastrée, traversait toute la maison, et quand on voulait de l'eau chaude, le chauffe-eau électrique en produisait tout juste assez pour faire couler dix centimètres d'eau dans la baignoire, une fois la semaine, le samedi soir. En hiver, nous suspendions aux tuyaux la lessive qui avait gelé dehors, pour la déraidir; je me rappelle les combinaisons de mon père qui dansaient au plafond de la salle à manger et que la chaleur gonflait au point de leur donner l'allure du Bonhomme Carnaval de Québec.

Dans le salon, deux fausses colonnes grecques supportaient une porte d'arche et, dans un âtre électrique, deux bûches métalliques projetaient une faible lueur rougeâtre quand on tournait le commutateur. Aux murs pendaient des assiettes de cuivre illustrées de scènes de chasse pseudo-anglaises et des reproductions encadrées du *Blue Boy* de Gainsborough, qu'on trouvait à des milliers d'exemplaires au Woolworth. Tout n'était que toc et trahissait les aspirations de grandeur de ma mère.

Il y avait pourtant peu de meubles dans la maison. Nous n'avons jamais eu de lessiveuse; pendant longtemps, nous ne possédions même pas de réfrigérateur, et le jour où nous avons acheté un poste récepteur de radio percé à son sommet d'un oeil magique vert pour la syntonisation, qui lui donnait l'air d'un cyclope menaçant, nous avons célébré dignement l'événement. Mais nous devions de l'argent à Monsieur Levitt sur tout ce que nous possédions. Il venait chaque samedi matin vendre ses marchandises — des draps, des plats, les plus nouvelles babioles, jusqu'à ma première belle robe de velours noir — et ma mère le payait à tempérament: deux dollars la semaine, à perpétuité. Quand elle n'avait pas les deux dollars, elle ne répondait pas à la porte. «Chut! faisait-elle, et surtout faites bien attention qu'il ne voie pas votre ombre.» Monsieur Levitt, c'était un peu la carte de crédit avant la lettre.

En dépit des pouvoirs de persuasion de Monsieur Levitt, rien dans notre maison n'était assorti. La vaisselle était dépareillée et ma mère ne se servait jamais des serviettes de table assorties à la nappe, de crainte de les abîmer. De sorte que, quand la nappe avait fait son temps, il nous restait toujours des piles de serviettes «orphelines». Aussi, quand j'ai commencé à gagner ma vie, je me suis d'abord acheté de quoi dresser une table. La plupart des gens se procurent plutôt un vison afin d'impressionner, mais je tenais à mon service de porcelaine, à ma verrerie et à ma lingerie de table.

20

Enfant, je n'ai jamais eu de chambre à moi. Beryl, l'aînée, avait la sienne, séparée de la partie avant du salon par une tenture; comme j'étais la cadette, je devais toujours partager ma chambre. Même après le mariage de Beryl, il m'est arrivé une fois de dormir avec elle, alors qu'elle séjournait chez nous parce que son mari était en excursion de chasse. Au milieu de la nuit, je me suis réveillée dans le noir, complètement engluée; une étrange odeur avait envahi la chambre. Beryl était enceinte et elle avait fait une fausse couche pendant mon sommeil. Je baignais dans une mare de sang. Dès mon plus jeune âge, rien ne m'a manqué davantage qu'une chambre bien à moi.

À certains moments, le cinq-pièces de la rue Fabre abritait huit personnes. Après le soulèvement de 1921, à Belfast, ma mère avait fait venir au pays sa cadette, Bertha, qui habita avec nous jusqu'à ce qu'elle quitte son emploi de téléphoniste chez Bell Telephone pour épouser mon oncle, Dick Wallace. Mon grand-père paternel vivait avec nous depuis qu'il avait pris sa retraite du CPR, et il resta à la maison presque jusqu'à sa mort, survenue à la suite d'une grippe, à quatre-vingt-quinze ans. Mais il n'aimait pas ma mère, qui le lui rendait bien. Ce n'était pas seulement parce qu'il était écossais et qu'elle était irlandaise. Mon grand-père était un petit homme tiré à quatre épingles, qui ne mesurait pas plus d'un mètre cinquante. Avec sa petite moustache bien taillée et son chapeau melon, son gilet, ses demi-guêtres et sa canne, il ressemblait à Charlie Chaplin. Mais pour se donner cet air, il passait chaque matin une heure et demie dans la salle de bains, ce qui excédait ma mère.

Il aimait aussi boire chaque jour deux ou trois verres de vin blanc — de son *whisky blanc*[1] comme nous disions, enfants — et un verre de brandy avant d'aller au lit. Ma mère, qui était membre d'une ligue de tempérance, abhorrait l'alcool et lui interdisait de boire ailleurs que dans sa chambre. Entre eux, le torchon brûlait toujours. Elle l'expulsait de la maison et mon père devait aller le chercher à la taverne. Mon grand-père fumait du tabac canadien non apprêté, qu'il hachait lui-même, et il ne refusait pas un bon cigare; aussi semblait-il toujours enveloppé d'un épais

_____

1. En français dans le texte. (*N.d.T.*)

nuage de fumée bleue, qu'il s'efforçait d'entretenir en prenant aussi souvent que nécessaire quelques respirations plus rapides, ce qui faisait enrager ma mère. Je me suis parfois demandé s'il ne fumait pas autant uniquement pour contrarier ma mère, qui se plaignait souvent de ce qu'on aurait pu gratter au couteau la nicotine incrustée dans les rideaux de la maison.

Je n'en adorais pas moins mon grand-père et je passais beaucoup de temps en sa compagnie. Ma mère s'absentait souvent, pour aller au temple Fairmont Taylor Presbyterian, ou pour se rendre à l'un ou l'autre de ses emplois à mi-temps; quant à Beryl, Jean et Arnold, ils s'amusaient avec leurs amis. Ils refusaient de garder l'avorton de la famille. J'ai décidé dès lors que, puisque personne ne voulait prendre soin de moi, j'y veillerais toute seule, et c'est ainsi qu'a commencé ma vie de vagabondage. Je savais qu'une existence meilleure m'attendait de l'autre côté de la clôture; il suffisait de trouver le moyen de la franchir.

Quand je rentrais à la maison, mon grand-père m'y attendait toujours; je le trouvais souvent en train de préparer son plat préféré, du boudin et des oignons frits, un plaisir que ma mère lui refusait. Il fallait ouvrir toutes les fenêtres pour aérer la maison avant le retour de ma mère. Nous étions de merveilleux complices. Il me répétait toujours: «Ah, Maureen, tous les autres ont les jambes de ton père. Toi, tu en as de bonnes, droites comme les miennes.»

Mais rien ne me fascinait davantage que sa carte d'accès gratuit, à perpétuité, aux trains du CPR. Je tiens en partie de mon grand-père mon goût de l'aventure. Parce que je ne pleurais jamais ni ne faisais de scènes, il m'emmenait avec lui lorsqu'il rendait visite à des parents dans le lointain Ontario. À cette époque, les gens de notre milieu ne pouvaient se payer de voyage, et la province voisine semblait à une distance considérable de Montréal, ce qui ne rendait le voyage que plus excitant à mes yeux.

Lorsque j'avais trois ans, mon grand-père m'emmena à Toronto visiter son fils, l'oncle Jim, qui avait reçu une balle en pleine poitrine au cours de la Première Guerre mondiale et qui depuis avait passé presque toute sa vie dans un hôpital pour vétérans. Mon grand-père m'avait installée debout sur une table; je portais un manteau rose et un petit manchon appareillé, et, dans cette atmosphère morose, au milieu d'innombrables rangées de lits aux couvertures grises, je m'étais mise à chanter pour toute la salle.

22

J'ai interprété une chanson que je connaissais bien: *How'm I Doing? Hey, Hey, Chee, Chee, Diddle Dee Daw*. Mon grand-père m'a dit que j'avais vraiment impressionné, et, à la fin, j'ai même salué pendant qu'on m'applaudissait. Il m'a juré par la suite que, dès ce jour, il avait su que je serais une artiste de la scène.

CHAPITRE 2

Le prix à payer quand on est anglophone

Papineau. Laurier. Masson. Marquette, Garnier et De Lanaudière. Ces noms de rues évoquent pour moi un quartier si familier que je pourrais encore aujourd'hui en dresser la carte. J'ai grandi dans le Montréal du maire Camillien Houde, un bon vivant de stature imposante qu'on a suspendu de sa charge pendant la guerre, parce qu'il s'opposait à la conscription, et qui n'avait rien d'un homme du monde. Quand le roi George VI et la reine s'arrêtèrent à Montréal, il les accueillit en lançant: «Salut, Monsieur le roi! Salut, Madame la reine!» Tout le monde a bien ri lorsqu'on a surnommé «camilliennes» les toilettes publiques de la place d'Armes. Le Québec vivait sous le règne de Maurice Duplessis: les contrats de pavage de routes y pleuvaient comme des confettis au moment des élections; l'Église veillait rigoureusement à la moralité et contrôlait les lectures. L'effervescence politique qui secouait souterrainement la province n'avait pas atteint notre milieu immédiat. Dans ce quartier de classe laborieuse, on était pauvre mais fier; personne ne possédait quoi que ce soit et tous se côtoyaient — aussi bien francophones et anglophones que catholiques et protestants.

Plusieurs artistes ont été élevés dans ces quelques pâtés de maisons: la chanteuse Jeanne Desjardins habitait derrière chez nous et le poète Sylvain Garneau, de l'autre côté de la rue. Des années après mon départ, le dramaturge Michel Tremblay a grandi dans cette même rue Fabre, qui tient d'ailleurs un rôle important dans ses pièces. La vie dont témoignent des oeuvres comme *Albertine en cinq temps* ne diffère guère de celle que j'ai connue.

Dans notre voisinage, la fête de la Saint-Jean-Baptiste donnait lieu, chaque 24 juin, à de telles réjouissances qu'il nous était difficile d'imaginer qu'on ne la soulignait pas dans le monde entier par une parade comme celle qui traversait le parc LaFontaine. À la Fête-Dieu, les prêtres parcouraient la paroisse sous un minuscule dais en agitant leurs encensoirs, et tous les catholiques s'agenouillaient sur leur passage. Nous autres, protestants du quartier, étions les seuls à ne pas nous incliner. Mais le dimanche de la première communion, nous suffoquions d'envie quand nos amis catholiques défilaient dans le quartier pour se rendre à l'église Saint-Stanislas: les garçons en complets neufs, les cheveux ramenés vers l'arrière et tenus en place par une épaisse couche de Brylcreem; les filles enveloppées dans de longues robes blanches et des voiles comme en portent les mariées. Dans ces moments-là, être presbytérien me semblait bien déprimant.

Nous appartenions à une minorité; on ne nous permettait pas d'en douter. Il n'y avait, en tout et pour tout, qu'une demi-douzaine de familles anglophones dans le pâté de maisons. Quatre couples francophones habitaient les logements au-dessus du nôtre, et, dans les maisons voisines, de chaque côté, vivaient des familles francophones. Le pharmacien Lajeunesse occupait le logement du premier, et, au-dessus de chez lui, logeait LaBelle, un chauffeur de taxi. Le magasin général de Monsieur Bussières, qu'on appelait *l'épicerie*[1], se trouvait à trois portes de chez nous.

Chaque semaine, mon père lui commandait par téléphone ce dont nous avions besoin. «Ah, Monsieur Bussières, disait-il, envoyez-moi deux livres de beurre, un pain...» Il débitait tout ça en anglais, mais en prenant un très fort accent québécois, et il croyait alors s'exprimer en français. Ma mère pouvait tout au plus prononcer deux mots en français: «bonjour» et «merci». Pourtant, quand je rentrais à la maison après l'école, elle pouvait me raconter le dernier drame qui avait ému le quartier — par exemple, comment un camion de livraison avait écrasé le pauvre

---

1. En français dans le texte. (*N.d.T.*)

petit Rivard à l'intersection — sans qu'y manque aucun des détails les plus sanglants.

«Mais, maman, comment sais-tu tout cela?» lui demandais-je.

«C'est bien simple, Madame Lajeunesse me l'a raconté par-dessus la clôture pendant que j'étendais la lessive.» Madame Lajeunesse ne savait pas un mot d'anglais! Même si ni l'une ni l'autre ne connaissaient une seule phrase dans la langue de sa voisine, elles n'en ont pas moins bavardé pendant toutes ces années au-dessus de leurs cordes à linge. Je n'ai jamais su comment elles pouvaient se comprendre, mais de part et d'autre de cette clôture s'exerçait pourtant un bilinguisme bien vivant.

Plus tard dans ma vie, Madame Lajeunesse est réapparue, cette fois dans mon répertoire. Lorsque j'ai enregistré quelques mélodies de John Beckwith inspirées du folklore, dont une comptine intitulée *L'habitant de Saint-Roch s'en va-t-au marché*, j'ai décidé de l'interpréter en prenant une voix aiguë, nasillarde et monocorde, typique de tant de femmes du Québec. Dans le studio d'enregistrement, les gens se tenaient les côtes. «Mais *où* donc êtes-vous allée chercher une voix pareille?» se sont-ils exclamés. Et j'ai répondu: «C'est celle de Madame Lajeunesse, une voisine d'autrefois.»

Enfants, nous parlions le français de la rue, et quand on me demande aujourd'hui au Conseil des Arts de prononcer un discours dans les deux langues, je dis toujours que le vocabulaire qu'on me met dans la bouche n'a rien en commun avec celui que j'ai appris rue Fabre.

Dans notre voisinage, les petits francophones fréquentaient l'école Saint-Stanislas tandis que nous, protestants, nous rendions à la William Dawson Elementary School, huit rues plus loin, boulevard Saint-Joseph. Pour cette raison, nous ne partagions nos jeux qu'avec nos coreligionnaires, mais, contrairement à mes soeurs, j'avais aussi des amis francophones. Même si la coexistence ne posait guère de problème — c'était avant que la question linguistique ne devienne épineuse —, les échanges de railleries n'en laissaient pas moins percer des tensions. Des compagnons de jeu critiquaient parfois le comportement de petits francophones — ils ne pouvaient ainsi qu'imiter leurs parents —, mais je haïssais déjà toute forme de préjugé.

Un samedi matin, peu après la rentrée des classes, je me rendais à Verdun voir un film de Walt Disney. Dans le Québec d'alors, à la suite d'un incendie survenu dans une salle de cinéma du centre-ville de Montréal ainsi que des pressions exercées par l'Église, l'entrée dans les salles de cinéma était interdite aux moins de seize ans, même accompagnés d'un adulte, mais tout le monde savait qu'à Verdun on fermait les yeux. Chaque semaine, des enfants passaient des heures dans les véhicules de transport en commun et convergeaient ainsi vers l'un des deux cinémas de la ville, pour la projection du samedi matin. Je marchais rue Fabre, en direction de l'arrêt de tramway, quand, par ce jour glacial d'hiver, à mi-hauteur du pâté de maisons, un jeune francophone qui habitait à quelques portes de chez nous s'amena derrière moi et m'assena un coup de pelle sur la tête. Je perdis connaissance. Lorsque je revins à moi dans un banc de neige, j'avais terriblement mal. Ébranlée, je traversai la rue et me traînai jusqu'à la maison d'une famille anglophone dont j'avais fait la connaissance au temple et je me hissai dans l'escalier métallique en spirale jusqu'à leur porte, au premier. Une bosse avait déjà fait son apparition sur mon crâne; je leur dis que j'étais tombée et que j'avais dû me frapper la tête contre un objet. Je ne voulais pas que mes parents sachent ce qui s'était réellement passé parce que j'étais sûre que mon père se serait lancé à la poursuite du garçon pour lui flanquer une raclée. Plus tard, parce que je n'avais pas dénoncé le coupable et que je n'avais pas fait un plat de l'incident, j'ai compris que j'avais pour ainsi dire subi avec succès une épreuve. Dès ce moment, les jeunes de la bande francophone me considérèrent comme une des leurs: c'était comme si j'avais expié par ce châtiment la faute d'être anglophone.

Le voisinage n'était pas mal famé, mais, comme dans tous les quartiers ouvriers, on ne se perdait pas en civilités. À neuf reprises, on nous a cambriolés par la ruelle pendant que nous prenions l'air sur notre minuscule balcon à l'avant. Un jour d'hiver, Beryl est accourue vers ma mère pour lui montrer ce qu'elle avait trouvé dans un banc de neige de la ruelle. «Regarde, maman, la drôle de poupée», dit-elle. Ma mère faillit s'évanouir. C'était un foetus gelé, qu'une voisine avait dû jeter du balcon dans la neige, après une fausse couche ou un avortement.

Même si on n'avait pas le temps de s'ennuyer dans le quartier, je mourais d'envie de voir les autres parties de la ville. Les vendredis et samedis soir, je pouvais au moins m'aventurer un peu plus loin avec mon père, qui m'emmenait faire les courses. Nous marchions vers le sud jusqu'au boulevard Mont-Royal, puis vers l'ouest jusqu'à la rue Saint-Laurent, «la *Main*», où il m'apprit à choisir les poulets en vérifiant leur couleur et en tâtant leur poitrine. Pour moi, c'était la grande aventure. Nous longions les boutiques en zigzaguant parmi les caisses de légumes et d'épices qui encombraient le trottoir, puis nous passions devant les boucheries kascher où des caractères hébreux peints en rouge dansaient dans les vitrines devant des poulets vivants à l'étroit dans leurs cages. Parfois nous poussions jusqu'à la rue Saint-Urbain, dans un monde totalement différent, que je trouvais mystérieux et ravissant. Dans ces rues étroites, je risquais un coup d'oeil à l'intérieur de petites synagogues pareilles à des vitrines de magasin et où, dans la pénombre, des hommes revêtus de leur yarmulka et de leur taleth se rassemblaient pour réciter leurs prières en se balançant d'avant en arrière.

Les cultures étrangères m'ont toujours fascinée, mais mon père se méfiait des us et coutumes qu'il ne comprenait pas. Il gardait ses distances. Au moins, il n'était pas de l'avis de certains de nos voisins qui chuchotaient que les juifs orthodoxes transportaient dans leurs petits sacs de velours, ornés de l'étoile de David, non pas leurs taleths et leurs phylactères mais des couteaux dont ils se seraient servis pour égorger leurs victimes. Le judaïsme m'apparaissait comme une culture exotique et je n'aurais alors jamais imaginé qu'un jour j'y appartiendrais.

Le vendredi soir, après les courses, mon père m'emmenait au bar laitier d'une pharmacie et m'assoyait sur un tabouret devant le comptoir. Je pouvais commander tout ce que je désirais — une eau gazeuse ou, en hiver, un chocolat chaud couronné d'une montagne de guimauve fondante. Le seul fait d'être témoin de l'animation du vendredi soir et de la cour que se faisaient les plus vieux, près du comptoir, me comblait d'aise. Mon père demandait au gérant de garder un oeil sur moi, puis il s'esquivait dans l'arrière-boutique pour avaler deux verres de bière en fût. Ma mère ne laissait pas entrer d'alcool à la maison; elle faisait exception pour mon grand-père, à qui elle ne pouvait l'interdire, et même si mon père n'a jamais abordé le sujet avec moi, j'étais assez dégourdie pour savoir qu'il ne fallait surtout pas souffler mot à ma mère de ses brèves absences. Entre nous s'était établie une complicité tacite. Si ma mère avait su qu'il me laissait seule ainsi, alors que je n'étais pas plus haute que trois pommes, elle en serait morte. Moi, je n'en étais nullement effrayée. Quand mon père allait s'asseoir dans l'autre pièce, une buvette sombre, malodorante et dont le plancher était couvert de bran de scie, je me sentais une adulte, parce que je partageais ainsi avec lui un secret.

J'étais habituée à me débrouiller seule. En hiver, je restais dehors toute la journée, à patiner ou à glisser en toboggan au parc Laurier, souvent sans compagnon ou compagne de jeu. Je ne revenais à la maison que pour changer d'habit de neige, et lorsque je jetais mon vêtement sur le poêle à charbon, l'odeur de laine brûlée se répandait dans la maison. Même sans camarade, je ne me lassais jamais de jouer et je ne m'ennuyais pas. J'étais une enfant sans problèmes et jamais ma mère ne s'est inquiétée de mes allées et venues.

Parfois j'accompagnais mon père à un match de base-ball ou à un match de hockey de la Ligue Junior A au Forum de Montréal. J'y trouvais ce qui constituait pour moi l'essence même d'un spectacle: se gaver de maïs soufflé dans un énorme amphithéâtre vivement éclairé, excitée par la vitesse et la frénésie du jeu. Le hockey était encore un véritable sport, sans coups de bâton ni effusions de sang.

En un sens, j'étais le fils que mon père n'avait pas trouvé en Arnold. Mon frère ne s'intéressait pas aux sports, ce qui décevait terriblement mon père. Arnold était un poète et un rêveur; il écrivait des vers splendides pour ma mère. Chaque fois qu'il s'attirait des ennuis, ma mère mentait pour le protéger et je lui en voulais malgré moi d'agir ainsi. Arnold était un faible et, à cause de ma mère, il n'a jamais appris à se débrouiller seul. Mon père semblait toujours sur le point de détacher sa ceinture, prêt à s'en prendre à Arnold pour une raison ou pour une autre. En grandissant, mon frère s'est renfrogné et, même si j'étais alors trop jeune pour comprendre, je suis sûre qu'il a tenté de se suicider à l'adolescence. Mon père a dû le tirer de force du hangar, à l'arrière, où il s'était barricadé en emportant avec lui un fusil de chasse.

* * *

Ce n'est qu'à l'été que nous quittions le quartier pour un bon moment; notre père nous emmenait au nord, dans les basses Laurentides. Nous étions peut-être pauvres, mais nous n'en trouvions pas moins toujours l'argent nécessaire à ce rite estival. À l'exception des week-ends, où il venait nous rejoindre après le travail, il nous laissait dans quelque village de la campagne: Sainte-Rose ou Saint-Gabriel-de-Brandon, et, plus tard, Rawdon, où mes deux soeurs devaient s'installer après avoir quitté Montréal, au plus fort de la vague séparatiste. Parfois, je me demandais s'il ne cherchait pas ainsi à se débarrasser de nous pour pouvoir boire son thé et lire ses journaux en paix, et pour soigner tranquillement ses légumes dans son minuscule jardin au sol inculte, derrière la maison.

Comme mon père n'a jamais eu de voiture, il nous fallait nous rendre à la campagne en autobus, et, pendant la guerre, seuls de vieux modèles délabrés assuraient le service. Parfois, certains de ces véhicules bringuebalants s'essoufflaient sur la route 18, si lourdement chargés de bagages, tant à l'intérieur que sur le toit, qu'ils n'arrivaient pas à gravir les pentes. Le chauffeur demandait alors aux passagers de monter à pied la côte jusqu'à son sommet, où il les reprenait à bord.

Un été, nous avons loué la cabane de rondins d'un pasteur, isolée dans la nature non loin de Saint-Gabriel-de-Brandon. La cabane se trouvait à proximité d'une scierie en ruine, abandonnée depuis l'époque des chantiers et située à des kilomètres de toute habitation. Des ours venaient souvent décrocher la lessive de ma mère. De quoi donner tout un choc à une fille élevée dans les rues de Belfast! Le matin, mon père pêchait des truites pour le déjeuner et je peux encore sentir le fumet qu'elles dégageaient dans la poêle, sur le feu de la cuisinière au bois que ma mère détestait tant entretenir. Il y avait une commode encastrée dans la cabane et, quand nous sommes arrivés, mon père s'est servi d'un pied-de-biche pour en forcer la serrure. Il m'y a aménagé un lit, dans le tiroir du haut. L'un de mes plus lointains souvenirs remonte à ces nuits passées sur un matelas moelleux d'aiguilles de pin.

Je me rappelle aussi les orages qui éclataient à la belle saison au-dessus de Sainte-Rose. Je me blottissais sur les genoux de mon père, assis dans une berçante sur la véranda, et je regardais les nuages noirs se masser devant le soleil; puis le ciel s'ouvrait et c'était le déluge. «Ah! disait mon père à chaque grondement de tonnerre, ce sont les anges qui jouent aux quilles.» Depuis ce temps, les orages électriques ne m'ont jamais effrayée.

Plus tard, nous avons passé les vacances d'été à Rawdon, où nous avions un pied-à-terre, au premier étage d'un immeuble de quatre logis, à deux pas de la rue principale. Cet appartement rustique correspondait à l'idée d'une maison de campagne que se faisaient alors les travailleurs. La maison avait un toit incliné recouvert de fer-blanc, très typique du Québec, et quand il pleuvait on avait l'impression d'être emprisonné dans un baril de mazout. Dehors, contiguës à la cuisine, là où se serait normalement dressé le hangar, se trouvaient les commodités et, quand le soleil plombait, mon Dieu que cette partie de la maison empestait!

Chaque soir, nous nous rendions chez Haddad, à la fois salle de danse et bar laitier, et nous glissions des pièces de cinq cents dans la fente d'un énorme juke-box, illuminé de néons multicolores, qui trônait dans l'arrière-boutique. J'adorais y flâner en sirotant un Coca-Cola; j'y épiais les garçons et les filles plus âgés qui dansaient et je m'imaginais déjà adolescente. Il y avait aussi à proximité un camp de vacances pour malentendants dont les pensionnaires venaient souvent en ville. Un soir, chez Haddad, l'un des garçons qui fréquentaient ce camp me fit signe de le rejoindre sur la piste de danse. Je n'ai jamais connu meilleur danseur de *jitterbug*. Il pirouettait et sautait sans jamais perdre le rythme. Quand il m'apprit un peu plus tard qu'il n'entendait pas un son, j'eus du mal à le croire: il suivait le rythme en se fiant aux vibrations produites par le juke-box sur le plancher de bois de la salle de danse.

Nos séjours dans les Laurentides symbolisaient pour moi la liberté. De là me vient mon penchant pour les rochers et les pins, que je retrouve dès que j'en ai l'occasion: je prends alors un avion qui m'amène au nord de Toronto. Je passais mes journées à barboter dans les eaux glacées des lacs, à explorer les forêts qui viraient au pourpre dès les dernières semaines d'août, quand nous bouclions nos valises pour rentrer à Montréal. Le soir, nous allumions des feux de camp sur la plage; nous grillions des hot-dogs et nous chantions en choeur des airs en anglais et en français. Les jeunes francophones nous apprenaient leur histoire dans des refrains que leurs parents et grands-parents avaient chantés avant eux. Ce qui explique en partie la vitalité de la culture canadienne-française: on s'y transmet en chansons, de génération en génération, les mythes et les traditions.

Je me demande souvent si mon insatiable appétit de vivre ne me vient pas de ce que j'ai grandi dans l'atmosphère de fête bruyante des Québécois. Quand nous rentrions rue Fabre, je trouvais toujours un prétexte pour rendre visite à l'une ou l'autre des familles canadiennes-françaises du voisinage. Elles m'accueillaient comme une des leurs. La cuisine était toujours la plus vaste pièce de la maison et la vie de famille semblait graviter autour de la table et de ces repas qui m'étourdissaient de leurs bouquets enivrants: des ragoûts, des tourtières, d'épaisses soupes aux pois additionnées de morceaux de lard, sans parler de mon plat préféré, la tarte au sucre — composée de sirop d'érable ou, quand on n'avait pas de quoi s'en procurer, de simple cassonade dont on saupoudrait une abaisse et qu'on cuisait au four jusqu'à ce qu'elle embaume la maisonnée. Tous se rassemblaient autour de la table de la cuisine pour se raconter les potins de la journée et pour rire de tout et de rien. Ils étaient si vigoureux et bons vivants qu'ils incarnaient à mes yeux la famille idéale. Leurs repas ne ressemblaient en rien aux nôtres, où l'un des enfants cherchait toujours querelle à un autre, quittait brusquement la table, piqué au vif, et sortait en claquant la porte.

Chez nous, lorsque je suis née, on n'avait déjà plus le sens de la famille. À l'exception du repas de midi le dimanche, on avalait à la course; on mangeait, puis on se sauvait. Comme je l'ai déjà dit au cardinal Emmett Carter: «La famille unie n'est pas celle où l'on prie ensemble mais celle où l'on mange ensemble.» Beaucoup plus tard, même lorsque j'étais loin des miens, en tournée, j'ai toujours insisté pour que mes enfants s'assoient autour de la table chaque soir, prennent un bon repas chaud et se racontent ce qui leur est arrivé dans la journée. J'ai appris très tôt de mes voisins francophones que les repas sont le ciment de la vie de famille.

Ce que j'aimais le plus chez les familles canadiennes-françaises, c'est que, longtemps après la fin du repas, on restait attablé et on chantait. Tour à tour, chacun poussait son petit air, jusqu'au plus jeune. La mère chantait parfois une complainte sur la perte d'un bébé — où la Vierge Marie venait chercher le nourrisson —, puis un oncle y allait d'un refrain sur l'abondance des moissons. Ils chantaient ainsi leurs joies et leurs peines. Ils exprimaient en musique toute la gamme de leurs émotions.

CHAPITRE 3

Prima donna

Un ami m'a suggéré d'intituler ce livre «L'Anti-diva». Autant Maria Callas avait la réputation de se complaire dans des crises de nerfs, autant on me reconnaît comme une artiste *sans* sautes d'humeur. Je crois bien ne m'être emportée qu'une fois, il y a de cela quelques années, à mon arrivée à Place des Arts, à Montréal, dix minutes seulement avant une représentation de la *Passion selon saint Matthieu*. Comme je garais ma voiture, un préposé au stationnement me lança: «Vous ne pouvez pas rester ici, Madame, il n'y a plus de place.» Je ne sais plus combien de concerts j'ai pu donner bénévolement pour financer la construction de la salle Wilfrid-Pelletier, et quand elle a enfin ouvert ses portes, en 1966, on avait oublié un seul détail: des places de stationnement réservées aux artistes. «Dans ce cas-là, lui rétorquai-je, vous pouvez vous chercher une autre chanteuse», mais cette repartie ne sembla guère l'impressionner. J'ai dû barboter en chaussures du soir dans des flaques de neige sale et fondante en retroussant ma robe, une création de chiffon bleu pâle. Ce soir-là, j'ai fait une telle scène que, depuis lors, j'ai droit à une place pour me garer.

Mais c'est le seul incident du genre dont je me souvienne. Je n'ai pas de temps à perdre en esclandres. D'ailleurs, si les chefs me redemandent, c'est que je suis ponctuelle, que je connais bien ma partition et que je suis d'humeur agréable. Selon moi, ceux qui s'emportent cherchent souvent ainsi à camoufler leur manque de professionnalisme. Pas étonnant que je ne supporte pas une algarade: chez nous, ma mère avait le monopole des scènes mélodramatiques.

L'une d'elles restera toujours gravée dans ma mémoire. Un samedi matin, je jouais dans la cuisine pendant que mon frère, après avoir lavé le plancher, se faisait frire du bacon. Les souliers couverts de boue, Jean est entrée dans la cuisine en arrivant par la ruelle et il piqua une colère. Elle se mit à l'injurier; il s'empara du bacon cru et l'en frappa si fort au visage qu'il lui en resta une marque. Le ton monta encore d'un cran et ma mère accourut, ajoutant ses cris aux leurs.

«Ça suffit, les enfants!» lança-t-elle à tue-tête. Mais personne ne l'écouta; alors, elle se jeta sur le plancher et se contorsionna en poussant des gémissements. C'était sa manière habituelle de réagir: chaque fois qu'elle n'arrivait pas à ses fins, elle s'effondrait et écumait.

Des années plus tard, après qu'elle eut subi plusieurs crises cardiaques, j'ai finalement demandé à un médecin de la soumettre à des examens pour savoir si son état n'avoisinait pas l'épilepsie. Je crus important de m'en assurer, dans l'intérêt de mes enfants et de mes petits-enfants. Mais les examens ne révélèrent rien d'inquiétant et le médecin m'expliqua que certaines personnes pouvaient simuler tous ces symptômes dans le seul but d'attirer l'attention.

Ma mère souffrait constamment de vapeurs. Avec elle, une marche ratée en descendant l'escalier de la tribune du choeur servait de prétexte à un grand jeu: elle s'évanouissait avec autant de style que Sarah Bernhardt et on la transportait en ambulance à l'urgence d'un hôpital. Après notre mariage, Eugene n'a jamais pu supporter les simulations de ma mère. Je me traînais à la maison, complètement vidée par des semaines de tournée, toujours enceinte de douze mois, comme se plaisait à le répéter Eugene, et, pendant mon absence, ma mère était venue voir les enfants. Elle devait d'abord rester une semaine, mais elle y était depuis six mois. Je la trouvais assise dans la maison quand j'arrivais. Je lui demandais: «Comment ça va, maman?» Et elle me répondait: «Ah, ma petite, je suis si fatiguée! Tu veux me faire une tasse de thé? Je me sens un peu souffrante.»

Tant qu'elle n'attirait pas la compassion des gens, elle ne s'en croyait pas aimée. Ce n'est qu'après sa mort que les enfants m'ont raconté comment elle se comportait avec eux en mon absence. S'ils se conduisaient mal ou se montraient impolis, elle montait en coup de vent à sa chambre. Une demi-heure plus tard, un chauffeur de taxi sonnait à la porte. Elle descendait l'escalier, son manteau sur le dos, sa valise à la main.

«Où tu t'en vas, mémé?» demandaient les enfants, en larmes.

«Je n'aurais jamais cru vivre assez longtemps pour entendre mes petits-enfants me parler sur ce ton. Je rentre chez moi.»

«Non, mémé, t'en va pas, continuaient-ils sur un ton larmoyant. Maman ne nous le pardonnerait pas.» Ils pleuraient, suppliaient, tremblaient de crainte, mais elle prenait place dans le taxi et ne revenait que trois heures plus tard, généralement après être allée au cinéma. Elle rentrait à la maison en prétendant n'avoir pu prendre l'avion, faute de place. «Mais je partirai un autre jour, les menaçait-elle, à moins que vous n'appreniez à mieux vous conduire.»

Comme en témoignent ces anecdotes, ma mère était une comédienne de grande classe. Incroyablement talentueuse, elle adorait être le centre d'attraction et, grâce à ses talents de conteuse, elle pouvait faire rire aux éclats les foules les plus difficiles. Elle divertissait toujours les gens dans les soirées paroissiales, où elle se déguisait en Oliver Hardy, du tandem Laurel et Hardy. Pour ce faire, elle empruntait le veston et le noeud papillon de mon père ainsi que le chapeau melon de mon grand-père, glissait un oreiller dans son pantalon et se dessinait une moustache taillée en brosse. Par ses clowneries, elle donnait des crampes à toute la salle.

Toute sa vie sociale gravitait autour des activités paroissiales. Elle s'évadait ainsi de son existence monotone de femme de la classe moyenne inférieure pour se plonger dans l'univers merveilleux de la musique, des soirées et des distractions. Sans doute ma mère était-elle une femme déçue par la vie. Elle aurait voulu être quelqu'un, avoir de l'argent, mais il n'en a pas été ainsi. Elle avait épousé un homme qui l'aimait et qui gagnait honorablement sa vie, mais cela ne lui suffisait pas. Elle mourait d'envie d'être une personnalité bien en vue dans la communauté, ce que ses activités paroissiales lui assuraient.

À cause de toutes ses activités bénévoles et de ses emplois à mi-temps, elle n'était jamais à la maison. Stella Roy, sa meilleure amie qui habitait le même pâté de maisons, un peu plus au nord, m'a cuisiné bien plus de dîners que ma mère. Madame Roy était le genre de mère que j'aurais souhaité avoir. Un jour où je jouais à cache-cache, j'ai glissé, je suis tombée sur un éclat de bouteille de lait, sous l'escalier, et le sang s'est mis à ruisseler sur ma jambe entaillée. J'ai dû courir jusque chez Madame Roy, à l'autre bout de la rue, pour qu'elle me fasse un garrot, parce que ma mère s'était vite évanouie en me voyant dans cet état.

Ma mère n'était vraiment pas douée pour les tâches domestiques. Un soir, à l'heure du souper, je me suis attablée devant un filet de sole qu'elle avait cuisiné, et quand mon père m'a vue grimacer dès la première bouchée, il s'est emporté. «Mais ça goûte le savon!» protestai-je.

«En voilà une façon de parler de la cuisine de ta mère», m'a-t-il répondu, et il m'a ordonné de me retirer dans ma chambre.

Puis les autres y ont plongé leur fourchette et leurs yeux se sont écarquillés. «Mon Dieu, mais ça goûte vraiment le savon!» s'est exclamée ma mère. On a ensuite découvert que ma soeur avait rangé dans la glacière son shampoing, que ma mère avait pris pour du gras de porc.

Chez nous, mon père était le chef cuisinier, mais il ne déployait ses talents qu'une fois la semaine, le dimanche, pour nous servir un copieux dîner, après l'office religieux. Lui n'allait jamais au temple. «Si je veux prier un Dieu, disait-il, je peux très bien le faire tout en travaillant.» Il restait à la maison, mettait à rôtir des poulets ou du boeuf, et, comme dessert, garnissait de dattes un blanc-manger. L'hiver, il nous préparait la plus merveilleuse soupe qui soit, avec un os de poitrine de boeuf, des panais, des carottes et des pommes de terre, qu'il laissait généralement reposer dehors, la nuit durant, sur le balcon. Je ne suis jamais parvenue à réussir comme lui ce potage, que j'associe aux plus heureux moments de mon enfance. Nous revenions tous ensemble du temple et nous le surprenions penché au-dessus de la cuisinière, avec son tablier, sifflotant la chanson thème de l'émission de gospel diffusée à la radio le dimanche matin.

La plupart du temps, cependant, mon père était un homme très cérémonieux — un Écossais peu démonstratif, très réservé, presque pudibond. Si je jouais dehors en culotte courte, ma mère m'appelait à grands cris pour que je revienne enfiler une robe au cas où mon père rentrerait plus tôt que prévu. Il me voulait en robe à crinoline, en petits souliers vernis qu'on appelait des Mary Janes, un ruban dans les cheveux: tout ce que je détestais.

Je le revois encore remontant la rue après le travail, un homme fatigué qui franchissait lentement les trois pâtés de maisons. Après la crise économique, il avait trouvé du travail à la Northern Electric: il faisait l'installation de standards dans les nouveaux centraux téléphoniques de la compagnie Bell, et il occupa cet emploi jusqu'à sa mort. Il laissait ses salopettes à l'atelier et nous quittait chaque matin en veston et cravate, avec à son gousset une montre en or dont la chaîne pendillait à sa taille; mais quand il rentrait à la maison, le soir, sa cravate chiffonnée dans sa poche, il transportait avec lui son coffre à outils. Cette image est restée gravée dans ma mémoire: mon père remontant péniblement la rue, le corps déformé par le poids de sa boîte à outils.

Il trima dur pendant toute sa vie. Il rentrait très tard de la Northern Electric, et quand ma mère lui en demandait la raison, il répondait: «Oh, ils m'ont envoyé un jeune menuisier qui ne sait même pas planter un clou. Il a fallu que je reste pour reprendre son ouvrage. Mais c'est un bon gars. Je ne voudrais pas qu'on le congédie.»

C'était un homme bon et rationnel. La part émotive en moi me vient de ma mère et je l'ai toujours refoulée parce que je refusais d'être comme elle: une hystérique. J'ai hérité de mon père mon côté réfléchi et, grâce au ciel, il prend généralement le dessus. Chaque fois que j'ai un problème, je me demande ce que mon père aurait fait en pareille situation et je m'imagine en train d'en discuter avec lui. J'ai toujours cru que je tenais de lui ce qu'il y a de meilleur en moi.

Mon père a toujours su se montrer patient avec ma mère, même quand elle dépensait pour un nouveau chapeau l'argent qu'il lui avait donné pour payer le compte du téléphone. Ma mère était une femme adorable, mais on ne pouvait lui confier aucune responsabilité. S'ils avaient une dispute, elle quittait la maison en tapant du pied. Elle allait au cinéma ou rendait visite à une amie, et quand elle revenait, il disait: «Bon, je suis content de voir que tu t'es calmée. Viens, je t'ai préparé une petite surprise dans la cuisine.» Et dans la glacière, elle trouvait son plat favori: une salade de homard.

Ils s'aimaient, mais se chamaillaient tout le temps. Un jour où ils se querellaient, j'ai crié: «Pourquoi ne divorcez-vous pas?»

Ils sont restés interdits et m'ont regardée, abasourdis; ils étaient totalement désemparés. C'était comme si je leur avais suggéré l'impensable: par exemple, sauter dans la fournaise. Leur roman d'amour n'aurait pu se passer de leurs disputes.

Mais comme je détestais cela; encore aujourd'hui, je ne peux supporter les cris, les scènes, les affrontements de toutes sortes. Ça me donne pratiquement envie de vomir. Chaque fois qu'ils avaient une altercation, je sortais de la pièce en courant, je m'installais au vieux piano droit Knabe, dans le salon, et je me mettais à frapper sur le clavier pour étouffer leurs cris.

Dès que je fus assez grande pour me hisser sur le banc du piano, j'ai appris à fuir sur le clavier un monde que je ne pouvais changer. Très jeune, je trouvais refuge dans la musique.

CHAPITRE 4

Les mélodies du bonheur

Le jour de ma première leçon de piano, ma mère me prit par la main et nous avons marché rue Saint-Grégoire, puis rue Papineau, vers le nord, et nous avons traversé la voie ferrée. La maison où nous sommes entrées était petite et sombre. Son mobilier, lourd et comme patiné par la poussière et le temps, imitait grossièrement le style gothique anglais. Des canapés recouverts de velours marron décoloré et des abat-jour de soie rouge défraîchie encombraient la pièce. Un épais tapis d'un autre âge avait été jeté sur le piano droit pour éviter que les fausses notes des élèves n'irritent les voisins, de l'autre côté des murs minces comme du papier.

J'avais à peine cinq ans, et quand je me glissai sur le banc du piano dans ma petite robe-chasuble, mes pieds ne touchaient pas le plancher. Le professeur de piano, une femme dans la soixantaine, prit place à mes côtés. Elle répéta avec moi les gammes, de sa voix chevrotante, et je suivis docilement ses leçons, même si je pianotais à la maison depuis toujours et que je savais déjà jouer d'oreille. Pendant cette première leçon, un seul détail retint toute mon attention: le professeur sentait *le vieux*. L'odeur de décomposition et de vêtements jamais lavés me donna des haut-le-coeur. Après quelques mois, plutôt que d'aller à mes cours de piano, je disparaissais dans la nature; cela a duré jusqu'à ce que ma mère découvre le pot aux roses. Les parents devraient accorder plus d'attention à ce genre de détail. Si un enfant n'aime pas se rendre à ses cours de musique, je recommande qu'on change d'abord de professeur. Je jouerais bien mieux du piano aujourd'hui si j'avais aimé mon premier professeur.

Aussi loin que je me souvienne, il y a toujours eu de la musique chez nous. Je l'entendais résonner dans le salon, puis dans le long corridor sombre et jusqu'à ma chambre. Chaque fois qu'il y avait fête, baptême ou veillée de corps, nous nous rassemblions autour du piano. C'était le pivot de nos soirées, le seul luxe à notre portée. Mon père prenait place au clavier et jouait d'oreille des airs qu'il avait appris dans les vieux pays ou en écoutant la radio. Il chantait *Ye Banks and Braes, O Bonnie Doon*, et si nous avions des visiteurs, lui et ma mère interprétaient leur duo d'amour, lui de sa voix de ténor, elle de sa voix d'alto: *Madam Will You Walk, Madam Will You Talk, Madam Will You Walk and Talk With Me?*

Je n'ai pas souvenir d'une époque où je ne chantais pas. Ma mère prétendait que même au berceau je fredonnais des airs. Ça me venait tout naturellement. Je n'y ai jamais rien vu d'exceptionnel.

Les dimanches matin, tout en nous pomponnant pour aller au temple, mes soeurs et moi écoutions une émission de radio intitulée *The Bunny Bus*, animée par Milton Cross, présentateur au Metropolitan Opera; c'était une sorte de concours pour jeunes talents. Plus tard dans la journée, pendant que nous lavions et rangions la vaisselle après le repas de midi préparé par mon père, Jean et moi répétions à deux voix, au-dessus de l'évier de la cuisine, les airs entendus pendant l'émission: *Sierra Sue* et *The Isle of Capri*, par exemple. Nous connaissions aussi par coeur tous les mots d'une chansonnette follement romantique, intitulée *Lazy, Lack-a-Daisy Melody*, qu'interprétaient les Moylin Sisters. Comme j'étais la cadette, la corvée de la vaisselle me revenait toujours. Je me penchais au-dessus de l'évier, le front appuyé contre l'armoire basse, qui n'avait qu'une tablette, et pendant que je récurais les casseroles, nous tentions d'imiter les voix de sopranos, traînantes et monocordes, des Moylin Sisters.

Plus tard, lorsque je fus d'âge scolaire, je m'assoyais sur les pare-chocs avant des voitures avec ma meilleure amie, Ruthie Maclean, les soirs de chaleur suffocante, et nous chantions à deux voix des airs populaires que des éditeurs publiaient alors en albums. Je passais des heures étendue sur le plancher du salon, devant le poste de radio, à écouter les chanteurs d'orchestre populaire dont on jouait les succès entre les émissions *The Green Hornet* et *Inner Sanctum*: Frank Sinatra, Rosemary Clooney, Dick Haymes et Dinah Shore. Quand j'ai commencé mes cours de chant, j'avais rarement entendu des pièces de musique classique. Je venais d'une famille totalement ignorante de la musique qui m'a rendue célèbre.

Ma mère satisfaisait pour l'essentiel son appétit de vie sociale en devenant membre de choeurs et elle prenait très au sérieux ces activités. Quand elle ne décrochait pas un solo, elle enrageait, et, si on lui en confiait un, elle se montrait si nerveuse que toute la famille évitait d'instinct de l'embêter, le dimanche matin fatidique. Elle s'était juré que toutes ses filles chanteraient. Comme elle, Beryl et Jean faisaient partie du choeur Fairmont Taylor; mais Beryl avait une voix aiguë et cristalline, et bien que Jean fût douée d'une ravissante voix de mezzo-soprano, ma mère n'a jamais tenté d'orienter l'une ou l'autre vers la carrière de chanteuse. Alors, quand je suis arrivée, elle a reporté sur moi toutes ses ambitions refoulées.

Avant même que j'entre à l'école, elle m'avait appris les chansons qu'elle connaissait enfant, en puisant dans une vieille malle de bois remplie de partitions qu'elle conservait dans le hangar, à l'arrière de la maison: *Homing*, *Think of Me* et *Bless This House* étaient du nombre. *Macushla*, une vieille romance irlandaise, figurait parmi ses préférées. En 1985, lorsque le Premier ministre Brian Mulroney me demanda de l'interpréter pour le président américain Ronald Reagan, lors du Sommet de Québec, le jour de la Saint-Patrice, je me suis rendu compte que j'en avais oublié le texte. Je me suis donné bien du mal pour le retrouver, et quand j'en ai finalement déniché un exemplaire à Radio-Canada, prise de panique, j'ai aussitôt téléphoné à Brian Macdonald, directeur artistique du spectacle. «Êtes-vous bien sûr de vouloir que je chante ça?» lui demandai-je. «Ce n'est pas une chanson d'amour; il y est question d'une jeune fille morte!» Il devait s'agir d'un spectacle de variétés en l'honneur du président Reagan et Dieu sait qu'il ne manque pas de gens pour murmurer qu'il est déjà embaumé. Mais Brian dissipa mes craintes.

«Le Premier ministre adore cet air, dit-il. Chantez-le tout de même. Personne ne portera attention aux paroles.»

Il avait raison. Mais j'avais oublié comme cette chanson est belle. Chaque fois que je l'ai répétée dans la ville de Québec, avant le spectacle, elle a produit des réactions inattendues. Dans la salle de répétition du Grand Théâtre, on n'entendait plus un bruit, et tous les agents de la Gendarmerie royale du Canada et des services de sécurité qui assuraient la garde des lieux s'avançaient soudain pour mieux l'écouter. J'en ai même vu un pleurer. Sans doute cet air leur rappelait-il leur enfance. C'est ce qu'il y a de merveilleux avec les chansons: elles peuvent raviver des souvenirs.

Grâce aux talents innés de ma mère pour le théâtre, j'ai appris très tôt à charger les mots d'émotion, quoi que je chante. J'avais à peine six ans que je me produisais par ses soins aux thés de la Ladies Aid, où mon interprétation de *Christopher Robin* m'avait rendue célèbre. Rien n'y manquait: ni la petite voix aiguë de l'enfant qui prie ni l'effet dramatique des silences. Je pouvais à volonté obliger ces dames à sortir leurs mouchoirs pour se tamponner les yeux. Comme j'étais cabotine de nature, l'interprétation ne me posait aucune difficulté, du moment que j'aimais ce que je chantais.

Ces succès de quartier auront marqué pour moi le début d'une vie différente, où se succédaient mes apparitions aux soirées et soupers paroissiaux. Le seul événement que je ne voulais pas rater, c'était le concert annuel, où un baryton écossais de la paroisse donnait un solo. À cette occasion, mes amies et moi cherchions toujours à nous assurer une place dans la première rangée. Année après année, dès qu'il atteignait une certaine note aiguë, son dentier volait immanquablement dans la salle et nous nous bousculions pour le récupérer.

La plupart de mes apparitions en public me pesaient comme une corvée. Parce qu'il m'était si facile de chanter, je n'ai jamais accordé la moindre importance à ce talent. Enfant, j'avais une voix de soprano comme tant d'autres et je ne me donnais en spectacle que pour plaire à ma mère. J'aurais préféré patiner, skier ou jouer au basket-ball. Après les cours, je rentrais en courant, car j'avais hâte d'aller jouer, et ma mère me disait: «Oh, mais les membres de la Women's Christian Temperance Union seraient tellement déçues. Je leur avais promis que tu viendrais après la classe leur chanter *Notre Père* et *Christopher Robin*.»

Des années durant, chanter fut pour moi une besogne, un devoir parmi d'autres, et m'empêcha de faire ce qui m'aurait vraiment plu.

Dès ma plus tendre enfance, j'avais tout d'un garçon manqué. J'adorais m'amuser dans la boue avec des voitures miniatures et construire des châteaux forts avec les garçons dans la ruelle. Les poupées ne m'ont jamais intéressée. Mais plus tard, aux côtés de mon amie Ruthie Maclean, je n'en ai pas moins traversé la période où toutes les fillettes jouent «à la madame». Comme le père de Ruthie vivait outre-mer, les gens se croyaient obligés de céder à sa famille tous leurs vieux vêtements, et nous nous exhibions dans des robes de crêpe en loques, coiffées de chapeaux cloches de feutre miteux, en prétendant que nous étions des dames riches de Wesmount. Mais ces vêtements destinés au rebut étaient parfois infestés de poux. Un jour, ma mère dut m'enduire les cheveux d'huile de charbon et me les couper après les avoir ramenés en chignon pour venir à bout de ces parasites. Moi qui rêvais d'être jolie et d'avoir des boucles blondes flottant au vent!

Mes soeurs me surnommaient «Tête de lard» ou «Pâte molle» parce que j'étais petite et boulotte. Les adultes me trouvaient mignonne mais je n'aimais pas ma mine, et un accident survenu peu avant mon septième anniversaire n'améliora pas mon sort. Mon père m'avait envoyée chez un commerçant de bois, à six rues de chez nous, avec ma copine Phyllis Warrens, pour que je lui rapporte des moulures dont il avait besoin pour compléter quelques réparations dans la maison. Je n'ai pas oublié ce 12 mai 1937, jour du couronnement de George VI, après qu'Édouard VIII eut renoncé au trône pour la femme qu'il aimait, Madame Simpson; ma mère était à la maison, rivée au poste de radio, comme chaque jour depuis que le scandale avait éclaté. Pour souligner l'événement, on m'avait permis de revêtir ma plus belle robe-chasuble du dimanche, de couleur vert pomme, et de porter mes souliers vernis. Sur le chemin du retour, les languettes de bois à la main, je m'arrêtai à l'intersection Laurier et Papineau parce que s'avançait un tramway; d'un geste de la main, le chauffeur nous fit signe de passer. Phyllis traversa la rue sans encombre, mais au moment où j'arrivais au-delà du pare-chocs avant du tramway, une voiture tourna le coin de la rue à toute vitesse et me renversa. Le conducteur freina et sa voiture dérapa; ma robe s'était accrochée au garde-boue et il me traîna sur le pavé, visage au sol, sur une distance d'un demi-pâté de maisons. Sous le choc, j'avais presque perdu conscience. En frottant contre l'asphalte, la peau et les muscles de ma joue droite s'étaient détachés, de sorte que j'avais la mâchoire à nu.

Un passant me transporta dans le cabinet d'un médecin, au premier étage d'un immeuble à l'intersection, pendant qu'un autre appelait une ambulance. Quand je revins à moi, la douleur était insupportable et je me mis à hurler. La frayeur qui m'avait saisie tenait en partie au fait que j'avais reconnu le médecin. C'était le même homme chez qui j'étais allée chercher une ordonnance pour rendre service à l'une de nos voisines et cette course avait rendu ma mère furieuse. Elle prétendait que ce médecin était un individu louche qui approvisionnait les femmes en stupéfiants, comme on disait à l'époque, et on murmurait même qu'il se livrait dans son cabinet à d'autres infâmies que je n'étais pas alors en âge de comprendre. Dès que je le reconnus, je me mis à crier: «Ramenez-moi chez maman!» Je l'imaginais déjà en train de me charcuter ou de me droguer. Comme de raison, ma mère s'évanouit dès qu'elle me vit sortir de la voiture d'un bon Samaritain qui m'avait raccompagnée.

Enfin, l'ambulance arriva et m'emmena rapidement au Montreal General Hospital. On m'y appliqua un traitement qu'on venait tout juste de mettre au point. Au lieu d'un scalpel, on se servit d'un acide pour nettoyer ma joue de tout le gravier et des saletés qui s'y étaient incrustés. Je peux encore sentir la douleur de cette cautérisation. Tout l'hôpital a résonné de mes cris, mais grâce à ce traitement aucune cicatrice ne m'est restée.

On me garda à l'hôpital pendant trois jours, puis on me renvoya à la maison, la tête enveloppée dans un énorme pansement. À mon retour, on me traita comme une vedette dans le voisinage et j'ai savouré toute l'attention qu'on me consacrait. Mais le charme de la nouveauté s'estompa rapidement et je fus malheureuse de porter un pansement au visage presque une année entière, parce que je me sentais ainsi laide et monstrueuse. Après cela, ma peau s'était complètement régénérée, et ne persista sur la joue qu'une minuscule ombre qu'on peut discerner sous certains éclairages. Les maquilleurs professionnels remarquent toujours, au premier coup d'oeil, que mon visage n'est pas parfaitement symétrique, et, il y a quelques années, un dentiste qui réparait mes molaires supérieures me confia qu'il avait beaucoup de difficulté à trouver une parcelle d'os; mais ces inconvénients sont bien mineurs quand on songe à la gravité de l'accident.

Comme la plupart des gens à l'époque, mon père n'avait pas la moindre assurance et cette mésaventure ajouta à ses soucis financiers. Le mauvais sort s'acharna sur notre famille. Ma sœur Jean souffrit de rhumatisme articulaire aigu et il fallut la placer pendant une année entière dans une maison de convalescence située sur l'autre rive du fleuve, à Châteauguay. Puis Beryl fut victime d'un terrible accident. Elle sautait à la corde sur le trottoir près de la maison quand un camion de livraison d'eaux gazeuses faillit verser en tournant le coin de la rue. Une caisse pleine glissa du camion et tomba sur elle, lui infligeant des fractures au bras, à la jambe et à la clavicule. Des années plus tard, elle éprouva d'atroces douleurs au dos et les médecins découvrirent qu'elle avait trois reins. Ils émirent l'hypothèse qu'un de ses reins avait pu se diviser sous la force de ce traumatisme subi des années plus tôt, alors qu'elle était encore enfant.

Peu après l'accident, mon père intenta une poursuite contre la compagnie propriétaire du camion, qui prétendit qu'aucun de ses véhicules ne circulait dans notre rue au moment de l'accident; la cour rejeta sa requête. Mon père en resta incrédule et en conclut qu'on avait dû soudoyer les témoins. Il ne fit plus jamais allusion à cette affaire, mais, de toute évidence, il n'avait plus confiance en la justice. Pour moi, la leçon fut amère: j'appris ainsi très tôt que la pauvreté vous laisse sans moyens.

CHAPITRE 5

Cent hommes et une fille

La vie d'une jeune Canadienne anglaise pauvre, dans le sillage de la crise économique, était la même à Montréal que partout ailleurs. Il n'y avait au fond qu'un endroit où l'on pouvait laisser libre cours à son imagination: le cinéma. Même dans le Québec de Duplessis, Hollywood donnait forme aux rêves du peuple sur un écran gris argent. J'avais à peine huit ans quand, un samedi après-midi, j'ai été émerveillée par une projection, à Verdun. Deanna Durbin, l'enfant chérie de Winnipeg qui avait réussi à Hollywood, incarnait dans ce film une adolescente sans le sou mais décidée, qui s'évertuait à convaincre un chef, interprété par nul autre que Leopold Stokowski, de créer un orchestre composé de musiciens indigents et dont son père ferait partie. Lorsqu'elle atteignait enfin son but, elle avait même droit à un solo, et, comme de raison, elle se méritait les bravos du public en chantant l'aria *Alléluia* de Mozart. Le film s'intitulait *One Hundred Men and a Girl* («*Cent hommes et une fille*»). Pendant des mois, partout où j'allais, je fredonnais cet *Alléluia*, en rêvant que j'étais Deanna Durbin chantant avec le Philadelphia Orchestra dirigé par Leopold Stokowski.

Ce qui m'avait fascinée le plus, ce n'est pas tant sa voix que sa volonté de prendre sa vie en mains. Même aussi jeune, j'étais impatiente d'en faire autant. Certaines femmes rêvent de la venue d'un Prince charmant qui modifiera leur existence; moi, j'ai toujours su que j'y parviendrais par mes propres moyens. Comme Deanna Durbin, j'assurerais moi-même mon bonheur.

Pendant très longtemps, seul le fait que je ne savais pas comment m'y prendre m'en empêcha. Jamais ne m'était venue à l'esprit l'idée que la musique pourrait constituer mon sauf-conduit pour quitter la rue Fabre. Je ne savais qu'une chose: je ne voulais pas appartenir à la classe laborieuse. J'en avais assez de porter les vêtements élimés des autres et je mourais d'envie d'en avoir qui soient à moi seule et tout neufs. Je détestais n'avoir jamais d'argent de poche. Lorsque je voulais assister à la projection du vendredi soir à la United Church, où l'on présentait un festival Tom Mix, comme mes parents mettaient du temps avant de se décider à me donner les dix cents nécessaires pour payer le droit d'entrée, je ratais toujours les premières scènes du film.

Mon père refusait d'accorder une allocation hebdomadaire à ses enfants et cela explique peut-être en partie qu'ils aient tous quitté l'école si tôt pour se trouver du travail. Même une simple tablette de chocolat, je devais la payer de ma poche. Il me fallait toujours quémander. Inutile de dire que ce genre de dépendance ne convenait guère à une personnalité comme la mienne. Finalement, ne supportant plus de devoir quêter chaque sou, j'ai commencé à dérober des pièces de monnaie que mon père déposait chaque soir sur la commode de sa chambre quand il vidait ses poches. Au début, je ne prenais à l'occasion que dix cents; mais, un jour, je lui ai chipé cinquante cents. Je n'oublierai jamais l'air affligé qu'il avait ce soir-là en sortant de sa chambre, quand il demanda: «Qui m'a emprunté cinquante cents?» Sa question, pourtant tournée diplomatiquement, plana dans l'air comme la plus terrible accusation et un lourd silence tomba sur la maisonnée. Je n'ai jamais eu le courage de lui avouer que j'étais la coupable, même si j'étais sûre qu'il l'avait deviné. Mais j'eus le coeur si déchiré de l'avoir déçu que je cherchai rapidement d'autres moyens de me procurer l'argent qui assurerait ma liberté.

Très tôt, je me suis trouvé du travail après l'école. L'un de mes premiers emplois consistait à garder mon cousin Bruce; je m'y prêtais très volontiers parce que je pouvais ainsi passer la soirée à l'appartement de ma tante Bertha et de mon oncle Dick, dans Maisonneuve, que je préférais de loin au nôtre. Tout y était propre, flambant neuf, et donnait un sens à la vie au foyer. On n'avait pas sitôt franchi la porte qu'on était frappé par l'ordre parfait qui régnait dans la maison et enivré par le parfum de la tarte aux pommes fraîchement sortie du four; dans la soupente, on pouvait admirer des bocaux de marinades et de condiments soigneusement disposés en rangées. Ils n'étaient pas plus riches que nous — mon oncle Dick a travaillé toute sa vie aux hauts fourneaux de la Canadian Car and Foundry, et il en est finalement devenu sourd —, mais, au fond de moi, j'aurais souhaité les avoir pour parents. Le soir, dès qu'ils avaient franchi la porte, j'allais directement au buffet de la salle à manger: ils y rangeaient, d'un côté, le xérès dans une carafe de verre taillé, et, de l'autre, le porte-pipes de mon oncle. Après m'être assurée que Bruce s'était endormi, j'ouvrais la radio, je me versais un petit verre de xérès, je bourrais une pipe et je l'allumais. Je me renversais alors dans un fauteuil, tirais quelques bouffées et m'imaginais que j'étais mon oncle Dick. Jamais l'idée ne m'est venue de me prendre pour ma tante Bertha. Je ne leur appris que quelques années plus tard comment je passais mes soirées. «Pas étonnant qu'on avait tant de mal à te réveiller quand nous rentrions à la maison!» m'ont-ils dit.

Plus tard, je suis devenue gardienne pour une famille syrienne qui habitait un vaste et bel appartement, boulevard Saint-Joseph. J'aimais aussi m'y retrouver et y admirer les meubles exotiques; j'adorais tant la femme qui retenait mes services que j'acceptais de faire pour elle des travaux, comme laver les planchers, pour lesquels je ne me serais jamais portée volontaire à la maison. Un jour, en revenant de l'école, comme je passais devant chez elle, de l'autre côté de la rue, son frère me fit signe d'approcher. Il se tenait dans l'embrasure de la porte de son appartement, juste sous celui de sa soeur. «Ma soeur vient de me téléphoner, dit-il; elle voulait que je te demande si tu peux venir garder le bébé un soir, d'ici la fin de la semaine.» J'étais ravie et, lorsque d'un geste il m'invita à entrer, je le suivis. Je remarquai seulement alors qu'il ne portait rien d'autre qu'une élégante robe de chambre de soie imprimée et une lavallière. J'étais plutôt étonnée de voir un homme ainsi vêtu, sans pantalon ni chemise, mais il me dit qu'il était souffrant et qu'il attendait son admission à l'hôpital.

«Me rendrais-tu un service? me demanda-t-il. Irais-tu au magasin du coin m'acheter un Coca-Cola et des cigarettes?»

Il me tendit l'argent et je partis. Mais dès mon retour, il me traîna jusqu'à un canapé et tenta de me violer. Je ne comprenais pas vraiment ce qu'il me voulait, mais je savais que ça ne me plaisait pas. Je n'étais pas tant effrayée qu'enragée. Je ne sais trop comment j'ai fait, mais j'ai réussi à glisser mes genoux sous cet homme et la colère me donna la force de le repousser, si fort d'ailleurs que je le projetai dans la salle à manger. Je sautai sur mes pieds et me précipitai hors de chez lui, puis je franchis en courant les huit pâtés de maisons qui me séparaient de chez moi. Quand je parvins enfin devant notre maison et me sentis en sécurité, j'étais à bout de souffle et flageolante. En regardant mes mains tremblantes, je m'aperçus que j'y serrais encore la monnaie que le marchand m'avait remise à l'achat du Coca-Cola et des cigarettes. Je n'ai jamais soufflé mot à mes parents de cet incident, mais j'ai refusé de retourner garder les enfants de cette femme. Elle se demanda bien pourquoi, mais je ne me suis jamais sentie capable de lui en expliquer la raison. Une réaction typique de l'esprit anglo-saxon qui ne veut ni choquer ni inquiéter. Je préférai éviter le scandale.

Telle fut ma première véritable expérience de la sexualité; pas étonnant qu'après cela je ne me sois jamais montrée très aimable avec les gars. Ils ne s'étaient d'ailleurs jamais très intéressés à moi, parce que j'étais un parfait garçon manqué. Je devenais toujours leur meilleure camarade et je leur révélais des moyens d'obtenir des rendez-vous avec mes copines. Au fond de moi, j'aurais désiré plus que tout me retrouver dans le petit cercle des filles qui faisaient la pluie et le beau temps dans les corridors après les cours, mais dès ma première année d'école, j'avais trouvé un autre moyen de me faire des amis: j'étais douée pour amuser les gens. Même enfant, je m'étais reconnu une forme de charisme qui me permettait d'occuper à volonté l'avant-scène. Parce que j'avais l'oreille musicale, je pouvais reproduire la voix de quiconque, et, dès que la maîtresse d'école quittait la salle de cours, je l'imitais si bien que les autres élèves se roulaient dans les allées. J'étais le bouffon de la classe et j'aurais fait n'importe quoi, même posé des gestes de bravade, pour être populaire.

Personne ne l'ignorait et on me mit au défi de voler une gomme à effacer au magasin Woolworth. Je m'exécutai, puis les provocations se multiplièrent. «Je parie que tu ne peux pas faire ça, Maureen!» Je leur montrais ce dont j'étais capable: je subtilisais un objet plus gros ou plus voyant, mais rien de grande valeur, tout simplement pour entretenir ma réputation de voleuse à l'étalage. J'y réussissais d'ailleurs plutôt bien. Puis, un jour, je me suis demandé pourquoi je faisais cela. J'ai pris conscience qu'en un sens j'étais le dindon de la farce puisque je prenais tous les risques, et que, si jamais on me surprenait, mon père ne s'en remettrait pas. Cette triste perspective mit fin à ma brève période de délinquance.

À onze ans, la petite blonde grassouillette au teint de fraise, toujours trop courte pour son âge, poussa en graine du jour au lendemain. J'étais soudain grande et mince, presque de la taille d'une fille de vingt ans. Mais je ne m'intéressais toujours pas aux garçons de mon âge ni à leur penchant pour le jeu de la bouteille, très en vogue dans les soirées pour jeunes gens. Comme je débordais d'énergie et que je me sentais frustrée par le manque d'activités de loisir dans notre quartier, j'ai joint secrètement les rangs du club des jeunes de la paroisse Saint-Dominique. Si mes parents avaient découvert que je m'acoquinais ainsi avec les catholiques, ils auraient été foudroyés; je leur disais donc, ces soirs-là, que je rendais visite à des amies. J'ai toujours été reconnaissante au père Connolly de son accueil; ce prêtre exubérant devait plus tard s'enfuir avec l'une de ses paroissiennes, provoquant ainsi un terrible scandale. Avec lui, j'ai appris des jeux de cartes et quelques notions de patinage artistique.

Finalement, j'ai décroché mon premier véritable emploi: je vendais des cigarettes et des glaces dans une tabagie, propriété d'un Grec que nous appelions Monsieur Gene, située à une intersection de la rue Laurier. La boutique avait déjà eu meilleure mine, comme en témoignait, au fond du magasin, la présence d'un comptoir inutilisé, couvert d'un plateau de marbre, et de trois chaises à dossier de fer forgé où prenaient place autrefois les clients du bar laitier; mais quand je commençai à y travailler après l'école, l'endroit était crasseux et peu fréquenté. Tout y disparaissait sous la saleté. Le vieux Monsieur Gene restait assis dans son gros fauteuil de l'arrière-boutique, respirait péniblement et laissait la poussière envahir son domaine. Je le plaignais toujours, jusqu'au jour où j'appris que c'était l'un des gros parieurs de Montréal.

J'ai commencé à fumer la cigarette pendant que j'étais commis chez Monsieur Gene. Par désoeuvrement, Ruthie Maclean et moi y achetions un paquet de Sweet Caporals et, après la fermeture du magasin, nous courions nous réfugier dans l'atelier du hangar, derrière chez elle, et nous fumions. Je n'avais que onze ans et nous pensions que cela faisait de nous de vraies jeunes filles. Mais comme je n'arrivais pas à inhaler la fumée — en vérité, je n'y arrive toujours pas —, j'ai rapidement jugé que je n'avais aucune raison de fumer; soit dit en passant, vous seriez étonné de connaître le nombre de chanteurs qui s'adonnent à la cigarette.

En travaillant pour Monsieur Gene, je gagnais une petite fortune pour une fille de mon âge. Et maintenant que j'avais mon argent, je pouvais m'offrir tout ce que j'avais longtemps désiré: des bâtons de rouge à lèvres et des coordonnés de tricot; en somme, les attributs de toute jeune fille bien née. Je pris rapidement goût à ma nouvelle indépendance.

Mes soeurs et mon frère avaient déjà tous quitté l'école pour entrer sur le marché du travail. Beryl était devenue une superbe blonde, toujours si irréprochablement mise que mon père la surnommait «la Duchesse», et elle avait trouvé du travail chez Eaton, où elle devint plus tard chef de rayon. Elle prenait un soin jaloux de ses vêtements et nul d'entre nous n'était autorisé à les toucher lorsqu'elle les suspendait dans sa chambre, que des rideaux fleuris séparaient de la partie avant du salon. Avant de se marier, elle économisa suffisamment d'argent pour garnir son trousseau d'une lingerie très fine; elle était si maladivement méticuleuse qu'elle insista pour que chaque pièce, pourtant jamais portée, soit lavée soigneusement et pendue sur la corde à linge derrière la maison. Quand elle voulut rentrer ses vêtements, ils avaient tous disparu; des garçons avaient dû les dérober en se faufilant par la ruelle.

Jean était une étudiante modèle et elle aurait pu embrasser n'importe quelle carrière. À la fin de sa huitième année, elle remporta une bourse pour entrer au collège, mais les professeurs décidèrent de la remettre plutôt à une autre fille dont le père était au chômage et qui avait davantage besoin de cet argent. Cette décision parut si injuste à Jean que quelque chose sembla s'éteindre en elle. Elle ne rêva plus de devenir infirmière et perdit tout intérêt pour les études. Peu de temps après, elle quittait l'école et entrait, elle aussi, à l'emploi de Eaton.

À un moment donné, on aurait dit que toute la famille était employée dans ce grand magasin. Même ma mère y occupa un poste à mi-temps au service des comptes courants. Eaton faisait un peu partie de la famille, et, qu'il pleuve ou qu'il neige, ma mère et mes soeurs se faisaient un devoir de rentrer au travail, parce qu'à leurs yeux Eaton comptait sur elles. Ce n'est que plus tard, quand leur génération d'employés allait bientôt prendre sa retraite et que plusieurs d'entre eux furent remerciés avant de ne pouvoir encaisser leurs rentes, qu'elles furent forcées d'admettre que ce sentiment n'était pas partagé.

Mon frère avait aussi abandonné les études pour travailler; c'était au moment où, chaque soir, à la radio, on nous bombardait de nouvelles de la guerre. Pour moi, ce n'était rien de plus qu'une énumération de champs de bataille sans existence réelle et d'interminables discours de propagande aux actualités filmées, ces *News of the World* qu'on nous projetait au cinéma, à la séance du samedi matin, et où l'on voyait Gracie Fields en personne chanter *The Biggest Aspidistra in the World*, dans le cadre d'une tournée pour promouvoir la vente des bons de la Défense nationale. Mais pour Arnold et bien des garçons de son âge, la guerre représentait l'aventure et le moyen d'échapper à la vie monotone et étouffante du foyer paternel. Il s'était porté volontaire dans l'armée de l'air dès qu'on avait appelé les Canadiens sous les drapeaux, mais il avait été réformé parce qu'il avait souffert de pleurésie dans son enfance et qu'il avait encore une ombre au poumon. Toutefois, lorsqu'en 1941 les recrues vinrent à manquer, on le rappela. Il avait l'air si fringant, mais si jeune et si innocent, dans son uniforme et son képi bleus de l'armée de l'air quand il nous quitta pour l'Angleterre, où il rallia une escadrille australienne de bombardement.

Presque toutes les familles que nous connaissions avaient envoyé un des leurs à cette lointaine guerre, même les familles canadiennes-françaises du voisinage, en dépit de la lutte féroce que menait le Québec contre la conscription. Les symboles de deuil ne tardèrent pas à faire leur apparition: on accrochait des couronnes de crêpe noir aux portes des maisons pour signaler la perte d'un mari ou d'un fils.

En 1942, dès qu'elle eut dix-huit ans, Jean s'enrôla à son tour et partit vivre en baraquement. En vieillissant, elle était devenue si séduisante qu'on lui demanda de poser pour une affiche qui servirait au recrutement; le garçon qu'on choisit pour figurer à ses côtés sur la photographie était un jeune homme d'une allure impeccable, nommé Fred Norman. Ces deux beaux jeunes caporaux en uniforme et casquette kaki s'éprirent l'un de l'autre dans l'atelier du photographe, et ils s'épousèrent deux ans plus tard.

Parce que tous les hommes étaient partis pour le front, des milliers d'emplois étaient disponibles dans la ville. Les journaux regorgeaient de petites annonces et la plupart des mères de notre quartier roulaient de la gaze à pansements ou travaillaient aux chaînes de montage des usines de munitions ou à Canadair; elles remplissaient ainsi leur devoir de patriote tout en empochant de gros salaires. Dans ce contexte, il devenait presque impossible de résister à la tentation d'accepter un emploi. Les études ne semblaient plus avoir de sens.

Je n'avais entrepris mes études secondaires que depuis six mois et je ne le supportais déjà plus. Je n'ai jamais été une élève brillante, mais j'ai toujours obtenu une note suffisante. De plus, après que la guerre eut éclaté, une bande de durs avait pris d'assaut la William Dawson Elementary School et tyrannisait les élèves, désormais confiés aux bons soins de vieux professeurs qui, en temps normal, auraient déjà été à la retraite. Quand les professeurs tentaient de donner un cours de mathématiques, ces garçons effrontés se croisaient les bras, prenaient un air obstiné et exigeaient un autre cours de dessin. J'étais consciente de ne plus rien apprendre et j'en avais assez. Je mourais d'envie de tout lâcher pour me trouver du travail comme mon amie Ruthie Maclean.

Elle travaillait à la Royal Insurance et me prévint qu'un poste se libérait. Mon père a d'abord refusé d'en discuter. Comme la plupart des immigrants écossais de sa génération, il était convaincu de l'importance de l'instruction. Mais il me donna finalement son approbation après que je lui eus promis de m'inscrire à des cours du soir. Et je quittai sans le moindre regret la William Dawson Elementary School.

Je n'avais que treize ans; légalement, je n'étais pas en âge de travailler, mais la direction de la compagnie d'assurances ferma les yeux sur ce détail. On se comptait chanceux d'avoir déniché la perle rare pour occuper un emploi mal rémunéré et dont personne ne voulait puisqu'on offrait des salaires beaucoup plus alléchants dans les usines d'armement. Moi, j'étais ravie d'entrer enfin pour de bon dans ce que je considérais comme la vraie vie. Je venais de faire un grand pas en vue de m'assurer une existence meilleure.

CHAPITRE 6

Une femme indépendante

Je n'ai jamais eu la moindre patience avec les gens mécontents de leur sort et qui se défoulent sur leur entourage. Chaque fois qu'il m'arrive, dans un magasin, de me trouver devant une vendeuse grossière ou d'avoir presque à supplier pour qu'on me serve, je trouve toujours le moyen, une fois que la conversation est engagée, de suggérer à mon interlocutrice de songer à se chercher un autre travail. Elles en restent d'abord interdites. Elles croient que j'essaie ainsi de les humilier, ce qui n'est pas du tout le cas. Puis je partage avec elles quelques-uns de mes souvenirs. «Vous savez, dis-je, j'aimerais vous confier un secret. De toute évidence, vous n'aimez pas votre travail, mais vous ne devriez pas en faire souffrir les clients. Essayez plutôt d'améliorer votre sort. Vous êtes sûrement douée pour quelque chose. J'ai laissé l'école à treize ans et pourtant je chante en vingt-six langues différentes et j'en parle quatre. Je suis cantatrice et je sillonne le monde; j'ai donné des concerts devant des présidents et des princes. Et, d'expérience, j'ai appris que chacun peut être qui il veut dans la vie. Il suffit pour cela de consentir le petit effort nécessaire.» Souvent, lorsque je quitte le magasin, elles viennent me remercier de les avoir forcées à remettre leur vie en question. Même si je n'ai jamais eu une attitude aussi négative, je me reconnais beaucoup dans ces vendeuses. Si ce n'était du chant, je serais probablement encore commis de bureau.

J'étais totalement heureuse de travailler. Je savourais cette sensation d'être adulte lorsque j'enfilais, chaque matin, mes bas de soie et mes chaussures à talons hauts et que je montais dans le tramway pour me rendre à la Royal Insurance, au centre-ville. Du jour au lendemain, j'étais passée de l'enfance au monde adulte, sans connaître les années insouciantes de l'adolescence. Je veillais, entre autres, au classement des documents et à la production des photostats. Le travail de classement ne posait aucune difficulté, mais la production de photostats, à l'époque, ne différait guère de l'impression de photographies: c'était un procédé incroyablement complexe qui obligeait à plonger les bras jusqu'aux coudes dans de grandes cuves de produits chimiques nauséabonds. Je détestais cela, aussi ai-je appris seule à taper à la machine. Je m'y suis initiée en observant les autres filles du bureau à leurs claviers puis en m'y exerçant, tard le soir, jusqu'à ce que je devienne une assez bonne dactylo. Je dépouillais toujours les annonces d'offres d'emploi, en quête de possibilités d'avancement, et j'ai finalement trouvé ce que je cherchais: un travail de dactylo à la Dominion Insurance où je gagnerais un peu plus par semaine.

Je décrochai un poste dans l'équipe de dactylos de la Dominion Insurance, mais je n'y suis pas restée longtemps. Je changeais souvent d'emploi pour quelques dollars de plus par mois. Je remettais mes chèques de paye à mes parents, qui me donnaient de l'argent de poche — seulement deux dollars par semaine, une vraie fortune à l'époque.

Puis je suis devenue vérificatrice au service des comptes courants chez Eaton. C'était avant l'apparition des cartes de crédit et les opératrices de machine à calculer passaient toutes leurs journées à recopier les factures du magasin; à l'aide de leurs petites calculatrices, elles inscrivaient les sommes dues dans les comptes à percevoir des clients concernés. Les vérificateurs devaient s'assurer qu'aucune erreur n'avait été commise. J'avais l'oeil pour les signatures et, un jour, je notai une différence d'écriture presque imperceptible. Je la signalai au chef du service et un scandale éclata. On découvrit que six ou sept opératrices de calculatrice, qui savaient quand certains clients prenaient leurs vacances, inscrivaient à leurs comptes courants des achats pendant leur absence. Il s'agissait toujours de babioles insignifiantes — des bas, du maquillage, rien de bien extravagant — mais le manège se répétait souvent. À cause de cela, on congédia une demi-douzaine de personnes du service des comptes courants; inutile de dire que cet épisode ne me rendit pas très populaire auprès des employés de Eaton.

J'entrai ensuite au service des soumissions de McKim Advertising. Je n'avais encore jamais suivi de cours du soir comme je l'avais pourtant promis à mon père; mais, pendant que je me trouvais à l'emploi de cette agence de publicité, je m'inscrivis à un cours d'arts décoratifs, après les heures de travail, et j'y réussis plutôt bien. Un jour, avant que je me rende à mon cours, le chef de service de la conception artistique, à la compagnie, remarqua la présence de mon grand cahier à esquisses près de ma machine à écrire et me demanda la permission de le feuilleter.

«Mais vous avez beaucoup de talent, me dit-il. Pourquoi ne vous faites-vous pas muter comme apprentie, à mon service?»

«Quel est le salaire d'une apprentie?» demandai-je.

«Sept dollars par semaine», me répondit-il. J'en gagnais déjà huit, aussi déclinai-je son offre. Je serais volontiers devenue conceptrice graphique, mais je refusais de travailler pour un dollar de moins par semaine.

Je raffolais de ces cours et, un soir, je suis rentrée un peu trop exubérante à la maison. J'ai montré à mon père mes esquisses d'une femme qui avait posé nue pour nous. «J'ai vraiment hâte à la semaine prochaine, lui dis-je. Nous aurons un homme comme modèle.»

Ce fut la fin de mes cours d'arts décoratifs. Prude comme tout bon Écossais, mon père m'interdit d'y retourner, ce qui me brisa le coeur.

Même après être entrée sur le marché du travail, je passais beaucoup de temps seule. Une brouille avec Ruthie Maclean m'avait appris à me montrer plus avisée dans le choix de mes amies. J'avais treize ans et, à cet âge, les adolescentes nourrissent des amitiés exclusives; je la croyais parfaite. Elle était mon aînée de trois ans et, à mes yeux, l'incarnation même de la féminité. Un jour, nous nous sommes donné rendez-vous pour faire ensemble du patin à l'endroit le plus à la mode, une énorme patinoire du centre-ville. J'avais passé la semaine à choisir ce que je porterais pour l'occasion, et des heures à me préparer; j'attendis sa venue, mais en vain. Plus tard, je la vis déambuler devant la maison en compagnie de sa soeur aînée.

«J'ai décidé d'aller au cinéma, me dit-elle. Je n'ai pas envie de faire du patin.»

L'affront n'en était que plus terrible parce qu'elle savait pertinemment que j'étais encore trop jeune pour qu'on me laisse entrer dans une salle de cinéma du centre-ville. Je m'enfermai à double-tour dans ma chambre et je pleurai à chaudes larmes. La rebuffade ne me paraît pas si terrible aujourd'hui, mais à compter de ce jour j'ai appris à ne jamais dépendre entièrement de personne. Dans tous mes rapports avec les gens, quelle qu'en soit l'intensité, je me suis toujours conservé une petite marge d'indépendance.

J'ai revu Ruthie de temps à autre, mais nos vies avaient pris des chemins différents. Elle se maria très jeune et, plus le temps passait, moins nous avions de choses en commun. Peu après son mariage, elle et son mari eurent un grave accident de voiture à la campagne. Son mari n'était pas grièvement blessé, mais les policiers conduisirent Ruthie dans un petit hôpital de province tenu par des religieuses, qui ne décelèrent pas qu'elle souffrait d'une commotion cérébrale. Le lendemain matin, elle était morte.

Sans camarade avec qui partir à l'aventure, je passais souvent seule mes soirées. Les vendredis et samedis soir, pour me divertir, je me rendais à Danceland, une immense salle située à l'étage de la Dinty Moore's Tavern, rue Sainte-Catherine, où se produisaient des orchestres de danse, qu'on appelait des Big Bands. Pour l'occasion, je mettais ma plus belle jupe de laine artificielle à carreaux et un chandail très ample comme le voulait la mode; j'empruntais aussi à ma soeur un petit faux col blanc Peter Pan et des perles. Des socquettes et des chaussures à sangle complétaient cette tenue, qui devait garder la faveur populaire pendant plus d'une décennie. J'osais même m'appliquer un peu de rouge, remplir mon soutien-gorge de chaussettes et plonger mon peigne dans le peroxyde pour vérifier si les blondes décolorées avaient vraiment plus de succès. Je n'avais certainement pas plus de quatorze ans, mais la jeune travailleuse que j'étais voulait déjà en paraître dix de plus.

Je disais à mes parents que je me rendais au club des jeunes de la paroisse Saint-Marc, au centre-ville, où je flânais parfois, puis je sautais dans le tramway qui m'emmenait à Danceland. Le plafond était parsemé d'ampoules de couleur, mais c'était là tout le décor. Il n'y avait pas de tables et les spectateurs s'agglutinaient près des murs quand ils ne dansaient pas. Parfois un jeune homme m'invitait à danser un fox-trot, mais je n'avais pas envie de me retrouver contre le corps d'un inconnu lorsque l'orchestre entamerait une pièce plus lente. Je venais surtout écouter de la musique.

Tous les chefs d'orchestre populaire dont j'avais entendu parler se produisaient à Danceland: les frères Dorsey, Woody Herman, Glenn Miller, Louis Prima et sa soliste Keely Smith, une jeune chanteuse au visage impassible. Mais je me pâmais surtout pour Stan Kenton et son orchestre de jazz d'avant-garde. Son arrangeur, Pete Rugolo, lui préparait généralement de merveilleuses orchestrations qui donnaient à sa musique une couleur très classique.

Je m'installais juste au pied de l'estrade où jouait l'orchestre et je pouvais ainsi mieux voir le jeu des divers instruments: comment, par exemple, un thème passait des saxophones aux clarinettes, puis aux trompettes. Quand on tamisait l'éclairage pour une pièce plus lente et que la grosse boule argentée et pailletée de miroirs, au centre du plafond, lançait des éclairs de toutes les couleurs sur la foule, je me blottissais contre l'estrade, fermais les yeux et me balançais au rythme de la musique. Je m'imaginais chantant avec l'orchestre. Mes ambitions n'allaient pas plus loin: je désirais désespérément chanter avec un orchestre à Danceland.

Un jour, j'ai même osé téléphoner à Johnny Holmes, dont l'orchestre se produisait souvent, le samedi, aux soirées dansantes du Victoria Hall, à Westmount. J'avais entendu dire que sa chanteuse soliste l'avait quitté pour aller sur la côte ouest et je lui demandai de m'accorder une audition. Il me répondit qu'il préférait, cette année-là, se passer de chanteuse. Sa réponse me démoralisa. Je le revis des années plus tard et lui rappelai cet incident. «Vous savez, lui dis-je à la blague, si vous n'aviez pas refusé mon offre, je serais aujourd'hui chanteuse dans un orchestre de danse.»

Le prix d'entrée à Danceland me prenait parfois tout mon argent de poche et il ne me restait plus un sou pour revenir en tramway. Je devais alors rentrer à pied, seule, par un chemin en bordure de la voie ferrée, mais jamais je ne me suis sentie menacée. Un soir, je suis revenue très tard et mes parents étaient déjà au lit. Sur le bout des pieds, je me suis rendue à la salle de bains, contiguë à leur chambre, à l'arrière de la maison. Soudain, une

60

souris est sortie de son trou. Effrayée, je me suis juchée sur le vieux lavabo, qui s'est arraché du mur. Des tuyaux se sont brisés et l'eau s'est mise à gicler. Mes cris ont réveillé mes parents, et, en peu de temps, toute la maisonnée s'affairait dans l'appartement avec des torchons et des seaux. Nous avons passé la moitié de la nuit à patauger dans quelques centimètres d'eau.

* * *

Dans ma vie professionnelle, les changements se succédaient à un rythme fou. En quittant McKim Advertising, je trouvai un emploi que j'adorai: standardiste chez Bell Telephone. Il me fallait parler au téléphone toute la journée et j'adorais déjà bavarder. À ce central téléphonique, j'ai appris beaucoup sur la façon de traiter avec le public. Bien entendu, les services de Bell Telephone n'étaient pas encore automatisés et environ quatre cents jeunes filles, coiffées d'écouteurs, prenaient place devant des standards bardés d'ampoules clignotantes. Quand un abonné plaçait un appel, la lumière au sommet du tableau s'allumait et six filles pouvaient tenter simultanément d'établir la communication, même si une seule d'entre elles finirait par acheminer l'appel. Quand l'abonné raccrochait, l'ampoule logée à la base du tableau clignotait pour prévenir la standardiste qu'elle devait débrancher, mais il arrivait qu'une employée retire accidentellement la fiche pendant l'appel et interrompe ainsi la communication; l'abonné ne se privait pas alors de l'engueuler. Les surveillants du service, chez Bell, nous avaient appris que, si un client se mettait à hurler, la meilleure solution consistait à baisser la voix. Par la suite, cette tactique m'a bien servie à plusieurs reprises.

Au téléphone, mon caractère bouffon prenait le dessus. Quand j'étais du quart de nuit et que j'avais du temps à perdre, je jouais des tours à mon père et à mon oncle du New Jersey. Je composais leurs numéros et, imitant l'accent d'une standardiste de chaque pays, je faisais croire à chacun d'eux que l'autre voulait communiquer avec lui. Ils ne se sont jamais doutés de rien.

J'aimais aussi écouter les conversations des abonnés et me les imaginer. Parfois, une femme appelait et demandait: «Je voudrais la communication avec tel numéro à Chicago. Si une femme répond, excusez-vous et dites qu'il y erreur. Mais si c'est un homme, passez-moi la communication.» Ou un homme demandait un numéro depuis une chambre d'hôtel, et, à ce qu'on entendait derrière, on pouvait être sûr qu'il s'y amusait ferme. Mais quand son épouse, à la maison, soulevait le combiné, il prenait une voix terriblement grave. «Chérie, il n'y a vraiment pas moyen de quitter cette sacrée réunion; je crois bien que je ne pourrai pas rentrer ce soir comme prévu.» En travaillant comme standardiste au service des appels interurbains, j'ai appris tout ce que j'avais besoin de savoir sur les hommes.

J'étais si heureuse à Bell Telephone qu'il m'est arrivé d'imaginer que j'y passerais ma vie. Mais, après deux années dans la boîte — jamais je n'ai tenu aussi longtemps ailleurs —, on m'offrit un meilleur salaire chez Canada Dry, que je quittai ensuite pour mieux encore, à la compagnie de pneus Gutta Percha Rubber. *«Gutta Percha, la société des pneus. Un moment, s'il vous plaît[1]»*, répétais-je chaque fois que je répondais au téléphone. Pendant un certain temps, j'ai cru que j'étais née pour exercer ce métier de réceptionniste. Je devais non seulement m'entretenir avec les gens au téléphone mais aussi les accueillir au bureau. J'étais toujours ponctuelle et de bonne humeur, et les gens aimaient bien ma voix. Je savourais ma réussite. Ce n'est que lorsque je reçus mon premier chèque de chanteuse que ma vie prit une tournure insoupçonnée: je pressentis alors que ma voix pourrait constituer mon passeport pour sortir de la pauvreté.

---

1. En français dans le texte. (*N.d.T.*)

CHAPITRE 7

Un registre plus grave

Le jour de la Victoire! La guerre était finie! Et, en cette journée du printemps 1945, les gens descendirent dans les rues de Montréal en frappant sur leurs chaudrons et leurs moules à gâteaux en signe de réjouissance. Pour notre famille, ce moment de célébration tant attendu fut reporté à plus tard. Le bombardier de mon frère avait été abattu et Arnold était l'unique survivant de l'équipage. Il dut rester hospitalisé en Angleterre des semaines durant, après que ses camarades eurent commencé à rentrer au pays. Quand il arriva enfin, à bord du *Queen Mary*, toute la rue Fabre l'accueillit en héros. Il avait grandi et embelli; je trouvais même qu'il ressemblait beaucoup à Leslie Howard. Même si je travaillais depuis déjà deux ans, pour lui j'étais encore la petite et il m'appelait «Mo l'Invincible», en l'honneur du cuirassé *Missouri*[1]; ce surnom m'est resté depuis lors. J'eus l'impression que le Arnold que nous avions connu était mort dans l'écrasement de son bombardier.

Il lui arrivait de s'asseoir et de regarder dans le vague, sans avoir conscience qu'on s'adressait à lui, et, jusqu'à la fin de sa vie, il connut d'incroyables périodes dépressives. Je pense qu'il était dévoré par un sentiment de culpabilité, le même qu'éprouvèrent les survivants d'Auschwitz. Il ne pouvait plus travailler à l'intérieur ni supporter de se retrouver dans une pièce close. Plus tard, il occupa le seul emploi où il se sentit à l'aise: poseur de

---

1. «Mo» est en effet l'abréviation de Missouri. (*N.d.T.*)

lignes téléphoniques. C'était à Sept-Îles, où il était allé vivre avec Nan, qu'il avait épousée peu après son retour au pays.

Fraîchement rapatrié, Arnold fut le premier à m'écouter chantonner dans la maison et à remarquer que ma voix avait changé. «Tu seras une alto comme maman», me prédit-il. Je n'avais que quinze ans et ma voix de soprano avait commencé à muer comme celle d'un garçon pubère. J'avais remarqué que je ne pouvais plus donner les notes suraiguës au choeur Fairmont Taylor. Le chef de choeur m'avait fait reculer de quelques rangs pour me joindre aux mezzos de la deuxième section des sopranos, mais, plus le temps passait, plus ma voix devenait grave. Puis, un jour, il me dit: «Écoutez, Forrester, pourquoi n'iriez-vous pas aider les altos?» Dans le langage du chant choral, cela équivaut à une rétrogradation. Les altos chantent les parties d'accompagnement, jamais la mélodie, et personne ne se vante donc jamais d'être parmi les altos. Mais cette humiliation ne me bouleversa pas le moins du monde puisque je n'avais encore aucune ambition de faire carrière comme chanteuse.

Puis Arnold suggéra que je suive des cours de pose de voix et dit qu'il avait entendu parler en bien d'un professeur du nom de Sally Martin, qui vivait à Westmount. Il proposa même d'en acquitter les frais. Même si j'aimais assez chanter dans le choeur, je considérais l'étude du chant comme une perte de temps. Le nom de Westmount résonna cependant à mes oreilles comme un mot magique: dans cette enclave dorée, les Montréalais les plus riches habitaient de fabuleuses demeures. Je mourais d'envie d'en visiter une. Je suivis son conseil et m'inscrivis chez Sally Martin, mais je dus finalement payer de ma poche tous les cours. En fait, Arnold ne m'avait incitée à étudier le chant que parce qu'il espérait faire ainsi la connaissance d'une autre élève de Sally Martin, même s'il était alors officiellement fiancé à Nan.

Dès mes premiers cours chez Sally Martin, j'étais conquise. J'adorais prendre le bus pour me rendre à son appartement dans un élégant immeuble de pierre, rue Sherbrooke, en face de l'Hôtel de Ville de Westmount. Comme tant d'autres professeurs de chant, elle enseignait à une petite clientèle d'adolescentes, membres de chorales, mais cette petite femme rondelette et enjouée, aux cheveux gris bouclés et aux yeux bleus rieurs, fut aussi pour moi la grand-mère que je n'avais pas eue. Elle n'avait de toute évidence jamais entendu parler du précepte selon lequel un chanteur ne doit pas s'exécuter l'estomac plein et elle consacrait la moitié des cours à me gaver de biscuits, de lait, de galettes de pain au lait et de confitures. Sally Martin semblait convaincue que tous ses élèves souffraient de sous-alimentation.

Je lui dois sans doute ma singulière aptitude à avaler un repas complet tout juste avant de donner un concert, contrairement à tous les autres chanteurs que je connais. Mon accompagnateur, John Newmark, ne tarit pas d'anecdotes sur mon incroyable appétit. Il se plaît souvent à raconter qu'un jour, comme nous étions arrivés à Calgary avec du retard et que nous n'avions pas eu le temps de dîner, j'ai englouti une entrée de crevettes, un bifteck, des frites et une salade, moins d'une heure avant le lever du rideau. En apercevant sa mine horrifiée au moment où j'entamais une tarte à la citrouille, j'ai voulu le rassurer: «Ne t'inquiète pas, John, lui dis-je, je ne mangerai pas la croûte!»

Par bonheur, j'ai l'estomac solide comme le roc. Malgré cela, j'ai appris qu'il valait mieux éviter d'ingérer certains aliments avant un concert: les sauces crémeuses laissent des chats dans la gorge; le poisson déshydrate la bouche et, comme tous le savent, les oignons et les épices ne sont pas recommandés non plus. Une respiration profonde et c'est le hoquet.

Pendant les cours, le mari de Sally Martin nous accompagnait au piano. Il était grand, décharné, avec une petite moustache en brosse qui lui donnait l'air arrogant d'un serveur français. Je m'attendais toujours à ce qu'il s'amène, une serviette blanche au bras, et me tende un menu. Exubérante et avenante, Sally était tout l'opposé. Elle m'enseigna les rudiments de la respiration et me montra comment chaque mesure d'une phrase musicale est liée aux autres. Plus important encore, elle m'apprit mon premier lied, *Srill Wie Die Nacht* de Karl Böhm. Je ne connaissais pas encore l'allemand, mais je pouvais imiter n'importe quel son et j'étais emballée par ce nouvel exploit. Je rentrai en courant à la maison pour partager mon enthousiasme avec ma mère. «Je viens tout juste d'apprendre un air allemand. Il faut absolument que vous entendiez ça», lui dis-je. Je m'assis au piano et je m'exécutai.

«Vraiment ravissant, ma petite, fit-elle froidement. Maintenant, chante-moi donc *The Old Rugged Cross*.»

Alors que j'étudiais le chant avec Sally Martin, quelqu'un soutint ma candidature à un poste de soliste, le premier pour lequel on me verserait un cachet. Doris Killam, l'organiste du temple Stanley Presbyterian, retint mes services comme première alto de son choeur, à raison de douze dollars par mois. Pour cette somme, je devais chanter deux offices, le dimanche, et assister aux répétitions de la chorale, le jeudi soir, après mon travail; Doris devenait aussi mon répétiteur. Ce temple était situé si loin de chez nous que je passais des heures en tramway, le dimanche, à me taper deux fois l'aller retour dans la journée. Pendant la plus grande partie de mon adolescence, j'eus l'impression que j'étais retenue à chanter au temple toute la journée alors que mes amies s'amusaient sur les pentes de ski des Laurentides.

Peu de temps après, le choeur St. James United, dont ma mère faisait partie, m'offrit une rétribution supérieure: vingt dollars par mois; je m'y retrouvai donc comme deuxième alto. Pour moi, cette décision fut d'une importance considérable. L'organiste et chef de choeur de St. James, Warner Norman, joua un rôle capital dans ma vie: il m'aida à raffiner mon goût musical. Les solos que j'avais coutume de chanter au temple se limitaient presque entièrement jusque-là aux vieilles rengaines d'usage du recueil d'hymnes. Mais Warner Norman me révéla un tout nouvel univers, celui de la musique classique, qui m'était totalement inconnu. Il me donna à interpréter des solos d'*Israël en Égypte* de Haendel et de la *Messe en si mineur* de Bach, et il m'initia aux grands compositeurs français. Il vit aussi à ce que son amie, Marie-Josée Forgues — une soprano qui avait remporté le concours *Singing Stars of Tomorrow* de Radio-Canada —, m'enseigne un français plus élégant que le joual appris dans la rue. Je pressentis très tôt que Warner pouvait m'apprendre beaucoup et je lui demandai de devenir mon répétiteur. Le travail du répétiteur est fort différent de celui du professeur de chant. Ce dernier ne s'occupe en fait que de la technique vocale, alors que le premier enseigne à interpréter et à nuancer une phrase musicale. Par les pièces dont il m'imposa l'étude, il me lança dans une véritable aventure où il me fallut relever des défis techniques de même qu'explorer une vaste gamme d'émotions et d'idées exprimées par la musique et dont l'existence ne m'avait même jamais effleurée. Si j'étais restée au temple de notre quartier, je chanterais encore *Abide with Me*.

Warner Norman avait été officier de la marine et, malgré son obésité et ses sourcils noirs en broussaille, toutes les femmes du choeur avaient le béguin pour lui, même ma mère. Une belle rousse avait eu une idylle avec lui et, après leur rupture, elle était restée éprise de lui même s'il fréquentait alors Marie-Josée. Quelle que fût l'heure à laquelle se terminait la répétition, la rousse l'attendait à la porte, malgré toutes les manoeuvres de Norman pour l'éviter. Elle l'avait vraiment dans la peau.

Parfois, après les cours particuliers qu'il me donnait, il me demandait de conduire sa voiture jusqu'à Lachute, à environ quatre-vingts kilomètres au nord de Montréal, où il dirigeait un choeur d'hommes. Il aimait avoir de la compagnie pour la route. Il serait sans doute plus honnête d'avouer que, pas plus que les autres, je n'étais indifférente à ses charmes — en fait, je l'idolâtrais —, mais il ne se sentait pas attiré par moi et nos rapports restèrent toujours platoniques. Nous nous contentions de parler musique et de rigoler un bon coup. Mais un jour, en rentrant du travail, je trouvai ma mère en larmes.

«Seigneur, je n'aurais jamais cru voir, de mon vivant, une de mes filles condamnée pour sa conduite par les anciens de la paroisse», fit-elle en sanglotant.

Elle avait reçu une lettre anonyme qui se lisait comme suit: «Que penseraient les anciens de la paroisse s'ils apprenaient qu'un organiste, divorcé de surcroît, s'intéresse à une jeune fille et l'emmène hors de la ville dans de longues randonnées en voiture?»

«C'est une insinuation ridicule, maman. Vous savez bien qu'il m'arrive d'accompagner Warner Norman à Lachute. Le pasteur ne l'ignore pas non plus et nous devinons tous qui est l'auteur de cette lettre. Si je me sentais le moindrement coupable, je quitterais le choeur. Mais je ne me laisserai pas intimider par une accusatrice anonyme de mauvaise foi.» Je lui dis ensuite que nous nous rendrions ensemble, la tête haute, à la prochaine répétition du jeudi soir et que nous comporterions comme s'il ne s'était rien passé, puisqu'il en était réellement ainsi. Finalement, comme c'était à prévoir, l'affaire s'est ébruitée. Qui a dit qu'on s'ennuyait dans les chorales paroissiales?

Peu après, Warner monta l'oratorio *Élie* de Mendelssohn et me confia la partie de la tentatrice Jézabel. Ce n'était qu'un petit rôle de quelques portées seulement, sans importance à mes yeux, mais qui me valut quand même ma première critique dans les journaux. Eric McLean, critique musical au *Montreal Star*, souligna brièvement ma participation dans son compte rendu du concert. Il écrivit que la jeune alto promettait beaucoup. Plus tard, Eric et moi nous sommes bien amusés en évoquant cet article qui aurait pu difficilement lancer ma carrière: il n'y mentionnait même pas mon nom, qui ne figurait d'ailleurs pas au programme.

Dans la salle ce soir-là, il y avait aussi George Little, directeur musical du Erskine and American United Church Choir, une importante paroisse du centre-ville qui comptait parmi ses fidèles de nombreux Montréalais fortunés. Il me téléphona après le concert et m'offrit trente dollars par mois pour devenir son alto soliste. Je n'ignorais pas que George Little dirigeait aussi le Montreal Bach Choir dans ses temps libres, un choeur qu'on entendait souvent à la radio; dans ces conditions, comment pouvais-je résister à la tentation d'accepter sa proposition? Mais je me sentais coupable de quitter le choeur de Warner Norman et je pris les dispositions nécessaires pour poursuivre au moins mes cours avec lui. Il ne se permit jamais de me faire le moindre reproche, mais il avait été mon mentor et je savais pertinemment qu'il était blessé de voir si tôt l'élève surpasser le maître.

Certains professeurs de chant déconseillent à leurs jeunes élèves de s'engager dans des choeurs, de crainte qu'ils ne s'y abîment les cordes vocales, mais j'ai toujours affirmé le contraire. C'est dans les choeurs que j'ai fait mon apprentissage. Et, par ailleurs, si on n'apprend pas à marier sa voix à d'autres voix, comment espérer réussir à la marier à tout un orchestre?

Les choeurs ont aussi transformé ma vie sociale. Le jeudi, les répétitions se terminaient toujours par une soirée improvisée. Parfois, nous nous rassemblions à l'atelier de Warner, où Harry Elsie, l'un des ténors, sortait de ses poches une bouteille d'alcool de son cru. Je ne buvais pas, mais j'y trempais parfois les lèvres pour ne pas détonner dans cette ambiance de folle gaieté. Un jour, Harry a répandu par mégarde un peu de son alcool sur le plancher, ce qui a laissé un trou dans le linoléum! Je vous assure qu'après cela j'ai été un bon moment sans boire une goutte d'alcool.

Les membres du choeur Erskine and American avaient établi leurs quartiers au restaurant Old Mill, rue Sainte-Catherine. C'était une salle étroite et longue, au cachet européen, où se produisait un trio de musique de chambre installé dans une alcôve à l'arrière. Un violoniste ambitieux et une pianiste étique et blême jouaient régulièrement dans ce trio. Ce n'était un secret pour personne que, même si chacun des deux était marié, ils avaient une liaison depuis des années. Mais à les regarder et à les écouter jouer, il était impossible de les croire capables de passion.

Chaque fois qu'ils interprétaient un choix de pièces que nous connaissions, nous bondissions de nos chaises et nous improvisions un spectacle amateur. La merveilleuse basse d'ascendance russe George Bragonetz interprétait alors *La Chanson du passeur de la Volga* et le ténor Guy Pichet exécutait quelque aria de Puccini. J'y chantais souvent une aria que Warner Norman m'avait apprise et que j'ai gardée à mon répertoire jusqu'à tout récemment: *Mon coeur s'ouvre à ta voix*, de *Samson et Dalila* de Saint-Saëns. Les autres clients payaient alors une traite aux garçons. On s'amusait ferme et sans la moindre intention malveillante. Je me dis souvent que si plus de gens — jeunes et vieux — devenaient membres de choeurs et de chorales dans les villes, on y souffrirait bien moins de solitude.

Peu après mon adhésion au choeur Erskine and American, Sally Martin quitta Montréal. Son mari venait de recevoir un héritage inespéré dans les vieux pays, mais comme il ne pouvait sortir cet argent d'Écosse, ils retournèrent y vivre. J'étais triste de la voir partir, mais cette séparation tourna finalement à mon avantage. J'avais tant d'affection pour elle que je serais peut-être restée à jamais son élève; j'ai compris plus tard qu'elle m'avait alors déjà enseigné tout ce qu'elle savait.

Je me mis donc à la recherche d'un autre professeur, que je dénichai enfin dans l'arrière-boutique du magasin de musique Bélanger, rue Amherst; il s'appelait Frank Rowe. Ce baryton avait connu son heure de gloire comme interprète d'oratorios anglais, et, lorsque je fis sa connaissance, il avait encore une voix splendide, bien qu'il fût presque octogénaire. Même alors, il pouvait toujours chanter le rôle d'Élie et, selon moi, il incarnait à merveille ce personnage. C'était un homme de stature imposante, toujours impeccable dans son gilet à gousset d'où pendait la chaîne d'une montre en or, et avec sa lavallière nouée autour du cou.

À l'avant du magasin, une demoiselle d'allure redoutable, aux cheveux relevés en chignon qui lui donnaient un air sévère, vendait des partitions de musique classique à des pianistes et à des violonistes encore aux études, et, à l'arrière dans un cubicule à peine plus grand qu'une table de salle à manger, Frank Rowe, assis à un piano droit, enseignait le chant. Il avait une brochette d'élèves incroyable, dont plusieurs feraient la gloire du Canada sur la scène musicale internationale; qu'il suffise de mentionner ici les noms d'André Turp et de Louis Quilico, ou Luigi, comme on l'appelait encore officiellement dans les programmes de concerts. Je n'oublierai jamais l'après-midi où j'attendais mon tour à la porte de l'atelier de Frank Rowe, assise sur un minuscule banc de bois, et où j'ai entendu cette chaude voix de baryton — la plus splendide qu'il m'ait jamais été donné d'entendre — avant de voir un énorme nounours sortir en traînant le pas: c'était Louis Quilico.

Le père de Louis tenait un commerce de réparation de vélos; sa famille ne gagnait donc pas assez pour lui payer des études. Au début de sa carrière, il ne lisait pas la musique, et sa petite amie, qu'il fréquentait depuis ses années de collège — une pianiste nommée Lina Pezzolongo, qui devait plus tard devenir sa femme —, lui jouait et rejouait la même pièce jusqu'à ce qu'il l'ait mémorisée. Elle l'aida ainsi à se constituer un répertoire. Louis est un homme adorable, chaleureux comme sa voix, et il a toujours prétendu que je l'avais secondé au début de sa carrière. Un jour où les membres du Ladies Club d'Outremont m'avaient demandé de les aider à organiser une matinée musicale, je leur suggérai un programme dont je partagerais la vedette avec Louis. «Mais c'est un très bon artiste, les avais-je prévenues. Il faudra le payer.» Bien des années plus tard, Louis me confia qu'il avait ainsi obtenu son premier cachet. On lui avait versé la mirifique somme de cinq dollars. En 1974, le Comus Music Theatre, dont j'étais alors membre du conseil d'administration, monta *Le Médium* de Gian Carlo Menotti pour la télévision et retint les services du baryton Gino Quilico, fils de Louis et aussi talentueux que son père, pour interpréter Monsieur Gobineau. Cette fois encore, Louis devait m'apprendre, peu après, que Gino avait ainsi eu droit à son premier engagement rémunéré. «Tu es la marraine de toute la famille!» me répète-t-il toujours en blaguant.

Sous la houlette de Frank Rowe, je me suis épanouie. Il était doué pour mettre en valeur la voix et il m'a appris à prononcer et à respirer. Ma technique s'améliorait sensiblement et on commençait à me proposer de petits engagements dans les environs de Montréal. L'un des tout premiers fut un poste de soliste sur une base régulière pour les grandes fêtes juives au Temple Emmanu-El, une synagogue réformée, rue Sherbrooke. On transcrivait les textes en alphabet phonétique et le chantre m'indiquait leur exacte prononciation. Certaines amies de ma mère jugèrent cela assez choquant; pour moi, ce n'était là qu'un emploi parmi d'autres.

J'avais dix-huit ans et j'occupais toujours un emploi à plein temps, mais j'avais réussi à obtenir de Bell un horaire plus adapté à mes besoins: de six heures à neuf heures et de dix-huit heures à vingt et une heures. Je pouvais ainsi étudier et répéter l'après-midi. Je savais depuis peu que je voulais embrasser la carrière de cantatrice. Je me rappelle parfaitement le jour où j'ai pris cette décision. Avec le Bach Choir, dirigé par George Little, j'avais donné *Music Makers* de Vaughan Williams, dont on m'avait confié un solo qui ne faisait sans doute pas plus de quarante-deux mesures, dans le cadre d'une émission à Radio-Canada; or la convention signée par la Guilde des Musiciens prévoyait pour les solistes un tarif spécial. Quand on me remit mon cachet, je trouvai dans l'enveloppe soixante-douze dollars plutôt que les dix-huit auxquels j'étais habituée. J'en déduisis sur-le-champ qu'on m'avait payée davantage pour ces quarante-deux mesures que pour les milliers d'autres que j'avais chantées comme membre anonyme du choeur. Comme se plaisent à le répéter mes proches: «Promettez-lui un chèque et Maureen Forrester se lance tête baissée!»

Il me vint à l'esprit que je pourrais tout aussi bien gagner ma vie en chantant qu'en occupant n'importe quel autre emploi. Si cette conclusion allait de soi, trouver le moyen de faire le grand saut n'était pas aussi simple. Frank Rowe m'incita à m'inscrire à des concours. En lisant leurs comptes rendus, j'avais remarqué que, lorsque les critiques soulignaient le talent prometteur d'une interprète, elle remportait invariablement une bourse Sarah Fischer. Cette soprano, qui avait jadis connu sa brève heure de gloire sur les scènes du monde, était une femme incroyablement affectée. Avec ses pèlerines et son austère chignon, elle ressemblait à Helena Rubinstein. Quand j'ai entendu parler d'elle, elle avait déjà quitté la scène et se consacrait désormais aux jeunes talents: elle leur offrait une occasion de se faire valoir dans le cadre de compétitions qui se tenaient à la salle de bal du Ritz-Carlton. Sur la couverture du programme, on pouvait toujours admirer son profil.

J'y participai un jour; je chantai *Amarilli Mia Bella*, une page de l'*Anthologie d'arias italiennes* que tous les étudiants apprennent, et, à ma très grande surprise, je terminai première. Je découvris toutefois que ce premier prix ne me valait pas un sou, mais plutôt la chance de me produire à un autre concert Sarah Fischer. Sur le coup, j'aurais préféré de l'argent, mais ces deux apparitions publiques me donnèrent une excellente occasion de me faire entendre. Pourtant, en m'y préparant, je fus confrontée à un problème que je n'aurais pu prévoir. Sarah Fischer me téléphonait sans arrêt, toujours tard en soirée, sous prétexte de discuter du concert. Elle commençait à me taper sur les nerfs. J'ignorais alors tout des femmes attirées par leur sexe, mais mon instinct me disait qu'elle ne s'intéressait pas qu'à ma voix. En dernier recours, je demandai un soir à mon père de répondre à ma place. «Ma fille est encore très jeune et, dans cette maison, les enfants doivent se plier à certaines règles, dit-il. Ainsi, personne ne peut recevoir d'appel à une heure aussi tardive, à moins d'une urgence. Quelle que soit la carrière qu'elle mènera plus tard, d'ici là elle continuera à se lever tôt le matin pour se rendre au travail.» Après cette mise au point et jusqu'à mon concert de lauréate, quelques semaines plus tard, Sarah Fischer fut irréprochable.

Mais aucun événement du genre ne piquait davantage ma curiosité que le concours Marian Anderson de l'Academy of Vocal Arts, à Philadelphie. Une autre chanteuse m'en avait glissé un mot et je demandai par courrier qu'on m'adresse les règlements de ce concours. Sur une carte géographique que je consultai, Philadelphie me sembla à des années-lumière, mais j'économisai la somme nécessaire pour le billet d'avion. C'était mon premier vol et je souffris du mal de l'air pendant tout le voyage. Mais dès que j'eus mis le pied dans la salle de concert et que j'eus entendu les autres concurrents, je fus prise d'une autre sorte de malaise: je n'étais pas de taille et je le savais.

À l'époque, c'était l'une des rares compétitions ouvertes aux Noirs, qui comptaient d'ailleurs pour quatre-vingt-dix pour cent des inscrits. Jamais je n'avais entendu autant de gens si naturellement doués et, avant même que ne vienne mon tour, j'avais deviné que je n'étais pas totalement prête; après m'être exécutée, je savais que j'avais été médiocre. On réservait la toute fin du concours à des étudiants qui avaient gagné une bourse l'année précédente; on décidait alors de ceux qui profiteraient d'un renouvellement, et je restai dans la salle pour les entendre. Une jeune femme éblouissante s'avança sur scène d'un pas décidé; on aurait dit une reine africaine. Elle avait un port princier. Quand elle ouvrit la bouche et que j'entendis cette voix de soprano, je me suis dit: «Mon Dieu, mais qu'est-ce que je connais du chant?» J'aurais voulu disparaître dans un trou de souris. J'ai noté son nom par écrit: Leontyne Price.

Des années plus tard, à New York, j'ai assisté à ses débuts officiels comme artiste de récital, à Town Hall. Elle créait en première mondiale les *Hermit Songs* que Samuel Barber avait écrites expressément pour elle et tous les critiques s'étaient déplacés. Une fois de plus, j'ai été estomaquée par ce que j'entendais. Elle s'est imposée comme une vedette quelques années avant moi, et j'ai été flattée quand, en 1957, la compagnie RCA mit sur un disque, consacré aux nouvelles voix et intitulé *Meet the Artists*, l'une de mes interprétations aux côtés de l'une des siennes; par la suite, nous avons travaillé ensemble assez fréquemment. Nous avons si souvent chanté ensemble la *Neuvième Symphonie* de Beethoven qu'elle m'a un jour lancé à la blague: «Ma chère, on est les *girls* de la *Neuvième*.»

Ma participation à ce concours, à Philadelphie, m'encouragea à travailler d'arrache-pied. Un an plus tard, je jugeais que j'étais enfin prête à me présenter à l'épreuve la plus importante que je connaissais au Canada: *Singing Stars of Tomorrow*. Le concours était diffusé en direct, chaque dimanche, sur les ondes de Radio-Canada, et Elwood Glover en était le présentateur. Un jury désignait les gagnants. On procédait à des épreuves de présélection par tout le pays, et le chef d'orchestre, Rex Battle, qui avait été violoniste dans un orchestre de chambre au Royal York Hotel de Toronto, vint à Montréal sélectionner les candidats. Le spectacle lui-même serait diffusé en direct depuis Toronto, et je dus donc m'y rendre en train.

En sortant de la gare Union, j'ai jeté un rapide coup d'oeil sur cette ville que je n'avais pas revue depuis que j'y étais allée, enfant, avec mon grand-père, et j'eus une grande envie de pleurer. Tout y était si froid et gris en comparaison avec Montréal. Il y avait des travaux en cours, rue Front, de sorte qu'on avait dû recouvrir de planches le trottoir. Les Montréalais la surnommaient Hogtown[2] en se donnant des airs de supériorité, et il m'a semblé, ce jour-là, en comprendre la raison.

Les organisateurs avaient envoyé un de leurs représentants offficiels pour m'accueillir. Il se présenta à moi comme mon «chevalier servant». Il me conduisit au Royal York, m'offrit le dîner, puis m'escorta jusqu'aux studios de Radio-Canada. J'y étais enfin; je foulais le saint des saints de Radio-Canada et tout ce que je trouvais à me dire, c'était: «Qu'est-ce que je fais ici? Est-ce que je suis prête pour ça?» Jamais je n'avais chanté accompagnée d'un orchestre et jamais je ne m'étais sentie si près de connaître le trac. Mais je fis taire mes doutes et je fonçai, parce que, une fois que j'ai décidé de m'atteler à une tâche, je ne recule jamais. De plus, on offrait mille dollars comme premier prix, ce qui me permettrait de quitter mon travail et de m'acheter toute la musique dont je rêvais. Il fallait interpréter deux pièces et j'avais opté pour *Ein Schwan* de Grieg et *Voce di Donna*, une aria de la femme aveugle dans *La Gioconda*. Des années plus tard, je revis Rex Battle; il m'affirma qu'à son avis j'aurais dû alors remporter ce concours, mais je n'ai même pas fait les demi-finales. Ma voix n'était pas encore assurée et je n'avais presque aucune expérience de l'opéra.

Après mon retour à Montréal, mon «chevalier servant» se fit un devoir de me téléphoner chaque fois qu'il était de passage dans la métropole. Il se montrait de plus en plus entreprenant. Ma mère le trouvait de son goût parce qu'il lui apportait toujours des filets de poisson bien frais et j'ai compris plus tard qu'il aurait pu m'ouvrir bien des portes. Mais j'avais le sentiment qu'il était marié et je gardai mes distances. Je ne voulais pas devenir la maîtresse de personne.

---

2. Littéralement, «la Porcherie»; on se souviendra qu'on la surnommait aussi, paradoxalement, «la Pure». (*N.d.T.*)

L'année suivante, je me réinscrivis à *Singing Stars*, sans son aide. Cette fois, je terminai troisième, derrière le baryton de Vancouver Donald Garrard, bon deuxième, et une soprano lyrique de Regina, June Kowalchuk, qui, en dépit de ce premier prix, ne fit jamais carrière. Elle avait une très belle voix, mais elle épousa un médecin et je n'entendis plus parler d'elle jusqu'à il y a quelques années. Lors d'une réception, après un concert, quelqu'un me toucha le bras. Je me retournai. C'était Judy Kowalchuk, qui me murmurait: «Nous sommes tous si fiers de vous.»

J'étais assez satisfaite de ce troisième prix, même si ce concours me fit entrevoir pour la première fois l'injustice qu'il y a à opposer, dans une compétition, des contraltos et des barytons-basses à des sopranos et à des ténors. Quand les voix plus hautes entonnent une aria agrémentée de notes aiguës et brillantes, les spectateurs les applaudissent frénétiquement. Elles interrompent littéralement la représentation. Mais les voix plus sombres et plus graves ne peuvent soulever les foules quand la partition ne leur concède qu'un bref morceau de bravoure. Sans compter que ces dernières voix ne parviennent que plus tard à maturité. Une soprano dispose de tous ses moyens dès qu'elle commence à chanter, mais une contralto n'est totalement formée qu'au milieu de la vingtaine.

Je savais qu'il me fallait un grand maître. J'avais déjà appris tout ce que Frank Rowe avait à m'enseigner. Il pouvait donner toute sa dimension à une voix, mais il ne savait pas quoi en faire ensuite. Il décelait ce qui n'allait pas, sans pouvoir dire comment y remédier. Je ne parvenais pas encore vraiment à produire le son que je désirais. Parfois j'y arrivais; d'autres fois, non. Je ne maîtrisais pas vraiment ma voix. Je gagnais trop durement mon argent pour perdre une minute de plus avec Frank. Triste coïncidence, nous avons tous quitté Frank Rowe la même année. Louis partit étudier à Rome; André, à Milan; moi, j'avais résolu de solliciter mon admission à la Juilliard School de New York. Des gens m'ont appris plus tard que cela lui avait brisé le coeur. Mais j'avais senti d'instinct que le moment était venu de franchir une nouvelle étape. Je répète toujours à mes élèves qu'il est important de reconnaître ce moment quand il survient dans leur carrière. Je ne veux pas dire pour autant qu'il faille se montrer farouchement ambitieux, mais il est capital de ne jamais piétiner. Seuls réussissent ceux qui savent accumuler des connaissances et passer à un autre professeur qui leur en apprendra davantage.

J'ai économisé, et j'ai finalement pris l'autobus pour New York. Je n'avais pas de quoi me payer une chambre d'hôtel et je suis donc descendue au Rehearsal Club, une résidence de pierres rougeâtres pour étudiantes en art dramatique. J'enfilai une robe de crêpe rouge à pois blancs et, sûre d'être très élégante, je sautai dans le métro à destination de la Juilliard School, dans les beaux quartiers. Malgré toute ma détermination, on ne me laissa pas aller au-delà du hall d'entrée. L'employé de la réception refusa même de me remettre un formulaire de demande d'admission parce que je n'avais pas complété mon cours secondaire. J'étais fortement ébranlée.

Quelqu'un m'avait donné le nom d'un professeur qui avait un atelier dans l'édifice Steinway. Malgré ma déprime, je le cherchai et le trouvai. Comme d'habitude, j'arrivai bien avant l'heure fixée, et, comme je prenais une chaise en attendant qu'il me reçoive, je l'entendis donner une leçon. Il jouait «la, la, la» au piano et la jeune femme chantait «fa, fa, fa», totalement à côté de la note; et il ne lui en disait pas moins: «Très bien, ma chère.» J'étais horrifiée. Je me suis dit que je ne pourrais jamais étudier auprès d'un homme que je considérais comme un fumiste. Je n'ai appris malheureusement que beaucoup plus tard que, pour gagner sa vie comme professeur de chant à New York, il faut accepter de prendre comme élèves des tas de débutantes, jeunes et riches. Mais je ne me suis même pas donné la peine d'attendre pour faire sa connaissance. J'ai repris l'autobus et je suis rentrée à Montréal, totalement désabusée.

Ce qui me déprimait le plus, c'est que je ne connaissais personne au Canada qui puisse m'enseigner ce dont j'avais besoin. J'avais échoué à New York; il me restait toutefois l'Angleterre, alors renommée pour ses contraltos. Je doutais de plus en plus de ne pouvoir économiser la somme nécessaire pour aller étudier, quand je croisai par hasard Jean Scarth, une soprano dont j'avais fait la connaissance au choeur St. James. Elle m'annonça qu'elle venait tout juste de dénicher un professeur remarquable. Il s'agissait d'un baryton hollandais qui, pendant toute la durée de la guerre, avait été emprisonné en Tchécoslovaquie et qui, après sa libération par les Russes, avait décidé de quitter l'Europe pour toujours. Il venait de débarquer à Montréal. «Il s'appelle Bernard Diamant», me dit-elle.

Comme par hasard, il donnait son premier concert au Canada la semaine suivante, dans le cadre des soirées «Celia Bizony's Musica Antica e Nuova» à la salle de conférences du Westmount High School. Comme il n'était pas question que j'engage un sou pour des cours avec cet homme sans l'avoir d'abord entendu, j'assistai à son récital, d'un fauteuil de la galerie. John Newmark l'accompagnait au Clementi, un instrument d'une grande rareté puisqu'il s'agit d'un des premiers pianos, et Diamant nous offrit un programme complet de lieder de Mozart. Quand il entra en scène, il me parut extrêmement nerveux. Il était grand et décharné; physiquement, il faisait penser au ténor français Gérard Souzay, un homme également tendu. Je n'aimai pas du tout sa voix terriblement flûtée. Je n'en conclus pas moins, après le concert, que je n'avais jamais entendu si belles interprétations par un chanteur aussi mal outillé. La nature ne l'avait pas doté d'une belle voix, mais, par son sens de la nuance et de l'expressivité, il avait donné vie à ces pièces. De toute évidence, Bernard Diamant avait *appris* à chanter.

Je lui téléphonai pour prendre rendez-vous. Il habitait un vieil immeuble luxueux de briques rouges, entre le boulevard de Maisonneuve et la rue Sainte-Catherine. Son intérieur rappelait les tableaux de Rembrandt: un grand châle était jeté sur le piano à queue et de ravissantes toiles hollandaises ornaient les murs, dans des cadres à dorure. Une collection de miniatures en argent s'étalait sur les tablettes d'une vitrine très ancienne. Dans le hall d'entrée, ses deux teckels, Peuchl et Peter, cabriolaient comme larrons en foire. Voilà ce que j'appelais avoir de la classe.

J'interprétai pour lui quelques oratorios; plus exactement, je les hurlai, en y mettant le paquet. Il resta silencieux quelques secondes et s'efforça de dissimuler une envie de rire en feignant de s'intéresser à une partition. Diamant était toujours d'une infinie délicatesse.

«Eh bien, dit-il finalement, il n'y a pas de doute: vous êtes douée. Vous avez une voix très puissante. Mais je dois vous avouer, ma chère, que vous ne savez pas chanter.»

En entendant ces mots, d'autres que moi auraient peut-être été démoralisés, mais j'eus plutôt envie de l'embrasser. Enfin, après toutes ces années de coups d'encensoir, quelqu'un me disait ce que je soupçonnais depuis toujours au fond de moi-même. J'avais la certitude que j'apprendrais beaucoup de Bernard Diamant.

CHAPITRE 8

Coups de chance… sans lendemain

Le premier conseil que me donna Bernard Diamant fut d'arrêter de chanter. On aurait pu penser que ce n'était pas là un début prometteur. «Je vous accepte comme élève, me dit-il. Vous avez hérité d'un merveilleux instrument. Mais je vous préviens: vous devrez arrêter de chanter pendant six mois, peut-être un an, pour bien vous placer la voix. Vous devrez aussi renoncer à tous vos petits engagements dans les choeurs et à la radio.»

Je n'en croyais pas mes oreilles. Je commençais déjà à me faire une réputation et ma liste d'engagements s'allongcait. «Mais si j'arrête de chanter, protestai-je, les gens oublieront qui je suis.»

«Je l'espère bien, répliqua-t-il, et le plus tôt sera le mieux. Quand je vous dirai que vous êtes prête à vous produire de nouveau en public, vous pouvez être sûre qu'on ne vous oubliera plus jamais.»

Je devinais à moitié ce qu'il avait derrière la tête, mais quand j'appris la nouvelle à ma mère, elle s'effondra. Adieu veaux, vaches, cochons! sembla-t-elle se dire, car les revenus que je tirais de mes engagements aidaient à subvenir aux besoins de la famille. Mais quand Diamant lui téléphona et lui affirma que j'avais tout ce qu'il fallait pour mener une carrière internationale, elle se rangea de son avis, car c'était là son rêve le plus cher.

J'ai annulé sur-le-champ tous mes engagements. Au début, Diamant me faisait chanter tout bas; presque aucun son ne sortait de ma bouche. Il me demandait de faire des gammes d'une voix presque inaudible, en sourdine. J'étais si désireuse d'apprendre que je m'exerçais tout le temps. Je chantais partout: dans les corridors, à l'arrêt d'autobus et en me rendant au travail. La nouvelle se répandit dans toute la ville. Les gens qui me connaissaient, pour m'avoir entendue, commençaient à dire: «Vous vous rappelez Maureen Forrester, cette fille à la voix si puissante? Eh bien, elle étudie maintenant avec un Hollandais qui nous l'a esquintée. Elle n'a plus de voix.»

Mais je savais où il voulait en venir. Il travaillait le fondement même de ma voix pour étendre mon registre dans l'aigu comme dans le grave. Le médium d'une alto se situe près du sol au-dessus du do central, mais il me fit gagner une octave au-dessus de cette note et une demi-octave au-dessous, tout en m'assurant un aigu plus clair et plus léger.

Je notais tout ce qu'il me disait dans un carnet et, de retour à la maison, je m'exerçais durant des heures. Parfois, pendant les cours, j'avais une impression de déjà vu. Avant même qu'il n'ouvre la bouche, je savais ce qu'il allait dire. Cela l'étonnait à chaque fois. Nous nous étions compris à demi-mot dès les premières minutes, comme si nous nous étions connus dans une vie antérieure.

J'étais une jeune fille peu instruite, d'un milieu modeste, et, pour cette raison, il usait d'analogies simples, que je comprenais facilement. Il me répétait souvent: «Imaginez-vous que vous êtes une voiture. Le souffle vous sert de carburant; mais l'accélérateur, c'est votre diaphragme, ce petit muscle entre vos côtes. Si vous voulez augmenter la vitesse — pour la voix, cela signifie chanter plus fort, plus haut —, vous appuyez sur l'accélérateur. Le diaphragme se contracte et se détend un peu comme un parapluie qu'on ouvre et qu'on referme. Pour projeter la voix, vous soulevez le diaphragme et vous faites ainsi monter dans vos poumons tout l'air qu'il contient.» Ou encore: «La voix est comme une balle au sommet d'un jet d'eau. Si vous fermez le robinet et coupez ainsi l'alimentation en eau — c'est-à-dire le souffle —, la balle retombe. Pour produire un son, vous avez constamment besoin de souffle.»

Avec Diamant, les mécanismes qui produisent la voix, pourtant complexes, paraissaient simples. Mais de tout ce qu'il m'enseigna, la technique est de loin son cadeau le plus précieux. Les jeunes chanteurs aiment penser que la voix leur vient tout naturellement; mais quand on veut faire carrière dans ce métier, il faut concevoir le son avant de le produire. Il faut se représenter le son, le mettre en place et pouvoir y faire appel à volonté; de cette manière, on n'est pas à la hauteur seulement les jours de grande forme. Il faut être à son meilleur tous les jours, même quand on se sent fatigué ou enrhumé. Jamais la maladie ne m'a empêchée de chanter, et je le dois à la technique que j'ai acquise pendant ces deux années où j'étudiais avec Bernard Diamant. Il a fait de moi une artiste accomplie.

Les étudiants cherchent souvent à imiter des voix qu'ils ont entendues sur disque, mais cette méthode ne peut les mener bien loin. Pour faire carrière en ce domaine, il faut développer des automatismes sur lesquels on puisse compter pour la vie: être capable, par exemple, de soulever le diaphragme et d'ouvrir les résonateurs logés dans la tête. Il faut relâcher la tension qui se crée au niveau du nez pour sentir les vibrations de l'air entre l'os et la peau: de cette manière, le son produit ne sera ni étranglé ni sec. Si les mots viennent de la bouche, le son provient de toute la tête. Les gens parlent parfois à tort de voix de poitrine: la voix ne vient pas de la poitrine, elle y résonne comme dans une caisse. C'est un peu comme si on ajoutait un haut-parleur pour les basses à son appareil stéréophonique. Il s'ajoute à ceux logés dans le front et aux deux autres que sont les joues. Je dis souvent aux étudiants: «Imaginez-vous un groupe de musique rock. Plus il a de haut-parleurs à sa disposition, plus le son qu'il produit impressionne.»

Diamant m'avait prévenue qu'il faudrait au moins six mois pour placer ma voix avant que je puisse me produire de nouveau en public, mais j'étais si emballée par mes progrès que je n'ai pas su attendre. Quelques semaines après qu'il m'eut acceptée comme élève, il ouvrit par hasard la radio, au moment de la diffusion d'une émission consacrée aux jeunes talents, intitulée *Opportunity Knocks*, et il y entendit son élève la plus appliquée! Il était furieux.

Ma technique nouvellement acquise m'avait incitée à me présenter à un concours. *Opportunity Knocks* serait pour moi le moment de vérité. Le violoncelliste John Adaskin, de la célèbre famille de musiciens du même nom, en était le maître de cérémonie. Il allait de région en région, par tout le pays, pour accorder des auditions aux jeunes talents: percussionnistes, clarinettistes, chanteurs de jazz, musiciens de tout acabit. À Montréal, l'audition se tenait au théâtre Impérial, devant public; à ma grande joie, on retint ma candidature.

Le soir de la diffusion, ma mère et mes soeurs étaient dans la salle et mes amis, restés chez eux, avaient tous l'oreille collée à l'appareil. Je portais ma robe noire la plus élégante et des perles pour me donner un air plus mûr. J'interprétai *Ombra Mai Fù*, la première aria du roi dans l'opéra *Xerxès* de Haendel, que je devais enregistrer sur disque des années plus tard, à Vienne. J'ignore combien de fois je l'ai chantée depuis, mais je l'ai toujours présentée de la même manière: «Je vous interpréterai maintenant une pièce du genre de celles qu'on entend généralement aux funérailles et dans les grandes occasions, et que les musiciens surnomment le «largo» de Haendel; tout le monde croit d'ailleurs qu'il s'agit d'un air triste, émouvant. En réalité, le roi Xerxès entonne *Ombra Mai Fù* lorsqu'il pénètre dans son jardin; il s'agit d'une ode à un arbre, qu'on pourrait traduire ainsi: «À l'ombre de mon beau légume»!

Mais j'ai terminé deuxième, derrière le Montréalais Maynard Ferguson, trompettiste de jazz, qui s'était surpassé. *Opportunity Knocks* n'en marqua pas moins un point tournant dans ma carrière. John Adaskin ne tarissait pas d'éloges — les violoncellistes aiment bien les contraltos parce qu'ils partagent le même registre — et, à son retour à Toronto, il ne manqua pas une occasion de parler de moi. Après le spectacle, tous les musiciens de l'orchestre vinrent également me saluer et me dire: «Vous avez une merveilleuse voix. Nous sommes sûrs que nous entendrons parler de vous.» Pour la première fois, j'éprouvais le sentiment que j'étais peut-être vraiment destinée à une carrière de musicienne.

Diamant m'en voulait tellement de lui avoir désobéi que sa première réaction fut de me refuser toute autre leçon. «À quoi cela servirait-il, si vous continuez de vous produire en public avant même d'être prête?» rétorqua-t-il. Finalement, sans m'en prévenir, ma mère lui rendit visite. Elle le supplia de me reprendre. «Au fond, on ne peut lui reprocher que d'être trop pressée», plaida-t-elle. Diamant adorait ma mère et se laissa attendrir.

Mais rien ne tempérait ma fougue. J'avais le sentiment de travailler depuis si longtemps à transformer un passe-temps en gagne-pain que je me refusais à perdre une minute de plus. Je subvenais toujours à mes besoins en travaillant comme réceptionniste à la Highway Paving de Ville Saint-Michel, au nord-est de Montréal, une entreprise qui exploitait une carrière et qui fabriquait aussi du béton et construisait des routes. Son propriétaire, James Franceschini, était un personnage hors du commun: armé d'une pioche et d'une pelle, il avait quitté son Italie natale pour venir s'établir au Canada et il était devenu millionnaire en construisant plusieurs routes au Québec. Il avait une splendide maison de campagne à Mont-Tremblant, où il entretenait une écurie de palominos. Il semble qu'ait existé à l'époque une sorte de confrérie internationale d'amateurs de palominos dont Benito Mussolini aurait été membre. Franceschini aurait offert un palomino au Duce et, interprétant son geste comme un aveu de sympathies fascistes, le gouvernement canadien l'interna dans un camp pendant toute la durée de la guerre. Dès sa relaxation, il avait repris le collier pour amasser une fortune.

Franceschini était à moitié privé de voix. Il avait souffert d'un cancer de la gorge et on avait dû lui retirer une corde vocale. De ce gros corps imposant et trapu ne sortait qu'un filet de voix rauque et étouffé. Quand j'entendis Marlon Brando dans *Le Parrain*, je me suis dit qu'on devait lui avoir parlé de Franceschini.

Au temps des fêtes, pendant les réceptions pour les employés, il adorait m'asseoir sur ses genoux, parce que très peu de filles travaillaient dans les bureaux. «Tu sais ce que je donnerais pour ton bonheur? demandait-il de sa voix éraillée. Je vais te le dire: la moitié de ma fortune.» Pas la totalité, évidemment. Devant cet homme, tout le monde perdait ses moyens; pas moi. Quand l'un des camionneurs apercevait sa voiture filant sur l'autoroute en direction de l'usine, il lançait une alerte radio: «J. F. est en route.» Et parce que J. F. était sur le point d'arriver, tout le chantier bourdonnait soudain d'activité.

Il soulevait le récepteur du téléphone et me disait: «Passe-moi Léonard.» Si je lui répondais: «Léonard est en ligne avec Toronto, je vous rappellerai quand il sera libre», il se contentait de grogner. Et si quelqu'un m'entendait lui répondre ainsi, il me disait: «Pour l'amour du ciel, interrompez Léonard. Dites-lui que son frère veut lui parler.» Je n'étais après tout qu'une réceptionniste; je ne voyais pas pour quelle raison j'aurais dû craindre ce vieil homme.

Le jour où je remis mon préavis de départ, il me fit venir dans son bureau et me demanda: «Pourquoi tu pars? Tu veux plus d'argent?»

«Non, lui répondis-je. J'étudie le chant et je ne peux pas travailler toute la journée. Mes cours et mes exercices me demandent beaucoup de temps.»

«Pourrais-tu te lever à cinq heures du matin?» me demanda-t-il.

«Bien sûr que je le peux.»

«Parfait, t'as un nouveau travail: tu rentres et tu ouvres le bureau chaque matin, quand le chantier se met en marche, avant l'arrivée des équipes qui construisent les routes.»

Je ne crois pas que Franceschini s'intéressait particulièrement à la musique, mais il m'aimait bien parce que j'avais du cran. Il demanda à un camionneur de me prendre chez moi à six heures du matin, en se rendant au travail, et dès sept heures j'ouvrais le bureau, où j'étais alors seule. Je faisais mes exercices dans les vastes bureaux de l'administration de la carrière, déserts à cette heure.

À mon standard téléphonique, j'aimais bien imiter l'italien que l'on parlait dans tout le chantier. Mon accent était si impeccable que les gens me répondaient aussitôt en italien. «Hé, attendez une minute, devais-je les interrompre, c'est tout ce que je connais de l'italien!» Des années plus tard, quand on me demanda à La Scala où j'avais appris l'italien, je répondis que c'était à la compagnie Highway Paving.

Je suis sortie avec deux garçons qui travaillaient à la compagnie. Avec ses cheveux bouclés et ses dents brillantes comme des diamants, Leonardo Giovanni Francescutti était plus séduisant que n'importe quelle vedette de cinéma. Venu du nord de l'Italie, où il avait suivi un cours pour devenir vétérinaire, il avait été forcé d'accepter un travail comme manoeuvre parce qu'on ne reconnaissait pas son diplôme au Canada. Son frère mit rapidement fin à notre idylle en lui rappelant qu'il devait plutôt économiser pour faire venir au pays d'autres membres de la famille.

Le second, un Sicilien à la peau brune et aux yeux d'un noir profond, avait du feu dans les veines. Un jour, il me dit: «Eh, t'as parlé à un gars dans l'autobus.» Et je lui ai répondu: «Oui, c'est un très gentil garçon.» «Si tu le regardes seulement une autre fois, poursuivit-il, j'apporte un poignard à la carrière.» Je ne suis plus jamais sortie avec un Italien.

De toute manière, mon père ne savait trop quoi penser de ces prétendants. Quand ils me raccompagnaient à la maison, le soir, mon père faisait les cent pas dans le couloir pour les inciter à partir. Son instinct protecteur m'a toujours touchée. Un jour où j'avais attendu en vain qu'un jeune homme pour qui j'avais le béguin m'invite, comme il me l'avait promis, à l'accompagner à une soirée, la veille du jour de l'An, mon père me surprit assise au piano — un signe évident que je me sentais triste — et me lança: «Allez, mets ta plus belle robe. Je t'emmène à l'hôtel Mont-Royal.»

«Ça va passer, papa», lui répondis-je. Je savais que cette sortie était au-dessus de ses moyens, mais j'étais très émue de voir qu'il ne supportait pas que je souffre.

Le jour de mes dix-sept ans, mon père m'offrit une montre en cadeau. Je fréquentais alors un ami de mon frère, du temps qu'il était dans l'armée de l'air, et je le savais plutôt épris de moi; pourtant, il se fit soudain de plus en plus rare. Je découvris que mon père l'avait pris à part pour lui dire: «Ne t'amourache pas de ma fille. Elle deviendra chanteuse; elle mènera une très brillante carrière et aura un mode de vie qui n'a rien à voir avec le tien. Tu n'aurais pas de quoi la faire vivre.»

Quand j'appris cela, je devins si furieuse que j'entrai en coup de vent dans le salon et lançai la montre à la tête de mon père. Mais je me repentis très rapidement de mon geste, parce que, au fond, il avait raison. Des tas de filles parmi lesquelles j'avais grandi s'étaient déjà mariées et elles étaient condamnées à vivre à jamais pauvres dans ce quartier, perpétuellement enceintes. À mes yeux, leur vie était déjà terminée. Je voulais mener un autre genre d'existence, que j'avais cru jusque-là hors de portée. Je refusais de devenir une femme comme ma mère, qui avait appris à mentir pour pouvoir s'acheter un nouveau chapeau.

Le seul garçon dont je me suis alors éprise s'appelait Albert Nixon; il était si bel homme qu'il aurait pu faire de la réclame pour un dentifrice. Nous nous sommes fréquentés un bon moment, mais j'ai toujours eu le sentiment que sa mère ne me jugeait pas assez bien pour lui, parce qu'ils habitaient un quartier de l'autre côté de la voie ferrée: Notre-Dame-de-Grâce, ou N.-D.-G. comme disent les Montréalais. Ce genre de détail avait alors une très grande importance pour les citoyens de Montréal.

Un jour, au téléphone, il me dit qu'il avait une nouvelle à m'annoncer. «Tu te maries», l'interrompis-je. «Comment le sais-tu?» me demanda-t-il. J'ai toujours eu des intuitions et il m'arrive souvent de savoir qui appelle, avant de soulever le combiné. Albert Nixon avait donc fait la connaissance de la fille d'un chirurgien et sa mère avait décidé que cette femme lui conviendrait mieux. Je me sentis profondément humiliée, et je me jurai qu'un jour j'habiterais moi aussi de l'autre côté de la voie ferrée.

Ce rappel brutal de l'existence des classes sociales me persuada de faire réparer mes dents. Depuis des années, ma dentition était incomplète et cela me gênait; en effet, à douze ans, j'avais dû faire extraire une canine qui me faisait souffrir. À cette époque, les dentistes qui traitaient les gens du peuple ignoraient tout des traitements de canal; au moindre mal, ils avaient recours à leurs pinces. Dans le voisinage immédiat, il n'était pas rare qu'une personne dont plusieurs dents n'étaient pas en parfaite condition décide de les faire extraire toutes. Les médecins semblaient partager avec les dentistes ce souci d'efficacité et je me rappelle que, lorsque l'un d'eux vint à la maison pour procéder, sur la table de la cuisine, à l'ablation des amygdales de mon frère, il en profita pour me soulager du même coup des miennes, qui ne me causaient pourtant aucun problème. Les membres de ma famille finirent tous par porter des dentiers. Pendant mon adolescence, j'étais tellement gênée par l'absence de cette dent que j'avais appris à sourire en tirant la lèvre vers le bas pour qu'on ne la remarque pas. À vingt ans, je découvris enfin un dentiste qui, m'avait-on assurée, faisait des couronnes, et qui avait son cabinet dans le Medical Arts Building. Il me proposa de traiter toutes mes dents pour la somme de sept cent cinquante dollars. Comme je ne gagnais que quarante-cinq dollars par semaine à la Highway Paving, j'en eus le souffle coupé. «Après tout, lui dis-je, comme j'ai l'intention d'être chanteuse, je n'ai pas vraiment le choix. Si vous avez la patience d'attendre jusqu'au moment où je pourrai vous payer, allons-y.» Il me fallut quelques années, mais j'ai finalement acquitté la facture de ce dentiste.

Auprès de Diamant, j'ai appris très tôt qu'il me faudrait consentir bien des sacrifices pour faire carrière. Dès le début de mes cours avec lui, je n'ai plus connu la vie d'une jeune fille comme les autres. Quand je ne travaillais pas au bureau, j'étudiais et je répétais. Même mes amies durent s'accommoder de mon horaire chargé. J'avais quelques copines toujours troublées par des problèmes dont elles se déchargeaient sur mes épaules. Un jour, Diamant me mit en garde: «Maureen, dit-il, votre talent vous mènera très loin, si seulement vous renoncez à toutes ces camarades qui sont de véritables sangsues.»

«Comment pouvez-vous dire ça? fis-je, scandalisée. C'est indigne.»

«Dès l'instant où vous cesserez de résoudre leurs problèmes, continua-t-il, elles trouveront quelqu'un d'autre pour le faire à votre place. Vous avez besoin de chaque minute pour étudier et vous concentrer sur votre musique. Vous n'avez pas le temps de servir de mère au monde entier.»

Six semaines après mon premier cours chez lui, Diamant leva son interdit de me produire en public, qui aurait dû se prolonger encore six mois. Si j'apprenais si vite, c'était en partie parce que je n'étais pas une élève comme les autres, qui avaient généralement reçu une bourse ou bénéficiaient de l'aide financère de leurs parents. En une leçon, j'assimilais autant que ce que les autres retiraient de dix leçons, parce que je gagnais durement les dix dollars que ces leçons me coûtaient, deux fois par semaine. Parfois je n'avais pas de quoi payer, mais Diamant acceptait de bonne grâce de me faire crédit. «Ne vous inquiétez donc pas, disait-il; quand on commencera à vous verser des cachets, vous pourrez me rembourser deux fois le prix de chaque leçon.» Malgré cela, quand les gens m'interrogent sur le combat acharné que je dus mener alors, je leur réponds toujours que je n'ai jamais considéré cela comme une tâche insurmontable. Chanter me vient naturellement. J'ai consacré ma vie à la musique parce qu'elle m'apporte le bonheur.

Après une année d'études auprès de Diamant, ma voix avait totalement changé. Un jour, pendant une leçon, il me dit: «À compter de maintenant, multipliez par dix tout ce que je vous ai enseigné.» J'en restai perplexe. Il m'expliqua qu'il ne voulait pas dire par là chanter plus fort, mais plutôt donner plus d'intensité à mes interprétations. «Je suis un introverti, dit-il; vous, une extravertie. Vous devriez pouvoir exprimer vos émotions avec plus d'emphase.» En fait, ce conseil modifia totalement mes exécutions et les engagements commencèrent à affluer.

Gifford Mitchell me demanda de chanter la *Rhapsodie pour alto* de Brahms avec le Montreal Elgar Choir. Gifford était un grand et bel homme; il ressemblait davantage à un entraîneur de football américain qu'à un chef de choeur et son langage s'en rapprochait aussi parfois. «Les filles, rentrez-moi ces bedaines, compris!» vociférait-il. J'adorais néanmoins travailler avec lui. Et c'est ainsi que j'ai chanté pour la première fois la *Rhapsodie pour alto*, encore aujourd'hui à mon répertoire.

Brahms a conçu pour cette oeuvre un accompagnement d'orchestre, mais le Elgar Choir ne pouvait se payer qu'un organiste. Doris Killam, qui avait jadis été mon répétiteur au choeur Stanley Presbyterian, touchait l'orgue. La *Rhapsodie pour alto* fut composée sur un poème de Goethe qui raconte un voyage dans les montagnes en hiver; lorsqu'il l'écrivit, Brahms était torturé par la solitude et par la déception de ne pouvoir avoir d'enfants. L'alto y exprime vraiment ce voyage solitaire qu'est la vie, voyage soudain ponctué par un troublant accord de transition, après quoi la soliste domine un choeur de voix d'hommes qui lui répond par un hymne d'espoir et de consolation. On comprend le message: après toutes les détresses de la vie, seul l'amour sauve l'homme en ce monde. Des valeurs transcendantes très semblables se retrouvent aussi chez Mahler, tout spécialement dans ses *2e et 3e Symphonies*, où, après de longs mouvements rappelant les malheurs de l'homme sur terre, le choeur évoque soudain la vision d'un monde éternel. Optimiste comme je le suis, je n'ai jamais pu résister à un message de ce genre en musique.

Après le concert, les critiques se montrèrent très élogieux à mon égard et ma réputation grandit dans la ville. Un jour, en sortant de l'International Music Shop, je croisai par hasard Bill Stevens, un pianiste dont j'avais fait la connaissance quelque temps auparavant. Il m'apprit que Rudolph Bing était en ville et qu'il souhaitait m'entendre. Rudolph Bing était déjà directeur général du Metropolitan Opera de New York et, en raison des radiodiffusions hebdomadaires en direct du Met, son nom nous était familier. Pour la communauté musicale de la ville, c'était comme si Dieu lui-même avait atterri à Montréal. En pleine rue, Bill Stevens s'agenouilla et se mit à faire de grandes courbettes à mes pieds. «Allah, Allah», répétait-il à la blague, en inclinant et en redressant le tronc.

«Je n'ai pas l'intention d'auditionner devant Rudolph Bing», lui dis-je. La plupart des aspirants chanteurs de mon âge auraient fait n'importe quoi pour avoir cette chance. En fait, je ne me sentais pas prête. Je savais que si je ne réussissais pas, je n'aurais plus jamais l'occasion de me faire valoir devant lui. Par ailleurs, si je faisais bonne impression, il m'intégrerait au choeur du Met et plus personne n'entendrait jamais parler de moi. Même aussi jeune, j'avais compris que, pour réussir au Met, il fallait y entrer par la grande porte. Et je n'ignorais pas qu'il existe peu de rôles de premier plan pour les contraltos dans le répertoire de l'opéra.

D'ailleurs, l'opéra m'intimidait encore. Cet univers m'était très peu familier: ma première et unique visite au Met m'avait enlevé mes illusions. Par l'entremise de Jean Scarth, une amie depuis mon passage au choeur St. James United, j'avais fait la connaissance du sénateur Charles Howard et de sa deuxième épouse. Chaque fois que je me produisais à Sherbrooke, ils m'invitaient à leur somptueuse villa de campagne et me conseillaient volontiers sur la façon de mener ma carrière. Un jour, dans l'espoir de m'influencer, ils m'invitèrent à passer un week-end à New York pour y assister à un opéra. C'était un soir de première et la tenue de ville était de mise; je portai donc une robe bustier noire, sans bretelles et plutôt osée, et de longs gants de soie blanche. Je me sentis comme une grande dame lorsque je dînai au fastueux restaurant du Met puis pris place dans la loge des Howard, voisine de celle de Madame Astor, et je m'imaginai un instant que je faisais partie du grand monde.

On donnait *Madame Butterfly*, dont le rôle titre avait été confié à la grande soprano italienne Licia Albanese; mais, le soir même, Albanese s'était sentie indisposée et Dorothy Kirsten l'avait remplacée. Pendant que Kirsten chantait *Un Bel Di*, mon regard se porta sur la loge adjacente. Albanese y avait pris place. Elle se sentait trop mal pour chanter, mais pas assez pour ne pas se montrer en public, de sorte que sa présence pesa tout de même sur la représentation. Au beau milieu de l'interprétation, par Kirsten, de cette difficile aria, Albanese poussa un bâillement des plus ostentatoires. L'égocentrisme outrecuidant de ses vedettes, voilà ce qui me frappa d'abord dans le monde de l'opéra.

Même si, sous plusieurs aspects, cette première visite au Met avait pris pour moi l'allure d'un conte de fées, elle m'avait aussi appris que quiconque veut s'y produire doit avoir le cuir épais. Diamant m'avait déjà fait comprendre qu'on pouvait ruiner ses chances en tentant des entreprises avant d'y être prêt, comme me l'avait déjà prouvé ma tentative irréfléchie à l'émission *Opportunity Knocks*. Je devinais qu'il me préparait graduellement à suivre un autre cheminement qui pourrait bien me conduire au Met par une voie différente. Et je me dis en moi-même: «Rudolph Bing peut attendre. Pour l'instant, je m'en remets à Monsieur D.»

CHAPITRE 9

Vol solo

« Êtes-vous sûre de n'avoir aucun ancêtre allemand?» me demandait souvent Bernard Diamant. J'étais ronde et blonde, sans parler de mon obsession pour l'ordre et la propreté. Mais ce qui le renversait le plus, c'est qu'il me suffisait d'entendre une seule fois une mélodie allemande pour la répéter ensuite sans erreur. Il ne comprenait pas qu'une jeune Anglo-Saxonne sans instruction puisse interpréter des lieder avec tant de justesse. Pour tout dire, je n'arrive pas moi-même à me l'expliquer. Il me demandait d'apprendre une mélodie et, au cours suivant, quand nous la répétions ensemble une première fois, l'interprétation que j'avais mise au point correspondait presque parfaitement, m'assurait-il, aux indications du compositeur. Je n'avais jamais écouté d'enregistrements de lieder et je ne parlais pas un mot d'allemand, mais, d'instinct, je savais comment chanter un lied, c'est-à-dire une mélodie allemande.

À la fin du dix-huitième siècle et au dix-neuvième siècle, les lieder furent en Allemagne l'équivalent de nos chansons populaires. On les composait sur des poèmes lyriques d'écrivains comme Heinrich Heine et Goethe; cette forme musicale séduisit tous les grands compositeurs, depuis Brahms et Schubert jusqu'à Schumann et Mahler. À l'époque, on ne considérait pas les lieder comme des oeuvres ésotériques ou intellectuelles. Il s'agissait de réflexions simples, à la portée de tous, qu'on habillait de superbes mélodies. En un sens, les lieder constituent l'apogée de l'expression romantique dans la mesure où s'y expriment toujours de graves sentiments.

91

Au Canada, on connaissait très peu le lied quand j'étais enfant; après la guerre, la génération d'Européens que la montée d'Hitler avait fait fuir nous le révéla et transforma aussi la musique de notre pays par l'apport de nombreuses influences de l'Ancien Continent. J'ignore ce qui me séduisit dès le premier instant dans cette forme musicale — peut-être la pureté de l'émotion — mais cette fascination m'orienta vers une carrière d'artiste de récital.

Diamant avait fait du lied sa spécialité et savait comment y doser mes progrès. Leçon après leçon, il me donnait à apprendre des pièces plus difficiles, ou pour développer ma voix, ou pour élargir mon champ d'interprétation. Malheureusement, nul ne semblait remarquer que, comme être humain, j'acquérais aussi rapidement de la maturité. À vingt et un ans, je ne supportais plus les contraintes du foyer paternel. Je me sentais étouffée par ma mère qui, à mesure que ma carrière prenait son envol, s'enquérait toujours de mes allées et venues. Elle exigeait de m'accompagner partout.

Quand je confiai à mon père que je désirais quitter la maison, il explosa. Il en fut si bouleversé qu'il eut des mots assez durs. Dans notre milieu, les jeunes filles comme il faut ne quittaient le toit paternel que pour partager celui de leur mari et il crut un instant que je voulais mener une vie dévergondée. Je parvins finalement à lui faire comprendre que ma mère me rendait folle en me privant de toute vie intime. Enfin, compte tenu de mes activités chorales et des séances d'enregistrement pour la radio qui se terminaient souvent tard le soir, il paraissait plus logique que j'habite le centre-ville. Il recouvra finalement son calme et m'accorda sa bénédiction.

Je louai mon premier appartement, rue Stanley; je me retrouvais enfin de l'autre côté de la voie ferrée, dans une vieille maison de pierres qui avait jadis connu des heures plus glorieuses et qu'on avait subdivisée en plusieurs logements. J'y occupais ce qui avait été le petit salon, à l'avant, agrémenté d'une charmante baie vitrée en saillie. Je n'avais pour tout ameublement qu'une chaise longue pliante aux accoudoirs d'acier chromé, que j'utilisais comme lit, deux chaises droites aux sièges de crin que j'avais ramassées dans la rue, parmi les ordures, et un quart de queue, ou piano «crapaud», qu'un ami m'avait demandé de garder pendant qu'il séjournait à New York pour y servir d'accompagnateur à Kaye Ballard. Les premiers temps, j'étais ravie d'avoir chez moi un quart de queue, mais il occupait à lui seul les trois quarts de la pièce et je pouvais à peine remuer dans ce petit studio.

Le jour même de mon emménagement, je me rendis compte que je n'avais rien à offrir à d'éventuels visiteurs. Si je voulais avoir l'air d'une jeune femme du monde, il me fallait acheter une liqueur. Je me rendis dans un magasin de ce qu'on appelait alors la Régie des Alcools, mais comme je ne m'y connaissais pas du tout, je choisis une liqueur dont j'avais entendu prononcer le nom par une personne qui me semblait plutôt raffinée. Pendant longtemps, je n'eus aucune visite; aussi, en rentrant chez moi chaque soir, je m'assoyais, j'ouvrais la radio et je me servais un petit verre... de Bénédictine!

Mon travail de soliste pour des choeurs et un nombre croissant d'engagements occupaient déjà tout mon temps. J'acceptais avec empressement presque toutes les invitations, qu'il s'agisse d'émissions à Radio-Canada, d'oratorios ou de solos pour des chorales. J'étais parvenue à me faire une certaine réputation, mais je n'avais toujours pas donné seule un programme complet de lieder. Enfin, Diamant jugea que j'y étais prête. Les samedis après-midi, avaient lieu au YWCA, rue Dorchester, des concerts gratuits fréquentés surtout par les Européens récemment débarqués au Canada et dans l'incapacité de se payer des billets pour entendre la musique qu'ils aimaient. Le «Y» m'invita à donner l'un de ces récitals. Comme il était hors de question qu'on me verse un cachet, Diamant fit en sorte que son ami John Newmark accepte de me servir gratuitement d'accompagnateur.

John venait d'une riche famille de constructeurs navals de Bremen, en Allemagne, et, bien qu'il fût né juif, sa mère l'avait fait baptiser dans la foi luthérienne dès que le mouvement nazi avait pris de l'ampleur. Mais cela ne lui fut d'aucun secours lorsque Hitler prit le pouvoir: il ne put alors se trouver du travail comme musicien. Il se réfugia en Angleterre tout juste avant que n'éclate la guerre, mais les Britanniques ne lui permirent pas non plus d'exercer son métier. À Londres, on rassemblait tous les résidents étrangers qui étaient originaires de nations ennemies et on les envoyait dans des camps d'internement. John fut ainsi exilé au Canada, d'abord dans un camp en périphérie de Fredericton, au Nouveau-Brunswick, puis dans un autre près de

Lennoxville, au Québec. Tel fut son premier contact avec notre pays. Il y partagea cependant la compagnie d'une formidable brochette de musiciens. Parmi ses codétenus se trouvaient Walter Homburger, qui devait plus tard diriger le Toronto Symphony Orchestra; Helmut Blume, futur doyen de la faculté de musique de l'université McGill; Eric Koch, qui fut pendant un certain temps directeur de la programmation artistique et scientifique à Radio-Canada; et Franz Kraemer, qui par la suite assura la production de si nombreuses heures de concert à Radio-Canada qu'on le surnomma «Monsieur Musique». Les événements avaient contraint ces hommes à se lier. Quand John fut enfin libéré, il lui fallut trois années avant de se trouver un travail régulier au Canada, mais à partir de ce moment il s'affirma rapidement comme l'accompagnateur le plus en vue à Montréal. Lorsque je fis sa connaissance, il avait déjà joué avec les plus grandes vedettes de passage à Montréal et il avait accompagné Kathleen Ferrier, la plus célèbre contralto de l'époque, dans le cadre de sa tournée nord-américaine en 1950; il avait même enregistré un disque avec elle.

Quand Diamant me présenta John, ma première impression ne fut pas très bonne et j'appris plus tard que cela avait été réciproque. Parce que j'en étais encore à mes débuts, sa longue expérience et ses airs de connaisseur m'intimidaient. Les premiers temps, lorsque nous répétions ensemble, il lui arrivait souvent, depuis le piano, de me regarder par-dessus ses lunettes bifocales, qui lui glissaient sur le nez, et de me jeter un regard méprisant pour me signifier son désaccord. Il suffisait qu'il secoue lentement la tête en signe de désapprobation pour que je me dise: «Oh, mon Dieu, j'ai encore commis une effroyable faute de goût!» Quelques années s'écoulèrent avant que j'aie enfin le courage de lui dire: «J'ai peut-être tort mais c'est ainsi que je veux interpréter cette pièce.» À partir de ce moment-là, nous avons appris à nous respecter mutuellement; John et moi sommes ensemble depuis maintenant plus longtemps que la plupart des couples mariés. Je le considère comme un frère. Au fil des ans, nous avons beaucoup partagé ensemble: rires, larmes et incidents cocasses en tournée. Il fut pour moi un compagnon de toutes les heures, toujours bien mis, toujours de bonne humeur et prêt à me prodiguer des encouragements, et il est l'un des pianistes les plus généreux que je connaisse. Grâce à ses talents de répétiteur, j'ai appris non seulement à mieux connaître la musique mais aussi à mieux l'interpréter.

John et Diamant attendaient beaucoup de mon premier concert solo mais ils ne me laissèrent pas soupçonner toutes les portes qu'il pourrait m'ouvrir. Pendant un mois, nous en avons élaboré le programme: un premier groupe d'airs de Haendel et de Purcell, puis trois pièces de Schumann, trois autres de Fauré, autant de Strauss et, pour terminer, trois negro-spirituals. Un récital comporte généralement soixante-dix minutes de musique. On y constitue des groupes de mélodies pour créer une atmosphère, un mouvement dramatique ou même évoquer une époque. Normalement, le chanteur exécute une suite de pièces qui dure une douzaine de minutes, puis sort de scène, s'éponge le front, avale une gorgée d'eau et revient devant le public donner la deuxième suite, en se pénétrant de la nouvelle atmosphère qu'il veut créer. Le public croit que les chanteurs ne jouent un personnage qu'à l'opéra, mais en récital le jeu n'en est que plus difficile parce qu'il exige davantage de subtilité. Sans le secours de costumes ou de décors éblouissants, ni même d'une action dramatique, il faut alors communiquer des émotions par un mouvement de l'oeil, de l'épaule ou de la main.

Pour ce programme, il m'avait fallu mémoriser une quantité de musique d'autant plus impressionnante que je travaillais toujours à la Highway Paving. La veille du concert, même si je ne me sentais pas nerveuse, je voulus m'assurer de n'oublier aucun de mes textes. Juste avant d'aller au lit, je les relus tous dans l'ordre même où je les chanterais, en notant mentalement toutes les indications musicales dont je pourrais avoir besoin, puis j'éteignis. Avant même que quiconque ait décrit cette technique de mémorisation, j'avais découvert par moi-même qu'en relisant in extenso un programme de concert juste avant de m'endormir, je pouvais être absolument sûre qu'au réveil, le lendemain matin, je connaîtrais par coeur tous mes textes, quelle que soit la langue dans laquelle ils étaient écrits. Mais une fois le concert terminé, je les oublie tout aussi rapidement. Si on me demandait de chanter ce que j'ai interprété la semaine dernière, je n'y arriverais pas.

Le gros bâtiment anonyme de briques rouges qui abritait le YWCA n'était pas tout à fait l'endroit le plus chic pour des débuts; sa grande salle aux murs turquoise, où se tenaient aussi bien des soirées dansantes que des conférences, n'avait qu'une minuscule scène. Les récitals les plus courus à Montréal se donnaient à la salle de bal du Ritz-Carlton, mais n'importe quelle salle aurait fait mon bonheur. Avant le spectacle, Diamant m'avait fait remettre un bouquet accompagné d'une carte où il avait écrit ces mots: «Liebes Maureenschen, Toi, toi, toi. M. D.», et, juste avant que j'entre en scène, John crachota à trois reprises derrière mon oreille gauche, en murmurant: «Toi, toi, toi»; il perpétuait ainsi une vieille coutume du monde artistique allemand, censément destinée à porter chance. Depuis lors, chaque fois que nous nous produisons ensemble, John insiste pour que je me prête à ce rituel d'aspersion. En réalité, je n'ai jamais été ni superstitieuse ni nerveuse. Diamant n'arrivait pas à ébranler mon flegme. «Qu'est-ce que je gagnerais à me sentir nerveuse? lui demandais-je. Je chanterais mal, c'est tout. Je ne peux pas me permettre d'être nerveuse.»

Depuis mes débuts dans cette carrière, je me sens parfaitement à l'aise dès le moment où j'entre en scène. Cela ne s'explique pas. Je m'avance sur la scène et le miracle se produit: le sens du spectacle prend le dessus. Quand je suis sur les planches, j'ai toujours l'impression que tous les regards sont braqués sur moi, même lorsque je ne chante pas. D'autres chanteurs m'ont confié éprouver la même sensation. C'est une sorte de courant électrique, une énergie qui pousse le public à venir vous voir et vous entendre.

Ce jour-là, au YWCA, des spectateurs m'ont affirmé avoir senti passer ce courant. À la fin du concert, la salle applaudissait à tout rompre. L'ovation se prolongea tellement qu'elle me parut durer une éternité. Je n'arrivais pas à le croire: j'avais fait un malheur. Le lendemain, Thomas Archer écrivait, dans la *Gazette* de Montréal: «Peu de contraltos sur ce continent, sinon aucune, pourraient rivaliser avec elle.» Mieux encore, il me classait dans une catégorie d'interprètes à laquelle je n'aurais osé aspirer: il affirmait que j'étais «du calibre d'une Ferrier».

Archer fut le premier d'une bonne dizaine de critiques qui, au fil des ans, me comparèrent à Kathleen Ferrier. Cette dernière devait mourir tragiquement d'un cancer du sein un peu plus tard la même année, à seulement quarante et un ans. Je l'avais entendue une fois à Montréal, au moment où je m'étais enfin mise au chant sérieusement, et sa voix m'avait coupé le souffle: cette voix avait une couleur renversante et envoûtante. Ferrier était la cordialité même. Elle avait une façon bien à elle, en chantant, de tenir en haleine le public, et son concert m'apprit beaucoup. C'était comme si elle partageait un secret avec chacun des spectateurs. À dessein, je n'ai jamais écouté ses enregistrements sur disque parce que j'ai toujours craint par-dessus tout d'imiter un interprète.

John, qui l'avait déjà accompagnée, disait que nos voix ne se ressemblaient pas du tout. Malgré cela, pour diverses raisons, la comparaison était inévitable. Née en Angleterre dans un milieu modeste du Lancashire un peu semblable au mien, elle avait comme moi été standardiste avant qu'on ne la découvre. L'absence de prétention nous caractérisait aussi toutes deux. Quand Thomas Archer fit une première fois cette comparaison, j'en fus flattée. Mais, lorsqu'on a du talent, on ne veut ressembler à personne, et, après un certain temps, je me mis à détester qu'on me désigne comme une autre Ferrier. Des années durant, ce rapprochement me poursuivit. Je me rappelle le premier critique qui suggéra qu'on cesse de parler de moi comme d'«une autre Ferrier — il est temps, disait-il, de reconnaître en elle une superbe Maureen Forrester». C'était un Suédois; il faisait le compte rendu d'un concert à Stockholm en 1957, et j'aurais pu le bénir pour ça.

Quoi qu'il en soit, ce premier récital au YWCA bouleversa mon existence. Soudain, on connaissait mon nom, et, à compter de ce moment, je n'eus plus jamais à chercher d'engagements comme soliste. Une carrière de concertiste s'ouvrait à moi.

Ma mère était folle de joie. Elle assistait à chacun de mes concerts; elle occupait toujours le meilleur siège de la salle, au centre de la sixième ou de la septième rangée. Elle se comportait comme la vedette. Elle s'efforçait d'articuler avec moi tous les mots, même si elle ne connaissait absolument pas les textes. Cela m'exaspérait. Je dus finalement me résoudre à lui dire: «Maman, pourriez-vous, s'il vous plaît, vous asseoir ailleurs? Vous troublez ma concentration.»

Mon père n'assista à aucun de mes concerts. Au début, je ne comprenais pas son absence, parce qu'il était très fier de moi.

Quand je me produisis à l'émission *Singing Stars of Tomorrow*, il s'étendit sur le sofa, à la maison, l'oreille collée au haut-parleur de la radio, et évalua très sévèrement chacun des concurrents. Mais je finis par comprendre pourquoi il préférait ne pas venir en salle: il était sourd d'une oreille, et, à ce qu'on m'a dit, lorsque le son ne fait vibrer qu'un tympan, il s'embrouille de sorte qu'il est alors impossible à l'auditeur ainsi affligé de bien goûter la musique dans une salle de concert.

Je regrette seulement de ne pas avoir pu faire connaître à mon père une existence plus facile. Il mourut moins d'un an après mes débuts. Pendant quinze ans, il nous avait caché l'état de son coeur. Seul mon frère savait qu'il avait subi une trombose coronaire au cours d'un voyage d'affaires pour le compte de la Northern Electric, et mon père lui avait fait jurer d'en garder le secret. Il se sentait incapable de prendre sa retraite, parce qu'il aurait alors manqué d'argent pour subvenir aux besoins de sa famille. Mais une grave crise cardiaque le terrassa à Sherbrooke, puis une autre à Montréal. Ses patrons l'ont découvert écroulé sur sa boîte à outils et l'ont rapidement fait conduire à l'hôpital en ambulance. Les docteurs n'ont rien pu faire pour lui; il ne lui restait plus, dirent-ils, que quelques semaines à vivre.

Quand je suis allée le visiter à l'hôpital, il se trouvait dans une grande salle, le dos tourné à la plupart des autres patients. Ses yeux gris reflétaient la tristesse et l'abattement. Pendant notre conversation, il m'a demandé, à brûle-pourpoint: «Quelle heure est-il, ma chérie?»

«Mais papa, lui répondis-je, il y a une horloge juste derrière vous.»

Puis je me rappelai que, depuis toujours, il était si timide qu'il avait du mal à regarder les gens dans les yeux. Je compris qu'il devait souffrir le martyre d'être ainsi entouré d'étrangers, à un moment où il était sans défense. Je rentrai directement à la maison et je dis à mes soeurs: «Il n'est pas à son aise à l'hôpital. Nous allons louer un lit et un réservoir d'oxygène et nous le ramènerons ici. Je veux qu'il meure à la maison.» C'était une idée folle et je n'avais pas les moyens de la réaliser, mais je tins parole. Du jour au lendemain, moi, la cadette, j'étais devenue le chef de famille.

Mes soeurs devaient aussi s'occuper de leurs maris et de leurs enfants, mais nous nous relayions au chevet de mon père afin qu'il ne soit jamais seul, le nourrissant et lui donnant des soins. Fidèle à elle-même, ma mère était hystérique, pleurait et piquait des crises. Comme elle était impossible à calmer, nous lui versions cognac sur cognac pour la garder soûle — elle qui avait défendu avec tant d'acharnement la tempérance! Je suppose qu'elle était rongée par la culpabilité: toute sa vie, elle s'était inventé des maladies, s'était plainte de sa santé, rendant la vie impossible à mon père, et elle découvrait soudain que c'était lui le vrai malade.

Un oedème pulmonaire se déclara et, lorsqu'il cherchait à retrouver son souffle, ses souffrances nous étaient presque insupportables. Son râle d'agonisant résonnait dans toute la maison. Jamais un son ne m'a hantée autant que celui qui sortait de la bouche de mon père à l'agonie. J'entendrai ce son jusqu'à ma mort.

Des années plus tard, on me demanda de jouer, aux côtés de Jon Vickers, le rôle de la vieille comtesse russe dans une production de *La Dame de pique* au Centre national des Arts d'Ottawa. Dans l'une des scènes, la comtesse rentre d'un bal et se dévêt en coulisse. Les servantes sortent de son cabinet de toilette les bras chargés de son éblouissante robe à traîne, puis de ses jupons, de ses pantalons et, finalement, de son énorme perruque poudrée. Quand elle revient sur scène, on la dirait l'ombre d'elle-même. Vêtue d'une simple robe de nuit en coton, le crâne aussi lisse qu'un caillou, exception faite de quelques touffes de cheveux rebelles, la comtesse n'en impose plus: elle n'est plus qu'une frêle et vieille femme. Elle s'assoit à une table de son boudoir, où traîne un jeu de cartes, et ordonne à ses servantes de la laisser seule. Puis elle entonne une émouvante mélodie qui raconte son lointain passé, du temps de la cour. En répétition, le metteur en scène me dit: «Vous devez trouver quelque chose qui signale aux spectateurs que vous n'êtes pas seulement âgée mais aussi en mauvaise santé, pour qu'ils ne soient pas étonnés, un peu plus tard, de vous voir mourir.» Sur le coup, aucune idée ne m'est venue; puis un son s'est imposé. Quand je dodelinais de la tête, avant de sombrer dans le sommeil, je faisais entendre un sifflement: je soulevais à petits coups la poitrine, comme si j'avais manqué d'air, et je poussais des râlements. À la représentation, le public en fut chaviré. Qui aurait pu deviner qu'il entendait là les râles de mon père sur son lit d'agonie?

Jusque-là, personne dans notre famille n'avait été confronté à la mort. Nous ne savions pas quoi faire. Mais nous avions des amis qui tenaient un salon funéraire, et je me portai volontaire pour aller les rencontrer et leur demander de m'expliquer les procédures à suivre quand viendrait le moment. J'étais dans le bureau du directeur du White's Funeral Parlour quand Beryl téléphona pour me prévenir que mon père était décédé.

Les funérailles se déroulèrent par un jour d'hiver glacial et nuageux. Ma mère, qui souffrait, entre autres, d'ulcères variqueux aux jambes, était si retournée que sa raison l'abandonna juste avant le service religieux. Dans le vent glacé et la neige, elle voulut se jeter dans la fosse aux côtés du cercueil. Elle était en proie à l'épuisement nerveux. Avant même que nous ayons quitté le cimetière, je confiai à son médecin: «Elle est malade. Son état nous dépasse. Il faut que vous l'hospitalisiez.»

Pendant qu'elle était à l'hôpital, je décidai qu'il fallait se défaire du logement de la rue Fabre. Je n'ai jamais ressenti le moindre attachement pour les lieux que j'habite ni pour les biens que je possède. J'avisai par écrit le propriétaire et, sans prévenir ma mère, je me débarrassai de tout ce qui s'y trouvait. Je louai l'étage d'un duplex, rue Oxford, à Notre-Dame-de-Grâce, et, quand ma mère reçut son congé de l'hôpital, elle s'installa chez moi. Le logement, qui se composait de deux chambres à coucher et d'un petit salon à l'arrière, venait d'être aménagé, et j'achetai plusieurs meubles qui vinrent s'ajouter à ceux que je possédais déjà ou que j'avais récupérés, rue Fabre. Les premiers temps, ma mère était aux anges. Mais rapidement les reproches fusèrent: «Où est passé mon tamis? Tu sais, celui que j'avais depuis les premiers jours de mon mariage?» Elle ne me pardonna jamais de m'être départie de ses vieilleries.

Mais le vrai problème ne surgit que plus tard: ma mère ne voulait pas me quitter d'une semelle. Je l'avais toujours sur les talons. Elle adorait mes amies du choeur et raffolait de sortir avec nous après les répétitions. Dans ces moments-là, elle était à l'aise comme un poisson dans l'eau, n'arrêtait pas de plaisanter et de raconter des histoires amusantes. Mais quand je donnais un concert, je devais préparer le souper, laver la vaisselle, puis, alors que je me débattais rapidement pour enfiler ma robe, ma mère demandait: «Pourrais-tu me coiffer, ma chérie?» Comme si ç'avait été *son* spectacle! Quand je participais à une émission de radio, nous n'étions pas sitôt à la porte, prêtes à partir, qu'elle devait repasser aux toilettes. Les heures qui précédaient notre arrivée au théâtre m'épuisaient davantage que le concert lui-même. Je compris qu'il me fallait lui fixer des limites. Je ne voulais pas passer le reste de mes jours comme membre d'un tandem composé de Maureen Forrester et de sa mère.

J'en glissai un mot à son médecin; il m'expliqua que j'avais en quelque sorte remplacé mon père auprès d'elle. «Vous êtes en fait devenue le parent, me dit-il. Il faudra faire preuve de fermeté avec elle.» Un soir, après une répétition du choeur, je rassemblai mon courage: «Je vous retrouverai plus tard à la maison, maman. Je vais m'amuser avec la bande.» Quand je rentrai, elle était d'humeur massacrante.

«Autrement dit, je pourrais tout aussi bien ouvrir le gaz et me plonger la tête dans le four, fit-elle en reniflant. Je ne suis plus qu'une vieille femme seule, sans aucune raison de vivre. Plus personne ne veut de moi.»

«Si vous le voyez comme ça, allez-y», lui rétorquai-je. J'étais hors de moi.

Elle retourna à la cuisine et je l'entendis donner des coups, faire une scène terrible sans témoin, comme seuls les Irlandais en sont capables. Je feignais de m'intéresser à une émission de télévision lorsque le bruit s'arrêta subitement. «Oh, mon Dieu, me dis-je, peut-être qu'elle s'est *vraiment* mis la tête dans le four!» Je me rongeais les sens, ne sachant quel parti prendre, quand elle réapparut. Elle entra dans le petit salon et me dit: «Tu as parfaitement raison. Je me conduis comme une enfant. Ça ne se reproduira plus.»

À partir de ce moment, ma mère et moi nous sommes très bien entendues. Je reconnais qu'en un sens je lui dois en partie tous mes succès. Elle avait eu pour moi plus d'ambition que je n'en nourrissais moi-même. Mais, à compter de ce jour, elle me laissa jouir en toute liberté de cette existence de rêve qu'elle avait tant convoitée pour elle-même.

CHAPITRE 10

Des anges se manifestent

J'avais reçu un mystérieux appel téléphonique. J. W. McConnell, fondateur et propriétaire du *Montreal Star*, demandait à me voir. Je n'avais jamais entendu parler de J. W. McConnell, mais je connaissais bien le *Montreal Star* et j'en étais restée stupéfaite.

Je revêtis mon plus beau tailleur, me coiffai d'un chapeau et enfilai de courts gants blancs — la tenue de rigueur en pareille circonstance — puis je me rendis à son bureau, rue Saint-Jacques. La pièce était très vaste, lambrissée d'acajou et meublée de confortables fauteuils de cuir. McConnell devait avoir quatre-vingts ans, mais sa personne en imposait beaucoup: bel homme, le corps raide, le port fier, il était un peu bourru.

«J'ai une proposition à vous faire, me dit-il. Combien vous faudrait-il pour cesser de chanter?»

Sa question me parut pour le moins bizarre. Mais j'appris qu'il avait lu dans les pages de son quotidien un article où le critique Eric McLean déplorait que je me produise un peu partout. Quel dommage, écrivait Eric, qu'une si jeune chanteuse ait à se disperser ainsi à l'âge où elle devrait plutôt étudier et se constituer un répertoire. Et il concluait qu'un calendrier aussi chargé pouvait mettre en péril la voix et la santé de tout débutant. McConnell, qui s'était déjà secrètement livré à des gestes philanthropiques, avait téléphoné à Eric pour en savoir davantage à mon sujet, puis il avait lui-même mené sa petite enquête. La critique avait paru peu après le début de la maladie de mon père et McConnell avait appris que j'étais le soutien de famille. Je compris finalement ce qu'il m'offrait: une sorte de bourse d'études ou de perfectionnement.

«Oh, Monsieur McConnell, répondis-je, je commettrais une grave erreur si je m'arrêtais de chanter juste au moment où je commence à obtenir régulièrement des engagements et à me construire une réputation.» Je lui expliquai le vrai problème: mes concerts me coûtaient souvent plus cher qu'ils ne me rapportaient. Parfois, on ne m'offrait qu'un cachet de vingt-cinq dollars. Quand j'avais payé mon transport, mon accompagnateur, mon coiffeur et que je m'étais procuré une paire de bas de soie, il ne me restait rien. Pour l'achat de partitions, je dépensais quelque quatre cents dollars par an, parce que je voulais enrichir mon répertoire; il fallait aussi ajouter le prix des cours de Diamant, deux fois par semaine. J'étais toujours à court d'argent. J'hésitais même parfois à répondre à la porte, de crainte que ce ne soit le gérant de la banque venu m'annoncer une fois de plus que mon compte était à découvert.

Lorsqu'il entendit cela, McConnell s'offrit à régler toutes les dettes que j'avais contractées. Il y posa toutefois une condition: je ne devais jamais révéler, de son vivant, qu'il m'avait apporté son aide. Autrement, toutes les mères d'enfants talentueux viendraient frapper à sa porte. Son offre me sidéra; au moment où j'allais quitter son bureau, une question me traversa l'esprit: «Monsieur McConnell, je serais curieuse de savoir où vous m'avez entendue?» Il ne m'avait fait cette proposition que sur la foi de ce qu'il avait lu dans son journal: il ne m'avait jamais entendue chanter.

Pendant les trois années qui suivirent, J. W. McConnell m'aida financièrement dans ma carrière, même lorsque je repris du service, un certain temps, à la Highway Paving. Au total, il me fit don d'au moins vingt-cinq mille dollars. Je sais que j'aurais pu lui demander davantage, suffisamment pour me consacrer à plein temps au chant, mais ma fierté m'en empêcha. Je ne voulais vivre aux dépens de personne. Il m'aura été d'un secours inestimable quand cela comptait le plus. Tout jeune artiste, lorsqu'il traverse ces années cruciales qui décideront de son succès ou de son échec, a besoin d'un coussin de sécurité. Le succès m'est venu sans que je lui force la main, mais il aurait pu se faire attendre encore cinq ans, sans l'aide de J. W., qui m'a ainsi permis de progresser plus rapidement.

Peu après, lorsque mourut mon père, J. W. me téléphona de son bureau et me demanda comment je comptais aider ma mère. «Oh, je peux subvenir à ses besoins. Je l'ai d'ailleurs déjà installée chez moi», lui dis-je.

«Et pour les funérailles?»

Je lui répondis que j'en remboursais les frais à raison d'un versement par semaine. «Oubliez cela; je m'en occupe», dit-il. Il téléphona sur-le-champ au White's Funeral Parlour et régla la facture. J'avais perdu un père, mais gagné un ange gardien.

À partir de ce jour, je lui fis parvenir des comptes rendus de tous mes concerts et lui rendis régulièrement visite à son bureau pour le tenir au fait de mes progrès. Parfois, il fermait à double tour la porte de son bureau. Puis il disparaissait dans sa salle de bains privée et, lorsqu'il en ressortait, il portait une vieille veste élimée de tweed brun, aux coudes renforcés de pièces de cuir et aux manches trop courtes.

«Vous voyez, j'ai déjà été pauvre, et ça, ce fut ma première veste.»

Le geste était très touchant. Il voulait me montrer qu'il venait lui aussi d'un milieu défavorisé et qu'en dépit de sa réussite il n'avait jamais oublié ses origines modestes. J'ai toujours pensé qu'il devait connaître également le poids de la solitude. Sa femme, entichée de tout ce qui concernait la famille royale, menait une vie très mondaine, et ses enfants avaient tous quitté le foyer et brassaient leurs propres affaires. Plus personne n'avait un instant à lui consacrer. Il m'aimait parce que j'étais indépendante et je pense qu'il avait besoin de quelqu'un avec qui communiquer. Il me prenait parfois dans ses bras et me donnait un baiser sur la joue. Au début, je me suis demandé s'il ne cherchait pas ainsi à me faire des avances, mais je compris bientôt que ce geste s'apparentait bien davantage au genre de rapprochement physique qu'un père recherche tout naturellement avec sa fille. Je suppose qu'il avait aussi un petit faible pour moi; mais comme il avait quatre-vingts ans, il était facile de prévoir qui des deux pourrait courir le plus rapidement autour du secrétaire.

* * *

Après mes débuts en récital au YWCA, un autre mentor

vint à ma rescousse: Gilles Lefebvre, créateur des Jeunesses musicales du Canada. Gilles avait été violoniste; pendant la guerre, alors qu'il servait dans l'armée de l'air en Europe, il entendit parler d'un organisme qui envoyait en tournée des artistes en herbe, dans le réseau des écoles catholiques. On poursuivait ainsi deux objectifs: venir en aide aux jeunes musiciens et donner très tôt le goût de la musique aux enfants. L'idée l'enthousiasma au point qu'il l'adapta aux besoins du Canada et introduisit les Jeunesses musicales dans notre système d'éducation. Plus tard, Gilles devait créer le camp musical du Mont-Orford et le Festival Orford, qui, à leur tour, donneraient naissance au Quatuor Orford. En 1984, quand j'entamai mon mandat à la présidence du Conseil des Arts du Canada, le poste de directeur-adjoint était occupé par Gilles, toujours fidèle à l'idéal qu'il s'était fixé: aider à lancer la carrière des jeunes artistes.

La première fois que j'ai rencontré Gilles, il était déjà le commis voyageur de la musique. Séduisant, infatigable, la cheve-lure noire bouclée et les yeux perçants, il avait toujours quelque rendez-vous urgent avec des religieuses ou des prêtres qu'il dési-rait convaincre de la nécessité d'adhérer au programme des Jeunesses musicales. Sur la route, c'était un enfant terrible, amateur de vitesse, qui risquait sa vie pour assister au plus grand nombre de concerts possible. Gilles ne se dépensait pas ainsi pour sa propre gloire. Dans la vie, il s'était donné pour mission de lancer des carrières. Pourtant, une fois qu'il avait réussi à faire débuter de jeunes talents, il ne tentait jamais de les retenir ni de leur faire sentir qu'ils lui devaient quoi que ce soit. Comme une mère oiseau à ses oisillons, il leur apprenait à voler de leurs propres ailes et à suivre leur destin.

Gilles a fait de moi une professionnelle. Il s'était lié d'amitié avec John Newmark; après consultation avec Diamant, ils avaient jugé que j'étais prête pour une tournée parrainée par les Jeunesses: il s'agissait de quarante-cinq concerts, dans le nord du Québec et de l'Ontario, que je donnerais en rafales, sur une période de presque six mois. Je voyagerais avec un accompagnateur et un *commentateur*[1], un animateur qui occuperait les vingt dernières

_____

1. En français dans le texte. (*N.d.T.*)

minutes de chaque heure de concert à donner quelques notions de musique aux étudiants. Par-dessus tout, les Jeunesses m'offraient un cachet de vingt-cinq dollars par concert, plus une allocation quotidienne pour les repas; l'institution qui nous accueillait payait la note de l'hôtel. Je pouvais enfin quitter mon poste à la Highway Paving. J'exercerais désormais à temps plein le métier de cantatrice.

Le *commentateur* assurait notre transport de ville en ville, dans sa voiture. Nous voyagions ainsi des heures dans la campagne québécoise déserte; puis, dans le lointain, nous apercevions le clocher d'une église, qui, pointant sa flèche au-dessus du paysage, annonçait notre prochain arrêt. Les motels où nous descendions étaient fréquentés par des commis voyageurs. L'odeur de cigarette et de bière, comme celle des tapis qu'on lavait sans jamais leur laisser le temps de sécher, prenait à la gorge. Parfois les organisateurs de la tournée avaient fait des réservations pour nous dans de minuscules hôtels, rue principale, au-dessus du magasin général; nous nous retrouvions dans des chambres aux murs couverts de papier peint se détachant en lanières, éclairées par une seule ampoule nue, au plafond, d'où pendait un cordon.

Ce fut une dure école. Qui d'autre que les Jeunesses musicales aurait retenu les services d'une chanteuse encore novice pour une tournée de quarante-cinq concerts? Il valait mieux faire son apprentissage de la scène à Chicoutimi ou à Arvida qu'à Montréal ou à Toronto, où les critiques pouvaient démolir une débutante et ruiner sa carrière avant même qu'elle n'ait véritablement pris son envol.

J'appris aussi à élaborer un programme, à reconnaître quel type de pièce captive l'auditoire ou, au contraire, le laisse indifférent. Et j'ai connu la dure vie de tournée: se lever jour après jour à six heures du matin, supporter d'interminables heures de voiture, s'arrêter dans une petite ville juste à temps pour pouvoir jeter un rapide coup d'oeil à la salle avant le concert, accorder une entrevue au journal local, mettre quelques bigoudis, changer de vêtements, et, après le concert, assister à une réception dans la maison d'un inconnu qui s'attend à ce qu'on s'empiffre de tartes maison et à ce qu'on raconte des tas d'anecdotes amusantes, puis se lever encore très tôt le lendemain et recommencer le même manège dans une autre ville. Il nous arrivait même parfois de donner deux concerts dans la même journée. Seuls les mieux adaptés réussissent à survivre à un régime pareil. Quand on faisait une tournée pour les Jeunesses musicales, on découvrait rapidement si on était fait pour cette vie-là, qui peut s'avérer des plus pénibles. La carrière de chanteur ne convient pas aux petites natures.

Gaston Arel me servait d'accompagnateur. Cet organiste extrêmement talentueux devait toujours se rendre un peu plus tôt à la salle de concert pour vérifier l'état des vieilles orgues, qui n'étaient pas encore toutes électrifiées et dont une demi-douzaine de touches étaient invariablement défectueuses. Plus encore qu'un pianiste, un organiste qui touche un orgue à pédalier a besoin de voir l'interprète pour repérer avec précision le moment où il respire et activer simultanément la soufflerie. Je devais donc prendre place à la tribune de l'orgue, invariablement logée à l'arrière dans les églises catholiques. Pour cette raison, aucun auditeur ne pouvait me voir. Comme première aria, j'interprétais toujours *Divinités du Styx* de l'*Alceste* de Gluck, écrite dans un registre vraiment très grave. Dès que je chantais le premier mot, «Divinités...», toutes les têtes se retournaient et des petits rires étouffés secouaient les nefs latérales. Les plus jeunes spectateurs n'arrivaient pas à croire que cette voix sortait d'un corps de femme.

Le mouvement des Jeunesses musicales s'adressait aux écoliers, de la maternelle jusqu'au collège; certains auditoires comptaient donc des enfants d'à peine quatre ou cinq ans. Ils ne faisaient pas le moindre bruit — les religieuses veillaient à la discipline — mais ils se tortillaient sur leurs bancs toute l'heure durant, se fourraient les doigts dans le nez, se débarrassaient de leurs habits de neige, puis les remettaient. Rien ne peut éprouver autant la concentration d'un interprète. Ceux qui avaient déjà neuf ou dix ans venaient me voir après le concert pour me dire, par exemple: «J'ai adoré le Vivaldi, mais détesté le Schumann.» Les enfants, tout le monde le sait, n'aiment pas les compositeurs romantiques; mais ces élèves d'écoles catholiques connaissaient vraiment les compositeurs, et, croyez-moi, ils avaient déjà des opinions bien arrêtées!

Après le concert, les élèves faisaient la queue, programme à la main, pour venir me saluer, et, même s'ils ne désiraient pas réellement un autographe, ils me tendaient leur programme parce que tous leurs camarades semblaient en demander. Parfois, dans les séminaires, où les garçons savaient pertinemment qu'ils pourraient se coucher plus tard s'ils attendaient en coulisse pour me voir, je devais me résigner à apposer ma signature sur sept cents programmes, après une journée éreintante où j'avais donné deux concerts et parcouru une grande distance en voiture.

Un jour où je chantais dans une tribune de chœur à Grand-Mère, un objet volant non identifié poussa soudain une pointe dans ma direction: j'avais tout simplement réveillé une chauve-souris. Ces petites créatures réagissent aux sons et, chaque fois que je donnais une certaine note, la chauve-souris recommençait son manège, en se rapprochant de plus en plus de moi. Je devais me trouver sur sa longueur d'onde. J'exerçai mes charmes de la même manière en une autre occasion. Des années plus tard, lors d'une exécution de la *Messe en si mineur* de Bach avec le Chœur Tudor à la basilique cathédrale Notre-Dame de Montréal, chaque fois que je chantais une note bien précise de l'*Agnus Dei*, des chauves-souris déferlaient du beffroi et fonçaient sur moi en vol piqué. Je voyais soudain les cinq mille personnes qui composaient l'assistance tourner simultanément leur regard vers la voûte.

Dans une autre ville qui figurait à notre itinéraire se produisit également un incident mineur. Je venais d'entamer un cycle de mélodies de Fauré dont l'une s'intitule *Absence* et commence par ces mots: «Je veux que le matin m'ignore...» Je chantai: «Je veux...», puis ce fut le trou de mémoire. Je m'arrêtai et, posant une main sur la bouche, je m'exclamai: «*Mon Dieu*[2], en m'adressant à la foule, j'aimerais bien savoir ce que je veux!» Un fou rire secoua l'assistance. Qu'on me comprenne bien: je ne recommande à personne de réagir de cette façon. Je suggère plutôt à mes élèves de feindre s'il leur arrive d'oublier leur texte. «Surtout, ne vous arrêtez pas et que votre visage ne vous trahisse pas, leur dis-je. Ayez recours à n'importe quel son, sans oublier d'y mettre de l'expression. La plupart des spectateurs n'y verront que du feu!»

Mes concerts dans le cadre des Jeunesses musicales connurent un vif succès. De Shawinigan à Saint-Hyacinthe, j'étais

---

2. En français dans le texte. (*N.d.T.*)

108

devenue une petite vedette. Encore aujourd'hui, des gens viennent parfois dans ma loge, après un concert, me dire qu'ils m'ont entendue pour la première fois au cours de cette tournée. En ce temps-là, j'avais l'impression que le monde entier me savait en tournée. Fort heureusement, j'étais trop occupée pour me rendre compte qu'il n'en était rien.

Entre deux séries de concerts, de retour à Montréal, j'étudiais de nouveaux lieder. Comme je me plais à le répéter à mes élèves, on n'apprend jamais trop d'oeuvres quand on est jeune. Certains débutants auditionnent parfois devant moi et, quand je leur demande: «Parfait, et que savez-vous d'autre?», je découvre souvent que leur répertoire se limite au programme qu'ils viennent de donner. «Pour l'amour du ciel, comment vous débrouillerez-vous lorsque votre carrière démarrera ou qu'on vous demandera à brûle-pourpoint de vous produire? Répondrez-vous qu'il vous faut un mois pour mettre au point un autre programme?» Très tôt dans ma carrière, je me suis acquis la réputation de pouvoir remplacer, à un seul jour d'avis, une tête d'affiche comme Elisabeth Schwarzkopf, quand elle se sentait indisposée. Non seulement j'acceptais de prendre la relève, mais je pouvais aussi donner le même programme, parce que je m'étais constitué un très vaste répertoire, et cela n'a jamais manqué d'impressionner critiques et impresarios.

Toujours à l'époque de ma tournée pour les Jeunesses musicales, pendant un de mes rares moments de répit, Diamant me suggéra d'apprendre *Frauenliebe und Leben* («L'Amour et la Vie d'une femme») de Robert Schumann. Dès l'instant où j'en parcourus le texte, j'adorai ce cycle où s'expriment, en huit mélodies, toutes les joies et les peines d'une vie de femme: depuis la rencontre du bien-aimé, à l'adolescence, jusqu'à la naissance d'un enfant, et, finalement, la première douleur que lui inflige son époux en mourant. C'est une oeuvre de pleine maturité. Une oeuvre qui transporte. Une oeuvre qui pose un merveilleux défi à l'interprète novice, qui l'oblige à recourir à une gamme d'émotions, et que, dès le début, j'adorai exécuter. Mais quand on est jeune, on s'attache également à chacune des notes. On leur accorde toutes le même poids, ce qui produit une interprétation sans relief. John Newmark me répétait souvent: «Oh, Maureenschen, comme j'ai hâte de t'entendre chanter cela quand tu auras vieilli, quand tu seras devenue mère.» Ce commentaire me blessait profondément. Je me disais: «Mais qu'est-ce qu'il peut bien vouloir dire? Que je ne suis pas dans le ton?» Je comprends maintenant: j'avais vingt-trois ans et je n'avais pas encore éprouvé certaines émotions ni vécu certaines expériences. J'hésitais toujours à m'engager pleinement dans ma vie de femme.

CHAPITRE 11

On joue notre air

D ans les premières années de ma carrière, je me suis établi
une réputation sur les scènes les plus invraisemblables.
J'ai chanté dans des gymnases d'école, des sous-sols
d'église, des salles de délibérations du conseil de villes minières.
De Joliette à Jonquière et jusqu'à Estevan en Saskatchewan, il
existe peu de villages canadiens où je ne me sois produite au
moins une fois au fil des ans. Longtemps après ma première
tournée pour les Jeunesses musicales, à l'invitation du service
des tournées du Conseil des Arts du Canada, j'ai accepté de
donner des concerts dans de petites localités de plusieurs
provinces, desservies par le chemin de fer. Les gens me demandent souvent: «Mais pourquoi chantez-vous à Port Perry ou à
Red Lake, en Ontario, à cette étape de votre carrière?» Dans les
petites villes, les spectateurs ne sont pas blasés. Ils vous attendent
pendant des mois et votre arrivée signifie vraiment beaucoup pour
eux. Un seul regard sur leurs visages vous récompense pleinement. Mieux encore, ils vous écoutent réellement. À New York,
comme dans les autres capitales culturelles du monde, on surprend
souvent dans la salle des regards absents. Pendant la même
semaine, les spectateurs en ont déjà eu plein les yeux et plein
les oreilles. Cet homme assis dans la dixième rangée, vous sentez
qu'il aurait préféré que sa femme ne le traîne pas au concert, le
privant ainsi de son match de football télévisé ou du dernier
épisode de *Dynasty*. Si j'ai un faible pour les petites villes, cela
tient peut-être au fait que j'y ai donné mes premiers récitals. J'en
conserve d'ailleurs quelques-uns de mes meilleurs souvenirs.

Il y a des années, alors que John et moi complétions une tournée de cercles féminins de l'Ouest canadien, nous avons donné un récital dans un temple de Lethbridge, en Alberta; on avait même retiré la chaire du choeur pour créer une scène. Nous avions interprété *Frauenliebe und Leben* et, jusque-là, le concert se déroulait très bien. Mais à l'entracte, quand nous avons risqué un coup d'oeil dans la salle, il n'y restait plus personne. «Oh, mon Dieu! m'exclamai-je. John, c'est raté.» Juste à ce moment-là, le sacristain entra. «Je suppose que vous vous demandez où ils sont tous partis, dit-il. Que voulez-vous, il y a un match de hockey à l'aréna, de l'autre côté de la rue, et ils sont allés voir où en est la marque. Ne vous en faites pas, ils reviendront.» Et, en effet, tous étaient de retour après l'entracte. Une autre fois, à Melrose, un homme s'approcha de moi au cours d'une réception après le concert et il me dit: «Ma foi, ma petite dame, on peut dire que vous avez fait salle comble et il y a de quoi être fière. La salle était bondée de fermiers, même si c'est la saison des semailles.»

Dans les petites villes, les gens se sentent plus proches de vous. Un jour où il me servait d'accompagnateur pour un récital à Trois-Rivières, John se demandait comment il pourrait rentrer à temps à Montréal pour une émission de radio le lendemain. «Maman» Rousseau, qui avait été présidente nationale des Jeunesses musicales, assumait alors la même fonction au niveau local. «Attendez-moi une minute», lui dit-elle. Quand elle revint, tout était arrangé. Et lorsque le fils de «Maman» vint se garer au volant d'une énorme Cadillac noire, John remarqua qu'il ne s'agissait pas d'une limousine ordinaire: il y avait des rideaux à la lunette arrière. John avait oublié que le mari de «Maman» était l'entrepreneur de pompes funèbres de la région.

Quand on n'est encore qu'une artiste à ses débuts, se produire dans les salles les plus insolites soulève des problèmes qu'on ne connaîtrait jamais à Carnegie Hall. On ne court pas le risque, par exemple, à Carnegie Hall, de mourir suffoquée en respirant des effluves de chaussures Adidas imprégnées de sueur après un match de basket. Un samedi après-midi de l'année 1953, en montant sur la scène du gymnase du Manor Park High School, à Ottawa, des relents de chaussettes puantes me saisirent à la gorge. Rien qui dispose à donner un concert! Une femme nommée

Mary Gauthier, devenue l'une de mes ferventes admiratrices depuis qu'elle m'avait entendue à Sherbrooke, m'avait proposé ce concert. Elle venait de déménager à Ottawa et m'avait supplié d'y donner un récital. La soeur aînée de son mari était la cantatrice Eva Gauthier, sans doute la première interprète canadienne de lieder qui ait mené une carrière internationale, et Mary m'entretenait toujours d'elle comme si j'eus dû savoir qui elle était, même si, à l'époque, je n'avais jamais entendu parler d'elle. Je n'arrivais pas à m'imaginer Eva Gauthier, qu'on me disait si fabuleuse, chantant dans un endroit comme celui-là.

Comme dans toutes les salles de conférences, l'estrade y était trop haute et l'éclairage, trop brutal. Aucun bâillement dans l'assistance n'aurait pu m'échapper, même à trois cents pas. Je regardai froidement la salle en me disant: «Quel auditoire!» Puis je remarquai un visage, dans la deuxième rangée sur la gauche. Je ne lui jetai qu'un regard et j'eus aussitôt cette prémonition: «Voici l'homme que je vais épouser.» Bien entendu, il fallut un moment avant que cela ne se réalise, mais c'est tout de même ainsi que j'ai fait la connaissance d'Eugene Kash.

Jusqu'à ce jour, je n'avais pas éprouvé le moindre désir de me marier, mais dès le premier regard, ce fut pour moi ce qu'on appelle le coup de foudre. Aussitôt que j'aperçus son visage, à la fois impénétrable, sensuel et tendre, je sus que, si je devais partager mon existence avec quelqu'un, ce serait avec lui.

J'ai demandé à Eugene, un jour, quelle avait été sa première impression en me voyant. «Eh bien, je me suis dit: ''Cette femme ne sait vraiment pas s'habiller.''» Je portais un taffetas bleu moiré sur une jupe courte, ourlée de sequins. Comme chacun sait, les sequins *ne sont pas* de mise le dimanche après-midi, et, bien que j'aie de jolies jambes, la jupe était trop courte; enfin, le bleu ne me sied guère. Je me demande bien quelle mouche m'avait piquée. J'avais l'air d'une danseuse à un bal.

Eugene m'avoua toutefois que, quand je me mis à chanter, lui et son ami Karl Weiselberger, critique musical au *Ottawa Citizen*, avec qui il était venu au concert, se regardèrent, froncèrent les sourcils et chuchotèrent: «Hé, ce n'est pas mal du tout.» Ils ne s'attendaient pas à ce que cette Anglo-Saxonne rondelette et bien en santé, nommée Forrester, puisse interpréter des lieder de Brahms et de Schumann avec un accent aussi impeccable. En fait, ils n'étaient pas venus là pour m'entendre. Je partageais la vedette avec Keith Milliken, un jeune violoniste de l'Orchestre philharmonique d'Ottawa que dirigeait alors Eugene.

Après le spectacle, Eugene et Karl vinrent en coulisse. C'était bondé, surtout de gens qui voulaient voir le violoniste, puisque c'était un de leurs concitoyens. À un moment donné, je me retrouvai debout dans la cage d'escalier en compagnie de Mary Gauthier, les bras chargés d'un bouquet qu'elle venait de me remettre, et Eugene nous croisa. Mary nous présenta l'un à l'autre. Je fis tournoyer mon bouquet en disant: «Bon, j'ai les fleurs. Il ne me manque plus maintenant que le fiancé.»

Il dut me prendre pour une jeune écervelée. Il avait de la classe et faisait très européen. Et comme il dirigeait l'orchestre d'Ottawa, il était la coqueluche de la capitale. Eugene était aussi violoniste et je découvris plus tard qu'il avait été un enfant prodige. Fils aîné d'un orfèvre polonais, il était né à Toronto, trois mois seulement après que ses parents y eurent immigré. Très tôt, son père et sa mère avaient compris qu'il était extraordinairement doué pour la musique, et l'avaient envoyé étudier, encore garçon, au Curtis Institute de Philadelphie, puis à Vienne. Mais en 1938, peu avant la *Kristallnacht*, sa mère avait pressenti le prochain geste des nazis et lui avait intimé l'ordre de rentrer. Pendant la guerre, il avait assumé la direction du service musical de l'Office national du Film, alors sous la présidence de John Grierson, avant d'être nommé chef de l'Orchestre philharmonique d'Ottawa.

Eugene m'avoua plus tard que, lors de notre première rencontre, il avait lui aussi senti passer un courant, mais que je lui faisais peur. Il venait de mettre fin à une longue relation tourmentée et, qui plus est, comme le lui avait appris le programme, j'étais sa cadette de dix-huit ans; il l'aurait deviné de toute manière dès le premier coup d'oeil. Quand je montai à bord du train pour rentrer à Montréal après ce concert à Manor Park, j'avais constamment à l'esprit le visage d'Eugene, que je ne reverrais pas avant des mois.

À la même époque, István Anhalt, jeune compositeur de McGill né en Hongrie, m'avait demandé si j'accepterais de créer une oeuvre qu'il écrirait pour moi. «Certainement, lui avais-je répondu. Je suis très flattée que vous me le proposiez.» Je ne connaissais rien alors à la musique moderne. Il composa cinq pièces atrocement difficiles en s'inspirant de faits divers publiés dans les journaux. L'une d'elles concernait l'assassinat d'une danseuse balinaise et contenait ces mots: «Et l'agent de Sampi, Monsieur John Coast, dit...» Des années plus tard, quand John Coast fut devenu mon agent pour l'Angleterre, j'aimais bien le taquiner en lui répétant: «Tu étais présent dans un des airs que je chantais, bien avant que je te connaisse!»

Nous devions donner le cycle de Anhalt au Moyse Hall de McGill et, au dernier moment, le violoniste tomba malade. Qui, croyez-vous, le remplaça? Eugene! Parce que les pièces étaient très difficiles, nos répétitions se prolongeaient à des heures impossibles et nous avons pu ainsi mieux nous connaître. Nous nous entendions à merveille; après chaque séance de répétition, Eugene se contentait toutefois de m'accompagner jusqu'à l'arrêt d'autobus, pour me dire au revoir et s'esquiver aussitôt.

À la fin d'une répétition, son ami le chanteur folklorique Alan Mills vint le chercher. Alan était de mes admirateurs et nous nous taquinions mutuellement sans méchanceté. «Eh, Maureen, demanda-t-il soudain, tu ne vas donc jamais à Ottawa?»

«Pour tout te dire, lui répondis-je, j'y vais justement le mois prochain chanter *Le Messie*.»

«Dans ce cas-là, Kash, rends-moi un service, tu veux? Emmène cette fille à ton fameux restaurant chinois.»

«J'adore les mets chinois», enchaînai-je aussitôt, mais Eugene se contenta d'un sourire et d'une réponse évasive. Pendant les répétitions, tout comme le soir du concert des oeuvres d'Anhalt, il se montra charmant et sembla même s'intéresser à ma carrière. Je venais de compléter la première étape de ma tournée pour les Jeunesses musicales et il ne me ménagea pas ses encouragements, mais il ne m'invita jamais à sortir. Je savais qu'il serait à Montréal la veille du jour de l'An et, priant Dieu qu'il me demande de l'accompagner quelque part, je m'achetai une nouvelle robe vraiment époustouflante: un poult-de-soie bleu marine à jupe longue et au décolleté plongeant, à peine dissimulé sous un tulle, découpé en pétales. Une toilette très provocante. Mais je savais ce que je faisais: j'avais une belle silhouette, à l'époque. J'attendis patiemment son appel, mais la sonnerie du téléphone ne retentit pas. J'espérai jusqu'à la veille même du jour de l'An, et je revêtis pour rien cette sacrée robe qui m'avait coûté une fortune.

Le lendemain matin, le téléphone sonna: c'était Eugene. Alan et sa femme donnaient un dîner du jour de l'An et ils demandaient si je pouvais me joindre à eux. Il me dicta l'adresse et n'offrit même pas de passer me prendre.

Bernie et Alan formaient un couple formidable et Alan était déjà une célébrité. En fait, deux personnes coexistaient en lui: d'une part, un écrivain de talent et un comédien qui interprétait, sur les ondes de Radio-Canada, des oeuvres très cérébrales sous son vrai nom: Albert Miller; et, d'autre part, le chanteur folklorique le plus connu au Canada, Alan Mills. Plus tard, il animerait une émission radiophonique pour enfants et écrirait une chanson que tous les jeunes du pays finiraient par fredonner: «*There was an old lady who swallowed a fly/ Now I don't know why she swallowed a fly/ I think she'll die*[1].» Alan avait vraiment le sens du folklore paysan et c'était un homme merveilleux et chaleureux.

Lui et Bernie habitaient une ravissante maison, rue Atwater, et ils nous servirent un plat recherché: du filet mignon sauce béarnaise. Je ne buvais alors aucun alcool et, lorsque Alan le remarqua, il en pâlit. Je dus lui sembler bien ingénue, au point qu'il osa me demander: «Voudrais-tu un peu de ketchup ou autre chose sur ton bifteck?»

«Grands dieux, non!», répondis-je.

«Dieu soit loué, fit Alan en soupirant. Tu as passé avec succès ton audition!»

Pendant ce dîner, nous sommes tous devenus de bons amis. Ce soir-là, Eugene m'a raccompagnée chez moi et m'a même embrassée en me quittant.

Peu après, je me rendis à Ottawa, comme prévu, chanter *Le Messie* avec la Ottawa Choral Society. Je n'ai gardé aucun souvenir du concert, mais je me rappelle très bien le repas chinois qui suivit, puis l'invitation à l'appartement d'Eugene. Pour moi, c'était le moment ou jamais. Il ne s'est rien passé qui puisse ressembler aux manoeuvres d'un homme mûr séduisant une jeune fille. Il n'a pas eu à me forcer la main. Des années durant, chaque

---

1. «Il y avait une vieille dame qui avala une mouche/Je ne sais pas pourquoi elle avala une mouche/ Je pense qu'elle en mourra.»

fois que nous entendions *Le Messie*, nous nous murmurions: «On joue notre air.»

J'étais follement amoureuse d'Eugene. Dès ce moment, chaque fois qu'il venait à Montréal, nous nous rencontrions. Finalement, parce qu'il y avait affaire de plus en plus souvent, il loua un petit appartement, rue Baile. Une garçonnière minuscule, en encoignure, avec une cuisinette qui, j'en suis certaine, n'avait pas été repeinte depuis cinquante ans. L'appartement était sombre, sale, et même si une femme de ménage y venait, Eugene lui interdisait de déplacer quoi que ce soit. Des partitions s'empilaient un peu partout. C'était encore pire qu'à son appartement d'Ottawa, où j'avais un jour découvert, sur l'appui de la fenêtre, une tomate pétrifiée qui avait l'apparence d'une sculpture.

Comme de raison, cela me mettait hors de moi et je passais mon temps à épousseter. Je voulais m'occuper de son ménage et de sa popote. Je pense qu'Eugene en déduisit que j'étais différente de la plupart des filles qu'il avait connues. Il était plutôt habitué à les sortir, à leur donner rendez-vous au restaurant, mais jamais il n'avait fréquenté une femme qui s'inquiétait de son sort. Parfois, quand il dirigeait l'orchestre à Ottawa, je prenais le train, à Montréal, pour lui apporter du poulet du Chalet-Suisse, que nous mangions ensemble avant le concert. Comme s'il n'avait pu trouver de nourriture à Ottawa!

«Mais je suis trop nerveux pour manger», protestait-il.

«Tu sais d'où viennent ces fameux papillons à l'estomac dont tu te plains tant? lui demandais-je. Eh bien, ce sont des gaz provoqués par la faim. Tu as besoin de refaire tes forces pour diriger.» Avec Eugene, je n'avais qu'un désir, absolument impérieux: lui rendre la vie agréable.

Nous nous inventions une vie de couple dans son petit appartement crasseux à Montréal. La pièce pouvait tout juste contenir un secrétaire, une étagère et un vieux divan-lit qui, ouvert pour la nuit, penchait d'un côté d'environ dix centimètres. Ce lit nous a valu des heures de fous rires. Quand nous nous sommes enfin épousés, la dot d'Eugene se résuma à ce divan-lit qui nous a suivis dans nos multiples déménagements, des années durant. Finalement, quand nous sommes partis pour le Connecticut, je lui dis: «Je ne veux me débarrasser que d'une seule chose: ce divan. Je l'ai toujours détesté.» En y repensant bien aujourd'hui, je m'aperçois que j'y étais très attachée. C'est dans ce lit que notre vie de couple a commencé.

Pendant toutes ces années, ma mère ne prisait guère Eugene. Elle le jugeait trop âgé pour moi, sans compter qu'il ne lui apportait jamais de fleurs et ne cherchait pas à lui plaire, comme aurait dû le faire, à ses yeux, tout bon futur gendre. Une nuit, à deux heures, le téléphone d'Eugene sonna. «Oui, une seconde», répondit-il et il me tendit le combiné. Ma mère sanglotait au bout du fil. «Si seulement ton père vivait encore...», dit-elle en pleurnichant.

«Maman, je suis assez vieille pour savoir ce que je fais, lui rétorquai-je. Retournez vous coucher. Je serai de retour demain matin, avant votre réveil.»

J'avais vingt-quatre ans et je savais ce que je voulais. Ma détermination effarouchait parfois Eugene. Je l'avais tellement dans la peau que, même lorsqu'il venait à Montréal sans me prévenir, j'y devinais sa présence et jusqu'à l'endroit précis où il se trouvait. Je marchais dans la rue et, soudain, j'avais un pressentiment: «Il est ici.» J'entrais dans l'immeuble en question et je découvrais qu'un luthier y avait son atelier au deuxième étage. «Salut!» lançais-je en passant la tête dans l'entrebâillement de la porte. Cela exaspérait Eugene.

J'avais à peine complété la dernière étape de ma tournée des Jeunesses musicales que je reprenais déjà la route pour une autre série de concerts, cette fois dans le nord du Québec, et un seul détail m'obsédait: dans combien de temps je reviendrais à Montréal pour retrouver Eugene. Jour et nuit, je ne pensais à rien d'autre.

Il m'appelait «Kutzerel», un surnom affectueux qu'il avait inventé et dont il prétendait qu'il décrivait à merveille la petite fille en moi. Je l'appelais «Kätsl» — «Petit Minou» —, comme l'avait surnommé Alan Mills. En dépit de notre nouvelle intimité, Eugene m'intimidait encore un peu. À mes yeux, c'était un véritable homme du monde et j'avais l'impression qu'il connaissait tout de la musique. Chaque fois que je mentionnais le titre d'une pièce que j'allais interpréter, il avait à son sujet une anecdote à me raconter qui me la rendait encore plus familière. Si je lui disais que j'apprenais une nouvelle oeuvre de Vivaldi, il enchaînait aussitôt: «Savais-tu que Vivaldi était un prêtre aux cheveux roux à qui on avait confié la direction d'une école pour jeunes délinquantes? Et qu'il lui fallait composer chaque semaine une oeuvre pour la messe du dimanche? Ce qui explique d'ailleurs son abondante production.» Il m'apprit aussi que Prokofiev avait composé *Alexandre Nevski* pour un film de Serge Eisenstein sur une bataille que livrèrent les Russes, au treizième siècle, pour repousser une invasion des Allemands. Il y a d'ailleurs une partie de l'oeuvre où Prokofiev imite le bruit des sabots des chevaux traversant les lacs gelés. Depuis lors, je ne peux écouter cette musique sans porter attention aux cymbales et me représenter la glace cédant sous le poids énorme des canons et engloutissant les chevaux.

Eugene n'arrivait pas à croire que quelqu'un de si doué et si naturellement musicien soit à ce point ignare en matière d'histoire et de théorie musicales. Je ne connaissais rien de plus que ce que j'interprétais. Je n'avais aucune idée de la place que pouvait occuper une oeuvre dans l'évolution de la musique à l'époque de sa composition, et, souvent, lorsqu'il mentionnait le nom d'un compositeur légendaire, il était renversé de m'entendre lui demander: «Mais qui est-ce?» Eugene joua un rôle important dans mon éducation musicale.

Mais il a aussi veillé à mon éducation dans bien d'autres domaines. Quand j'ai fait sa connaissance, je disais à haute voix tout ce qui me passait par la tête. J'ai même découvert par la suite que John et Diamant tenaient un catalogue de toutes mes bourdes. Diamant s'employait-il à me commenter un lied racontant une histoire d'amour que je l'interrompais en poussant des exclamations dérisoires. Eugene m'a appris à me tourner la langue sept fois dans la bouche avant de laisser tomber une phrase qui aurait pu être malvenue. Le tact n'est toujours pas ma plus belle qualité, mais j'étais alors si naïve et intempestive qu'il a pu me prendre pour une sotte.

Je parlais encore de ma voix très aiguë de petite fille. Eugene me fit comprendre que c'était peut-être le résultat d'un effort inconscient pour protéger mes cordes vocales, mais que cela ne servait à rien. «Ma chérie, me dit-il, cette toute petite voix ne convient pas du tout à une fille de ta constitution.»

Nous nous aimions d'un grand amour; mais, dès les premiers jours, Eugene m'avait prévenue de ne pas m'éprendre de lui. «Je ne suis pas du genre à me marier», me répétait-il. De mon côté, je prétendais que je m'en fichais. Je ne voulais qu'être avec lui; je n'avais rien à faire d'un bout de papier. Mais dès que nous nous rapprochions un peu trop, il se tenait sur la défensive.

«Je suis plus âgé, disait-il, l'air tourmenté. Tu es jeune et une grande carrière s'offre à toi. Je t'empêcherais de te réaliser pleinement et nous en souffririons tous les deux.» Un jour, il alla même jusqu'à concéder: «Tu me surclasseras, j'en ai bien peur, et je refuse de vivre dans l'ombre d'une grande étoile.»

Mais je refusais d'écouter ses mises en garde. Aucun des gestes ni des mots d'Eugene ne parvint à me faire lâcher prise. Je savais qu'il était l'amour de ma vie.

CHAPITRE 12

Par-delà la Belle Province

Jusqu'à ce jour, au Québec, on m'a toujours présentée comme «notre Maureen». Les Canadiens français se sentent un droit de propriété sur leurs artistes. Ils ont l'impression que je leur appartiens et, en un sens, ils ont raison: après tout, ils m'ont donné ma première chance.

Après mes débuts en récital, je reçus coup sur coup plusieurs bourses d'études. Le Montreal Social Club, une association d'hommes d'affaires, me remit cinq cents dollars, et le Montreal Ladies' Morning Musical Club m'invita à donner un concert après m'avoir offert une bourse de cinquante dollars. Le Ladies' Morning Musical Club tenait ses réunions tous les jeudis après-midi, et une invitation à s'y produire constituait un honneur prestigieux. Tous les jeunes musiciens prometteurs, de passage à Montréal, s'y faisaient entendre aux premiers jours de leur carrière; Kathleen Ferrier et Leontyne Price avaient été du nombre. Les organisateurs de ces matinées avaient un goût infaillible. Cette invitation du Ladies' Morning Musical Club me confirmait donc que j'étais sur la bonne voie.

Quelle honte que n'existe plus aujourd'hui un réseau de clubs privés et de cercles voués à la promotion de la musique, qui servirait de tremplin aux jeunes interprètes et les aiderait à acquérir de l'expérience. De nos jours, les femmes n'assistent plus à des matinées de concert; elles préfèrent jouer au golf ou s'envoler pour Hawaï. En conséquence, la jeune génération de musiciens n'a pas la chance, comme de mon temps, de faire ses gammes. À l'époque, on pouvait s'établir petit à petit dans la carrière; de nos jours, on sort diplômé d'un conservatoire, on donne un récital et on se retrouve, sans plus d'expérience, sur la ligne de feu. Entre l'anonymat et le vedettariat à la télévision, où les producteurs ne s'intéressent qu'aux grands noms, il reste bien peu de possibilités aux artistes. En un sens, ma carrière s'est amorcée à la fin d'une époque.

Après le concert, Pierre Béique vint me voir en coulisse pour me féliciter. Des membres du Ladies' Morning Musical Club nous présentèrent l'un à l'autre, mais je savais déjà qui il était. Tout le monde connaissait Pierre Béique, l'une des figures de proue des cercles musicaux à Montréal. Pendant des décennies, il présida aux destinées de l'orchestre symphonique de la ville, et il s'y connaissait si bien en jeunes talents que, longtemps après que j'eus fait sa connaissance, il attira Zubin Mehta à Montréal et lui offrit son premier poste d'importance.

Igor Markevitch était alors le directeur musical de l'orchestre; sans préavis, il adressa d'Europe une lettre dans laquelle il annonçait qu'il n'avait pas l'intention de revenir à Montréal. Sa démission était si inattendue que même les pires chefs d'orchestre du monde ne purent se libérer à si brève échéance. Pierre était furieux. Mais il avait entendu dire que Zubin remportait des prix en Europe et qu'on saluait en lui un jeune Indien au talent prometteur, aussi l'engagea-t-il comme chef suppléant pour un des concerts «à un dollar», commandités par J. W. McConnell, qui avaient lieu au Forum. Zubin y électrisa la foule en dirigeant la *Symphonie fantastique* de Berlioz. Tous furent très impressionnés par la fougue et la maîtrise de ce jeune homme, et Pierre, qui aimait prendre des risques, persuada le conseil d'administration de lui offrir un poste. Et c'est à Montréal que la carrière de Zubin démarra vraiment. Pendant qu'il dirigeait un concert à Los Angeles à titre de chef invité, Fritz Reiner tomba malade et le Los Angeles Philharmonic lui demanda de tenir la baguette à sa place. Moins d'un an plus tard, Los Angeles lui offrait également le poste de chef d'orchestre, et, à vingt-cinq ans, il dirigeait simultanément deux des grands orchestres de ce continent. Du jour au lendemain, Zubin s'était hissé au rang de très grande vedette, confirmant ainsi le flair exceptionnel de Pierre Béique.

Lorsque je fis la connaissance de Pierre, en coulisse, après mon concert au Ladies' Morning Musical Club, il était jeune et débonnaire, les yeux dissimulés derrière ses éternels verres fumés. Il se montra très élogieux et empressé, comme si je lui avais accordé une faveur personnelle en chantant.

«Connaissez-vous la *Neuvième Symphonie* de Beethoven?» demanda-t-il. Évidemment, j'en ignorais tout, ne l'ayant même jamais entendue.

«Apprenez donc la partie de l'alto, me dit-il. Je vais demander au maestro Klemperer de vous accorder une audition. Je pense que ce serait bien pour vous de faire vos débuts avec notre orchestre.»

Ce serait «bien» pour moi? Quel euphémisme! C'était une chance inespérée. À côté de cela, ma tournée pour les Jeunesses musicales paraissait tout à coup insignifiante. Plus important encore, on me donnait ainsi la chance de travailler avec le grand Otto Klemperer, qui tenait la ville sous son charme depuis qu'un incroyable coup du hasard l'avait conduit à la direction de l'orchestre montréalais. Il était venu à Montréal comme chef invité en 1952, et, en montant dans un taxi à l'aéroport, il avait glissé et s'était fracturé la jambe. Il était infirme et déjà âgé de soixante-cinq ans; comme il ne pouvait supporter de rester inactif pendant des mois, il avait loué un appartement à Montréal. Toujours aussi entreprenant, Pierre avait eu l'audace de lui offrir le poste vacant de chef d'orchestre. Klemperer ne s'était pas contenté d'accepter sa proposition, il avait même décidé d'assumer la direction artistique pendant deux ans. Et c'est ainsi que l'Orchestre symphonique de Montréal accueillit l'un des grands chefs de ce siècle.

Klemperer était alors hémiplégique, conséquence d'une chirurgie subie des années plus tôt pour une tumeur au cerveau, et même son visage était atteint. Il avait la réputation d'être tyrannique avec un orchestre quand il n'en obtenait pas ce qu'il voulait, et sa paralysie lui donnait un air encore plus féroce. Il était énorme, mesurant plus d'un mètre quatre-vingts; il avait la chevelure ébouriffée et des sourcils en broussaille lui dessinant des ailes au-dessus d'une paire d'yeux à glacer le sang. Une fois, en coulisse, je l'ai observé diriger et j'ai vu à quel point l'intensité qui se dégageait de son regard pouvait hypnotiser l'orchestre. À cause de sa taille, il n'avait pas besoin d'une tribune, mais l'administration lui avait fait installer une rampe contre laquelle il pouvait s'adosser; quand il s'y appuyait de tout son poids et soulevait son bras paralysé et sa main aussi inerte qu'une serre, il me faisait penser à un oiseau de proie géant. Des années plus tard, quand je chantai *Beauty and the Beast* de Murray Schafer à la télévision de Radio-Canada, j'interprétai les deux rôles — celui de la Bête et celui du prince, prisonnier de cette forme hideuse — et le souvenir d'Otto Klemperer s'est imposé à moi: ce corps diminué, révolté, et, emprisonnée à l'intérieur comme dans une coquille, mais entrevue dans la brillance de son regard, cette âme qui faisait de la si belle musique.

Dans la coulisse avant ce concert, il me demanda de casser la reliure de sa partition, parce qu'elle était toute neuve. «Maestro, lui demandai-je, auriez-vous perdu votre partition?»

«Non, répondit-il. Chaque fois que je dirige une oeuvre que je n'ai pas donnée depuis des années, j'achète toujours une nouvelle partition et j'évite ainsi de m'en remettre à de vieilles indications. Je tiens à avoir la même ouverture d'esprit que lorsque j'ai exécuté cette oeuvre pour la première fois.» C'était pour moi un signe indéniable de grand talent.

Pierre Béique me fit réserver un billet d'avion à destination de New York, pour que j'y auditionne devant Klemperer. Je fis sa connaissance dans une petite salle de répétition; sa fille l'accompagnait. Elle lui était d'un grand secours, puisque sa femme, de santé fragile, ne pouvait l'aider, et que tant de petits gestes quotidiens étaient au-dessus de ses forces. Mais le bruit courait qu'en dépit de sa paralysie il se tirait toujours très bien d'affaire dans certaines situations: on murmurait qu'il avait un appétit insatiable pour les femmes racées. En fait, longtemps après son départ de Montréal, il y défraya encore la chronique dans les journaux: à Londres, un soir, il aurait accidentellement mis le feu au lit qu'il partageait avec une femme qui n'était évidemment pas la sienne. Au plus profond de lui, Klemperer était à coup sûr un bon vivant, même si je ne peux en attester personnellement.

Dès les premières minutes de l'audition, il s'assit au piano et me montra comment il voulait que j'interprète la partie de l'alto de la *Neuvième Symphonie*. Je m'adaptai très rapidement à ses indications et il en parut satisfait. Dire à un chef qu'on ne peut se plier à ses exigences, comme je l'appris plus tard, équivaut à signer son arrêt de mort: il ne fera plus jamais appel à vos services. Après que j'eus chanté une autre pièce pour lui, il se

124

tourna vers sa fille et dit: «*Ja, ja.*» Puis il s'adressa à moi. «Parfait, dit-il. Nous nous reverrons à Montréal dans six mois, pour la *Neuvième* de Beethoven.»

Je rentrai à Montréal, absolument transportée de joie. «Imagine, me disais-je, tu vas chanter avec ce grand chef et l'Orchestre symphonique de Montréal!» Ma mère ne tenait plus en place. Le 8 décembre 1953, elle assista au concert, en compagnie de mes soeurs. Elles ne se doutaient pas qu'elles n'entendraient de moi qu'une note! La *Neuvième* de Beethoven fait appel à quatre solistes: une soprano, une alto, un ténor et un baryton-basse. On y entend beaucoup la soprano et le ténor. Le baryton a même droit à un petit solo; à l'exception d'une seule note, l'alto chante toujours en quatuor ou avec le choeur. L'auditoire y perdrait sans sa présence, comme en sourdine, mais il lui est impossible de la repérer. Ce concert marqua pour moi une terrible déception. Depuis lors, chaque fois que je chante cette partie, les gens me disent toujours: «Vous aviez l'air si charmante sur scène. Vous étiez la seule à sourire!» J'ai appris avec le temps à accrocher un sourire à mes lèvres pendant la *Neuvième*, parce que j'en suis venue à la conclusion que, tandis que les autres solistes s'époumonent et que, de toute façon, personne ne peut jamais m'entendre, rien ne m'interdit de prendre à tout le moins un air enjoué.

Ce spectacle me valut de nombreux autres engagements avec l'Orchestre symphonique de Montréal. Pierre Béique retint immédiatement mes services pour l'année suivante, et, à partir de ce moment, il s'est rarement écoulé une saison sans que je chante avec l'orchestre montréalais. Chaque année, Pierre veillait à ce que j'interprète une oeuvre un peu plus difficile et à la mesure de mes progrès; quelques années plus tard, comme ma réputation n'était plus à faire, lui et Zubin me demandèrent d'accompagner l'orchestre, en tant qu'artiste invitée, dans sa première tournée européenne.

Dès notre première rencontre, j'adorai Zubin et il devint rapidement un ami. Il me demanda de chanter la 2e *Symphonie* de Mahler et nous nous sommes immédiatement découvert des affinités. Il était alors très fougueux et infatigable. Zubin est le chef rêvé pour un chanteur. Il respire avec lui. Il se laisse porter par le texte et regarde l'interprète comme pour lui dire: «Ah, Seigneur, si je pouvais chanter, c'est comme ça que j'aimerais le faire.»

Nous nous étions imaginé que cette première tournée de l'orchestre, en France et en Suisse, serait une partie de plaisir. Je donnerais les *Kindertotenlieder* («Chants des enfants morts») de Mahler; je les avais déjà exécutés tant de fois que j'aurais pu les interpréter les yeux fermés. Mais Zubin est un chef si passionné que, chaque soir, au milieu de l'exécution, il se mettait à pleurer, puis l'orchestre l'imitait, et bientôt l'auditoire en faisait autant. Il m'arrivait aussi de m'émouvoir, malgré le fait que, si on se laisse trop emporter pendant une interprétation, on risque de s'étrangler et de ne plus pouvoir projeter la voix comme il faut. À la fin de l'exécution, tous les spectateurs avaient sorti leur mouchoir. Les membres de l'orchestre applaudissaient, frappaient de leurs archets leurs pupitres, et nous saluions le public les larmes aux yeux. Ce fut finalement une tournée très éprouvante.

Zubin entretenait déjà une liaison avec Teresa Stratas, depuis une tournée qui l'avait précédemment conduit en Russie. Leur aventure galante défrayait la chronique mondaine — ce n'était un secret pour personne —, et Carmen, l'épouse de Zubin, en souffrit terriblement à l'époque. La relation de Stratas et de Zubin n'eut rien d'une flamme passagère. On la disait très passionnée et, parmi les musiciens, le bruit s'était répandu que, lorsqu'ils étaient séparés, ils se téléphonaient et laissaient le combiné sur leur oreiller toute la nuit pour pouvoir entendre la respiration de l'être aimé. Simples rumeurs, sans doute, mais quelle femme n'aurait pas rêvé d'un amour comme celui-là! Évidemment, un amour de cette intensité ne peut durer éternellement, mais le mariage de Zubin n'y survécut pas. Le sort allait cependant favoriser Carmen. Quand Zarin, le frère de Zubin, vint compléter ses études en administration à Montréal, il décida d'y rester et d'y trouver du travail. C'est à ce moment-là qu'il s'éprit de Carmen. Ensemble, ils filèrent le parfait bonheur, eurent de très beaux enfants, et, comme chacun sait, Zarin prit ensuite la succession de Pierre Béique. Voilà pour la petite histoire de l'Orchestre symphonique de Montréal. J'ai toujours conservé une affection particulière pour l'orchestre de ma ville natale, même après avoir chanté avec plusieurs des grands orchestres du monde.

* * *

Ma mère avait elle-même fixé les objectifs que je me devais

d'atteindre pendant les premières années de ma carrière. Elle avait d'abord suggéré: «Oh, ne serait-ce pas merveilleux si tu devenais soliste dans un choeur du centre-ville?» Et son voeu s'était réalisé. Puis elle s'était laissée aller à rêver tout haut: «Oh, imagine-toi en train de chanter avec l'Orchestre symphonique de Montréal.» Et je m'étais finalement produite avec l'orchestre.» Mais à ses yeux, pour couronner une carrière, il fallait chanter devant les membres d'une famille royale. Comme les autres femmes de sa génération, ma mère était entichée de tout ce qui touchait la royauté. Elle était au comble de la joie lorsque, en septembre 1954, la Société des Concerts symphoniques de Montréal me demanda de participer, avec trois autres solistes, au gala qui devait souligner le passage de la duchesse de Kent et de la princesse Alexandra. Le concert se déroulerait au Chalet du mont Royal, et, pour l'occasion, Wilfrid Pelletier — né à Montréal et devenu célèbre internationalement depuis qu'il dirigeait l'orchestre du Metropolitan Opera de New York — avait accepté de tenir la baguette. Je ne retiens pas mon duo avec le baryton Denis Harbour dans un groupe d'arias extraites de *Samson et Dalila* comme l'une de mes meilleures inteprétations, mais ce fut pour ma mère un moment de gloire. Je n'eus pas le courage de lui confier que, lorsqu'on nous présenta plus tard aux têtes couronnées, j'éprouvai en serrant la main de la princesse Alexandra la désagréable sensation d'empoigner un poisson mort.

Tant que mon travail me plaisait, je ne nourrissais pas de grandes ambitions. Et parce que je ne m'inquiétais pas de l'avenir, je laissais à ma mère le soin de définir mes objectifs. Elle rêvait de m'entendre dans *Le Messie* de Haendel, en compagnie du Toronto Symphony dirigé par Sir Ernest MacMillan, que tout le pays écoutait chaque année, aux environs de Noël, sur les ondes de Radio-Canada. Un jour, en rentrant à la maison, peu de temps après mon audition devant Otto Klemperer, je trouvai ma mère dans un état de surexcitation. Sir Ernest avait téléphoné! Quand je rappelai au numéro qu'il avait laissé, son agent m'invita effectivement à chanter le solo pour alto du *Messie* avec le choeur Mendelssohn, à Massey Hall, le 28 décembre 1954. C'est à cette occasion que je fis la connaissance du baryton-basse Jimmy Milligan et de Lois Marshall, qui, depuis des années, interprétait la partie solo de soprano dans *Le Messie*, sous la direction de Sir Ernest.

Quand, un peu plus tôt, j'avais entendu Lois une première fois à Montréal, j'avais été renversée. Dès la première note, le timbre de sa voix m'avait tiré des larmes. Elle me fait toujours le même effet. Il lui suffit d'interpréter une simple chanson d'adieu écossaise comme *A Fond Kiss* pour bouleverser une salle, tant sa voix est superbe. Elle se donne corps et âme dans tout ce qu'elle chante et y imprime sa touche personnelle. Peut-être les souffrances qu'elle a endurées pendant sa poliomyélite infantile lui ont-elles valu en partie cette faculté de communiquer autant d'émotions dans ses interprétations. En apparence, Lois semble toujours gaie, toujours prête à rire et à faire rire les autres; je ne suis pas certaine qu'on connaisse vraiment celle qui se cache derrière cette façade d'optimisme. Jamais elle ne soufflait mot des souffrances qu'elle avait supportées et elle devait à la musique d'en avoir été soulagée.

Jimmy Milligan était un grand rouquin au regard perçant; il avait une voix d'une étonnante souplesse, une voix de baryton qui portait jusqu'au fond de la salle. Moi, je me démenais encore pour projeter la mienne. Je n'avais pas beaucoup d'expérience avec les orchestres et je ne savais pas encore qu'on ne peut, accompagné par une imposante formation, chanter un passage doux de la même façon que quand on n'est accompagné que par un piano. C'est une question de coloris plutôt que de volume et il faut parfois jusqu'à cinq ans à un interprète pour apprendre à produire un effet pianissimo quand quatre-vingt-cinq musiciens s'en donnent à coeur joie derrière lui sur leurs instruments.

Ces deux représentations du *Messie* m'ont aussi fourni une excellente occasion de mettre à l'épreuve ma concentration. Le soir de la première, alors que j'attendais le moment de ma première intervention, je parcourus du regard l'auditoire de Massey Hall et je vis, assis droit devant moi, deux spectateurs qui mâchaient du chewing-gum comme des forcenés. L'un d'eux passait son temps à détacher de ses dents des morceaux de chewing-gum. L'autre battait furieusement des mâchoires une mesure à quatre temps. Avez-vous déjà remarqué comme tous les mâcheurs de chewing-gum du monde semblent s'être donné le mot pour battre des mâchoires à contretemps, quelle que soit la musique qu'ils écoutent? Croyez-moi: cela distrait terriblement un musicien. Bien que la salle fût comble, je n'arrivais pas à détacher mon regard de ces deux hurluberlus: j'étais fascinée par leurs ruminements. Le lendemain, je me dis: «Au moins, ce soir, je n'aurai pas à les supporter.» Mais, dès notre entrée en scène, j'aperçus aux deux mêmes places deux hommes qui mastiquaient encore, exactement comme ceux de la veille. On aurait dit que la ligue des mâcheurs de chewing-gum avait réservé ces deux sièges.

J'avais craint que mon interprétation ne comble pas les attentes d'un chef aussi éminent que Sir Ernest; en fait, elle lui plut énormément. Et quand Sir Ernest vous aimait bien, il le clamait sur tous les toits. Après mon retour à Montréal, il demandait à qui voulait l'entendre: «Avez-vous écouté le concert à la radio? Cette jeune femme n'est-elle pas bourrée de talent?» Il m'ouvrit toutes les portes à Toronto: lorsque Sir Ernest, ex-doyen de la faculté de musique, accordait sa sanction à un artiste, tout le monde se l'arrachait. Pour les jeunes chanteurs talentueux, il était comme un grand-papa gâteau.

Avant *Le Messie*, Sir Ernest m'avait entendue une première fois quelques mois plus tôt, dans le cadre d'un concert avec Glenn Gould, à Toronto. Il était d'ailleurs l'une des rares personnes à s'être rendues à ce concert. Glenn m'avait invitée à me joindre à lui pour un programme de musique de chambre entièrement consacré à Bach, que nous avons donné dans la salle de concert du Conservatoire. Cette représentation fut mémorable, mais comme elle avait eu lieu le lendemain du passage de l'ouragan Hazel, qui avait dévasté la ville, seulement quinze personnes y avaient assisté.

Dès ma première rencontre avec Glenn, je sus qu'il était un génie. Son intelligence me subjuguait et, en sa présence, je me sentais insignifiante. Il était tellement savant; nous ne parlions pas le même langage. Je ne décortique jamais la musique; je la chante, c'est tout. Si une oeuvre me pose trop de problèmes ou ne me convient pas, je me tourne vers une autre. Un jour, Glenn prit la peine de s'excuser auprès de moi parce qu'il allait jouer de mémoire.

«En quoi cela devrait-il me gêner, lui dis-je. Je chante toujours de mémoire!»

«C'est que, reprit-il, ça pourrait vous donner l'impression que je cherche à vous épater. Mais je ne le fais pas par vanité, seulement pour éviter de vous distraire.» Et il m'expliqua que, quand il réduisait à vue pour piano une oeuvre orchestrale, il lui arrivait, en lisant la partition, de la transposer mentalement, à mesure, dans d'autres clés. Lorsque je travaillai avec lui, nous tenions tous deux des rôles de solistes; mais quand il accompagnait quelqu'un au piano, cette façon de procéder pouvait affoler le soliste; aussi, dès qu'il avait décidé de la manière dont il procéderait, il mémorisait la partition dans cette version pour éviter ainsi d'être tenté d'y apporter des retouches par la suite. Ce n'est là qu'un exemple de sa capacité d'intellectualisation de la musique, que je n'arrivais pas même à sonder.

Plus tard, Franz Kraemer me demanda d'interpréter l'aria de quatre minutes, dite *Urlicht*, de la *2ᵉ Symphonie* de Mahler, dans le cadre d'une émission spéciale télédiffusée à Radio-Canada, où Glenn dirigerait l'orchestre. Mais Glenn était gaucher et cela déroutait les musiciens habitués à ce qu'on les dirige de la main droite; ils avaient ainsi l'impression de voir une image inversée dans un miroir et ne savaient jamais quel temps de la mesure il battait. Je pense que cela explique pourquoi il n'a pas dirigé plus souvent, même si, de toute évidence, ce rôle l'intéressait au plus haut point. Peu avant sa mort, il avait retenu les services d'un orchestre pour s'exercer en secret à la direction dans son appartement du Toronto's Inn, à deux pas de l'hôtel Park.

Lorsque je me suis produite avec lui pour la première fois, Glenn était déjà réputé pour ses excentricités. Un jour où nous nous trouvions tous deux à San Francisco, il me téléphona pour m'inviter à prendre le thé chez lui. Quand j'ouvris la porte de sa chambre d'hôtel, j'eus du mal à trouver un endroit où poser les pieds. Je sais bien que je suis une personne ordonnée — je classe toutes mes chaussures en fonction de la couleur ou de l'occasion où elles sont de mise et je range même les épices par ordre alphabétique dans la cuisine —, mais, en matière d'ordre, Glenn était une vraie calamité. On avait toujours l'impression qu'il avait dormi tout habillé, et ses tics sur scène lui avaient attiré des taquineries dans le monde entier.

En 1956, comme je commençais moi-même à avoir une certaine réputation, le gouverneur général d'alors, Monsieur Vincent Massey, m'invita pour le thé à Rideau Hall, dans la capitale. C'était un homme très peu communicatif et très digne; nous avions pris place dans le salon réservé aux réceptions des membres du Parlement quand il me demanda brusquement si je connaissais Glenn Gould.

«Bien sûr, lui répondis-je. J'adore Glenn.»

«Dans ce cas, poursuivit-il, je voudrais que vous me rendiez un service. Dites-lui de ne plus se livrer à toutes ces simagrées et ces bruits incongrus lorsqu'il joue.»

«J'aimerais bien pouvoir le faire, lui dis-je. Mais Glenn est un musicien extraordinairement doué, et cela fait partie de sa personnalité.»

«Mais c'est très gênant pour l'auditoire, continua-t-il comme s'il me transmettait un ordre venu tout droit de Buckingham Palace. Vous *devez* lui dire d'y mettre fin!»

Je n'ai jamais rapporté cette anecdote à Glenn et je ne me rappelle pas qu'il ait un seul instant cessé de fredonner. Ce qui ne m'a d'ailleurs jamais tapé sur les nerfs, mais il faut avouer que Glenn Gould aurait dû fredonner d'une voix bien forte pour couvrir la mienne!

* * *

Il m'était arrivé beaucoup de choses en peu de temps: j'avais fait la connaissance de Glenn Gould et de Sir Ernest MacMillan, donné un concert avec Otto Klemperer et l'Orchestre symphonique de Montréal, et découvert en Eugene l'homme de ma vie. Et soudain, cet automne-là, à son retour d'un congrès international des Jeunesses musicales, Gilles Lefebvre m'annonçait qu'en grattant les fonds de tiroir de son assiette budgétaire consacrée à la culture, l'UNESCO avait trouvé l'argent nécessaire pour financer un échange de musiciens canadiens et européens. Gilles avait fait écouter au conseil d'administration quelques-uns de mes enregistrements pour Radio-Canada et il avait convaincu ses membres de retenir ma candidature pour une tournée de huit pays de l'Ancien Continent. En retour, un pianiste allemand viendrait au Québec.

Les Jeunesses musicales n'avaient encore jamais envoyé un Canadien à l'étranger et les journaux saluèrent en moi la première interprète d'ici à entreprendre une importante tournée européenne en plus de vingt ans. Le *Star Weekly* me surnomma «l'Ambassadrice lyrique du Canada», un titre qui m'est resté depuis. Jean Drapeau, déjà maire de Montréal, m'offrit une réception d'adieu à l'Hôtel de Ville et me pria de signer le livre d'or de la Ville. Cette tournée était une chance inespérée, mais je ne voulais pas partir. Je ne pouvais supporter l'idée d'être séparée d'Eugene.

C'est pourtant Eugene qui me convainquit d'accepter. «C'est une occasion unique, dit-il, il faut la saisir.» J'avais certainement trimé longtemps pour en arriver là, mais quand Eugene, Alan et Bernie Mills m'accompagnèrent à l'aéroport, mon bonheur était mêlé de tristesse. En ce temps-là, on marchait sur la piste jusqu'à l'avion; Eugene et moi sommes restés un long moment face à face, de part et d'autre de la grille, nos mains gantées nouées dans l'air glacial de janvier. J'ai pleuré pendant toute la durée du vol. «Mon Dieu, me dis-je, pourquoi faut-il renoncer à tout ça? Est-ce que je tiens autant à cette carrière?»

CHAPITRE 13

Les rythmes de l'Ancien Continent

J'avais remis dans mon sac les *Mélodies tziganes* de Brahms et Dvořák, et l'avion d'Air Canada amorçait sa descente à l'aéroport de Heathrow. Je découvrais enfin le monde, moi qui n'étais jamais allée à l'ouest de Toronto ni au sud de Philadelphie. Au cours des trente années qui se sont écoulées depuis ce premier voyage à Londres, j'ai vécu dans mes valises, traversé l'Atlantique comme une balle de ping-pong, connu pour ainsi dire une existence de tzigane. Autant je me plains de la solitude qu'impose cette vie de voyages, autant j'adore les déplacements constants, et, partout où je vais, je ne me sens jamais comme une étrangère. J'étais faite pour cette vie de vagabonde. Il me faut pourtant avouer que ce premier vol intercontinental n'augurait rien de bon. Les avions d'alors n'étaient pas comme ceux d'aujourd'hui: il y avait une escale obligée à Gander pour refaire le plein de mazout, et le mal de l'air m'incommoda dès le moment où nous atteignîmes la vitesse de croisière.

Pendant cette tournée de deux mois et demi en Europe, je n'eus pas un instant pour jouer au touriste. John et moi devions donner soixante-quinze concerts, soit un récital par jour et parfois même deux. À ce rythme, je me demandai bientôt quel farceur avait bien pu me dire, au pays: «Être chanteur et voir le monde.» Nous étions toujours à la course entre une salle de concert et un aéroport ou une gare.

À Londres, John logea chez un vieil ami à lui, un comédien allemand nommé Anton Walbrook, qui avait interprété le rôle de Diaghilev, maître de ballet de Moira Shearer, dans *The Red*

Shoes. John me demanda de venir à Hampstead, où Walbrook avait une propriété, pour y prendre le thé et chanter pour son hôte. Walbrook était un homme expansif, qui ne tarissait pas d'anecdotes sur sa carrière. Après que j'eus chanté, il me dit: «Vous avez de très jolies mains.»

Je rougis parce que je n'étais pas particulièrement fière de mes mains et que je devais constamment me remettre de faux ongles. «Vraiment? lui dis-je. Merci!»

«Oui, reprit-il, vous avez de belles mains, mais vous vous en servez beaucoup trop. Cela distrait les gens de votre voix. Gardez-les immobiles.» Je n'ai jamais oublié cette leçon.

Après Londres, où nous devions nous remettre du décalage horaire, nous allions à Paris, où je donnerais mon premier concert, qui d'ailleurs n'était pas au programme officiel établi par les Jeunesses musicales. Diamant et John avaient tout concocté avec l'impresario français Maurice Dandelot: je donnerais le coup d'envoi de ma tournée en faisant mes débuts européens dans la Salle Gaveau, le jour de la Saint-Valentin de l'an 1955, ce qu'aucun chanteur canadien n'avait fait depuis vingt-cinq ans. J. W. McConnell déboursa les huit cents dollars nécessaires à la location de cette salle luxueuse; il paya aussi la note pour les affiches qui couvrirent bientôt les kiosques à journaux de Paris. Avant mon départ de Montréal, Madame McConnell s'était affairée autour de moi comme une mère poule; elle proposa même de m'envoyer chez Dior ou chez Balenciaga, mais j'ai sottement décliné son offre. Je me considérais encore trop novice dans cette carrière pour porter des vêtements aussi somptueux. Je me disais que si je me présentais dans une superbe création, le public attendrait de moi ce qu'il exige d'une artiste internationalement reconnue. Je ne voulais surtout pas que les spectateurs commettent l'erreur de me prendre pour une vedette du Metropolitan Opera quand je n'étais encore qu'une nouvelle venue dont on vantait les qualités.

On avait intitulé mon programme «Le Lied», un titre ingénieux qui jouait sur deux langues. Gilles avait eu cette idée de montrer aux Européens qu'une Canadienne pouvait, elle aussi, chanter des lieder. Les pièces retenues couvraient la période s'étendant de Beethoven à Richard Strauss, et, pour mieux piquer la curiosité des critiques, nous avions ajouté un ingrédient unique:

134

un cycle de cinq mélodies de Schumann, composées sur des lettres que Marie Stuart, reine d'Écosse, avait adressées à son pays natal, la France, depuis sa cellule en Angleterre avant son exécution. Schumann avait eu recours à des traductions allemandes de ces lettres; lors d'un voyage à Washington, John s'était rendu à la bibliothèque du Congrès et y avait déniché les originaux français, qu'on n'avait encore jamais chantés. Quand nous avions donné cette oeuvre en avant-première à Montréal pour voir les réactions qu'elle susciterait, le programme relatait cette anecdote dont la traduction anglaise avait toutefois provoqué des rires étouffés dans la salle: on y écrivait que John s'était rendu à la bibliothèque du Congrès et en avait rapporté le manuscrit original des «lettres françaises» de Marie Stuart! Ces airs étaient encore plus poignants en français et culminaient dans une courte prière latine. Les critiques parisiens en raffolèrent, et bien que, le même soir, un violoniste russe faisait également ses débuts et me livrait ainsi une farouche compétition, ce concert marqua vraiment le coup d'envoi de ma tournée sur le continent européen.

Immédiatement après le récital, l'Orchestre symphonique de Paris retint mes services et les organisateurs du Festival d'été d'Aix-en-Provence me lancèrent aussi une invitation. Partout où je me produisis en Europe au cours de ce voyage, je décrochai de nouveaux engagements, pour des cachets dix fois supérieurs à ceux que me versaient les Jeunesses musicales. Cette tournée fut pour moi comme une longue audition pour laquelle on me paya.

Dans chaque pays que nous visitions, je m'efforçais d'interpréter une oeuvre dans la langue autochtone; mais à Lisbonne, où débutait en fait la tournée, le portugais me déconcerta. J'avais suivi quelques cours d'espagnol avant le départ, mais à Madrid, je me trouvais dans l'embarras dès que j'arrêtais de chanter. Je n'arrivais pas à me tirer d'affaire avec le peu que je me rappelais et en recourant à quelques mots français prononcés avec un accent espagnol. Dans un restaurant, lorsque je voulus obtenir du beurre pour mes petits pains, je demandai du *burro* — rien de moins qu'un âne! Puis je commandai bien innocemment ce que je croyais être une bouillabaisse. Et le serveur m'apporta un plat qui avait l'air d'un morceau de caoutchouc baignant dans une bouillie noire comme du charbon. C'était un poulpe dans son encre — une spécialité exotique qui aurait dû rebuter une fille habituée au poulet rôti et aux pommes de terre en purée. Mais j'avalai le tout, et ainsi commença pour moi une véritable aventure gastronomique. Maintenant, personne ne peut me dissuader de goûter tous les mets délicats que l'on m'offre, aussi bizarres soient-ils. Mais après des mois passés en tournée, quand je rentre à la maison, je me paie toujours le luxe incomparable d'un verre de lait et d'un oeuf sur le plat, en sandwich, généreusement garni de ketchup.

Pendant le voyage, John nota toutes mes gaucheries. Je n'avais vraiment aucune idée de la vie qu'on mène en Europe. Quand, un après-midi, John m'annonça qu'il se rendait à Tolède admirer les Greco, comme j'ignorais ce dont il parlait, je déclinai son invitation et lui répondis: «Non merci, je préfère visiter les boutiques de chaussures.» Depuis lors, où que j'aille, aussi bien à Helsinki qu'à Humboldt en Saskatchewan, je m'enquiers des musées et des boutiques d'artisanat. Aussi petite soit-elle, toute ville a toujours quelque chose à nous apprendre. Au fil des ans, j'ai fait moi-même mon éducation au cours de mes voyages.

D'Espagne, nous sommes rentrés en France, cette fois loin des feux roulants de Paris. La tournée des Jeunesses musicales se limitait aux petites villes de province — Angers, Le Mans, Tours et Nantes, pour n'en citer que quelques-unes —, dont la plupart ne s'étaient pas encore totalement relevées de la guerre. C'était par un mois de février très froid et les salles de concert comme les églises de pierre n'étaient pas chauffées. À Poitiers, le public était emmitouflé dans des pardessus et des cache-nez. Soudain, pendant que je chantais, j'entendis des gens ricaner. «Oh, mon Dieu! me dis-je, aurais-je perdu mon jupon?» Puis, du coin de l'oeil, j'aperçus un petit homme qui, le dos courbé, s'avançait vers moi avec un radiateur portatif muni d'une rallonge, qu'il braqua droit devant moi. Il avait eu pitié de moi, après avoir remarqué qu'à chaque mot que je chantais de la buée sortait de ma bouche.

À La Rochelle, un membre du comité d'accueil me servit ma première leçon sur les dangers encourus par les naïfs en tournée. Il nous offrit généreusement, à John et à moi, de commander tout ce que nous voulions — nous étions, disait-il, ses invités; ce soir-là, nous ne nous sommes pas privés et nous avons dîné d'huîtres et de homards. Le lendemain, lorsque vint le moment de régler la note de l'hôtel, l'homme était introuvable et l'agent responsable de la tournée s'entêta à nous répéter que les Jeunesses musicales ne défraieraient que le prix de la chambre. Cet incident m'apprit à me méfier des agents.

Notre programme eut tant de succès en France qu'un impresario nous demanda de l'enregistrer sur disque, à Paris. Ce serait mon premier vrai microsillon. La séance d'enregistrement se déroula dans un minuscule studio de la rive gauche, non loin de la tour Eiffel, et ne dura qu'une journée, ce qui fit parfaitement mon affaire. Je déteste les séances d'enregistrement qui se prolongent indûment. Quand les artistes reprennent plusieurs fois un enregistrement, je pense que leur lassitude se perçoit. Des années plus tard, alors que j'étais liée par contrat à la compagnie RCA, les ingénieurs du son me demandaient souvent de reprendre une note, mais j'insistais pour refaire toute la pièce. «Si vous montez le tout, note après note, soutenais-je, cet enregistrement n'aura plus rien d'humain.» En réalité, je préfère une interprétation légèrement imparfaite, mais riche et généreuse, à un enregistrement sans fautes qui a autant de spontanéité qu'une musique d'ambiance! Ce microsillon pour les Jeunesses musicales, qui s'intitulait aussi *Le Lied*, a connu un si franc succès qu'Everest Records l'a réédité dernièrement. Le hic, c'est qu'on l'a lancé comme s'il s'agissait d'un nouvel enregistrement; je n'ai pas touché un sou de redevances et je n'avais été payée à l'époque que trois cents dollars pour la séance d'enregistrement. Je rageais.

Régulièrement, pendant le voyage, je téléphonais à Eugene pour lui relater jusqu'au détail le plus anodin de cette tournée très réussie. Pour quelqu'un qui gagnait vingt-cinq dollars par concert, ces interurbains outre-Atlantique étaient pure folie, mais c'était le seul moyen que j'avais trouvé pour supporter son absence. Compte tenu du rythme forcené que nous imposait notre calendrier, je n'avais pas le temps d'écrire. En France, nous devions donner vingt-cinq récitals en dix-neuf jours. Puis Bruxelles et le Luxembourg nous attendaient, mais nous y rendre nous causa des maux de tête. Tout le grand-duché était couvert d'un épais brouillard et notre avion dut revenir à Strasbourg. Affolés, nous avons aussitôt rejoint au téléphone les organisateurs du concert; la salle était déjà à moitié remplie de gens venus nous entendre et nous nous attendions à ce qu'ils soient si furieux qu'ils annulent le spectacle. On nous répondit sans hésiter qu'il n'y avait aucun problème et que tout le monde serait disposé à revenir le lendemain. Nous sommes donc montés à bord du train de nuit, à deux heures du matin, et nous sommes arrivés vers midi pour nous produire devant ce public si bien disposé à notre égard. Plus tard, le même après-midi, nous nous précipitions à bord d'un autre train pour donner un concert à quelque cent cinquante kilomètres de là. Dieu merci, j'adore voyager. Et je ne me sens presque jamais épuisée.

Mais j'étais inquiète à l'idée d'arriver aussi éreintée à Bonn, notre première étape en Allemagne. Même si j'avais suivi quelques cours de prononciation d'un historien allemand, professeur à l'université McGill, avant mon départ du Canada, j'étais tout de même nerveuse de chanter en allemand dans ce coin de pays qui est le berceau des lieder. Toutefois, le concert fut un succès. Les critiques me décrivirent comme une chanteuse qu'il fallait classer «parmi les meilleures au monde» et louangèrent ma diction. Ils trouvèrent même à s'extasier devant ma silhouette d'un mètre soixante-quinze, qui me donnait des complexes et me forçait à entreprendre des diètes coup sur coup, mais en vain. L'un d'eux me compara à «une fière Junon aux cheveux d'or». Pas étonnant que, dès le premier jour, l'Allemagne m'ait paru familière, tout comme sa musique.

Après notre spectacle à Fribourg, un professeur du Conservatoire téléphona à l'un de ses amis, le directeur de la station radiophonique du Nord-Ouest, à Cologne, pour le prévenir de notre arrivée et lui suggérer vivement de retenir nos services pour une émission. Quand nous débarquâmes à Cologne, John se rendit à la station en question pour y prendre les dispositions nécessaires et il s'informa du cachet qu'on nous verserait. «Quel cachet? demanda le directeur. Il n'est pas question de vous verser un cachet. Je ne vous ai jamais entendus. J'ignore tout de vous.» Mais je refusai de m'exécuter à moins qu'il ne nous paie, et il finit par céder de très mauvaise grâce. L'ironie dans tout cela, c'est que, dès qu'il eut écouté l'émission, il nous demanda d'en faire deux autres, et pour un tarif quatre fois supérieur à celui convenu.

Dès la première diffusion, nous avions remarqué l'hostilité que nous témoignait l'ingénieur du son; mus par notre instinct

138

de conservation, nous avons convenu de bavarder avec lui. Nous avons ainsi appris qu'il avait été pilote de la Luftwaffe, que son appareil avait été abattu pendant la guerre et qu'il avait été détenu dans un camp de l'île Sainte-Hélène, à Montréal. Quand John lui révéla qu'il avait lui aussi été interné, mais qu'il avait oublié après la guerre toutes ses récriminations et qu'il adorait maintenant vivre au Canada, l'attitude de l'ingénieur du son se transforma radicalement. À la fin, il se serait mis en quatre pour nous plaire.

La tournée s'acheva en Allemagne et John prit l'avion pour rentrer au Canada; tel que convenu, je restai en Europe pour tenter de décrocher d'autres auditions. Je voulais tirer le meilleur parti de ce voyage. Le retour à Paris en train fut horrible: je fus malade pendant tout le trajet. Quand j'arrivai enfin à mon petit hôtel, sur les Champs-Élysées, je traînai littéralement mes bagages jusqu'à ma chambre et sombrai dans un profond sommeil. La sonnerie du téléphone me réveilla.

«Mademoiselle, dit le concierge, le chauffeur de taxi vient tout juste de rapporter la bourse que vous aviez laissée dans sa voiture.» J'étais très fatiguée et je n'avais même pas remarqué que j'avais égaré mon portefeuille, qui contenait mille cinq cents dollars — toute ma fortune. J'aurais volontiers embrassé cet honnête chauffeur.

En fait, pour la première fois de ma vie, je me sentais constamment à bout de forces et en proie à des nausées. Cela m'avait frappée dès notre arrivée au Portugal. Chaque matin, quand nous descendions à la salle à manger de l'hôtel, l'odeur de la sciure que les employés d'entretien répandaient sur les planchers avant de les balayer me donnait des haut-le-coeur. Je mis cela sur le compte d'une allergie, mais la nausée persistait même en l'absence de sciure. « Hum!» me dis-je, sans toutefois en souffler mot à John. Et je poursuivis la tournée sans rien laisser paraître. Je consultai un médecin dès mon arrivée à Londres, après être rentrée de Paris en avion. Avant même de me faire passer un examen, la femme médecin m'annonça ce qui n'allait pas: l'Ambassadrice lyrique du Canada était enceinte.

Je téléphonai sans tarder à Eugene. Sa première réaction fut de me dire: «Oh, mon Dieu, il faut faire quelque chose! Saute! Bois du whisky! Avale n'importe quel médicament!» Il me fit comprendre qu'il ne m'épouserait jamais. «C'est ton enfant, me dit-il, pas le mien.»

J'en eus le coeur brisé, mais sa réaction ne m'étonna pas. Il m'avait prévenue, n'avait jamais rien tenté pour m'attacher à lui, et je connaissais déjà très bien l'homme: je savais que ce n'était pas seulement la peur de s'engager qui le retenait. Sur son lit de mort, sa mère — qui était une personne très persuasive — lui avait fait jurer qu'il n'épouserait jamais une femme d'une autre religion. Et il aurait été inutile que je me convertisse, parce que, pour les juifs orthodoxes comme l'étaient les membres de la famille d'Eugene, un converti n'est pas un véritable juif. Je devinais qu'Eugene se débattait contre des mânes très puissants.

Malgré cela, je ne voulus pas d'avortement. J'étais enceinte depuis déjà au moins trois mois et, à ce point de la grossesse, une telle intervention aurait été risquée. Je ne croyais pas non plus que c'était là la solution. Nous étions en 1955, six ans seulement après qu'Ingrid Bergman eut provoqué un incroyable scandale et se soit attiré les foudres du Congrès américain en abandonnant mari et fille pour donner naissance à un enfant illégitime dont Roberto Rossellini était le père. Je ne savais plus que faire. J'écrivis à ma soeur Beryl pour lui apprendre la nouvelle, en espérant qu'elle s'offrirait à prendre soin du bébé. Sa réponse m'indigna: «Mais cela ruinera ta carrière et couvrira de honte notre famille.» Puis, à mon insu, elle invita Eugene à déjeuner et lui déclara que sa conduite était déjà toute tracée. J'aurais pu prévoir la réaction d'Eugene.

Le mariage et ce que les gens pouvaient penser de moi ne m'importaient pas vraiment. Je n'avais pas été volage et je ne voyais pas de quoi j'aurais pu me sentir honteuse: j'attendais un enfant de l'homme que j'aimais. Mais je craignais que la nouvelle n'anéantisse ma mère. Au fond de mon coeur, j'avais espéré qu'Eugene se réjouisse à l'idée d'avoir un enfant et qu'il m'ait répondu: «Quelle merveilleuse nouvelle! Ne t'inquiète de rien. Nous ne nous épouserons pas, mais nous vivrons ensemble et nous savourerons la joie d'être parents.» Le dimanche de Pâques, lorsque je le rappelai de Londres, il me dit que, si je maintenais ma décision de porter cet enfant, je devrais envisager l'adoption. Comment pouvais-je espérer mener carrière au Canada avec un enfant illégitime? Pendant cet appel, qui me coûta soixante-quinze dollars, je ne pus que sangloter. Je me sentais totalement seule — prise au piège.

Mais je n'ai jamais été du genre à me sentir longtemps piégée. Je séchai mes larmes et résolus de me débrouiller seule. Tant pis, me dis-je finalement. J'avais jonglé avec l'idée de me rendre à Berlin pour y étudier. Et rien ne m'en dissuaderait. J'avais en poche les mille cinq cents dollars que m'avait rapportés ma tournée pour les Jeunesses musicales et Berlin était toujours une ville occupée: je pourrais donc y donner naissance à mon bébé, qui serait, de ce fait, considéré comme un citoyen canadien. Je prévins ma mère et tous les membres de ma famille que j'avais l'intention de trouver à Berlin un professeur passé maître dans l'interprétation des lieder.

Ann Watson, une soprano dont j'avais fait la connaissance dans le Bach Choir de George Little, se rendait aussi étudier à Berlin; nous quittâmes donc Londres ensemble, en compagnie d'une autre fille, dans une voiture qu'Ann venait d'acheter et qu'elle devait expédier au Canada depuis Paris. Mais nous ne nous sommes pas rendues directement à Paris; nous avons fait un détour par la Riviera, Monaco, Florence, Rome et Milan, puis par les Alpes et la Suisse. Partout où nous nous arrêtions, mes deux compagnes de voyage voulaient flâner dans les boutiques; aussi, après deux tours d'Europe, je n'avais toujours pas visité un seul musée ni admiré un seul monument. Le voyage me sembla durer une éternité; Ann était une conductrice novice mais absolument intrépide. Une nuit, nous avons traversé les Alpes à tombeau ouvert, inconscientes des profonds précipices que nous frôlions allègrement sur cette route en lacet. Le lendemain matin, lorsque nous avons découvert le paysage à la lumière du jour, la trouille nous a forcées à ralentir. Mais quelle que soit la vitesse de nos déplacements, j'étais constamment indisposée. Ann ne soupçonna pas un seul instant ce qui n'allait pas.

Sur la route, un souvenir me hantait. À mon dernier concert avant de quitter Montréal, Diamant m'avait donné une nouvelle oeuvre à apprendre: *A Charm of Lullabies* de Benjamin Britten. Et quand j'étais arrivée à la salle Redpath de l'université McGill, le soir du récital, il m'avait remis ce qui avait tout l'air d'un carton à chaussures. J'ai supposé qu'il contenait un bouquet de corsage; quand je l'ouvris, j'y découvris plutôt une poupée de caoutchouc. «Voyez-vous, me dit-il en arborant un sourire espiègle, je voudrais que vous vous imaginiez en train de bercer cette poupée chaque fois que vous interpréterez ces berceuses.» Des mois plus tard, alors que je sillonnais l'Europe avec Ann, je me demandai soudain si Monsieur D., qui ne manquait pas d'intuition, n'avait pas deviné bien avant moi que j'étais enceinte.

CHAPITRE 14

Ich bin ein Berliner

Au printemps 1955, Berlin n'était évidemment plus la ville avant-gardiste et survoltée qu'on a pu voir dans le film *Cabaret*, et elle ne s'était pas encore totalement remise d'une autre forme de démence, celle d'Hitler. Tandis que l'avion, approchant de l'aéroport de Tempelhof, amorçait ses manoeuvres d'atterrissage, je saisis tout à coup l'énorme difficulté posée par la situation géographique de Berlin: on aurait dit un îlot de l'Occident, isolé aux avant-postes dans un océan communiste hostile. Dès que je m'arrêtais trop à cette idée, j'éprouvais une sensation de claustrophobie. Quel endroit symbolique pour amorcer ma propre réclusion, loin de tous ceux et celles que je connaissais et que j'aimais!

La ville était découpée en secteurs d'influence comme une tarte impossible à servir, ceinturée de barbelés et patrouillée par des soldats portant les couleurs de leurs pays respectifs. Le Mur n'existait pas encore et de nouveaux immeubles administratifs poussaient comme des champignons sur les ruines. La ville était toujours grise. Pendant les terribles hivers de la guerre, les citoyens de Berlin avaient abattu tous les arbres pour se chauffer, et le paysage était désolé, sans vie.

Nous étions à peine descendus de l'avion qu'Ann s'ennuyait déjà de son petit ami, qui faisait également partie du Erskine and American Choir; elle décida aussitôt de prendre l'avion pour Montréal. J'étais désormais seule à Berlin.

Je dénichai un minuscule logement dans l'arrondissement Frohnau, au 38 de la Marienburger Allee. Le propriétaire, Otto

Sauber, était relationniste à la station radiophonique RIAS de Berlin; lui et sa femme avaient été forcés de louer la moitié de leur maison pour boucler les fins de mois. Pour célébrer la signature du bail, ils m'offrirent, dans leur jardin, un verre de *Berlinerweisse mit schuss*, une bière légère relevée d'une eau-de-vie à la framboise: une spécialité berlinoise. J'adorais mon appartement, meublé d'un lit pliant, qui se dissimulait dans le mur, et d'un piano droit.

Depuis ma plus tendre enfance, je suis incapable d'exprimer ma tristesse ou ma rage. Mais quand je sens un trop-plein d'émotions et que j'ai un urgent besoin de m'en libérer, je m'installe au piano et je joue une pièce pour enfants de Schumann, intitulée *Träumerei* («Rêveries»), et je me soulage ainsi en pleurant. J'ignore pourquoi cette oeuvre exerce sur moi un tel effet — c'est peut-être parce qu'elle est écrite en mode mineur — mais cela me réussit toujours lorsque je sens le besoin de me décharger d'émotions refoulées. Tant d'aspirations trouvent leur expression dans cette oeuvre. Pendant les mois que dura mon séjour à Berlin, j'ai passé beaucoup de temps au piano à jouer *Träumerei*.

J'étais en parfaite forme physique. Dès que je me suis installée à Berlin, mes nausées matinales ont cessé. Je pouvais continuer à porter mes vêtements habituels, parce que, jusqu'au dernier mois de ma grossesse, ma taille avait à peine épaissi. Quand on a la constitution que j'ai, un bébé de 2,25 kilogrammes ne se remarque pas.

Pendant ces mois, je faisais de longues promenades à pied et je connus bientôt tout Berlin comme si j'y avais grandi. Je prenais même le U-Bahn pour me rendre à Berlin-Est et y assister à des opéras mis en scène par Walter Felsenstein, directeur de la East Berlin Komische Oper Company, un homme si génial que le gouvernement est-allemand lui permettait d'habiter à Berlin-Ouest. Et, bien sûr, je faisais des achats pour le bébé.

À mon arrivée à Berlin, je connaissais à peine quelques mots d'allemand pour les besoins de tous les jours. Je pouvais chanter des poèmes de Goethe et de Grillparzer, mais je devais déployer des efforts d'imagination considérables pour me faire comprendre si je voulais acheter un pain. J'avais délibérément choisi d'habiter un quartier allemand et je n'écoutais toujours que la radio allemande. Je suis même allée au cinéma; doublé dans cette langue gutturale, John Wayne avait l'air ridicule à l'écran. Grâce à mes talents d'imitatrice, j'appris rapidement. Et en m'entendant, à mon retour à Montréal, Diamant s'est écrié: «Quel affreux patois berlinois!»

Pendant un bon moment, je ne connaissais personne. Je n'étais pas très désireuse de me faire des amis à qui j'aurais dû expliquer mon état. Mais je me condamnais ainsi à la solitude. Comme toujours, la musique fut ma planche de salut.

J'avais fait le nécessaire pour suivre des cours avec Emil Weissenborn; il avait été le maître de Dietrich Fischer-Dieskau, qui était sans doute à l'époque le plus célèbre interprète de lieder. À la seule pensée de ces cours, j'étais enthousiaste, et, quand je fis enfin la connaissance de Weissenborn, l'homme me plut. Après trois cours, je dus me rendre à l'évidence qu'il n'était plus au meilleur de sa forme. Il était très vieux et souffrait déjà d'une légère surdité. Je compris qu'il ne m'en donnerait pas pour mon argent et je me mis donc en quête d'un autre professeur. Plus tard, je ne pus que me réjouir de cette décision: je remarquai que tous ceux qui avaient été ses élèves avaient développé un son bien identifiable. Il s'agit d'un beau coloris de voix qui reste dans l'oreille, d'une technique de vibrato bien maîtrisée que je reconnais dès les premières notes. En 1982, alors que je donnais des séminaires en Chine, dès l'instant où j'entendis un jeune ténor du pays, je lui dis: «Je parie que votre professeur a étudié à Berlin.» Madame Liang Yi, l'une des titulaires du Conservatoire de Pékin, avait en effet eu Weissenborn pour maître, à la Hochschule, avant la Révolution culturelle.

Dans le cadre de mes démarches pour trouver un nouveau professeur, je me rendis à la légation canadienne à Berlin, où je m'étais déjà fait connaître. Le sous-secrétaire de la légation, Richard O'Hagan, un Anglais tiré à quatre épingles, avait tout du parfait chef d'escadron britannique, et sa tendre amie était chanteuse d'opéra à Berlin. Ils m'invitèrent à de nombreux concerts et se montrèrent fort empressés, n'hésitant pas à m'initier à la vie musicale de la ville. Quand je leur demandai avec qui je devais étudier, ils me suggérèrent le nom de Michael Raucheisen, qui avait été l'accompagnateur du violoniste Fritz Kreisler et s'était lié avec Richard Strauss.

Entre Raucheisen et moi, cela fonctionna tout de suite. Mon allemand était encore approximatif et lui ne parlait presque pas anglais. Un mardi, il ne m'en demanda pas moins, en ces termes, d'apprendre douze mélodies de Schubert: «Apprenez pour vendredi. Apportez pour cours.» Et je sortis sans discuter; je travaillai d'arrache-pied et je mémorisai le tout en trois jours. Il refusa de croire qu'on pouvait apprendre si vite. Ce qu'il ne savait pas, c'est que j'avais l'habitude d'étudier plusieurs partitions tout en travaillant avec des choeurs et en occupant des emplois à plein temps. À Berlin, j'avais soudain d'innombrables heures à occuper. Pendant ces mois, j'enrichis énormément mon répertoire.

Lorsque je revins chez Raucheisen pour lui montrer ce que j'avais appris, il me dit: «*Sehr gut*. Dans quatre jours, nous faisons une émission à la RIAS.» Nous avons enregistré des heures de Beethoven, de Brahms et de Schubert pendant les six mois qui ont suivi et je reçois encore aujourd'hui des redevances pour ces émissions. On ne me versait pas un cachet fabuleux, mais ça me suffisait pour vivre. Je dois à Raucheisen mon gagne-pain pendant ces jours difficiles.

Assez singulièrement, il ne m'est jamais venu à l'esprit de suivre des cours de la femme de Raucheisen, Maria Ivogün. Pour cette soprano hongroise légendaire, qui avait donné des leçons à Elisabeth Schwarzkopf, Strauss avait écrit un opéra en un acte: *Ariadne auf Naxos*. Quand je fis sa connaissance, elle devait avoir plus de soixante ans et sa vue baissait. Chaque fois que j'entrais chez eux, elle était assise au boudoir, où elle écoutait ses disques, toujours repliée sur elle-même à se nourrir, dans l'obscurité, de ses triomphes passés. Un spectacle des plus affligeants. Je me jurai alors de ne jamais me comporter comme elle, de ne jamais ressasser mes succès lointains ni mes souvenirs.

Je me suis souvent demandé si Raucheisen se doutait que j'étais enceinte. Je n'en avais soufflé mot à personne à Berlin, si ce n'est au docteur Kos, l'obstétricien que j'avais trouvé et à qui j'avais demandé de me conseiller, si possible, sur les procédures à suivre pour que l'enfant soit adopté. Je lui expliquai que j'étais une cantatrice et que, quand j'avais payé les frais de transport pour un concert, la note d'hôtel et mon accompagnateur, il me restait à peine de quoi subsister. Je lui avais aussi révélé que le père de l'enfant ne voulait pas se compromettre.

Le docteur Kos me suggéra de me rendre en consultation à un bureau d'aide sociale, à Berlin. Je remplis tous les formu-

146

laires. «Le père est-il de race blanche?» me demanda la travailleuse sociale. Elle exigeait une photographie d'Eugène et de mes parents, pour mieux s'assurer des origines de l'enfant. Plus tard, elle m'apprit qu'un couple de la base américaine avait accepté d'adopter l'enfant. Mais environ un mois avant l'accouchement, je lui dis que je ne pouvais supporter cette idée. Quand on a vécu huit mois de grossesse, on comprend que le pire est passé. Je venais de décider que, quels que soient les problèmes d'argent et d'organisation qui en découleraient, je trouverais le moyen de me débrouiller seule avec mon enfant. Je savais que je ne me pardonnerais jamais de l'avoir donné en adoption.

Malgré tous mes problèmes, j'écrivais à ma mère des lettres sereines sur ma vie à Berlin; je lui racontais plein d'anecdotes sur ce que j'y apprenais et sur ce que j'y voyais — je m'y inventais une autre existence. De temps à autre, je craquais et je téléphonais à Eugene. Il était le seul être avec qui je pouvais parler de mon secret. Je savais qu'il m'aimait toujours, même s'il veillait à garder ses distances. Je sentais bien qu'il se retenait de montrer trop d'intérêt pour l'enfant, de crainte de s'y attacher. J'étais trop fière pour lui demander son soutien pécuniaire et il ne me l'offrit pas. Une seule fois, je lui demandai de m'expédier des couches nord-américaines. J'ignore pourquoi, mais j'étais convaincue que les Européens n'y connaissaient rien.

Un soir d'octobre, j'assistai à un concert en compagnie de Richard O'Hagan et de Donald Bell, un baryton canadien également élève de Weissenborn, à la même époque. C'étaient les débuts berlinois, en récital, de la basse finlandaise Kim Borg. Nous nous sommes amusés follement, ce soir-là, et je suis rentrée à pied avec eux, chaussée de talons très hauts, secouée de rires pendant tout le trajet. Nous avons dû parcourir ainsi huit kilomètres. Au milieu de la nuit, une étrange sensation me réveilla. «Bon, me dis-je, ça y est.»

Quand je prévins par téléphone la Wartburg Clinic, où j'avais préalablement réservé une place, on refusa de m'y accueillir. Aucun lit n'y était disponible et on me fournit une liste d'établissements, dont l'un était tenu par des religieuses et où l'on put finalement libérer un lit. Puis le docteur Kos me fit faux bond et délégua une sage-femme pour le remplacer. J'étais hors de moi et l'accouchement fut un cauchemar. Le travail dura trente-six heures. Et l'on dut faire appel à un chirurgien parce que le placenta n'avait pas été expulsé et qu'on prévoyait des complications. Les médecins m'apprirent après coup que j'aurais pu mourir.

Le lendemain matin, Eugene fut la première personne à qui je parlai. «Nous avons une très jolie petite fille, lui dis-je au téléphone; c'est ton portrait tout craché. Elle est minuscule, elle ne pèse que cinq livres, mais elle a des boucles noires. Comment aimerais-tu que je l'appelle?»

Je ne désespérais pas d'intéresser Eugene à son enfant. De plus, c'était la seule personne au monde avec qui je désirais partager cet instant. Et, de fait, il régla la question du prénom de notre fille. Dans la religion juive, on ne donne jamais à un enfant le nom d'un parent vivant, m'expliqua-t-il. «Mes grands-mères s'appelaient Poria et Pearl. Deux noms qui commencent par la lettre P.»

«Paula! m'exclamai-je, appelons-la Paula.»

J'adorais ce prénom, mais les religieuses de l'hôpital le détestèrent. «*Ach, das ist ein Name für eine alte Dame*», prétextèrent-elles. «C'est un nom de vieille femme.» À mes yeux, ce prénom convenait à merveille à cette toute petite créature que j'aurais presque pu tenir dans la paume de ma main et qui avait déjà les sourcils noirs en broussaille d'Eugene. Ces religieuses m'en firent voir de toutes les couleurs. Comme si elles avaient voulu ainsi me punir de ne pas être mariée. L'accouchement m'avait épuisée, mais elles n'en couchèrent pas moins Paula à mes côtés, dans un moïse où elle pleurait sans arrêt. Elles tentèrent même de me forcer à l'allaiter.

«Mais ça m'est impossible, hurlai-je. Je donne un concert à Bochum dans cinq jours!» J'étais déjà liée par plusieurs contrats dont j'avais d'ailleurs un urgent besoin. Je voulais nourrir Paula au biberon pour pouvoir continuer à voyager et assurer ainsi notre subsistance à toutes deux.

«C'est absolument nécessaire, insistaient les religieuses. Nous vous fournirons des tire-lait et vous nous ferez parvenir votre lait de Bochum.» Mais comment pourrais-je expédier mon lait des nombreuses autres villes d'Allemagne où on m'avait invitée à me produire? Finalement, le docteur dut intervenir et leur expliquer ma situation pour qu'elles me laissent en paix.

148

Lorsque vint le moment de quitter la clinique avec Paula, je téléphonai à Otto Sauber et lui demandai s'il pouvait nous ramener dans sa voiture. Je ne lui avais pas révélé que j'étais enceinte, mais lui et sa femme l'avaient deviné. À notre arrivée, Marienburger Allee, une *Feldmarschall* nous attendait devant la porte d'entrée. Cette horrible femme voulait s'assurer que j'avais suffisamment d'argent pour pourvoir aux besoins de l'enfant, faute de quoi je ne pourrais pas la garder.

«Elle n'a besoin de personne, rétorqua Otto en se portant à ma défense. Elle paie toujours son loyer à temps.» Je pris alors conscience que je n'avais pas une minute à perdre: je devais, sans tarder, obtenir officiellement pour Paula le statut de citoyenne canadienne et la prémunir ainsi contre la bureaucratie allemande. Je rejoignis Richard O'Hagan au téléphone et lui expliquai ma situation.

«Tiens, tiens, quelle cachottière, fit-il, étonné. Comment avez-vous réussi à garder ce secret tout ce temps?»

Paula est née le 14 octobre 1955, et, cinq jours plus tard, je chantais à Bochum. Entre ces deux dates, j'avais trouvé une nourrice: Frau Döbbelin. Au moment où la guerre avait éclaté, elle était mariée à un dentiste, qui fut envoyé sur le front de Russie et n'en revint jamais. En un sens, même si elle s'était remariée depuis, sa vie s'était terminée au moment de cette disparition. Elle semblait toujours porter un masque de tristesse. Mais elle avait été infirmière et elle fut merveilleuse pour Paula. Elle ne m'a jamais posé de questions, et, quand je m'absentais, je n'avais pas à m'inquiéter.

En moins de deux mois, les engagements qui s'accumulaient m'appelaient déjà à des destinations plus lointaines: Paris, Londres, et une tournée pancanadienne que j'avais acceptée pour célébrer mon retour au pays. Il ne me serait plus possible de venir passer quelques mois à Berlin et je ne pouvais toujours pas prendre Paula avec moi. Quand j'exposai mon problème à Frau Döbbelin, elle me répondit qu'il vaudrait beaucoup mieux que l'enfant vive chez elle. Elle me promit de me tenir au courant des progrès de Paula et de me faire parvenir régulièrement des photographies. Cela me déchira le coeur de l'abandonner ainsi, mais je n'avais pas le choix: plus que jamais je devais me consacrer à ma carrière naissante, et Paula serait ainsi en de meilleures mains.

La ville de Londres me sembla déprimante pendant que je me préparais à mes débuts au Wigmore Hall, à l'époque des fêtes. Il pleuvait sans arrêt et le fait de me retrouver seule, loin de ma famille et de mon bébé, dans cette ville perpétuellement grise m'incita plusieurs fois à me demander si je tiendrais le coup. Mais quelle que soit la situation, je m'efforce toujours d'y trouver un aspect positif. Je me dis que tout finira par s'arranger et qu'il n'y a donc aucune raison de s'inquiéter. Même quand je pensais à Eugene, j'étais d'un optimisme inébranlable. J'étais certaine qu'il finirait par se rapprocher de moi et se ranger à mon avis — qu'il comprendrait que nous pourrions connaître ensemble une existence merveilleuse, puisque nous avions tant en commun, à commencer par une jolie petite fille. Ce n'était qu'une question de temps. En attendant, la vie devait continuer. Je transportais avec moi, dissimulé au fond de ma valise, un minuscule album à couverture grise plastifiée, rempli de photographies de Paula qui me redonnaient courage chaque fois que je déprimais. Je ne m'en séparais jamais, et le soir, quand j'étais seule, je le sortais de sa cachette et j'admirais avec émerveillement cette enfant secrètement mienne.

* * *

De mon point de vue, mes débuts à Londres en récital ne furent pas un grand succès. Parce que l'artiste devait défrayer les coûts de location de la salle, j'avais ainsi dépensé bien au-delà de mes moyens et je n'avais pas été satisfaite de mon accompagnateur, moi qui étais habituée au meilleur en la personne de John. Dans l'ensemble, je n'étais pas au sommet de ma forme, même si les critiques se montrèrent enthousiastes et si Noel Goodwin écrivit dans le *Daily Express*: «Voilà ce que j'appelle une voix avec un grand V. Puisse-t-on réentendre cette jeune femme.» Mais je ne m'en suis jamais remise aux comptes rendus pour savoir si j'avais ou non été à la hauteur. Je suis mon critique le plus sévère et je sais quand la magie a opéré et quand elle n'était pas au rendez-vous. D'une certaine manière, je n'ai jamais eu le sentiment d'y être arrivée en Angleterre, un pays qui nous a donné tant de grandes contraltos.

Avec le recul du temps, je comprends aujourd'hui que j'en étais alors à un point tournant de mon existence. Si j'étais restée à Berlin et si j'y avais continué mes études avec Raucheisen, j'aurais connu une carrière et une existence très différentes. En Europe, on traite les artistes presque comme des têtes couronnées: on les vénère, on leur fait des courbettes, on les auréole d'une espèce de prestige, ce qui n'est pas le cas en Amérique du Nord, où n'importe qui peut croiser une diva par hasard au supermarché. Je suppose que j'aurais tâté de l'opéra plus tôt et que j'aurais été plus connue sur la scène internationale. Qui sait? J'habiterais peut-être même un château rempli de serviteurs. Aujourd'hui, je donnerais n'importe quoi pour avoir à mon service un maître d'hôtel qui sortirait les sacs du coffre arrière de ma voiture, et pour trouver un verre fraîchement rempli dès que je franchis le seuil de la maison. Mais après avoir vécu en vase clos à Berlin, je mourais d'envie de reprendre contact avec le monde auquel j'appartenais. De plus, je n'ai jamais regretté une décision. Après tout, comment le pourrais-je, d'autant plus que je sais aujourd'hui ce qui m'attendait au détour?

CHAPITRE 15

«Monsieur Mahler»

J'étais assise à bord d'un appareil d'Air Canada qui filait vers Montréal et je répétais mentalement les *Quatre Chants sérieux* de Brahms. Je devais les chanter deux mois plus tard sous la direction de Sir Ernest MacMillan pour mes débuts comme soliste avec le Toronto Symphony et je mettais ainsi en pratique une technique que j'avais mise au point pour mémoriser les paroles de lieder pendant mes déplacements: je me les chantais mentalement, sans émettre le moindre son. C'était aussi un excellent moyen de développer ma concentration. Mais ce vol fut particulièrement turbulent et les turbopropulseurs d'alors étaient si bruyants qu'il me fallait fermer les yeux pour ne pas être distraite. J'en étais au troisième chant — une pièce vraiment lugubre, sur le thème de la mort — quand je constatai soudain qu'un homme était penché sur moi et me tapotait la main. «Allons, ma petite dame, ne cédez pas à la panique, disait-il. Le pilote affirme que nous atterrirons en douceur. Tout ira pour le mieux, vous verrez.» Depuis, j'ai appris à contrôler les expressions de mon visage lorsque je mémorise une oeuvre à bord d'un avion.

Cet homme ne pouvait se douter à quel point il disait vrai: Montréal m'accueillit comme une héroïne, une conquérante. Personne ne semblait se douter que j'avais pu m'occuper à autre chose qu'aux études et on avait reproduit dans les journaux les critiques européennes les plus élogieuses à mon endroit. «La contralto montréalaise est de retour!» Ce titre coiffait un reportage d'une demi-page dans le *Star*, illustré de photos où l'on me voyait en train d'apprêter, dans ma cuisine, un énorme festin de bienvenue: un petit déjeuner dans la plus pure tradition canadienne, composé de bacon et d'oeufs, pour ma mère et mes soeurs. On m'y voyait aussi faisant étalage de mes souvenirs et de quelques toilettes que j'avais commandées à un grossiste de Zurich avant de rentrer au pays. Le lendemain de la parution de ce reportage, un inspecteur des douanes frappait à ma porte. «Ces robes, me dit-il, les avez-vous déclarées?»

«Mais je les ai portées en concert, protestai-je. J'ai vécu en Europe pendant un an. Elles ne sont pas neuves.» Je ne réussis pas à le fléchir et je dus payer des droits de douane. Quelques jours plus tard, je rencontrai J. W. McConnell et m'en pris à son journal, qui m'avait mis dans un tel embarras. Il ne me prit pas en pitié. «Il faut que vous appreniez à accorder des entrevues, rétorqua-t-il. Ne révélez jamais ce que vous avez acheté ni les sommes que vous avez gagnées.»

Bien entendu, dès mon retour au pays, je revis Eugene. Je lui avais rapporté des photographies de Paula, qu'il regarda longuement, en se contentant de dire: «Jolie, vraiment jolie», et il aborda vite un autre sujet. «Comment vont tes études?» Malgré ma peine, je ressentis, dès l'instant où je le revis, qu'entre nous la magie opérait toujours. C'était comme si nous ne nous étions jamais séparés. Je ne fis pas la moindre allusion au mariage ni ne proposai de reprendre la vie commune, mais j'étais certaine que, si je savais attendre mon heure, Eugene reviendrait finalement vivre avec moi. Je ne suis pas du genre à lâcher prise.

Quelques semaines après mon retour, je me remettais en route; plutôt qu'à Londres ou à Paris, je me rendais cette fois à Halifax et à Lethbridge. Pour la première fois, je découvrais vraiment le Canada, et l'année passée en Europe me faisait apprécier sa splendeur. Par l'entremise de ses citoyens, je sentais soudain que j'appartenais à ce pays. Contrairement aux Canadiens, les spectateurs américains identifient un artiste à sa ville ou à son État d'origine. Au Canada, d'un océan à l'autre, on me considère partout de la même manière: une fille du pays. Les gens étaient fiers de ma réussite et me donnaient la sensation d'avoir enrichi notre vie culturelle nationale. En Europe, je n'aurais été qu'une cantatrice parmi d'autres, un simple pion perdu dans une tradition musicale séculaire et si vénérée qu'elle intimide tout jeune musicien. Personne ne se serait intéressé à moi.

Mais au Canada, je faisais partie d'une poignée d'artistes apportant de la musique dans des localités éloignées qui, autrement, en auraient été privées. Les Canadiens connaissent la musique et ils ont très bon goût. On ne peut leur passer un mauvais concert, même dans les petites villes. Dans ce pays, lorsque les gens me reconnaissent dans la rue, je me sens comme si j'appartenais à une grande famille.

Je dois avouer toutefois que j'ai parfois douté des raisons pour lesquelles on me reconnaissait. Lors d'une grande réception que le maire Jean Drapeau offrit en mon honneur dans l'île Sainte-Hélène ce même printemps, après que j'eus remporté le prix du Cercle des Critiques montréalais, une femme qui m'avait interviewée à Radio-Canada me faisait constamment de grands signes, à l'autre bout de la salle, pour me signifier que je ne devais absolument pas me retirer sans m'être entretenue avec elle. Je l'avais évitée toute la soirée parce que je n'arrivais pas à me rappeler son nom. J'essayais de trouver un moyen de dissimuler mon oubli lorsqu'elle s'approcha de moi et s'exclama: «Oh! c'est si bon de vous revoir, Doreen.»

Une autre fois, à mon arrivée à Sydney, en Nouvelle-Écosse, il y a quelques années, je me retrouvai dans le hall d'un hôtel où les organisateurs de mon concert avaient décidé d'éblouir la galerie. Un petit homme grisonnant me prit à part et me dit qu'il était du journal local. Aurais-je la gentillesse, me demanda-t-il, d'accorder une entrevue à sa jeune journaliste? «Bien sûr, répondis-je, mais je suis épuisée pour l'instant: le vol depuis Terre-Neuve a été exténuant. Revenez dans quelques heures, si vous le voulez bien.»

«Oh, c'est vraiment très aimable de votre part, fit la jeune journaliste. C'est un tel honneur de faire votre connaissance. Je m'en fais déjà une fête.» Juste au moment où je montais dans l'ascenseur, elle accourut vers moi, à bout de souffle. «Pardonnez-moi, fit-elle, je ne voudrais pas abuser, mais qui êtes-vous, au fait?»

Beaucoup plus tard, lorsque je terminai mon mandat au conseil d'administration du Centre national des Arts, à Ottawa, où j'avais régalé de cette anecdote les autres membres du conseil, le directeur du centre, Don MacSween, m'offrit en cadeau d'adieu un tee-shirt au dos duquel on avait imprimé en noir ma réponse à cette jeune femme: «En tout cas, ma chère, je *ne* suis *pas* Sophie Tucker.»

* * *

Toujours au printemps 1956, je donnai un autre concert avec l'Orchestre symphonique de Montréal, alors sous la direction de Josef Krips. Krips avait fait partie des Petits Chanteurs de Vienne avant de devenir un chef célèbre. Par la suite, je me suis souvent produite avec lui et il m'a été d'un grand secours; pour cette première collaboration, il avait choisi de donner le *Requiem* de Mozart, une oeuvre que le compositeur écrivait pour un mystérieux mécène, au moment de sa mort. Je n'oublierai jamais les heures que j'ai consacrées à la répéter avec Krips. Je venais tout juste de m'acheter une nouvelle jaquette de tweed blanc et noir, ce qui représentait pour moi une dépense extravagante, et je la portai pour me rendre, fière comme une reine, à la répétition. Comme j'attendais à l'arrêt d'autobus, un camion m'éclaboussa de la tête aux pieds d'une épaisse gadoue noire. Ma veste était ruinée et je me présentai d'une humeur massacrante à la répétition. Je commençai à chanter ma partie du *Requiem* et j'entendis soudain Krips frapper à plusieurs reprises son lutrin de sa baguette.

«Madame, dit-il, on ne donne pas *Carmen*!»

Par la suite, il retint souvent mes services un peu partout aux États-Unis. Il était presque chauve et il avait le visage boursouflé; quand il conduisait, toute son ossature en était secouée et ses joues s'agitaient comme de la gélatine. Il transpirait énormément, de sorte que, si on s'assoyait près de lui dans une robe pâle, on finissait par avoir l'air de sortir de la douche. Je me suis toujours fait un devoir de ne porter que des toilettes sombres quand je me produisais avec Josef Krips.

J'avais la sensation qu'on m'avait arraché Paula, qui me manquait terriblement. Mon séjour au pays se prolongeait plus que prévu et les offres affluaient de toutes parts. Un peu plus tôt, le même printemps, une agente montréalaise nommée Monni Adams m'avait prise sous son aile et m'avait obtenu, pour souligner mon retour au pays, un concert dans la salle de bal du Ritz-Carlton. Eric McLean et les autres critiques mentionnèrent tous dans leurs articles que ma voix s'était épanouie et enrichie au cours de l'année écoulée depuis ma dernière apparition sur une scène montréalaise. «Depuis lors, Mademoiselle Forrester a acquis beaucoup de maturité», écrivit Eric. Il ne savait pas à quel point il disait vrai!

Sans m'en parler, Monni Adams avait pris l'initiative d'adresser des lettres à tous les chefs d'orchestre renommés des États-Unis dans l'espoir de m'obtenir des engagements, et elle n'avait pas manqué d'y inclure des comptes rendus parus en Europe et au Canada. Tous leurs agents lui firent parvenir la même réponse: ils auraient bien aimé m'entendre, mais ils avaient déjà tous leurs solistes pour les trois années à venir. Seul Bruno Walter lui répondit personnellement.

Bruno Walter avait été un enfant prodige, à Berlin, et il avait dirigé l'orchestre de la Cologne Opera House quand il n'avait que dix-sept ans. Il était ensuite allé à Hambourg où il avait été l'assistant de Malher, qu'il suivit à Vienne, au tournant du siècle, pour l'aider à relancer le Vienna Court Opera. On ne le considérait pas seulement comme un disciple de Mahler mais comme son fils spirituel. Tout musicien désireux d'interpréter les oeuvres de ce compositeur aurait fait n'importe quoi pour avoir la chance de se produire avec ce chef qu'on surnommait «Monsieur Malher». Mais j'ignorais encore tout de Mahler. Je savais seulement que Bruno Walter, l'un des chefs les plus prestigieux au monde, avait écrit pour dire qu'il souhaitait m'entendre. Il avait même fixé la date et le lieu du rendez-vous, à New York. Je consultai mon agenda et je constatai que je devais chanter à Oshawa le même soir... Je téléphonai donc à New York pour parler à Bruno Walter.

«Docteur Walter, j'aimerais bien venir auditionner devant vous, lui dis-je, mais j'ai malheureusement un engagement ce soir-là.» J'étais si inconsciente en ce temps-là que je n'aurais jamais songé à me sentir impressionnée par un si grand homme. Il proposa une autre date, puis une autre encore, mais ni l'une ni l'autre ne me convenaient.

À bout de patience, il me lança: «Eh bien, ma chère, vous êtes manifestement beaucoup plus occupée que moi. Quand seriez-vous *libre*?» Je suggérai le dimanche 25 mars et il répondit qu'il me réserverait de son temps, ce soir-là, à compter de huit heures et demie. Il me demanda de venir sans accompagnateur et de préparer du Bach et du Brahms.

156

Quand je fis part de cette nouvelle à des copains, à Montréal, ils en furent éberlués, mais je ne me sentais pas nerveuse. Pour moi, il ne s'agissait que d'une autre audition. Si tout allait bien, ce serait tant mieux; sinon, je gagnerais quand même suffisamment pour subvenir aux besoins de ma mère et de ma fille. J'étais encore follement insouciante.

La veille de cette rencontre, à deux heures du matin, j'étais à une réception, après un concert à Toronto; après seulement quatre heures de sommeil, je sautai dans un avion pour New York, avec Monni Adams. Dans l'après-midi, ce même dimanche, j'eus ma première crise de la vésicule biliaire. Je m'étais goinfrée de viande fumée au Stage Delicatessen et je dus rentrer en hâte à l'hôtel pour me forcer à vomir avant de me rendre à l'appartement de Bruno Walter. Certaine que je ne pourrais chanter, Monnie fut prise d'une crise d'angoisse; mais je me provoque souvent à vomir avant un concert si j'éprouve quelque problème de digestion. Je me sens toujours mieux après. Et, lorsque Monnie et moi sommes arrivées à la porte de Bruno Walter, j'étais parfaitement remise. Dès que je l'aperçus, j'eus l'impression de le connaître depuis toujours.

Il avait presque quatre-vingts ans, une tête des plus sympathiques et des manières européennes très raffinées, qui frôlaient l'obséquiosité. Il ne me connaissait que par la série de critiques dont Monni lui avait envoyé copies; aussi me demandait-il déjà de chanter avant même que j'aie retiré mon manteau. Je ne comprenais pas pourquoi il était si pressé de m'entendre; j'appris plus tard qu'il cherchait une nouvelle alto depuis la mort de Kathleen Ferrier. Il choisissait les voix comme d'autres les tableaux — pour une palette de couleurs qu'ils affectionnent. J'avais travaillé pour lui l'aria de la *Passion selon saint Jean* de Bach et il s'assit au piano à queue de sa suite pour m'accompagner de mémoire. «Bravo! lança-t-il à la fin. Vous avez choisi une pièce difficile pour commencer.» Il me dit après coup que, dès les premières mesures, il avait arrêté sa décision; nous avons toutefois interprété ensemble quelques autres oeuvres, avant qu'il ne me demande d'aller à l'autre extrémité de la pièce et d'y chanter la *Rhapsodie pour alto* de Brahms. C'était l'une des pièces dans lesquelles Kathleen Ferrier s'était imposée. Tous savaient qu'elle avait été sa contralto préférée et ils avaient d'ailleurs enregistré ensemble sur disque les grandes oeuvres de Mahler avant la mort de Ferrier, survenue seulement trois ans plus tôt. Quand je me fus exécutée, il murmura d'une voix très basse, presque inaudible: «*Wunderbar, mein Kind.*» On aurait dit qu'il s'adressait à lui-même.

«Dites-moi, demanda-t-il, que faites-vous les 14, 15 et 17 février prochain?»

Mon regard s'alluma. «Oh! je ne tiens plus en place, fis-je, transportée de joie. Je serai en tournée pour les Jeunesses musicales.»

«*Das tut mir leid*, continua-t-il. Quel dommage! Pour le dernier concert de la saison du New York Philharmonic, qui se donnera à ces dates, j'ai mis au programme la *2ᵉ Symphonie* de Mahler et j'aurais souhaité vous avoir comme soliste, puis enregistrer cette oeuvre avec vous.»

J'étais estomaquée. Monnie en resta bouche bée. «Oh, docteur Walter, pour vous, je ne laisserais pas seulement tomber le Maroc, je me laisserais même tomber raide morte!»

Il éclata de rire et la chose fut conclue sans plus de discussion. Puis il se remit au piano. «*Ich habe noch Durst*, enchaîna-t-il. Je meurs d'envie d'en entendre davantage.» Et nous avons continué à faire de la musique ensemble pendant près d'une heure: du Beethoven et *Frauenliebe und Leben* de Schumann. Il me demanda auprès de quels maîtres j'avais étudié, tant il était ébahi qu'une jeune Canadienne puisse interpréter avec autant de sensibilité des oeuvres européennes. Tandis qu'il m'accompagnait, je remarquai que, comme plusieurs musiciens âgés, il prenait un tempo tout juste un peu trop rapide, comme pour montrer qu'il n'avait rien perdu de sa vigueur. Cette coquetterie de la part d'un homme aussi adulé me le rendit encore plus cher.

À la fin, il me suggéra fortement d'étudier certaines autres oeuvres qui conviendraient également à ma voix; puis nous fixâmes la date de notre première répétition, à Carnegie Hall, à onze mois de là. Ce soir-là, lorsque je me retrouvai dehors dans l'air vivifiant de New York, je ne saisissais pas toute l'ampleur de ce qui venait de m'arriver. Des années s'écouleraient avant que je ne mesure à quel point cette heure avait modifié le cours de ma carrière.

Mais, le lendemain matin, j'en avais déjà un avant-goût. Dès que Bruno Walter eut prévenu par téléphone le New York

Philharmonic qu'une jeune Canadienne inconnue interpréterait à ses côtés la *2ᵉ Symphonie* de Mahler, le bruit se répandit comme un feu de brousse. Quand Bruno Walter jetait sa gourme sur une chanteuse, c'était la consécration. En moins de vingt-quatre heures, tous les agents de New York m'avaient téléphoné pour réclamer à cor et à cri l'honneur de me représenter.

En Europe, j'avais été roulée par des tas d'agents qui m'avaient fait donner un récital puis avaient tenté de s'esquiver sans me verser mon dû. Ils m'abandonnaient la gloire, mais empochaient l'argent. Cela m'avait rendue méfiante, même à l'égard de Monni, qui commençait à réclamer un pourcentage de mes cachets même si aucun contrat ne me liait à elle. Je décidai d'attendre que tous les New-Yorkais intéressés se soient manifestés, et, pendant ce temps, je remplis mes autres engagements et retournai voir Paula en Europe. Puis à la fin de juillet, après être rentrée au Canada, je pris l'avion pour New York et les rencontrai tous. L'un d'eux m'invita chez lui pour un cocktail avec sa femme; à mon arrivée, je ne vis pas la moindre trace d'épouse et il se mit à exhiber des photographies d'artistes dans le plus simple appareil. J'avais beau vouloir me faire un nom, il n'était pas question que j'emprunte cette voie! Je n'appréciai guère aucun des autres, à l'exception d'un seul: André Mertens, vice-président de Columbia Artists.

Son père s'était fait un nom dans la même profession, en Europe; quant à lui, il s'occupait de la carrière des plus célèbres musiciens d'Amérique, dont le pianiste Gary Graffman et la diva Renata Tebaldi. De plus, le fait qu'il ait insisté pour m'entendre me convainquit qu'il n'était pas, comme les autres, un opportuniste désireux de s'enrichir rapidement.

«Comprenez-moi bien, me dit-il. J'ai lu toutes les critiques sur vous et elles sont très impressionnantes. En arrêtant son choix sur vous, Bruno Walter vous a, pour ainsi dire, donné son sceau d'approbation. Mais je ne deviens pas l'agent de quiconque sans l'avoir d'abord entendu.»

Le lendemain, c'était mon anniversaire, et je ne voulais pas me retrouver coincée à New York par des journées de canicule. Je souhaitais rentrer au plus tôt à Montréal. «Si je louais Carnegie Hall demain après-midi, lança-t-il, resteriez-vous pour chanter devant moi?»

J'hésitai parce que John n'aurait pas le temps de prendre l'avion et de venir m'accompagner, et je voulais mettre toutes les chances de mon côté. «Je ne peux pas chanter accompagnée par le premier pianiste venu», répondis-je. Il promit de me trouver un bon accompagnateur et, de fait, il en dénicha un qui n'était pas mal. Mais le pauvre homme était terriblement nerveux. Il était si traqué qu'il avait passé la nuit à répéter le programme d'une heure sur lequel nous nous étions entendus.

Le lendemain après-midi, quand j'entrai dans Carnegie Hall pour y rencontrer Mertens, je croisai la soprano Nell Rankin qui se pressait vers la sortie. Deux années plus tôt, elle avait tenu la vedette dans une production de *Boris Godounov* montée par la Montreal Opera Guild; j'y avais chanté un bref solo dans le rôle de l'aubergiste, au deuxième acte, et je m'étais attiré de très bonnes critiques. Bien entendu, Nell Rankin ne fit pas plus attention à moi que si j'avais été un courant d'air. Elle était tout en noir: robe noire, capeline noire, bas de soie et escarpins noirs, ombrelle noire et longs gants de dentelle noirs — par une journée suffocante d'été à New York! En la voyant, je n'ai pu m'empêcher de penser à une tarentule. Après coup, j'ai pris conscience que Nell Rankin avait sans doute auditionné, elle aussi, devant André Mertens, le même après-midi.

Je me suis donc exécutée devant lui et, dès la fin de la deuxième pièce au programme, il hurla «Bravo!» depuis son siège, au milieu de la salle. «Sublime! Vous pouvez passer à mon bureau; mon assistante Nelly Walters vous préparera un contrat.»

Je m'approchai de la rampe. «Monsieur Mertens, lui dis-je, vous avez demandé une heure de musique et nous avons préparé un programme d'une heure. Ce pauvre homme est resté debout toute la nuit pour répéter et la décence la plus élémentaire exige que vous nous écoutiez jusqu'au bout.»

Je crois que personne avant moi n'avait osé parler sur ce ton à André Mertens. Il en fut si secoué qu'il resta figé dans son fauteuil pendant le reste de l'heure. Par la suite, André et moi avons toujours répété, à la blague, que j'avais fait mes vrais débuts à Carnegie Hall devant un auditoire hostile composé d'un seul spectateur.

Lorsque nous sommes revenus à son bureau, j'ai lu attentivement le contrat avant de le glisser dans mon sac à main. «Je dois demander à mon conseiller juridique de l'examiner, lui dis-je. Je ne veux pas signer à la légère un contrat de trois ans à un moment de ma carrière où j'ai tant besoin de gagner de l'argent.» André en fut médusé, mais aussi amusé. Il me laissa emporter le contrat à Montréal. Je me demande où j'ai trouvé le culot d'agir ainsi. Je *n'avais même pas* de conseiller juridique. Je demandai à Alan Gold — un ami qui me visitait souvent dans ma loge après mes concerts, et qui est devenu depuis juge en chef du Québec — d'y jeter un coup d'oeil. J'étais déterminée à ne me laisser abuser par personne.

Le même après-midi, à son bureau, Mertens m'avait présenté son assistante relationniste, Audrey Michaels, qui depuis lors est une amie. Audrey avait été impressionnée par la pile de critiques élogieuses, des deux continents, que Monni Adams avait colligées. Cela l'incita à tenter un grand coup pour me faire connaître à ceux qui, à New York, faisaient et défaisaient les réputations. Elle et Mertens élaborèrent un plan d'attaque. Ils en étaient venus à la conclusion que, si je me produisais pour la première fois sur une scène new-yorkaise aux côtés de Bruno Walter dans la *2ᵉ Symphonie* de Mahler, Walter et Mahler récolteraient la plus grande part des applaudissements et les critiques ne consacreraient qu'un seul paragraphe à la toute nouvelle découverte du célèbre chef. Ils jugeaient que je méritais de faire mes débuts un peu plus tôt, dans un récital solo où tous les critiques auraient le loisir de me découvrir à leur tour. Le procédé était ingénieux. Restait seulement à trouver un mécène qui débourserait les mille huit cents dollars nécessaires à la location de Town Hall.

«Ne connaîtriez-vous pas quelqu'un qui pourrait commanditer votre concert?» demanda Mertens. Je connaissais, bien sûr, ce mécène, mais au début je me montrai réticente à faire appel à lui. Encore une fois, J. W. McConnell vint à ma rescousse.

Le 12 novembre 1956, je montais sur la scène de Town Hall pour affronter le public le plus difficile de ma carrière. Eugene n'avait pu venir, mais j'avais offert le voyage en avion à ma mère et je lui avais réservé une loge qu'elle partagea avec ma tante Eva, sa soeur qui habitait New York. Tous les critiques montréalais s'étaient aussi déplacés et, la chance aidant, il n'y eut ce soir-là aucun autre événement musical d'importance à New York, de sorte que les sept journaux publiés à l'époque dans la métropole américaine avaient délégué leurs critiques attitrés. En réalité, une seule personne faillit ne pas se montrer au concert: la vedette elle-même!

Après la répétition, en matinée, John et moi nous étions accordé un après-midi de lèche-vitrines, sur la Cinquième Avenue, avant de rentrer au Wellington, un petit hôtel minable pour musiciens, où les garçons d'ascenseur et les standardistes connaissaient tout de la vie des clients. Nous nous étions donné rendez-vous dans le hall de l'hôtel à huit heures, et de là nous nous rendrions à pied à Town Hall pour le concert, qui devait commencer à huit heures trente. À huit heures dix, un John atterré me téléphonait depuis le hall. «J'arrive, j'arrive», lui dis-je. Mais il était près de huit heures vingt lorsque je le rejoignis enfin. Je m'étais posé de faux ongles dont la colle ne voulait pas sécher.

Nous avons couru jusqu'à Town Hall, où nous sommes arrivés à huit heures trente et une exactement; c'est du moins ce qu'a dit John. Et comme il est allemand, c'est un modèle d'exactitude. Je l'avais rendu si nerveux qu'il fut pris d'une soudaine «tourista» et ne put donc entrer directement en scène. Mertens était au bord de la crise cardiaque. Il n'en crut pas ses yeux lorsque je laissai tout bonnement tomber mon manteau, pris une profonde respiration et entrai en scène aussi fraîche qu'une rose.

Jacques de Montjoye, un couturier montréalais que Madame McConnell m'avait présenté, m'avait créé une toilette à couper le souffle: un jersey noir drapé à la grecque qui me faisait une taille de guêpe et qu'une trame métallique rendait miroitant comme si le tissu avait été emperlé. Je l'ai d'ailleurs toujours, quelque part dans une malle, mais je ne crois pas que je pourrais y passer aujourd'hui plus qu'une cuisse.

Je connaissais mon programme sur le bout des doigts: du Schubert, le cycle *La Fraîcheur et le Feu* de Poulenc, *A Charm of Lullabies* de Britten et les *Wesendonk* de Wagner. (John et moi devions reprendre intégralement ce programme sur la même scène en 1977, exactement vingt-cinq ans après mes débuts new-yorkais, dans le cadre d'une campagne de financement pour redonner vie à Town Hall. Et un critique me dit alors: «Eh bien, vous, on peut dire que vous ne manquez pas de courage!») Mais même le soir de mes débuts, j'avais déjà interprété en public plusieurs de ces pièces; j'en avais d'ailleurs donné certaines la

162

veille, à Winnipeg, aussi me sentais-je totalement à l'aise et cela dut transparaître. Dans le *New York Times*, un article avait pour titre: «Une contralto canadienne à la voix superbe». Louis Biancolli écrivait dans le *World Telegram* de New York: «Cette jeune femme possède une voix d'une force et d'une fraîcheur remarquables ainsi qu'un art du phrasé et du style propres au lied qui tient du prodige chez une artiste aussi jeune.» Et Harold Schonberg qualifiait ma voix de «contralto riche, onctueuse, au timbre voluptueux». Quand, après le récital, Audrey Michaels entra en coup de vent à la réception qu'offrait en mon honneur, dans ses appartements de Sutton Place, l'ambassadeur du Canada aux Nations unies, elle agitait à bout de bras les journaux dans un geste de triomphe. Tous les comptes rendus, sans exception, me portaient aux nues.

Pour ma mère, la réception fut même plus excitante que le concert. L'ambassadeur avait invité une brochette de diplomates et les vedettes les plus prestigieuses de la Columbia Artists à croquer des canapés de saumon fumé et de caviar et à siroter du Mumm's Extra Dry. Pour la première fois de sa vie, ma mère goûtait au champagne. «Hum, hum, fit-elle, émerveillée, les yeux pétillants, on dirait du soda additionné de jus de pomme!»

Je pense que mes débuts à Town Hall et la soirée qui suivit marquèrent le plus grand moment de son existence. Elle se délecta de tous les compliments qu'on lui adressa, avec l'air digne et compassé d'une grande dame. «Vous devez être tellement fière de votre fille», disaient les gens, et le visage de ma mère s'illuminait. «Oh, que oui! Mon défunt mari et moi avons tout sacrifié pour qu'elle puisse embrasser cette carrière», répondait-elle. Cela me faisait sourire: je n'avais pas oublié comme j'avais dû travailler d'arrache-pied pour payer mes cours, sans que personne de ma famille ne m'offre un cent pour m'aider.

La réception fut un tourbillon de félicitations et de témoignages d'affection. Quand Eric McLean me retrouva enfin, il me confia qu'il avait surpris, à l'entracte, quelques mots du rédacteur en chef d'une importante revue musicale américaine. L'homme s'avouait émerveillé par ce qu'il venait d'entendre; il rappelait les débuts new-yorkais de Lois Marshall, deux ans plus tôt, et ceux de Glenn Gould, la saison précédente. «Et maintenant, c'est le tour de cette Maureen Forrester, proclamait-il. Dieu bénisse le Canada!»

Pendant toute la soirée, les gens parurent étonnés de mon jeune âge. En me voyant, les New-Yorkais réagissaient comme si j'avais été une laitière sortie tout droit de sa campagne et qui se serait soudain retrouvée par hasard sur la scène de Town Hall, miraculeusement douée du métier d'une interprète d'expérience. Ce soir-là, dans l'élégant appartement de Sutton Place, personne n'aurait pu deviner que je devais cette maturité dans l'expression à un tout petit être aux cheveux noirs, outre-Atlantique, qui venait tout juste d'infléchir le cours de mon existence.

CHAPITRE 16

Les événements se précipitent

Les lettres qui m'étaient arrivées chaque semaine de Berlin, en ce début d'automne 1956, m'avaient donné bien des inquiétudes, mais aucune ne m'avait paru aussi menaçante que la dernière. Herr Döbbelin m'écrivait que Paula transformait sa vie de couple. «Nous avions toujours voulu un bébé, disait-il. Et cette enfant fait maintenant partie de nos vies, comme si elle était à nous. Ma femme n'est plus la même et elle adore l'enfant. Elle n'est plus jamais déprimée. Ce bébé est une bénédiction du ciel.»

Je fus prise de panique. J'avais l'épouvantable pressentiment que ces deux personnes chercheraient à m'enlever Paula. Bruno Walter venait tout juste de me découvrir; j'avais signé un contrat avec André Mertens et j'étais occupée aux préparatifs de mes débuts new-yorkais. Les bonnes occasions et les engagements se multipliaient, mais, sans un mot d'explication à quiconque, je sautai dans le premier avion pour Berlin. Ce matin-là, je téléphonai aux Döbbelin depuis l'aéroport. «Je suis venue pour Paula, dis-je. Je l'emmène aujourd'hui même en Angleterre.» Le procédé était cruel, mais j'avais compris qu'il fallait agir sans tarder — comme pour une chirurgie. Je craignais de la perdre si j'attendais un jour de plus. Il n'existait aucun moyen délicat de réclamer mon enfant.

Ils me reconduisirent à l'aéroport de Tempelhof et nos adieux furent déchirants. L'avion se dirigea vers la piste d'envol et je me dis: «Enfin, je suis en sécurité.» Soudain, déjà engagé sur la piste, le pilote fit demi-tour et revint se stationner près de l'aérogare. Un fonctionnaire, l'air extrêmement déplaisant, monta à bord de l'appareil. «Fräulein Forrester!» s'enquit-il d'une voix très forte. Il se faisait un devoir de m'appeler «Mademoiselle». «À qui est cette enfant?»

«C'est ma fille, répondis-je. J'ai les documents qui en attestent. Tous en règle.»

«Avez-vous un billet pour cette enfant?» demanda-t-il.

«En fait, non, répondis-je. Elle n'a même pas encore un an. Au Canada, il n'est pas nécessaire d'acheter un billet pour un nourrisson.»

«Vous êtes ici en Allemagne, rétorqua-t-il. Il vous faut un billet pour l'enfant.»

Il s'apprêtait à m'expulser de l'avion; je réussis toutefois à l'en dissuader en m'engageant à payer le passage de Paula lorsque nous ferions escale à Francfort. L'appareil a repris la direction de la piste et, cette fois, il a décollé, mais tous les passagers de l'avion n'avaient désormais d'yeux que pour moi et ma fille illégitime. Je n'oublierai jamais la présence, dans le siège devant moi, de la soeur de Lilli Palmer, qui était alors l'épouse de Rex Harrison. «Quel homme détestable, fit-elle en se retournant. Vous avez bien fait de lui tenir tête.» Je l'aurais embrassée pour ce témoignage de solidarité.

Mais qu'allais-je faire ensuite? Je me retrouvais en train de babiller avec une enfant qui n'avait entendu jusque-là que de l'allemand et pour qui je n'étais qu'une étrangère aperçue fugitivement deux ou trois fois. Je n'avais pas eu le temps de prendre des dispositions pour mon arrivée à Londres; tout de suite après l'atterrissage, je téléphonai à Murray et Libby Kash, frère et belle-soeur d'Eugene, qui avaient loué mon appartement après mon départ. Je jugeai que le temps était venu de révéler mon secret à quelqu'un: j'avais désespérément besoin d'aide et d'une famille. De plus, j'étais convaincue qu'ils pourraient me dire si mon ex-locatrice, Madame Posnanski, avait un logement qu'elle pourrait me louer sur-le-champ. Libby m'apprit qu'un deux-pièces était libre dans la mansarde au deuxième.

J'avais loué de Madame Posnanski un sous-sol lors de mon premier séjour prolongé à Londres après ma tournée européenne pour les Jeunesses musicales, et c'est là que j'avais découvert que j'étais enceinte. Quand je lui avais demandé si elle s'objectait à ce que j'y déménage un piano pour répéter, elle m'avait répondu: «Non, pas le moins du monde, mais à une condition: que vous laissiez la porte ouverte lorsque vous vous en servirez.» Je savais que personne ne pourrait comprendre ma situation mieux qu'elle. Inutile de dire qu'elle fut déconcertée de me voir arriver avec un enfant, mais elle n'en laissa rien paraître. Et qui, croyez-vous, comptait-elle parmi ses voisines? La soeur de Lilli Palmer.

Je m'installai avec Paula dans l'appartement sous les combles et je téléphonai à ma mère pour lui dire que je devais remplir certains engagements en Europe. Je devais déjà me déplacer si souvent que personne ne savait jamais où me joindre. Mais après quelques semaines à monter et à descendre trois volées d'escalier, les bras chargés d'une enfant de onze mois, et à pousser péniblement un landau, je me dis qu'il devait exister une meilleure solution. Je me rappelai avoir été présentée, par des amis de John Newmark, à une femme qui louait des appartements. Elle s'appelait Branson Price. Je m'armai de courage, me rendis chez elle et lui révélai ma situation. «J'ai un enfant», lui dis-je gravement. L'existence de mon enfant naturel ne choqua pas Branson le moins du monde. Elle avait elle-même donné naissance à un enfant illégitime, des dizaines d'années plus tôt.

Au cours de mes voyages, j'ai fait la connaissance de nombreuses personnes exceptionnelles, mais Branson Price fut certainement l'une des plus singulières. Cette beauté du Sud américain, plus précisément d'Atlanta, était montée à Washington pour y occuper un poste au département du Travail, s'était éprise d'un homme plus âgé qu'elle — sans doute marié — et s'était retrouvée enceinte. En ce temps-là, donner naissance à un enfant hors du mariage était encore jugé scandaleux en Amérique, particulièrement si la jeune femme appartenait à une riche et vieille famille du Sud; aussi avait-elle plié bagage et s'était-elle réfugiée en Angleterre, parce que les Britanniques se sont toujours montrés plus tolérants en cette matière. Elle y vivait depuis. Un jour, Branson me confia même, dans son accent georgien indéfectible: «Vous savez, ma chère, je suis ici depuis si longtemps que tout le monde me croit britannique.»

Lorsque nous nous connûmes un peu plus, elle me raconta comment, un jour, alors qu'elle rentrait à Londres en avion après des vacances en France, un officier de l'Immigration, à l'aéroport de Heathrow, l'avait interpellée et lui avait déclaré qu'elle avait déjà séjourné en Angleterre bien au-delà des limites permises par la loi. Il l'avait également prévenue qu'il était temps pour elle de rentrer en Amérique. Cette idée la terrifiait. Au cours d'une soirée où elle confiait son désemparement à des amis, Breon O'Casey, fils du dramaturge Sean O'Casey, lança d'une voix forte pour que tous l'entendent: «Je te marierai, Branson.» Elle le connaissait à peine et il était de trente ans son cadet, mais elle n'en devint pas moins Branson Price O'Casey. Ils divorcèrent ensuite, mais restèrent toujours bons amis.

Branson s'entourait de gens fascinants. À Londres, elle était devenue une intime de Paul Robeson. Elle était si impulsive qu'en 1961, quelques heures seulement avant le départ pour la Chine de la veuve d'Edgar Snow, elle avait pris la décision de l'y accompagner. Après le décès subit d'Edgar, le gouvernement chinois avait demandé à sa veuve de faire le voyage, planifié d'abord à l'intention de son époux, dans le nord du pays. Il s'agissait de traverser à cheval la Mongolie. Lorsqu'ils virent arriver Branson en compagnie de Madame Snow, les organisateurs chinois du voyage en firent presque une syncope: en consultant son passeport, ils constatèrent qu'elle n'était plus une jeune femme. Ils insistèrent pour que deux cavaliers d'expérience se postent devant et derrière elle et l'escortent ainsi pendant tout le trajet. D'un geste de la main, elle les remercia. «Allez-vous-en, mes très chers. Ne vous inquiétez pas: j'ai été élevée à dos de cheval.» Lorsqu'elle me raconta cette anecdote, je ne pus retenir de grands éclats de rire, mais je n'en saisis toute la drôlerie qu'après lui avoir demandé, au fil de la conversation, quel âge elle avait.

«J'aurai quatre-vingt-quatre ans en novembre prochain», me répondit-elle.

Dès son arrivée à Londres, Branson avait acheté quatre maisons rue Balcombe, juste au nord de Marylebone, qui étaient alors presque des asiles de nuit. Elle les avait retapées avec l'aide de subventions municipales, et il lui était arrivé, par intermittence, de jouer le rôle de logeuse pour une génération d'écrivains canadiens volontairement expatriés en Angleterre. Branson et moi nous sommes tout de suite découvert des affinités. Elle avait merveilleusement réussi avec son fils Nicholas et nous étions de la même trempe, toutes deux très optimistes. Quand survient un problème, nous y trouvons une solution; pour nous, le suicide n'a aucun sens. Je n'ai jamais perdu du temps avec les femmes qui se lamentent sur leur sort.

Branson m'offrit un grand rez-de-chaussée, avec une chambre à l'arrière pour le bébé et un salon où je dormais sur le divan. Puis elle joua un rôle dans la réalisation d'un autre miracle: la découverte d'une nourrice nommée Elsie Farrell.

Elle demandait elle-même qu'on l'appelle Farrell et elle incarnait la nounou britannique type: menue, infatigable et à cheval sur les principes. Elle avait été au service du grand-duc Popov de Russie, et, lorsque la Révolution avait éclaté, elle avait réussi à s'enfuir en raccompagnant en Angleterre deux enfants canadiens qui avaient besoin de soins médicaux. Cela vous donne une idée de l'âge qu'elle pouvait avoir — elle était trop âgée pour qu'aucune agence n'accepte de lui trouver du travail — même si elle ne manquait décidément pas d'énergie. Quelque part dans l'un de nos nombreux albums de photographies, Paula a conservé une photo de Farrell prise quelques années plus tard, avant que nous rentrions toutes deux au Canada: jambes en l'air, Farrell y dévale une glissoire dans un parc pour enfants.

Farrell portait toujours un uniforme blanc et ne perdait jamais son parfait accent britannique pointu, mais elle était aussi l'Anglaise la plus singulière que j'aie connue: elle détestait le thé. Le matin, dès qu'elle ouvrait les yeux, elle branchait une bouilloire électrique posée près de son lit et préparait la première des innombrables cafetières d'express qu'elle buvait pendant la journée. Jamais de tourte de bifteck et rognons pour elle. Elle suivait un régime végétarien et ne se nourrissait que de pain Hovis et de cornichons Branston. Quand elle séjourna au Canada, elle fut horrifiée par la dimension de nos steaks et décréta en soupirant que nous étions tous des cannibales.

Dès le début, je n'ai rien caché de ma situation à Farrell. «Rien ne me permet d'espérer épouser un jour le père de cette enfant, lui dis-je. Mais je tiens à ce qu'elle reçoive une bonne éducation. Je m'absenterai souvent pour le travail — ma carrière m'impose de nombreux voyages — et je ne veux pas qu'elle en souffre. Je n'ai pas beaucoup d'argent, mais je vous promets de vous payer.»

Elle ne sourcilla pas. Se retrouvant responsable d'une enfant qui ne comprenait que l'allemand, elle s'entêta à ne s'adresser à Paula qu'en anglais. Chaque jour, qu'il pleuve ou que le soleil plombe, elle l'emmaillotait jusqu'aux oreilles et la poussait dans son landau jusqu'au parc Regent, en bavardant comme une pie tout le long du trajet. «*Down*» fut le premier mot d'anglais que prononça Paula. Elle voulait qu'on la sorte du landau. Au parc, les nourrices rivalisaient d'une certaine manière, mais toutes s'entendaient pour dire: «Oh! nos enfants ont de jolis ensembles. Votre pauvre petite, elle, porte la même robe qu'hier.»

«Elle est parfaitement propre, rétorquait Farrell en prenant un air pincé. Le savon et l'eau, ça ne coûte pas cher.»

Pendant cette période où je fis plusieurs fois l'aller retour Londres-Montréal ou Londres-New York — comme ballottée entre deux vies: l'une secrète et l'autre de plus en plus publique —, Farrell fut ma bouée de sauvetage.

Puis, pendant l'un de mes séjours de quelques semaines en Angleterre, Eugene vint à Londres suivre des cours de direction d'orchestre et me téléphona. Je finis par le convaincre de faire connaissance avec Paula. Je lui avais tant parlé d'elle, chaque fois que nous nous revoyions à Montréal, et je lui en avais remis de si nombreuses photos que je le croyais désormais disposé à l'idée d'être père.

Farrell avait revêtu Paula de sa plus belle robe, et, d'un pas hésitant, elle s'amena de sa chambre à la rencontre de son père. C'était un adorable bébé, à la mâchoire carrée et aux immenses yeux bleus insatiables. Elle dévisagea cet homme qu'elle n'avait jamais vu. «Ma foi, c'est tout le portrait de maman», dit Eugene. Mais il ne semblait pas vouloir la prendre dans ses bras. Comme s'il avait craint, en la soulevant ainsi, de se retrouver coincé et de ne plus jamais pouvoir se libérer de nous. J'avais espéré qu'en apercevant Paula il entreverrait quelle vie merveilleuse serait la nôtre si nous formions une vraie famille. Mais il maintint que nous pouvions aimer cette enfant sans pour autant vivre ensemble. «Je ne suis pas l'homme qu'il te faut, répétait-il. Tu mérites mieux. Tant de grandes choses commencent à t'arriver. Oublie-moi.»

Libby et Murray étaient furieux contre lui. Ils me racontaient quel enfant égoïste et égocentrique il avait été et l'accusaient même d'avoir terrorisé ses frères, tant il avait mauvais caractère. «Eugene? m'écriai-je. Ne dites pas de bêtises. C'est l'homme le plus doux qui soit.»

Je refusais d'entendre une seule critique à son égard. J'en étais amoureuse, et, même s'il ne voulait pas m'épouser, je n'ai jamais douté de son amour. Nous vivions une grande passion romantique. Mais je compris aussi qu'il était un être compliqué, dévoré par la culpabilité, à cause de sa mère. Je ne renonçai pas à lui pour autant. J'avais décidé qu'il était l'homme de ma vie et rien n'aurait pu me faire changer d'idée.

Avec le recul du temps, je pense que le comportement d'Eugene à mon égard a modifié la perception que son entourage avait de lui. À mon insu, des potinages étaient parvenus aux oreilles de quelques-uns de nos amis musiciens, à Montréal; certains me révélèrent, plusieurs années plus tard, que bien des gens avaient jugé sévèrement Eugene parce qu'il n'avait pas agi, selon eux, comme il se devait avec une femme de plusieurs années sa cadette. Quand j'y repense maintenant, je me rends compte que c'est à peu près à ce moment-là qu'on commença à l'éviter et que cela a sans doute nui à sa carrière.

Un jour où j'étais à Londres, je reçus un appel d'un journaliste du *BBC Times*, un bulletin qui détaille la programmation de la BBC. Il voulait que je lui accorde sur-le-champ une brève entrevue pour la publicité d'un concert qui serait diffusé sous peu. Je tenais Paula dans mes bras et elle avait alors commencé à se faire la voix. «Maman, maman», criait-elle à tue-tête en se tortillant.

«Oh! j'ignorais que vous aviez un enfant», commenta-t-il. Je ne vois pas comment j'aurais pu nier l'existence d'un être qui m'appelait «maman» et aucune autre réponse ne me vint à l'esprit.

«Oh, oui! lui dis-je d'un ton dégagé. J'ai un enfant. Vous ne le saviez pas?»

«Et qui en est le père?» demanda-t-il.

«Un excellent musicien canadien, fis-je en m'efforçant d'éluder la question. Mais je suis sûre que son nom ne vous dirait rien.» Il me harcela tant que je n'eus pas lâché le nom d'Eugene.

En raccrochant, je me sentis soulagée que ce ne fût qu'un journaliste du *BBC Times*; j'étais certaine que ce petit journal ne publierait pas la nouvelle. Mais dans sa note de présentation du concert, le journaliste mentionna que Maureen Forrester habitait Londres avec son enfant. Il s'agissait en fait d'un entrefilet et je priai le ciel que personne ne le remarque, mais la Presse canadienne le reprit sur son service de dépêches et la nouvelle parut dans tous les journaux du pays. Je n'avais qu'une appréhension: comment expliquer cela à ma mère; mais, pour une raison inexplicable, l'article lui échappa.

Il n'en fut pas de même pour une autre personne: J. W. McConnell. Je reçus un mot très bref, mais on ne peut plus clair, de sa secrétaire: comme j'avais maintenant un mari, m'écrivait-elle, Monsieur McConnell jugeait que je n'avais plus besoin désormais de son aide financière. Je n'entendis plus parler de lui. J'étais atterrée non pas d'avoir perdu un mécène mais d'avoir déçu un homme qui avait cru en moi au point de me considérer presque comme sa fille. Je devinais qu'il avait dû se sentir terriblement blessé parce que je ne lui avais pas confié mon secret. En y repensant aujourd'hui, je me demande pourquoi je n'ai pas répondu à cette lettre pour expliquer ma situation — ou pourquoi je n'avais pas, dès le début, trouvé le courage de tout lui avouer. J'aurais pu lui dire que j'aimais Eugene et que je voulais garder son enfant. J. W., qui s'était toujours montré très compréhensif, m'aurait peut-être même aidée. Mais j'étais trop fière et trop indépendante pour l'embêter avec mes déboires et je crus peut-être que je méritais en quelque sorte cette punition. Il coupa tous les ponts, comme l'aurait fait un père pour signifier sa désapprobation. Je n'ai jamais revu J. W. de son vivant.

Mes amis me demandent comment j'ai pu continuer à chanter pendant cette période de ma vie, et, quand je fouille dans mes souvenirs, je me rends compte que, pendant toutes les premières années de ma carrière, je me suis heurtée aux difficultés les plus redoutables. Mais mon métier me servait d'exutoire. Quels que fussent les événements qui bouleversaient mon existence, j'oubliais mes tracas dès que j'entrais en scène.

Sur le plan professionnel, j'étais plus que comblée. Mon calendrier était de plus en plus chargé. Mais, soudain, des symptômes familiers jetèrent une ombre sur cette euphorie: j'avais toujours le mal de l'air. Le docteur Adams, mon gynécologue londonien, m'annonça évidemment que j'étais de nouveau enceinte. J'avais eu Paula tout juste un an plus tôt, et je n'avais guère réfléchi aux conséquences lorsque j'avais renoué avec Eugene. J'avais été élevée par une mère qui n'avait jamais murmuré le mot «sexe», comme tant de femmes de sa génération, et la contraception était un sujet tabou. Pour toute mesure contraceptive, je me croisais les doigts.

Cette fois, je n'en informai même pas Eugene. «Je ne peux pas avoir cet enfant, dis-je au docteur Adams. Je dépense tout ce que je gagne pour subvenir aux besoins de mon premier enfant. J'y consacre presque toutes mes énergies.»

La mort dans l'âme, je me résolus à cette solution. Le docteur Adams prit les dispositions nécessaires pour qu'on pratique l'avortement dans un petit hôpital privé. Je ne me serais pas rendue dans une clinique clandestine, et si je n'avais pu obtenir que cette intervention se fasse dans des conditions adéquates, je m'y serais refusée; mais on pouvait alors trouver facilement à Londres ce genre de service. L'opération fut pratiquée selon les règles de l'art et personne ne me posa la moindre question. Mais pour une fille issue d'un milieu comme le mien, l'avortement constitua une expérience traumatisante. Des années plus tard, comme chacun sait, lorsque le mouvement féministe poussa bien d'autres femmes de ma génération à rompre le silence et à concéder que les circonstances les avaient parfois obligées à recourir elles aussi à l'avortement, je constatai que plusieurs d'entre nous avaient traversé en secret cette terrible épreuve.

Je ne me permis pas de m'apitoyer sur mon sort. Les désillusions de ma vie amoureuse m'avaient forcée à me construire une carapace et j'étais devenue très réaliste après que mes rêves de grand amour eurent été emportés par des torrents de larmes. Je devais d'abord consacrer tous mes efforts à l'enfant que j'avais déjà mis au monde. Plus tard, en regardant mes autres enfants, tous en santé, talentueux et intelligents, je ne pus jamais m'empêcher de penser à ce bébé et de me demander: «Était-ce un garçon ou une fille? Que serait-il arrivé si j'avais ainsi donné un frère à Daniel?»

Lorsque ma carrière eut finalement pris son véritable essor en Amérique, les allers retours constants en Angleterre commencèrent à me peser. Je décidai de ramener Paula avec moi au pays, au moins pour un séjour. J'avais déjà prévenu mes amis, le violoncelliste Walter Joachim et son épouse Evelyn, de l'existence de Paula, et ils nous accueillirent à l'aéroport de Montréal, puis rentrèrent chez eux avec le bébé. Quant à moi, je dus rester avec ma mère, à l'appartement dont je payais encore le loyer.

Evelyn s'était imaginé que la présence d'un enfant égayerait la maison; après trois semaines, nous dûmes toutes deux nous rendre à l'évidence: la réalité ne répondait pas à ses attentes; cette petite créature hurlait pendant que Walter faisait la sieste et elle urinait sur les tapis. Je devinai que ça n'allait pas. Il ne restait plus qu'une solution: saisir le taureau par les cornes. Un jour, en entrant dans l'appartement, je lançai: «Maman, habillez-vous, nous sortons. Cet après-midi, je veux vous montrer quelque chose. Je veux vous présenter votre toute nouvelle petite-fille.»

«Ah oui? Mais c'est le bébé de qui?» demanda-t-elle, ahurie. Elle mit du temps à saisir qu'il s'agissait du mien. «Mais alors, où *est* ce bébé?» insista-t-elle, quand elle eut enfin compris.

«Chez des amis», répondis-je.

«Tu veux dire que tu l'as laissé chez des étrangers?»

Quand nous sommes arrivées chez les Joachim, Paula se promenait dans le salon d'un pas mal assuré et elle nous regarda de ses grands yeux en s'agrippant à un fauteuil. Et ma mère, dont j'avais craint qu'elle ne se plonge la tête dans le four en apprenant qu'elle était la grand-mère d'une enfant illégitime, réagit comme s'il s'agissait pour elle de la plus grande nouvelle depuis l'invention de la confiture de fraises. Elle l'enveloppa de ses bras et se mit à lui susurrer: «Dis-moi, est-ce que tu m'aimes? Est-ce que tu l'aimes beaucoup, ta mémé?» Dès cet instant, Paula vint habiter avec nous. Après tout le mal que je m'étais donné pour lui cacher la vérité, ma mère supportait difficilement d'être séparée un instant de l'enfant.

Elle n'était évidemment pas le type de grand-mère qui joue les gardiennes. J'ai donc finalement déniché à Montréal une jeune nounou allemande pour s'occuper de Paula. J'entretenais quelques vagues doutes à son sujet lorsque je la comparais à Farrell, mais j'étais heureuse d'avoir pu trouver quelqu'un. Puis, un jour, mon gérant de banque me téléphona pour savoir si une personne de son nom travaillait chez moi. Et il me demanda à quelle fréquence je lui versais ses émoluments. «Une fois la semaine, le samedi», lui répondis-je.

174

«Eh bien, elle se paye aussi le mercredi», reprit-il. Ce qui lui avait mis la puce à l'oreille, c'est que mon nom, sur les chèques, était mal orthographié, et écrit en caractères gothiques. J'appelai la nourrice et lui promis de ne pas la dénoncer à la police à la condition qu'elle me rembourse, mais je lui signifiai sur-le-champ son renvoi. À peine venait-elle de me quitter après cet entretien, l'air terriblement repenti, que je découvris que, pendant son séjour parmi nous, elle avait aussi volé de l'argent dans le sac à main de ma mère.

La nounou qui lui succéda ne valait guère mieux. Un jour où je rentrai plus tôt que d'habitude, je la trouvai nue sur le sofa, dans les bras de son amant. Cela aurait suffi à me rendre furieuse, mais il y avait autre chose. M'étant rendue aussitôt dans la chambre de Paula, je ne réussis pas à la réveiller; pour ne pas être ennuyée, cette femme l'avait droguée en lui faisant avaler du sirop contre la toux. Je décidai alors de ramener Paula en Europe. Je téléphonai à Farrell et la prévins de notre retour.

Après mon départ d'Angleterre, Branson avait loué notre petit appartement et il me fallut donc en trouver un autre. Par un heureux hasard, j'en dénichai un, chemin St. John's Wood: un vaste logement aménagé au-dessus d'un garage, avec vue sur un canal. Le grand luxe à prix d'aubaine: c'était trop beau pour être vrai. Un matin, j'en découvris la raison. En entrant dans la salle de bains, j'aperçus dans la baignoire une colonie de scarabées assez gros pour bouffer un humain. Je faillis en mourir. Des amis britanniques m'expliquèrent qu'il me suffisait de mettre en place, chaque soir, les bouchons de vidange pour m'éviter leurs invasions.

Et c'est ainsi, ballottée de ville en ville de part et d'autre de l'Atlantique, que Paula commença sa vie, étourdie par un défilé constant d'étrangers qui s'adressaient à elle dans des langues différentes, et sans autre perception de sa mère que celle d'une femme un peu plus souvent de passage que les autres visiteurs. Un début difficile dans la vie, qui a dû souvent la confondre. Je me dis parfois qu'il tient du miracle qu'elle n'ait pas été une enfant perturbée. En réalité, c'est le contraire qui s'est produit. En grandissant, Paula est devenue un être charmant, sensible et généreux, et elle enseigne aujourd'hui aux enfants inadaptés.

CHAPITRE 17

Ja, ja, mein Kind

Il neigeait sur New York; les gens se hâtaient dans les rues, tête baissée, pour se garantir du froid, et hélaient des taxis. Mais j'adore marcher dans l'air vif, particulièrement avant de donner un concert. Rien de mieux pour se vider l'esprit et se remplir les poumons. Je ne conserve mon entrain qu'en demeurant active. J'arrivai devant la porte de la suite de Bruno Walter pour ma première répétition avec lui, et, dès qu'il m'ouvrit, son regard se posa sur mes joues d'un rouge éclatant. «*Ach, mein Kind, du bist so kanadisch!*», me dit-il en dodelinant de la tête. «Mon enfant, vous êtes si canadienne!»

Après ma première audition devant lui, le printemps précédent, j'étais rentrée en toute hâte à Montréal, où je m'étais procuré la *2ᵉ Symphonie* de Mahler; j'avais aussitôt jeté un rapide coup d'oeil au solo de l'alto, qui ne m'avait guère impressionnée. Il ne s'agit que d'une intervention de quatre minutes. La musique et le texte me plaisaient bien, mais je me demandais honnêtement pourquoi on en faisait un tel plat; j'avais déjà chanté, me semblait-il, des solos plus longs et plus difficiles. Bien que Diamant m'eût fait travailler ma partie, j'avais été si prise par d'autres engagements et la pièce m'avait paru si brève que je ne m'étais pas vraiment donné la peine de la mémoriser avant de me retrouver à bord de l'avion qui m'emmenait à New York. Interpréter cette oeuvre n'était à mes yeux qu'un jeu d'enfant et j'allais pourtant m'imposer en le faisant. Au fond, que connaissais-je de Gustav Mahler?

Pendant la répétition avec accompagnement au piano, Bruno Walter me montra ce qu'il attendait de moi, et, pour l'essentiel, il apprécia mon interprétation. Mais ce n'est que quand j'entendis l'orchestration intégrale que je saisis la profondeur de la *Symphonie* dite *Résurrection* comme on l'appelle, et à quel point cette pièce est vraiment de toute beauté. J'ai toujours prétendu à la blague que Mahler me convenait à merveille parce que je suis moi-même mélodramatique, et il y a tout de même une part de vérité dans cette boutade. Ou on aime Mahler, ou on ne l'aime pas; on aurait d'ailleurs du mal à expliquer les réactions extrêmes qu'il suscite. Qui peut dire pourquoi, en entrant dans une pièce, on se dirige immédiatement vers une personne en particulier? Je réagis de la même manière devant la musique: j'ai été instinctivement attirée par Mahler, comme si je l'interprétais depuis toujours. Ce qui est d'autant plus étrange qu'on aurait du mal à trouver deux sensibilités aussi différentes. Fondamentalement, je suis une personne heureuse; Mahler était un génie complexe et torturé. Je prends la vie comme elle vient; il était morose et d'humeur changeante, et il s'interrogeait sans arrêt sur le sens de la création.

Son talent de compositeur ne fut jamais reconnu de son vivant et les critiques mirent en pièces sa *2ᵉ Symphonie*, s'en moquèrent au point de la qualifier de *Kapellmeistermusik*, de musiquette digne d'un chef de choeur! Certains n'y virent que le résultat de sa conversion au catholicisme romain, lui qui était juif. Mais quelque chose — qui s'apparente à la fois à la souffrance et à la nostalgie — me touche dans sa musique. Je ne sais pas ce qu'elle remue ainsi en moi; peut-être me rappelle-t-elle que ma vie ne fut pas toujours rose. Je ne m'appesantis pas sur les moments tristes, mais je peux les revivre quand j'interprète une oeuvre, et la musique de Mahler fait vibrer en moi une corde sensible qui peut me tirer des larmes.

Dans la *2ᵉ Symphonie*, l'alto ne bouge pas de son siège, sur scène, pendant les trois premiers mouvements; elle n'attaque son solo qu'au quatrième. Mais à la fin du troisième mouvement, une mesure me fait immanquablement monter les larmes aux yeux, ce qui me met dans l'état d'âme approprié pour chanter ma partie. En entendant ces quelques brèves notes, je laisse surgir tous les souvenirs que je refoule le reste du temps. Comme un comédien qui prépare un rôle, je revois tout ce qui m'attriste: je pense à mon père à l'agonie, ou à mon avortement. Je peux revivre ainsi un événement qui suscite en moi des émotions telles qu'elles se perçoivent dans ma voix.

On considérait encore Mahler comme un compositeur mineur à la fin des années 1950, lorsque j'eus la chance de participer aux premiers efforts pour ressusciter son oeuvre, et on jouait alors rarement sa *2ᵉ Symphonie*. Je pouvais sentir que même les membres du New York Philharmonic tournaient cette partition en dérision, parce qu'ils la jugeaient interminable. En fait, j'enrageais de voir tant de musiciens de ce grand orchestre ennuyés par leur travail. Quand Bruno Walter regardait ailleurs, ils s'affalaient sur leurs chaises, et tous, sans exception, mâchaient de la gomme. Certains étaient membres de l'orchestre depuis vingt-cinq ans et allaient bientôt prendre leur retraite; ils avaient depuis longtemps cessé de se passionner pour la musique qu'ils interprétaient. Je me disais en moi-même que je me retirerais à la minute où la musique commencerait à m'ennuyer. Mais cela ne m'est pas encore arrivé. Je chante encore pour la seule raison que j'adore cela.

Souvent, après que j'ai interprété du Mahler, les gens m'adressent des lettres où ils me disent avoir l'impression que Mahler devait penser à moi en composant; en 1964, la Bruckner Society me décernait un prix pour avoir contribué au regain de popularité de son oeuvre. J'aurais bien aimé connaître Mahler, même si on prétend qu'il tyrannisait les chanteurs. Je me suis souvent demandé s'il n'avait pas entretenu une idylle avec une alto, parce que certaines de ses plus belles pages sont destinées à cette voix. Comme peu d'autres compositeurs, Mahler donne à la voix de contralto l'occasion de se faire valoir, de dérouler de longues phrases pianissimo dans son registre aigu et de jouer de rythmes variés, mais toujours avec des accents tragiques.

Depuis lors, j'ai interprété la *Symphonie* dite *Résurrection* sous la baguette de nombreux grands chefs. J'adore la donner avec Zubin Mehta, qui se sent une affinité avec cette musique et la vit avec tant d'émotion que j'en suis chaque fois remuée. Mais jamais je n'ai participé à une exécution comparable à celle dirigée par Bruno Walter, la première fois que j'interprétai cette oeuvre. Je revois encore cet homme qui avait connu Mahler, par qui Mahler s'exprimait, à la tête du dernier orchestre que le compositeur autrichien ait dirigé. Ce concert fut si émouvant que, dans tout Carnegie Hall, les gens pleuraient. L'ovation fut assourdissante. André Mertens avait vu juste en décidant de devancer mes débuts à New York: ce soir-là, la salle fit un triomphe — à bon droit, d'ailleurs — à Bruno Walter et à la *Symphonie* dite *Résurrection*, et j'en eus ma part. À la toute fin, Bruno Walter s'approcha de moi et me tapota la main. Les autres chefs me l'ont toujours baisée, mais il était comme un père pour moi. Deux jours plus tard, nous enregistrions ensemble sur disque la *2ᵉ Symphonie*.

Après la troisième et dernière exécution de l'oeuvre, à Carnegie Hall, il me convoqua dans sa loge. «Dites-moi, quand venez-vous sur la côte ouest?» demanda-t-il. Depuis mes débuts à Town Hall, je n'avais pas une minute à moi, mais je découvris en feuilletant mon agenda que je donnerais un concert à San Francisco et que je serais libre le lendemain. Il m'invita à lui rendre visite, à Los Angeles, pour travailler avec lui les autres solos de Mahler pour ma voix. Si un sceau d'approbation de sa part signifiait un nouvel engagement, je venais d'avoir droit à un véritable adoubement.

Bruno Walter habitait Beverly Hills depuis qu'il avait fui Vienne au moment où la guerre avait éclaté, et il avait pris la citoyenneté américaine. La première fois que je lui rendis visite à Los Angeles, j'ignorais tout de cette ville et je parcourus en taxi le trajet depuis le centre-ville jusqu'au boulevard Wilshire — une course de quarante dollars. J'avais très peu d'argent sur moi et je faillis m'évanouir en voyant s'affoler le taximètre.

Il vivait avec sa fille Lotta Lindt dans une somptueuse demeure aux antipodes des modes hollywoodiennes; elle ressemblait plutôt à une maison de campagne anglaise avec ses antiquités européennes en bois massif et ses tableaux hors de prix. Mais mon regard fut attiré par un autre détail. Tandis que nous discutions du moment où je pourrais revenir à Los Angeles, il s'excusa soudain pour aller chercher son agenda. Il se rendit à l'escalier, où se trouvait fixée à la rampe une petite chaise mue à l'électricité et glissant sur un rail, et il y prit place pour monter à l'étage. Il avait déjà subi plusieurs crises cardiaques et il semblait contrarié par la présence de ce symbole de sa frêle santé, qui m'apparut plutôt comme la plus fabuleuse invention que j'aie vue.

Quand Lola s'était discrètement esquivée, Bruno Walter s'asseyait au piano à queue pour me faire travailler. Depuis ce temps, tous les musiciens du monde ont voulu connaître le précieux savoir qu'il m'avait transmis. En fait, il parlait très peu et j'en suis venue à la conclusion que les grands musiciens sont des gens peu loquaces; tout se résume donc à une question d'affinités et de compréhension mutuelle. Ce que Bruno Walter avait à m'enseigner, j'allai le chercher presque par osmose. Je devinais d'instinct ce qu'il voulait ou les corrections que je devais apporter à un phrasé, et, lorsque je parvenais au son qu'il recherchait, un sourire illuminait son visage. C'est en reconnaissant l'apparition de cette réaction physionomique que j'ai appris. *«Ja, ja, mein Kind»*, répétait-il alors en hochant la tête.

Les *Lieder eines Fahrenden Gesellen* («Chants d'un compagnon errant») furent la seule oeuvre dont il me révéla un aperçu qui ne pouvait lui venir que de son étroite relation avec Mahler. Au commencement de l'oeuvre, on entend une mesure à trois temps, puis une autre à quatre temps, et se poursuit pendant un bon moment cette alternance rythmique qui m'avait toujours déconcertée. Bruno Walter m'expliqua que Mahler avait oublié d'annoter la partition pour signaler que ces différents rythmes étaient destinés à peindre deux parties d'une même scène: une noce à l'intérieur d'une auberge, et à l'extérieur, jetant un regard d'envie par le carreau, un passant qui assiste à la fête donnée pour l'union de sa bien-aimée à un autre homme. Depuis lors, chaque fois que je l'ai interprétée, j'ai informé le chef d'orchestre que telles étaient les intentions de Mahler, au dire de Bruno Walter, mais tous n'ont pas voulu me croire.

J'ai travaillé plusieurs fois avec Bruno Walter à sa maison, et, l'année suivante, j'ai chanté pour lui à deux reprises: d'abord, au printemps, le *Requiem* de Mozart avec le Chicago Symphony; puis, à l'été, la *Rhapsodie pour alto* de Brahms au concert d'ouverture du premier Festival de Vancouver. La *Rhapsodie pour alto* figurait parmi les oeuvres que j'avais interprétées devant lui lors de ma première audition et, en la préparant, je me rappelai le conseil qu'il m'avait alors donné: «Lorsque vous chantez du Brahms ou du Mahler, mettez-vous dans la peau d'un homme. Même si la *Rhapsodie pour alto* a été composée pour une alto, chantez-la d'une voix sombre, comme le ferait un homme.» Ce

Festival de Vancouver fut un gala très couru, rehaussé par la présence de la princesse Margaret qui y dansa au bras d'un beau jeune avocat nommé John Turner. Quand Bruno Walter arriva, il ne faisait pas de doute qu'en venant au Canada il croyait débarquer au pôle Nord. Par une température de plus de vingt-cinq degrés Celsius — plus chaude encore qu'à Los Angeles quand j'y avais séjourné une semaine —, il descendit d'avion enveloppé dans un manteau d'hiver au col de fourrure énorme.

Immédiatement après ma première rencontre avec Bruno Walter, je m'étais mise au *Das Lied von der Erde* («Le Chant de la Terre»), l'oeuvre qui sera probablement mon chant du cygne. J'avais toujours rêvé de l'interpréter avec lui, et, parce qu'il aime bien que les musiciens connaissent une oeuvre par coeur, je m'étais attelée à la tâche, qui n'est pas une sinécure. Le cycle complet dure une heure et cinq minutes; à elle seule, la dernière mélodie, *Abschied* («Adieu»), dure vingt-cinq minutes. Au printemps 1960, lorsqu'on l'invita à donner le coup d'envoi du New York Philharmonic's Mahler Festival en dirigeant *Das Lied von der Erde*, il me demanda d'être sa soliste. L'invitation prenait d'autant plus d'importance que Mahler n'avait jamais dirigé cette oeuvre de son vivant et que Bruno Walter en avait donné la première exécution à Munich en 1911, six mois avant la mort de son mentor.

Il a toujours soutenu que c'était l'oeuvre la plus personnelle de Mahler. Et Mahler lui-même l'avait surnommée sa «symphonie lyrique»; cette oeuvre me trouble à chaque audition. Composée après que Mahler eut perdu sa fille et appris qu'il était atteint d'un mal incurable, cette musique est de celles qui peuvent m'émouvoir jusqu'aux larmes lorsque je l'interprète, et il me faut combattre cette réaction. Quand on pleure, le souffle nous manque et la voix se voile. Il faut donc chaque fois que je trouve la couleur juste pour interpréter cette oeuvre sans qu'elle m'atteigne.

Elle comprend six airs composés sur d'antiques poèmes chinois: trois pour la voix de ténor — interprétés, ce soir-là, par Richard Lewis — et trois pour l'alto. Le premier air pour alto dépeint une atmosphère d'automne, évoquée par le chant solitaire du hautbois et des cordes. «Mon coeur est las, dit le texte, Ô chaud soleil de l'Amour, m'as-tu quitté pour toujours? Ne sécheras-tu jamais mes larmes amères?» Le deuxième air, lumineux et entraînant, est un hymne à la jeunesse et à la beauté. Des jeunes filles cueillent des fleurs sur le versant d'une colline pendant que des jeunes hommes cherchent à attirer leur attention en paradant à cheval sur la grève. Mais dans le dernier air, *Adieu*, le narrateur aperçoit au loin un cavalier venu l'enlever — c'est la mort qui attend, sur un cheval, comme le veut l'image d'Épinal. Pourtant, le narrateur n'est pas triste. Son regard se porte sur sa terre bien-aimée et s'arrête où pointent les premiers signes du printemps; il imagine un monde sans fin, où tout se renouvelle perpétuellement, où tout paraît neuf une nouvelle fois à ceux qui naissent, même la direction qu'il prendra bientôt pour rejoindre le cavalier en attente. La mort elle-même lui semble proposer une nouvelle destination merveilleuse. Puis l'orchestre amorce un long crescendo et toute la salle retient son souffle. Cette oeuvre transporte vraiment les spectateurs dans un autre monde — je n'y échappe pas moi-même —, et, à la fin, chaque fois que je l'interprète, un silence de mort plane sur la salle. Ce moment de recueillement juste avant que l'auditoire explose en applaudissements frénétiques, c'est la marque du génie de Mahler.

En 1960, le Philharmonic donnait toujours l'un de ses quatre concerts le vendredi après-midi. Un vendredi matin, à mon réveil, je décidai que j'avais absolument besoin d'une coupe de cheveux et d'une décoloration, et je me rendis donc dans un très grand salon de coiffure de la 57e Rue, près de Carnegie Hall, le Larry Matthews, que tous les artistes fréquentaient. La mode était alors aux coiffures très hautes et laquées; elles se composaient de centaines de boucles sculptées comme des oeuvres d'art, maintenues en place par d'innombrables épingles à cheveux et recouvertes d'un véritable écran de fixatif. Je constatai soudain que la concoction de ce chef-d'oeuvre d'architecture prenait plus de temps que prévu. Les aiguilles de l'horloge se rapprochaient dangereusement de l'heure de mon entrée en scène et je devenais de plus en plus nerveuse, mais je ne pouvais tout de même pas bondir de ma chaise les cheveux mouillés. Le spectacle commençait à deux heures trente et je quittai le salon à deux heures dix; je rentrai à la course à l'hôtel Wellington, passai à la hâte ma robe de brocard bleu et filai en vitesse à Carnegie Hall, sans avoir pris le temps de remonter complètement ma fermeture éclair. Dans la rue, je croisai quelqu'un de la Columbia Artists. «Salut, Maureen», me lança-t-il. Puis, se ravisant, il ajouta: «Hé, Maureen, n'êtes-vous pas censée chanter en ce moment même?»

«Oui», lui criai-je hors d'haleine, sans m'arrêter. J'étais à bout de souffle lorsque je franchis en coup de vent l'entrée des artistes et j'entendis qu'on venait de donner les dernières mesures de la *Symphonie en si mineur* dite *Inachevée* de Schubert. Ma relationniste, Audrey Michaels, s'arrachait la peau des mains. Je laissai tomber mon manteau, m'appliquai rapidement du maquillage et entrai en scène en bénissant Mahler d'avoir confié le premier air au ténor. Après le concert, Audrey me lança des regards furibonds lorsque des gens vinrent me voir dans les coulisses pour me féliciter. «C'est étonnant, dit l'un d'eux, comme vous avez toujours l'air si détendue sur scène.»

Notre dernière exécution de cette oeuvre, le dimanche après-midi, fut la plus inoubliable de ma vie. Carnegie Hall était bondé d'Européens d'un certain âge et, alors que j'écoutais sur scène les dernières mesures, j'en compris soudain la raison: l'auditoire semblait pressentir que Bruno Walter dirigeait *Lied von der Erde* pour la dernière fois. Tous avaient sorti leurs mouchoirs. Puis je portai mon regard sur lui et je pus lire sur son visage une expression d'amusement, presque de malice, que je ne lui avais jamais vue. J'eus le sentiment très net qu'il devinait ce qui se passait dans la tête des gens et qu'il se disait en lui-même: «Ha, ha, mais j'ai une bonne surprise pour vous! Je ne partirai pas tout de suite.»

En tout cas, il ne manquait pas de projets. Il voulait que je l'accompagne en Europe pour y donner des concerts. Plus important pour moi, il m'avait demandé de réenregistrer avec lui en stéréophonie, la technique révolutionnaire de l'heure, toutes les oeuvres de Mahler qu'il avait originellement enregistrées avec Kathleen Ferrier. J'étais ravie qu'on m'offre une chance aussi inespérée de recréer des oeuvres devenues des classiques. Mais quand je fis part de cette proposition à André Mertens, il resta étrangement muet. Seulement trois jours plus tôt, André m'avait lié, par un contrat d'exclusivité, à RCA Victor, et on ne me libérerait pas de cet engagement pour chanter avec Bruno Walter, qui enregistrait chez Columbia Records. Lorsque vint le temps d'enregistrer sur disque *Lied von der Erde* et les autres pièces pour voix de Mahler que j'avais données avec Walter en concert, je dus me résigner à voir Mildred Miller prendre ma relève. Ce fut un véritable coup de massue. Depuis, je n'ai jamais signé d'engagement exclusif avec une compagnie de disques, et il n'est pas exagéré de dire que cette mésaventure reste la plus grande déception de ma carrière.

RCA tenta de recoller les pots cassés. On prit les arrangements nécessaires pour que j'enregistre *Lied von der Erde* avec Fritz Reiner et le Chicago Symphony — et il n'y avait certes pas là de quoi se plaindre. De nouveau, Richard Lewis était mon partenaire, cette fois dans une salle de concert de Chicago, et je dois préciser que cette exécution aurait signé l'arrêt de mort d'une personne sujette au vertige. Nous étions perchés derrière l'orchestre, sur une passerelle sans garde-fou surplombant un échafaudage de cinq mètres de hauteur.

Ce ne fut là qu'une des six exécutions de *Lied von der Erde* que je donnai la même année. Après cet enregistrement, je me rendis directement à Cleveland afin d'y chanter cette même oeuvre avec George Szell et le Cleveland Symphony pour souligner le centenaire de la naissance de Mahler. Immédiatement après, Szell me demanda, ainsi qu'au ténor Ernst Haefliger, de me rendre à New York avec lui pour y répéter. Quand Reiner avait appris que je chanterais sous la direction de Szell, il m'avait jeté un regard par-dessus ses légendaires lunettes en demi-lunes et m'avait dit: «Dans ce cas-là, il faut revoir ensemble votre élocution. Je veux m'assurer que vous donniez chaque note à la perfection, parce que Szell est implacable.» De la part d'un homme qu'on tenait pour un petit Napoléon, ce commentaire était plutôt inattendu!

Tous m'avaient prévenue que Szell était un tyran. Il terrorisait les musiciens. On racontait qu'un jeune corniste de Toronto qui s'était joint au Cleveland Symphony avait dû supporter pendant toute une répétition les regards furieux de Szell. À mesure qu'avançait la répétition, le corniste se sentait de plus en plus mal à l'aise. Et à la fin, Szell lui aurait lancé, d'un ton cassant: «Je ne veux pas de cheveux en brosse dans mon orchestre!»

C'était un perfectionniste. Je l'ai vu un jour s'acharner sur une cantatrice. Il m'avait demandé de faire avec lui la *Missa Solemnis* de Cherubini, à La Scala. Il y avait là deux sopranos solistes et l'une d'elles ne lisait pas la musique: son attaque n'était jamais juste. Szell ne pouvait supporter autour de lui une personne aussi démunie de sens musical et cela le mit hors de lui. Il la

184

reprenait sans pitié chaque fois qu'elle commettait une erreur, et elle devenait de plus en plus tendue, ce qui aggravait la situation. Je ne supportai pas de la voir plus longtemps mortifiée: je me penchai vers elle et lui soufflai sa note pour la sortir de ce mauvais pas.

À cause de tous les bruits qui couraient sur Szell, je m'étais préparée au pire lorsque je me rendis répéter avec lui, mais il ne se montra pas du tout difficile avec moi. En réalité, travailler avec lui, c'était le paradis! Il ne désirait au fond qu'une exécution parfaite, et, en un sens, je lui ressemble: je ne supporte pas les gens qui ne se donnent pas totalement. À notre première répétition, avec piano, il insista pour m'accompagner lui-même: il s'assit et joua avec un art consommé. Je l'ignorais alors mais il avait été un *Wunderkind*, un enfant prodige, et il avait même fait une tournée en petite culotte de velours avant de devenir chef d'orchestre, à un très jeune âge. Après que j'eus chanté ma partie devant lui, il ne prononça pas un mot. Intriguée, je risquai une phrase: «Maestro, si quelque chose vous a déplu dans mon interprétation, je serais heureuse d'y remédier.»

«Non, ma chère, fit-il. Si je savais chanter, c'est ainsi que je voudrais interpréter cette oeuvre.»

J'eus droit à un vote de confiance semblable de la part de Charles Munch lorsque j'enregistrai avec lui et le Boston Symphony *Chants d'un compagnon errant* et *Kindertotenlieder*: une autre compensation que la compagnie RCA s'était résignée à m'octroyer. J'ai toujours éprouvé de l'admiration pour Munch, un Alsacien raffiné, et j'étais flattée de pouvoir chanter sous sa direction, mais ce n'était malheureusement pas un spécialiste de Mahler. À la toute première répétition, en présence de l'orchestre au grand complet, il se tourna vers moi, débutante qu'on venait à peine de découvrir, et me dit: «Madame, je n'ai jamais dirigé du Mahler, mais je ferai de mon mieux pour vous assurer un bon accompagnement. Si vous avez des suggestions sur la façon de jouer cette oeuvre, je serais heureux de les entendre.»

Ces hommages, je les devais à Bruno Walter puisque, pour ainsi dire, en lui je m'étais abreuvée à la source. Il m'avait révélé le génie de Mahler. Malgré mon amère déception de n'avoir pu enregistrer avec lui *Lied von der Erde*, j'entretenais secrètement l'espoir que, lorsque prendrait fin mon contrat de trois ans avec

RCA, nous aurions la possibilité de graver ensemble les autres oeuvres de Mahler. Mais il mourut peu de temps après mon dernier concert avec lui.

Un matin de 1962, pendant que je répétais avec le San Francisco Symphony, le gérant de l'orchestre s'approcha de moi et murmura: «Avez-vous écouté le bulletin de nouvelles? La radio l'a annoncé tout à l'heure: Bruno Walter vient de mourir.» C'était comme si j'avais perdu un membre de ma famille. Une profonde tristesse m'envahit à l'idée de ne pouvoir rompre cet engagement pour assister à ses funérailles.

Même aujourd'hui, après tant d'années, chaque fois que je chante *Lied von der Erde*, où que je me trouve, un étrange sentiment s'empare de moi. À un certain moment, toujours le même, à la fin de l'*Adieu*, je me surprends à regarder vers la galerie et je peux y voir Bruno Walter dans sa veste noire de soie brute qu'il portait aux répétitions. Son col était très haut, un peu comme celui d'une veste Mao, et ce qu'on apercevait de la chemise qu'il portait en dessous lui donnait presque l'allure d'un prêtre. Et quand je le regarde ainsi, il me fait de petits signes de tête, avec un sourire serein, comme pour me dire: «*Ja, ja, mein Kind.*»

CHAPITRE 18

Une émotion intense et complexe

« Amour: émotion intense et complexe, sentiment d'attachement personnel qui pousse celui qui en est atteint à rechercher, à savourer ou à souhaiter la présence ou la possession de l'objet aimé...» Le compositeur américain Celius Dougherty a utilisé ces mots au début d'une chanson intitulée *Love in the Dictionary*, que j'ai souvent interprétée à mes débuts. Il s'agit tout bonnement de la définition de l'amour telle qu'on la trouve dans le dictionnaire. La pièce se poursuit sur un ton très badin, sauf pour la dernière phrase: «Ou dans certains sports, comme le tennis: zéro[1]». Comme on le voit, Celius Dougherty ne manquait pas d'humour et il m'est arrivé parfois, à l'époque, de me dire que ma vie sentimentale ressemblait étrangement à cette marque au tennis!

En ce qui concerne Eugene, je commençais à désespérer. Il n'avait vu Paula que deux fois et elle avait déjà près de deux ans; de plus, cela ne l'avait pas ému. En fait, il s'obstinait depuis si longtemps à ne pas m'épouser que je m'étais faite à l'idée de vivre seule. Son frère et sa belle-soeur avaient aussi abandonné l'espoir qu'il me prenne pour épouse. Et finalement, pendant que j'habitais encore à Londres, Murray et Libby m'avaient présenté un de leurs amis, Bennie Winfield, un bel homme charmant qui avait bien réussi dans la publicité. Coïncidence plutôt étrange, il était également juif; contrairement à Eugene, il ne voyait toute-

---

1. Les habitués du tennis auront reconnu l'expression «love». (*N.d.T.*)

fois aucun empêchement à s'unir à une femme qui ne partageait pas sa foi. Je lui avais dit la vérité à propos de Paula et il était très gentil avec elle. Plus important encore, il semblait assez épris de moi. Je commençais à me demander s'il ne valait pas mieux l'épouser, quand je reçus un appel d'Eugene, qui s'était inscrit à un séminaire de direction d'orchestre à Mexico. «J'ai réfléchi, dit-il, et peut-être devrions-nous, après tout, tenter notre chance.»

J'étais ébranlée. Je n'ai jamais su ce qui avait pu le faire changer d'idée, mais j'avais cessé de lui écrire et peut-être avait-il été pris de panique en voyant qu'il était en train de me perdre. J'étais encore incapable de croire qu'il ne reviendrait pas sur sa décision; pourtant, lorsqu'il arriva à Londres quelques semaines plus tard, il désirait toujours me prendre pour épouse.

Le 20 juillet 1957, notre petite noce se rendit à la mairie de Marylebone pour signer les documents officiels, et la mariée était en noir. Sur le moment, ce détail ne me parut pas insolite, parce qu'à mon sens j'aurais pu difficilement porter du blanc. Il y avait aussi à cela une raison d'ordre pratique: je ne pouvais m'offrir qu'une robe et il fallait donc que je puisse aussi la porter à des réceptions. Je l'avais choisie de style princesse, avec un col à larges revers, et quelqu'un — mais je suis certaine qu'il ne s'agissait pas d'Eugene — m'avait offert un bouquet de corsage que j'avais épinglé à un revers. J'avais noué dans mes cheveux un ruban de velours et j'y avais piqué une plume noire. Je me sentais plutôt élégante et il ne me vint jamais à l'esprit, ce jour-là, que je n'avais pas du tout l'air d'une mariée.

Ce fut une cérémonie intime; il n'y avait que quatre invités: Murray et Libby, Branson Price et Luce Coast, épouse de mon agent britannique, John. Nous avions laissé Paula à la maison avec Farrell. Il avait plu, le matin, mais le soleil était au rendez-vous lorsque nous sommes ressortis, rue Marylebone High.

J'avais réservé une table pour six à l'International Musicians Association, un adorable petit cercle privé. Des serveurs gantés et portant jaquette s'affairaient dans ces pièces aux murs lambrissés où tout respirait l'étiquette si chère à la bonne société britannique. Quand le maître d'hôtel sut que nous nous réunissions pour un repas de noces, il répéta plusieurs fois qu'il aurait pu faire préparer un repas tout spécialement à notre intention s'il en avait été prévenu. Mais nous nous sommes contentés de ce qu'il y avait au menu: du saumon et du champagne, un festin de toute manière, même si je n'avais pas songé à commander un gâteau de noces.

Murray Kash se leva et porta un toast. Puis chacun pressa Eugene d'en faire autant. «Écoute, dirent-ils, c'est le jour de ton mariage, il faut faire un discours.» Finalement, il se leva. «Eh bien, que puis-je dire? commença-t-il. C'est le geste le plus stupide de ma vie!» Voilà le toast qu'il porta à la mariée!

Eugene et moi sommes rentrés directement à la maison pour retrouver Paula; il n'y eut pas de lune de miel. Comme je me suis toujours plu à le dire, notre lune de miel avait précédé nos noces. De ce jour, et pendant les quinze années qui suivirent, nous avons connu ensemble la plus merveilleuse existence. Dès qu'il se fut engagé, Eugene devint un mari et un père irréprochablement affectueux et dévoué. Entre nous, c'était vraiment l'amour; jusqu'à la fin, chaque fois que nous étions ensemble, nous allions toujours main dans la main. Quand je rentrais à la maison après une tournée et que je devais faire des courses ou d'autres tâches ménagères, il insistait pour m'aider. Le mariage ne refroidit en rien nos ardeurs. Eugene est un homme très romantique et, après qu'il m'eut épousée, on aurait dit qu'il prenait soudain conscience de tout ce dont il s'était privé jusque-là.

Il était le mari rêvé pour la chanteuse que j'étais. Non seulement connaissait-il la musique mieux que moi, mais il ne fut jamais jaloux de mes succès. Où que je chante, il venait m'entendre s'il se trouvait dans les environs; il le fait d'ailleurs encore. Il me rejoignait habituellement dans les coulisses après le spectacle, et, peu importe qui était là, il s'exclamait, en délire: «Elle me la fait chaque fois. Je ne sais pas comment ma petite paysanne rondelette y arrive, mais elle vous donne vraiment des frissons.» Pendant le trajet de retour, dans la voiture, il me répétait encore que j'avais été prodigieuse. Mais, quelques jours après le concert, il lui arrivait souvent de glisser subtilement une petite critique. Un jour, il me dit: «Tu sais, ton interprétation était convaincante, mais as-tu jamais songé que tu peux aussi obtenir l'effet contraire à celui que tu recherches?» Très tôt dans ma carrière, il remarqua que j'avais tendance à retenir ma voix dans l'aigu. J'amorçais un crescendo, et soudain, au moment le plus intense, je passais à un subito. Cela l'exaspérait parce que je créais ainsi un effet de préciosité. Je reconnus que je m'y adonnais par manque d'assurance. «Dans ce cas-là, travaille ton aigu, me dit-il. Tu pourrais te passer de cet artifice.» Et il avait raison. Je n'étais pas toujours d'accord avec Eugene, mais c'était un excellent juge et un musicien d'un goût infaillible. Personne n'aurait su mieux que lui me seconder dans cette carrière.

* * *

Au début de notre mariage, je m'imaginais que tous les jeunes juifs se rappelaient avec nostalgie la cuisine de leur mère. Je n'aurais jamais soupçonné que ma défunte belle-mère n'avait aucun talent culinaire et j'avais résolu d'épater Eugene en lui préparant un bon repas juif. Je me rendis donc au rayon des livres chez Selfridge, où j'expliquai à la vendeuse que mon mari était d'une famille orthodoxe et que je voulais lui faire une surprise en lui servant un dîner comme aurait pu lui en apprêter sa mère. «Ce qu'il vous faut, répondit-elle, c'est le livre de recettes de Madame White. C'est la plus célèbre cuisinière kascher de Londres.» De retour à la maison, je parcourus l'ouvrage en prenant un bon bain et je remarquai que toutes les recettes comportaient du mouton. Je compris alors qu'une cuisinière anglaise reste toujours une cuisinière anglaise, qu'elle soit kascher ou non. Enfin, je déteste le mouton.

Finalement, je découvris une recette de soupe à l'ail dont la préparation exigeait cent deux gousses d'ail. Je me dis toutefois que Madame White devait savoir ce qu'elle faisait et je me mis au travail, sans robot culinaire ni le moindre ustensile spécial, dans un appartement mesurant un peu plus d'un mètre carré. Cette aventure culinaire fut absolument infernale, à glacer le sang et à faire blêmir, tant était forte l'odeur, qui aurait pu assommer une armée entière. Eugene s'assit à table, s'efforça de sourire malgré des haut-le-coeur et dit: «Non, non, ma chérie, je te jure que c'est vraiment délicieux.» Dieu merci, je suis devenue meilleure cuisinière depuis, mais je n'ai plus jamais préparé de soupe à l'ail. L'appartement a empesté pendant deux ans!

La mémoire de sa mère obsédait toujours Eugene. Dans les premiers mois de notre union, je remarquai qu'il était très tendu: il semblait avoir continuellement l'estomac noué. Il consulta le docteur Adams, qui ne décela aucun problème physiologique. «C'est nerveux», dit-il. Et je devinai ensuite de quoi il s'agissait: Eugene se sentait coupable de m'avoir épousée. Je compris qu'il souffrait les tourments des damnés. Je le persuadai finalement de consulter un psychiatre à ce propos, et, en très peu de temps, il fut un homme transformé. Beaucoup plus tard, il me confia ce que son médecin lui avait suggéré: il lui fallait tuer symboliquement sa mère.

Pendant ce temps, je me préparais à l'arrivée de ce que nous appelions l'Opus Deux. Moins d'un mois après notre mariage, je m'étais retrouvée enceinte. Il suffisait que je jette un regard à Eugene pour qu'un autre enfant s'annonce. On ne m'appelle pas Mère Nature pour rien. C'est alors seulement que j'ai commencé à m'inquiéter: qu'arriverait-il si nous avions un fils? Je savais qu'on ne le considérerait pas comme un juif parce que je ne l'étais pas. Et je savais aussi qu'en dépit du fait qu'il se défendait d'être religieux, Eugene l'était au fin fond de lui-même.

Nous avions décidé de rentrer à Montréal, où il serait plus facile d'élever les enfants, et ce qui me permettrait aussi de me rapprocher des États-Unis, où on me proposait de plus en plus d'engagements. D'ailleurs, la direction de Radio-Canada à Montréal avait demandé à Eugene d'écrire et d'animer une émission éducative à la télévision, qui s'intitulerait *The Magic of Music*, un emploi à sa mesure. Il se débrouillait à merveille avec les jeunes et c'était un pédagogue-né. Nous avons trouvé une maison — notre première maison — place Grove Hill, à Notre-Dame-de-Grâce; nous devions par la suite en habiter presque une douzaine. Nous nous étions à peine installés que je me rendis chez le rabbin Stern, du Temple Emmanu-El, pour qui j'avais chanté les offices, et lui demandai de me convertir.

Les futurs convertis devaient alors étudier l'hébreu avant d'être plongés dans un mikveh, un bain rituel; dans mon cas, ce fut plus simple. Je connaissais déjà toutes les prières en hébreu, depuis l'époque où je les chantais lors des grandes fêtes juives; sans le savoir, j'avais reçu mon enseignement judaïque pendant ces offices. Cette musique m'avait beaucoup plu; certains chants, comme ceux du Kol Nidre, l'office célébré la veille du Yom Kippur, m'avait parfois tiré des larmes.

«Je ne vois pas ce que je pourrais vous enseigner», me dit le rabbin Stern. Le même jour, dans son bureau, il célébra la cérémonie de notre mariage et celle de ma conversion. Rose et Louis Melzack, le père des librairies Classic, nous servirent de témoins. Ce jour-là, la mariée n'était pas en noir, mais sa grossesse avancée gonflait sa robe de brocard rose.

Pour moi, le judaïsme n'était pas tant une religion qu'un mode de vie, caractérisé par le même esprit de famille que j'avais tant admiré chez les Canadiens français parmi lesquels j'avais grandi. Chez les juifs, tout est prétexte à célébrer et, la plupart du temps, cela se déroule autour de la table où l'on mange. Des sabbats aux cérémonies entourant la Pâque, je me suis efforcée de recréer ce sens de la famille qui m'avait tant manqué quand j'étais petite. J'ai élevé tous mes enfants dans la foi juive et je leur ai moi-même appris leurs prières. N'est-ce pas un singulier retournement du sort que moi qui n'ai jamais vraiment cru aux institutions religieuses, je sois tenue en haute estime par la communauté juive et j'aie collaboré à de multiples levées de fonds pour ses oeuvres? J'ai même été honorée officiellement comme mère juive! Je suis un défenseur inconditionnel d'Israël et je me suis produite à son bar mitzvah, les célébrations commémorant son treizième anniversaire, puis aux fêtes du vingt-cinquième anniversaire de sa création. Je ne supporte pas la moindre critique contre ce pays. Parfois, quand mes enfants ont des divergences d'opinions quant à ses politiques, je dois quitter la pièce où ils discutent.

Mes compétences en hébreu impressionnèrent les amis et la famille d'Eugene, mais pas son père. Le vieil homme avait eu une attaque, lors de notre première rencontre, et bien qu'il se soit toujours montré très poli envers moi et qu'il ait adoré les enfants, il tolérait tout au plus ma présence. Ce bon joaillier avait été un homme très pieux; sa femme avait été le cerveau, le vrai chef d'entreprise de la famille. Quand il réparait des horloges pour des clients, elle assurait le service de livraison, les trimbalant par toute la ville dans la voiturette de ses fils. Elle s'occupait aussi de la tenue des livres, et, très tôt, elle avait pu ainsi acheter quatre gros diamants qu'elle avait mis de côté pour le jour où chacun de ses fils serait prêt à se marier.

Mais le vieil homme ne remit jamais à Eugene le diamant que sa femme destinait à sa future belle-fille. Eugene en éprouvait parfois des sursauts de rancoeur. Je lui disais alors: «Écoute-moi:

un jour, nous pourrons m'offrir des diamants. Les bijoux n'ont pas vraiment d'importance pour moi.» Mais pour Eugene, ce diamant représentait beaucoup, comme symbole d'approbation. Après la mort de son père, il hérita du diamant, que je refusai de porter. «Ton père ne voulait pas que je l'aie; je me sens incapable de le porter maintenant.»

* * *

Gina naquit au printemps 1958, et, après cela, les accouchements se succédèrent. J'eus cinq enfants en neuf ans; j'en aurais eu six si je n'étais tombée dans l'escalier alors que j'étais enceinte. Je ramassais des verres laissés dans les marches, après une fête, et mon incorrigible obsession de l'ordre me poussa à abuser de mes forces. Le lendemain soir, alors que je me trouvais dans la salle du Her Majesty's Theatre, à Montréal, je fis une fausse couche au beau milieu de *Hamlet*.

À chaque naissance, ma tessiture s'étendait d'un demi-ton dans l'aigu comme dans le grave et John affirmait aussi que la texture de ma voix y gagnait également chaque fois. James Grayson, président fondateur de la Westminster Records, affirmait avoir découvert le secret de mon succès: à son sens, on percevait dans ma voix que j'étais une femme comblée. Dans le milieu des musiciens, mes grossesses étaient devenues un sujet de taquinerie. Audrey Michaels disait que je l'avais accusée de ne m'envoyer des orchidées, avant un concert, que lorsque je n'attendais pas d'enfant — elle a ainsi sûrement beaucoup économisé. Et un jour où je me présentais, main dans la main avec Eugene, aux répétitions de *Lied von der Erde* en prévision d'un concert dans le cadre du Festival Casals, Eugene Ormandy descendit de scène et posa sa main sur mon ventre, comme s'il cherchait une pulsation: «Écoutez-moi bien maintenant, mes deux tourtereaux, dit-il en nous menaçant du doigt, pas question de partager le même lit pendant ce séjour, compris? N'oubliez pas que vous avez accepté un autre engagement avec moi, cette saison.»

Mes grossesses ne m'ont toutefois jamais empêchée de donner un concert. Quand les gens de l'agence d'André Mertens apprirent que j'attendais Gina, ils voulurent annuler tous mes engagements; j'ai dû faire des pieds et des mains pour les en dissuader. Nous avions besoin de ces rentrées d'argent et, de plus, je n'ai jamais éprouvé la moindre difficulté à chanter jusqu'aux toutes dernières semaines de grossesse. Je me sens merveilleusement bien quand je suis enceinte et je chante probablement mieux. «La grossesse n'a rien d'une maladie, ai-je dit aux directeurs de la Columbia Artists. Je m'achèterai des vêtements qui dissimuleront mon état et je chanterai.» J'aime croire que j'ai joué un rôle de pionnière à ce niveau — que j'ai aidé à modifier les attitudes des impresarios —, parce que, de nos jours, beaucoup de chanteuses continuent à se produire jusqu'à une étape assez avancée de leur grossesse. J'ai souvent répété à la blague que tous mes enfants avaient donné cent cinquante concerts avant même d'être nés.

Mais John Coast, mon agent pour l'Angleterre, me laissa tomber parce que j'étais toujours enceinte, et Audrey Michaels faisait tout ce qu'elle pouvait pour que les critiques ne sachent pas que j'attendais un autre enfant, de crainte qu'ils n'en prennent prétexte pour chercher des faiblesses à mes exécutions. En 1961, après la naissance de Linda, Audrey s'était montrée tout particulièrement évasive en répondant aux questions de Raymond Ericson, du *New York Times*, parce que je n'avais pas donné de récital dans cette ville depuis trois ans. Pendant tout le concert, elle n'a pas fait la moindre allusion à cette nouvelle naissance, et pourtant, le lendemain matin, lorsqu'elle prit connaissance du *New York Times*, elle put y lire le titre suivant: «La contralto canadienne se surpasse à Town Hall, quinze jours après la naissance de son quatrième enfant.» Il avait aperçu la nouvelle sur les dépêches en provenance de Montréal. Et le directeur du San Francisco Symphony, Joe Scafidi, aime me rappeler qu'un jour, en arrivant dans sa ville où je devais me produire, je lui ai téléphoné pour obtenir une partition que je voulais relire avant de décider si j'y accepterais un autre engagement, et lui ai dit: «Joe, j'ai besoin de deux choses: un gynécologue et *La Damnation de Faust*.»

Des années plus tard, comme j'étais enceinte de Susie, on me demanda de chanter la *Cantate* n° 35 de Bach sous la direction de Hermann Scherchen. J'adorais ce chef d'orchestre, même s'il avait la réputation d'être exigeant et de pouvoir faire perdre la face à un chanteur par ses sarcasmes. Quand j'avais accepté la date proposée, je croyais que Susie serait née entre-temps, mais elle m'avait joué un vilain tour: elle avait vingt-huit jours de retard. J'informai mon médecin que je tenais à donner ce concert et il m'assura qu'il n'y avait aucun risque que le bébé naisse pendant ce week-end; il me fit quand même promettre de trouver un médecin qui accepterait de se tenir à ma disposition au Lincoln Center, par pure précaution. Je téléphonai à Audrey et lui demandai: «Connais-tu un obstétricien qui aime Bach?» Elle m'en dénicha un et je lui expliquai au téléphone ma situation. «Et pour quand l'accouchement est-il prévu?» demanda-t-il. «Le mois dernier», lui répondis-je.

La *Cantate* n° 35 est horriblement difficile — elle s'intitule *Geist und Seele* («Esprit et âme») — et comporte de nombreuses fioritures vocales ainsi que de longues et superbes roulades rapides. En somme, un véritable exercice respiratoire. Pendant la répétition, Scherchen, qui ressemble étrangement à Wagner, imposait un tempo trop lent, ce qui me donnait l'impression d'être sur le point d'expirer, ou trop rapide, et j'avais alors du mal à le suivre. Tout se passa très bien pendant le concert, et après je demandai à voir l'obstétricien pour le remercier. Les machinistes me dirent qu'il était resté debout en coulisse pendant tout le spectacle, à se ronger les ongles en surveillant ma respiration. J'appris même que les membres de l'orchestre avaient pris des paris sur la possibilité que survienne sur scène un cas de force majeure.

Scherchen avait lui-même une ribambelle d'enfants. Alors âgé de plus de soixante-dix ans, il avait eu trois femmes, dont une Chinoise. Chaque fois qu'on lui demandait combien d'enfants il avait, il répondait invariablement: «Sept, plus deux Chinois.» Il s'était mis dans la tête de me convaincre de m'installer en Suisse, où il vivait, pour que nous enregistrions ensemble des disques dans son studio pendant que sa progéniture veillerait sur la mienne.

Le lendemain soir du concert Bach, Eugene et moi avons dîné avec Scherchen. Pendant tout le repas, j'eus l'étrange impression qu'il espérait m'entendre dire quelque chose et je n'arrivais pas à comprendre ce dont il pouvait s'agir. Quand nous sommes rentrés à l'hôtel Wellington, le réceptionniste sortit de ma case à courrier une enveloppe de papier bulle et me la tendit en s'excusant. «C'est arrivé pour vous ce matin, dit-il. On a dû la ranger par erreur dans la mauvaise case.» À l'intérieur, je trouvai une photographie autographiée de Scherchen, qui avait ajouté ces mots: «À Madame Forrester, l'unique voix comparable à celle de Caruso. Travailler avec vous est toujours un plaisir.» Venant d'un homme aussi bourru, le compliment était exceptionnel et tout à fait inattendu, mais lorsque je voulus le joindre, le lendemain matin, pour le remercier, il avait déjà quitté la ville.

Il fit de nouveau appel à mes services pour les *Kindertotenlieder* («Chants des enfants morts») de Mahler pendant le week-end de Pâques, à Bologne. Quand je reçus le contrat, il y était stipulé que je devais me rendre sur place une semaine avant le concert. Cette exigence me parut inutile et d'autant plus injuste que les enfants étaient alors en congé à la maison, mais je supposai qu'il devait y avoir une bonne raison. J'arrivai donc à Bologne à la date convenue, mais je restai à me tourner les pouces dans ma chambre d'hôtel pendant quatre jours. On n'avait pas du tout besoin de moi. Lorsque Scherchen me téléphona enfin pour que j'aille répéter, j'étais en furie.

«Vous ne semblez pas très heureuse, me dit-il. Qu'est-ce qui ne va pas?» Quand je lui eus raconté la chose, il explosa. Il ignorait qu'on m'avait demandé de venir plus tôt. «Tous les mêmes, ces directeurs italiens, lança-t-il. Ils ne font jamais confiance aux chanteurs!» Et sans attendre, devant tous les musiciens, il admonesta le gérant de l'orchestre. «Écoutez-moi bien, lui dit-il. Pour vous faire pardonner de nous deux, vous nous inviterez au meilleur restaurant de Bologne et nous offrirez le repas le plus fabuleux qu'on puisse se farcir dans cette ville.»

Quand j'arrivai à ce dîner avec Scherchen, encore une fois le lendemain du concert, je le trouvai assis à une table, occupé à écrire des cartes postales. Il m'expliqua qu'il recopiait un poème différent des *Kindertotenlieder* — que Mahler avait composés juste avant la mort de sa fille — pour chacun de ses enfants, en leur demandant de l'apprendre par coeur avant son retour à la maison. Ce geste m'a beaucoup émue. Le dîner fut merveilleux, et, le lendemain, Scherchen prit l'avion pour Florence, où il devait diriger un autre concert. Mais dès qu'il se fut installé à la tribune pour commencer la répétition, il s'écroula, raide mort. Je ressens encore des frissons lorsque je repense à Scherchen transcrivant les *Chants des enfants morts*, la veille de sa propre disparition.

* * *

Eugene et moi veillions à ce que la famille soit le centre de nos vies. Quand j'étais à la maison, les enfants partageaient toutes nos activités. Lorsque des gens appelaient chez nous, ils prenaient un ton d'excuse très solennel pour me dire: «Oh, Madame Forrester, je suis désolée de vous importuner, vous vous reposez sans nul doute la voix.»

«Me reposer la voix! m'exclamais-je. Vous savez, j'ai quatre enfants qui s'agitent autour de moi avec des jouets musicaux et des crayons de couleur pendant que je fais la lessive.» Le grand luxe pour moi, quand je n'étais pas en tournée, c'était cela. Pour le public, j'étais la cantatrice; à la maison, j'étais la mère et j'essayais de rattraper le temps perdu. Au travail, ma vie n'était que parade, et je mourais d'envie d'être ordinaire. C'était comme une thérapie pour moi de frotter la maison, de me servir vraiment de mes deux mains. Sans compter que, comme l'observait toujours Eugene, l'humidité fait du bien à ma voix.

Bien entendu, je n'étais pas forcée de faire la lessive ou le ménage. Mais je n'aurais pas eu la conscience tranquille si j'avais pris la route et laissé mes enfants sans m'être d'abord assurée de la meilleure aide possible. Si je me fie à mon expérience, une mère qui exerce un métier doit trouver, pour la remplacer, non pas une mais bien deux ou trois femmes. On ne peut demander à une bonne nourrice de veiller aussi à l'entretien de la maison.

J'avais emmené Farrell à Montréal avec Paula, à bord du *Queen Elizabeth*, mais, quelques années plus tard, elle avait pris sa retraite. Puis Tita entra dans notre vie. Elle s'appelait en réalité Charlotte Györy; elle était née à Dresde et elle s'était toujours présentée comme Tita, un petit surnom affectueux qu'on donne en Europe aux nounous. Enfant, elle avait souffert d'une maladie qui avait interrompu sa croissance et elle ne mesurait sûrement pas beaucoup plus qu'un mètre. Mais, comme le disait Eugene, Tita donnait l'impression d'être une géante. Des amis nous l'avaient recommandée et elle s'était présentée chez nous dans son uniforme blanc, le col fermé par une épingle, coiffée de son bonnet de nourrice amidonné qu'elle portait tous les dimanches. Je venais de rentrer d'une tournée, enceinte comme d'habitude. J'étais épuisée; les enfants couraient par toute la maison et réclamaient bruyamment leur souper. «Excusez-moi un instant, lui dis-je, je vais d'abord leur préparer quelque chose. — Non, fit-elle, vous êtes fatiguée. Laissez-moi faire.» Elle se rendit directement à la cuisine, et, dès ce moment, il ne fut plus possible de se passer d'elle.

Tita était un petit général. Sans elle, je n'aurais pu poursuivre ma carrière. J'ai tellement appris d'elle pendant les dix années qu'elle vécut avec nous; elle était le ciment de la famille. Très allemande et sévère avec les enfants, qui ne l'en adoraient pas moins, elle nous suivit partout: de Montréal au Connecticut, puis à Toronto. Quand j'étais à la maison, les enfants se comportaient comme de petits monstres. Ma conception de la discipline fit un jour sursauter un journaliste. J'accordais une entrevue quand l'une de mes filles m'interrompit: «Maman, se plaignit-elle, Daniel m'a donné un coup de poing.» «Eh bien, venge-toi!» lui répliquai-je.

Eugene était un père modèle, toujours disponible pour les enfants. À l'automne 1961, nous avions déménagé au Connecticut. André Mertens avait une maison d'été à Westport et j'étais tombée amoureuse de cette ville. Nous y avions acheté une confortable maison de style colonial sur une propriété de deux acres, presque aussi vaste qu'un parc, ceinturée par une claire-voie. Il y avait des arbres fruitiers et un étang à moitié envahi par d'affreuses algues vertes. En fait, l'étang était plus vert que la pelouse. Quelqu'un nous suggéra de nous procurer des canards pour nous débarrasser des algues, ce que nous fîmes, mais ils choisirent de se baigner dans la partie claire de l'étang.

Ce déménagement m'avait paru une idée brillante parce que, après quatre années de diffusion, Radio-Canada avait décidé de ne pas remettre au programme l'émission télévisée d'Eugene, *The Magic of Music*; nous en étions venus ensemble à la conclusion que cela lui donnerait l'occasion de se remettre au violon et de se produire avec les meilleurs orchestres de l'État de New York, ce qui lui ferait le plus grand bien. Peu m'importait où j'habitais, aussi longtemps qu'il y avait un aéroport à proximité.

Nous ignorions alors qu'en raison des règlements de l'immigration Eugene devrait d'abord vivre une année complète aux États-Unis avant de pouvoir obtenir sa carte de membre du syndicat des musiciens. Comme il lui était totalement impossible de trouver du travail, il prit le parti de devenir un homme d'intérieur, bien avant l'époque des pères libérés.

Il assistait à toutes les séances et à tous les concerts auxquels participaient nos enfants à l'école. La fine fleur de la société vivait à Westport et il était souvent le seul parent dans l'assistance. À l'école privée que fréquentait Paula à proximité de la maison, la directrice répétait à Eugene qu'elle invitait par téléphone les autres parents mais qu'ils s'excusaient toujours, prétextant un tournoi de bridge ou un bal, tout en lui rappelant qu'ils se feraient un plaisir de lui libeller un chèque si jamais l'école avait besoin d'une bibliothèque.

Tous nos enfants jouaient d'un instrument de musique et je disais souvent à la blague que je pourrais bientôt fonder ma propre version canadienne de la famille Trapp; mais aucun d'eux n'aimait répéter. Quand ils étaient en bas âge, ils ne songeaient qu'à monter des pièces et à jouer des charades pour nous divertir. Mon métier ne les impressionnait pas le moins du monde. Un jour où il interrogeait l'un d'eux pour écrire un article d'intérêt plus général à mon sujet, un journaliste demanda le plus sérieusement du monde à Gina: «N'es-tu pas fière que ta mère soit une chanteuse?» «Oui, répondit Gina, mais j'aimerais bien qu'elle chante moins fort.»

Je n'ai jamais insisté pour qu'ils viennent m'entendre, mais ils ont toujours su qu'ils le pouvaient s'ils le désiraient. À Puerto Rico, ils ont tous décidé d'assister à l'une des avant-premières du Festival Casals. Pour l'occasion, Tita avait habillé les filles de robes-tabliers passementées, et, lorsqu'elles remontèrent l'allée pour s'installer dans la première rangée, elles étaient si adorables qu'elles en ont presque volé la vedette. Je les avais prévenues, avant le spectacle, de ne faire aucun bruit ni d'essayer de s'adresser à moi pendant que j'étais sur scène. Je m'efforçai de ne pas les regarder trop souvent, mais lorsque, de temps à autre, je jetais un coup d'oeil en direction de la première rangée, je les voyais toutes alignées, immobiles et l'air extrêmement grave, médusées par ce côté de leur mère qu'elles découvraient soudain.

Cela ne les impressionna guère plus qu'une de leurs séances de déguisement à la maison. Elles furent sages comme des images. Chaque fois que Gina croisait mon regard, pour me montrer qu'elle suivait à la lettre mes instructions, elle posait la main sur sa bouche et, de ses minuscules doigts, m'adressait un petit geste qui me donnait follement envie de rire. En somme, c'était tout ce dont j'avais besoin pour garder mon sérieux.

Après que Bruno Walter m'eut découverte, les plus grandes joies de ma vie ne me vinrent pas de ma carrière mais de mes enfants. Grâce à eux, j'ai gardé les pieds sur terre. Les gens veulent toujours que je les entretienne des villes fabuleuses où je suis allée et des personnages exceptionnels dont j'ai fait la connaissance, mais mes plus grandes satisfactions, je les dois plutôt à ma famille. À la maison, lorsque je m'affaire dans la cuisine, je suis une personne complètement différente de l'artiste de la scène que le public connaît; en réalité, je parle même très peu de mon travail. Ces moments-là me semblent les plus vrais et c'est ce qui leur donne tant de valeur à mes yeux.

Je n'ai qu'un regret: n'avoir pu consacrer plus de temps aux enfants. Quand j'étais loin d'eux, en voyage, ma meilleure amie, Irene Bird, qui agissait comme ma secrétaire et à qui je déléguais mes pouvoirs en toutes matières, veillait au bon fonctionnement de la maisonnée. Mais il lui arrivait parfois de surprendre les enfants endormis dans mes vêtements, enveloppés dans une robe de chambre ou un manteau de fourrure, pour retrouver l'odeur de leur mère. Les anecdotes de ce genre éveillaient en moi un vif sentiment de culpabilité.

Si j'adorais enfanter — ce qui, d'ailleurs, ne coûte pas cher —, je découvris bien assez tôt qu'il fallait ensuite payer les factures. Je voulais offrir à mes enfants tout ce qu'on m'avait refusé: des cours privés, de beaux vêtements et des séjours dans des colonies de vacances. Il m'en coûtait des sommes astronomiques. Quand ils apprennent le montant de mes cachets, les gens s'imaginent que je suis riche. Mais j'ai dépensé une fortune pour assurer la bonne marche de la maisonnée en mon absence. Je disais souvent en blaguant que je travaillais pour mes employées.

J'avais beaucoup de succès, mais j'étais toujours sans le sou. Des années durant, il me fallut sans cesse négocier avec la banque, simplement pour assurer le paiement du loyer ou de l'hypothèque. Malgré les engagements que remplissait Eugene et les cours qu'il donnait, j'étais toujours le principal soutien de la famille et je devais souvent me traîner au bureau du gérant de banque, mes contrats sous le bras, pour lui prouver que j'étais solvable et nous garder ainsi à flot quelques mois de plus. Parfois mon agent me téléphonait pour me proposer, à la dernière minute, de prendre la relève d'une autre interprète et, même si j'étais épuisée, j'acceptais en me disant que je pourrais ainsi remplacer la lessiveuse ou la voiture qui nous avait laissés tomber. Je n'aurais jamais chanté aussi souvent si je n'avais pas eu tant besoin d'argent. Je me faisais à l'occasion cette réflexion, et, si je me trouvais alors seule dans une chambre d'hôtel, il m'arrivait de verser quelques larmes sur mon sort.

Je n'ai jamais laissé paraître à quel point cela me crevait le coeur de m'arracher à ma petite famille chaque fois qu'un engagement me forçait à prendre l'avion. Pendant les cinq premières minutes du vol, j'éclatais souvent en sanglots parce que j'avais dû quitter mon mari et mes petits, quand l'un d'eux n'avait parfois que cinq jours. Le corps d'une femme réclame l'enfant qu'elle vient de mettre au monde et la séparation est alors un véritable tourment. Mais je secouais ma torpeur et je me répétais que j'avais bien de la chance. Après tout, j'adore chanter et j'ai choisi cette carrière. Je reprenais donc le collier. Je n'ai jamais été du genre à me lamenter.

Par mesure de compensation, je téléphonais chaque jour à la maison. Eugene et moi passions notre vie au téléphone. Je causais aussi toujours avec chacun des enfants, dans l'espoir de leur accorder ainsi l'attention dont ils avaient besoin. Mais, comme j'allais bientôt le découvrir, Paula n'en avait jamais assez. Un jour où je m'entretenais depuis New York avec Eugene et que je lui disais: «Je ne me sens pas très bien. Je pense que je suis enceinte», j'entendis soudain, à l'autre bout du fil, un petit cri de joie extrêmement aigu. C'est ainsi que nous avons compris que, depuis des années, Paula écoutait toutes nos conversations au téléphone.

Quand nous étions revenus ensemble à Montréal en 1957 pour nous y installer, nous avions dû évidemment trouver une explication plausible au fait que nous rapportions dans nos bagages une enfant de deux ans. Nous avons donc raconté à tous, y compris aux gens de la presse, que nous nous étions en fait épousés secrètement en Angleterre en 1954 mais que la cérémonie religieuse n'avait pu être célébrée qu'après ma conversion au judaïsme, sans quoi la famille d'Eugene n'aurait jamais approuvé notre union. Ce pieux mensonge s'inscrivit tout naturellement dans notre roman familial et les enfants ne se doutèrent jamais que nous avions menti à ce propos. Aujourd'hui, chaque fois que Paula se rappelle ces jours où elle écoutait nos conversations téléphoniques et où elle parcourait notre courrier, toujours avide d'en apprendre davantage sur sa mère absente, elle a du mal à croire qu'elle n'a pas soupçonné un instant la vérité sur son arrivée en ce monde.

1. On fait le clown à un pique-nique du choeur de la paroisse, vers 1946.
2. La mère de Maureen, May Forrester.
3. Le père de Maureen, Thomas Forrester.
4. Le frère de Maureen Forrester, Arnold, et sa soeur Jean dans le potager de leur père derrière la maison, rue Fabre, vers 1941.
5. La mère de Maureen Forrester peu après son arrivée d'Irlande au Canada.

6. Photographie destinée à la publicité de la première tournée européenne.

7. L'une des premières photographies publicitaires. (Copyright Maclean Hunter. Reproduction autorisée par *Châtelaine*.)

8. Photographie publicitaire en début de carrière. Montréal, fin des années 1940. (Photo Gaby, Montréal.)

9. Programme pour les débuts à New York en novembre 1956.

10. Photographie publicitaire réalisée à New York en 1974. (Photo Christian Steiner.)

11△

12
◁

13
▷

11. Maureen Forrester et Eugene Kash après la célébration de leur mariage à Londres, le 20 juillet 1957, en compagnie de leurs invités: Libby et Murray Kash, Luce Coast et Branson Price. (Copyright Portman Press Bureau Ltd., Londres.)
12. Après un voyage éprouvant, arrivée à Berlin en compagnie d'une amie, la soprano Ann Watson, en 1955.
13. Photographie pour la publicité d'un concert à Berlin en 1956. (Copyright Curt Ullmann, Berlin.)

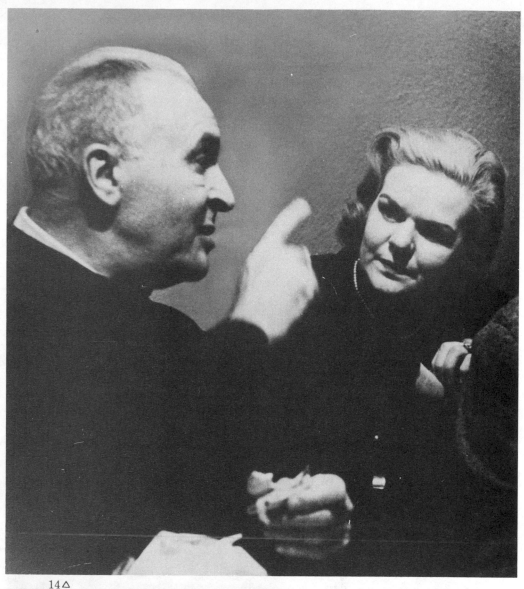

14 △

14. & 15. Bruno Walter commente un enregistrement sur bande magnétique de la *2ᵉ Symphonie* de Mahler, au cours d'une séance d'enregistrement à Carnegie Hall.
16. Répétition avec John Newmark, à Montréal, pour un concert à Radio-Canada au début des années 1950 (à une époque où elle était brunette). (Photo Jac-Guy, collection du Studio de photographie O. Allard Inc.)
17. Dans *Le Travail du peintre*, cycle de mélodies de Poulenc, donné avec l'accompagnateur John Newmark à la télévision de Radio-Canada. (Photo André Le Coz.)

16

15△ 17▽

New York Philharmonic
Music Director LEONARD BERNSTEIN
Fri. Aft.
Sat. Eve.
Thurs. Eve.
Sun. Aft.
Apr. 15
Apr. 16
Apr. 21
Apr. 24
2:15
8:30
8:30
3:00
WALTER
Conductor
MAUREEN FORRESTER, Contralto
RICHARD LEWIS, Tenor
SOLD OUT
MAHLER FESTIVAL - FINAL PROGRAM
SCHUBERT
"Unfinished" Symphony
MAHLER
Das Lied von der Erde
Steinway Piano
NEW YORK PHILHARMONIC, 111 W. 57th ST.
Managing Director
Carlos Moseley, Associate

19 ◁
20 ▷

◁ **18.** À New York aux côtés d'Eugene Kash, son mari, devant Carnegie Hall, au printemps 1960, avant de chanter *Das Lied von der Erde* de Mahler au cours d'un concert mémorable dirigé par Bruno Walter.

19. Dans le rôle de Cornélia, en 1967, pour une production à Buenos Aires de *Julio Cesare* de Haendel, où Beverly Sills interprétait Cléopâtre.

20. Aux côtés d'Igor Markevitch (à gauche) et d'Eugene, au Festival de Montreux en 1957. (Photo Jean Waldis, Montreux.)

▽ **21.** À la maison de Montréal, Paula s'exerce au ballet, accompagnée au violon par son père, en 1959.

23
▷

24
▷

25
▷

△ **22.** Exécution des *Chants d'un compagnon errant* de Mahler, en 1966, avec l'Orchestre symphonique de Bologne sous la direction de Riccardo Muti, alors jeune chef prometteur. (Photo Giuseppe Damiani.)

23. Radiodiffusion de l'émission *Les Grands Concerts* en septembre 1970, avec John Newmark comme accompagnateur. (Photo Jean-Pierre Karsenty.)

24. Production de *Adieu Robert Schumann*, une chorégraphie de Brian Macdonald sur une musique de Murray Schafer, avec les danseurs Vincent Warren et Annette av Paul. (Copyright 1979, John Lederman.)

25. Aux côtés de Zubin Mehta pendant une tournée de l'Orchestre symphonique de Montréal dans des pays francophones en octobre 1966. (Reproduction autorisée par l'Orchestre symphonique de Montréal.)

26. Aux côtés de John Boyden interprétant Jésus dans la *Passion selon saint Matthieu*; une production de la NBC.

27. En concert au Festival Casals de Puerto Rico. (Photo Jack Delano.)

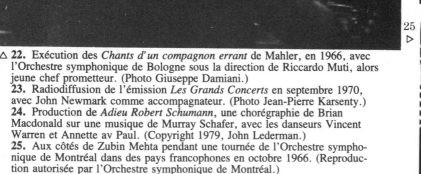

26 ▷

27 ▷

28 △   29 ▽

28. De gauche à droite: Isaac Stern, Maureen Forrester, Rudolf Serkin, Pablo Casals et Leopold Stokowski, en répétition pour le concert à la mémoire de Pierre Monteux, à Carnegie Hall en 1964.

29. Le Bach Aria Group. Debout, de gauche à droite: Bernard Greenhouse, Oscar Shumsky, Norman Farrow, Maureen Forrester, Sam Baron, Robert Bloom, Lois Marshall et Richard Lewis. Assis, à l'extrême droite: Bill Sheide; au piano, Yehudi Wyner.

30. Répétition du *Requiem* de Mozart avec Josef Krips, à Montréal en 1954. (Photo Dr I. W. Schmidt.)

31. Un coup d'oeil à la partition du *Requiem* de Verdi en compagnie d'Alfred Wallenstein, qui en a dirigé la représentation en plein air au Lewisohn Stadium, près de New York. (Photo Dr I. W. Schmidt.)

32. Réception d'adieu offerte par le maire Jean Drapeau à l'Hôtel de Ville de Montréal avant la tournée européenne pour les Jeunesses musicales, en 1955.

33. Après le concert soulignant le quatorzième anniversaire de la création des Nations unies. De gauche à droite: le chef d'orchestre Eleazar de Carvalho, un représentant des Nations unies, Maureen Forrester, le baryton-basse Kim Borg, Elisabeth Schwarzkopf et Jan Peerce.

32 △

33

34
◁

"FEEDING THE FAMILY — KIWI STYLE."

35

34. Caricature publiée dans un journal de Nouvelle-Zélande en 1968.
35. En compagnie de l'ex-nourrice des enfants, affectueusement surnommée Tita, à la fin des années 1970.
36. Portrait de famille, à Toronto. De gauche à droite: Daniel, Gina, Susie, Paula et Linda.

36 ▽

37. Maureen se prélasse sur une des sculptures qui bordent la promenade menant aux tombeaux des Ming, lors de son deuxième voyage en Chine.

38. Pendant la tournée australienne en 1962, une journée de relâche passée en compagnie de John Newmark au jardin zoologiquc dc Taronga. (Photo Color Prints, Sydney.)

39. Un concert au bénéfice de l'Orchestre symphonique de Montréal. De gauche à droite: Pete Seeger, Monique Leyrac, le chef d'orchestre Neil Chotem, Nana Mouskouri, Maureen Forrester et Harry Belafonte. (Photo Jean-Claude Adam.)

40. De gauche à droite: le compositeur Saul Irving Glick, Oskar Morawetz, Maureen Forrester et John Newmark, après l'exécution de *I Never Saw Another Butterfly* de Glick.

39 △   40 ▽

41 △

42 △

43

41. Une Bloody Mary pour le
moins emphatique; à ses côtés, la
co-vedette Edward Evanko, dans
une production de *South Pacific*,
à Edmonton.
42. On répète *Le Médium* de
Gian Carlo Menotti. Dans l'ordre
habituel: le baryton Gino Quilico
(dans son premier rôle à l'opéra),
Maureen Forrester, Rosemarie
Landry et Barbara Ianni.
43. En scène avec Louis Quilico
dans l'opéra *Cendrillon* de
Massenet, une production du
Centre national des Arts présentée
à Paris. (Copyright Daniel
Cande.)
44. En conversation avec Isaac
Stern au cours d'une réception
après un concert bénéfice, en
1980. (Photo Leo Hausman, The
Studio.)
45. En compagnie de Lois Marshall après un concert, au milieu
des années 1960.
46. En répétition avec le chef
Irving Guttman pour ses débuts
dans un rôle de premier plan à
l'opéra: la grand-mère dans *Le
Consul* de Gian Carlo Menotti.

44 △ 45 ▽ 46 ▽

47. En Madame Flora dans *Le Médium* de Gian Carlo Menotti. (Photo Robert C. Ragsdale, FRPS.)
48. Dans le rôle de la sorcière pour une production de *Hänsel und Gretel* à Radio-Canada en 1970, en compagnie de Judith Forst (à gauche) et de Christine Anton. (Photo Robert C. Ragsdale, FRPS.)
49. Noël 1985. À l'arrière-plan: Susie, Maureen, Paula; rangée du centre: Daniel (et Ryan sur ses genoux), Linda, Gina (tenant Galen), Eugene; au premier plan: les beaux-fils Paul Dineen et Peter Berton.▽

CHAPITRE 19

Sous la baguette des chefs

Tôt dans ma carrière, le président-directeur de Vanguard Records, Seymour Solomon, me demanda de me rendre à Vienne pour y enregistrer *Das Knaben Wunderhorn* («Le Cor magique de l'enfant») de Mahler; on s'y disputait les studios d'enregistrement, parce que les techniciens syndiqués y coûtaient beaucoup moins cher qu'à New York. Quand on arrivait d'Amérique, il fallait changer d'avion à Francfort, dont l'aéroport était alors fort achalandé. Tandis que j'y tuais le temps entre deux vols, je remarquai soudain de l'agitation dans les escaliers. Des brancardiers s'amenaient en courant avec une civière. Un homme d'un certain âge avait raté l'une des marches de marbre et gisait dans une mare de sang. Un peu plus tard, ayant pris place dans l'avion à destination de Vienne, je vis qu'on le hissait à bord dans une chaise roulante, enveloppé de pansements.

C'était ma première visite à Vienne et personne ne m'attendait à l'aéroport. Cela me parut singulier. Puis on appela par les haut-parleurs Felix Prohaska, le chef d'orchestre avec qui je devais enregistrer. Enfin, j'y entendis mon nom. On me demandait au téléphone. «Excusez-nous, très chère, de ne pas être allés à votre rencontre, me dit Solomon dans son accent new-yorkais. Nous sommes en pleine séance. Dites-moi, Felix Prohaska n'aurait-il pas par hasard voyagé à bord du même avion?»

«J'espère bien que ce n'est pas le type momifié qu'on vient de sortir de l'appareil en chaise roulante», répondis-je sur un ton moqueur.

«Oh, non! fit Solomon. Écoutez, je recommuniquerai avec vous lorsque vous vous serez installée à l'hôtel.»

Comme de raison, il s'agissait bien de Prohaska; ainsi que j'allais l'apprendre, il était souvent malchanceux. Les jours suivants, il n'était évidemment pas au meilleur de sa forme; par bonheur, le bras dont il se servait pour diriger était indemne. Pendant sa convalescence, je me rendis répéter chez lui, dans une maison qui avait appartenu à Johann Strauss. Il me demanda d'abord d'où je venais.

«Du Canada», lui répondis-je.

«Du Canada, murmura-t-il, rêveur. À Vienne, j'ai connu dans le temps un étudiant qui venait du Canada. Un jeune violoniste... Voyons, comment s'appelait-il? Nash? Dash?»

«Kash, peut-être?»

«C'est ça! Vous le connaissez?»

«Vous voulez rire! lui répondis-je. Je suis la mère de ses enfants!»

«Mama! cria Prohaska à l'intention de sa femme. Il y a ici une amie de la famille. Apporte l'album de photos et le schnaps!»

Felix Prohaska n'est qu'un individu pittoresque parmi tant d'autres de cette race d'hommes imposants et fascinants avec qui j'ai passé beaucoup de temps dans ma carrière: les chefs d'orchestre. À mes débuts, je ne me rendais pas vraiment compte de la chance extraordinaire qui m'était donnée de travailler aux côtés de si nombreux maestros de grande renommée. Quelques années seulement après que Bruno Walter m'eut découverte, un journaliste m'avait demandé avec combien de chefs je m'étais produite et je lui avais répondu au jugé: une cinquantaine. Ma mère, qui conservait précieusement tous les programmes et les articles de journaux, en avait fait le compte exact et elle s'empressa de me corriger: j'en avais connu deux cents. Je n'ose pas imaginer ce qu'il en est réellement aujourd'hui: sans doute près de deux mille.

Si tant de bonnes occasions s'offraient à moi, c'est en partie parce qu'il y a très peu d'altos. Immédiatement après mon premier succès aux côtés de Bruno Walter, tous les chefs voulaient m'engager comme soliste, et, dans les quatre années qui suivirent, je me suis produite vingt-quatre fois avec le seul New York Philharmonic, sous la baguette de divers chefs.

Igor Markevitch — que les musiciens surnommaient «le prince Igor[1]» parce qu'il prétendait que du sang bleu coulait dans ses veines — fut l'un des premiers chefs d'orchestre avec qui je travaillai. J'ai d'abord chanté avec lui la *Rhapsodie pour alto* de Brahms dans le cadre du Empire State Music Festival, et nous avons souvent collaboré par la suite parce qu'il est devenu le chef de l'Orchestre symphonique de Montréal. C'était un personnage très original, très vieille Europe, un drôle de petit homme élégant, dans la quarantaine. Pour l'un de nos concerts à Montréal, alors que j'étais encore enceinte, j'avais dissimulé mon état sous une ingénieuse création de velours vert à ample col châle et à traîne, conçue expressément à cette fin. Au moment d'entrer en scène, le soliste précède toujours le chef, et j'avançais fièrement en remarquant toutefois que ma robe était plus lourde qu'à l'ordinaire: par mégarde, Igor Markevitch avait posé le pied sur ma traîne et avait été entraîné à ma suite, comme sur un tapis magique. Toute la salle rigolait.

La première fois qu'Eugene Ormandy me demanda de chanter pour lui, nous avons donné l'*Oratorio de Noël* de Bach. Pour moi, il s'agissait d'un engagement important puisque j'allais ainsi me produire avec le fameux Philadelphia Orchestra, dirigé par le non moins célèbre Eugene Ormandy. J'habitais alors au Connecticut; j'arrivais de chez le dentiste, qui m'avait extrait une dent de sagesse et qui avait dû pratiquer deux points de suture pour refermer ma gencive, lorsque je téléphonai à Philadelphie pour m'assurer que la répétition avait bien lieu le lendemain. «Demain? Vous voulez rire! me dit le gérant de l'orchestre. Mais c'est aujourd'hui.» Puis Ormandy prit le combiné. «Mais où êtes-vous donc?» demanda-t-il. Lorsque je lui répondis que j'étais au Connecticut, il parut excédé. «Oh, les chanteurs, tous les mêmes! On ne peut jamais compter sur eux. Vous n'arriverez jamais à temps pour la répétition.»

Je sautai dans la voiture, traversai l'État de New York en troisième vitesse, puis filai à vive allure sur l'autoroute à péage du New Jersey. Je me garai devant la salle et me précipitai à l'intérieur juste au moment où Ormandy levait sa baguette pour

---

1. En français dans le texte. (*N.d.T.*)

battre la mesure de mon aria. «Ta dum», chantai-je depuis les coulisses, avant même d'entrer en scène à grandes enjambées. Il ne s'en est jamais remis.

Ormandy ne m'avait jamais entendue chanter auparavant, mais j'ai dû, ce jour-là, l'impressionner grandement. À la fin de la répétition, il me saisit par la main et m'entraîna jusqu'à sa loge, où il changea de vêtements et laissa même tomber son pantalon en ma présence. Lorsqu'il remarqua mon air ahuri, il me lança: «Ça ne devrait pas vous gêner. Vous êtes mariée, n'est-ce pas?» Son geste ne m'en parut pas moins incongru, mais Ormandy était un être charmant, bien que passablement égocentrique. C'était un petit homme tiré à quatre épingles, et qui boitait. Je ne craignais vraiment pas qu'il me fasse une proposition malhonnête. Si je m'étais assise sur ses genoux, il se serait écroulé.

«Ma chère, me dit-il ensuite, le voyage a dû vous épuiser. Je veux que vous rentriez à l'hôtel, que vous preniez une bonne nuit de sommeil et que vous reveniez répéter demain matin, à dix heures. Reposez-vous bien.»

«Comptez sur moi, Maestro, et merci pour votre patience.»

Je sortis, je montai dans ma voiture et je rentrai au Connecticut, parce que je n'avais pas apporté le moindre bagage. Le lendemain matin, je me levai à cinq heures et refis le même trajet épuisant.

Après la répétition, Ormandy me demanda si je connaissais une oeuvre de facture moderne de Bartók intitulée *Le Château de Barbe-Bleue*. Comme j'en ignorais tout, il me suggéra d'en prendre connaissance, parce qu'il souhaitait que je la chante avec lui pour le concert d'ouverture de la saison suivante. Il ne s'agissait pas d'un mince honneur. J'achetai la partition et l'étudiai très soigneusement. Dans cette pièce très mélodramatique, des femmes se pâment d'angoisse derrière des portes closes où elles attendent la venue de leur assassin. Lorsque je le revis, je lui dis: «Monsieur Ormandy, je peux donner toutes les notes de cette oeuvre, mais je ne crois pas que vous aimeriez le produit final. Je ne l'ai jamais chantée et je pense que vous avez besoin d'une interprète de Bartók plus expérimentée pour un événement aussi important que l'ouverture de la saison du Philadelphia.»

Il eut bien du mal à admettre que je puisse refuser une occasion pareille, mais il ne m'en respecta que davantage. «Vous savez, de la part d'une jeune personne comme vous, c'est un geste très noble, et, à cause de cela, je ne vous oublierai jamais.» Il tint parole. Des années durant, Ormandy retint mes services chaque saison.

* * *

Lorsque j'avais auditionné devant lui, Bruno Walter m'avait fait remarquer que ma voix ne portait pas suffisamment. Cela venait de ce que je travaillais beaucoup à la radio: j'étais habituée à chanter pour moi-même. Il m'avait suggéré d'apprendre le *Requiem* de Verdi pour projeter davantage ma voix. Je lui avais répondu qu'à mon sens ma voix n'était pas faite pour la musique de Verdi. «Jeune femme, m'avait-il dit en souriant, un jour vous regretterez ce mot», et, comme toujours, il avait vu juste. Le *Requiem* de Verdi est devenu l'une de mes pièces de résistance, et j'éprouve autant d'enthousiasme à l'interpréter qu'à me produire dans n'importe quel opéra.

Aucune de mes exécutions de cette oeuvre ne m'apporta autant de satisfaction que la première, avec le grand chef britannique Sir Malcolm Sargent, dans le cadre des concerts d'été Proms, au Royal Albert Hall de Londres. Lorsque j'ai chanté devant une véritable mer de visages, dans ce fabuleux amphithéâtre où l'on installe en été quelque dix mille chaises de sorte qu'une foule encore plus nombreuse peut s'y masser, j'ai ressenti ce que doivent éprouver les vedettes rock quand elles se produisent dans un stade de football rempli à pleine capacité.

Sir Malcolm était un homme attachant, quoique un peu vaniteux, et j'aimais beaucoup chanter sous sa direction. J'avais un faible pour lui et nous avons travaillé ensemble en Norvège peu avant sa mort en 1967: nous avons alors interprété les *Quatre chants graves* de Brahms, dans les célèbres arrangements qu'il en avait faits. Pendant le trajet de retour après ce concert, il m'a initiée au café irlandais à l'aéroport de Shannon où nous faisions escale, et je dois avouer n'avoir aucun souvenir de la suite du voyage…

Même le public le surnommait «Flash Harry» parce qu'il s'habillait comme un dandy; il portait des costumes impeccables à très fines rayures et un oeillet rouge à la boutonnière. Après les concerts, il refusait de recevoir des admirateurs dans sa loge tant qu'il n'avait pas changé de queue de pie, parce que celle qu'il portait était alors trempée de sueur. Il était très coquet. Après ce premier *Requiem* au Royal Albert Hall, de nombreux spectateurs étaient venus en coulisse pour obtenir des autographes de la soprano hollandaise Gré Brouwenstijn, de Jon Vickers et de moi-même, et, plus le temps passait, plus la foule était clair-semée. Lorsque Sir Malcolm jugea qu'il était enfin prêt et dit à son valet: «Bon, vous pouvez les laisser entrer, par groupes de trois», celui-ci lui répondit: «Oh, Sir Malcolm, je suis désolé, mais il n'y a que deux personnes en attente.»

Une autre exécution du *Requiem* de Verdi restera également gravée à jamais dans ma mémoire. Alfred Wallenstein, qui avait jadis été un grand violoncelliste, en assura la direction en plein air dans le gigantesque stade de football Lewisohn, près de Jones Beach, à Long Island, par une soirée torride. C'était la première fois que j'interprétais cette oeuvre à New York et la distribution ne manquait pas de grands noms: Kurt Baum, du Met depuis de nombreuses années, assurait la partie du ténor; Nicola Moscona, celle de la basse; et celle de la soprano avait été confiée à Eleanor Steber, l'une des deux plus belles voix de soprano d'Amérique — l'autre étant Eileen Farrell — jusqu'à l'arrivée de Leontyne Price. Eleanor Steber était une vraie diva. À la première répétition, par une journée d'une humidité suffocante, elle était entrée au studio dans une robe orange décolletée, avec un panama décoré d'un ruban orange, et de petits gants blancs. Pendant les répétitions, il faut, bien sûr, suivre de près la partition; elle n'enleva pourtant pas ses gants et j'en conclus qu'elle avait peut-être jardiné et s'était abîmé les ongles. Je dus m'humecter constamment les doigts et lui tourner les pages pour que nous puissions poursuivre. Cela aurait dû me mettre la puce à l'oreille.

Le soir du concert, je commis la terrible erreur de revêtir la toilette que j'avais portée pour mes débuts à Town Hall — ce drapé noir à la grecque dont j'ai déjà parlé —, et elle s'amena dans une robe longue vert sombre d'un style très apparenté. C'en était trop pour elle. Elle retourna à sa loge et en revint enveloppée dans une splendide étole de vison blanc qu'elle garda pendant tout le spectacle, malgré la chaleur étouffante.

Le stade Lewisohn étant immense, l'ingénieur du son avait disposé deux micros sur la scène: l'un pour les deux voix masculines, l'autre pour les voix féminines; quand nous avons procédé aux vérifications du son, je remarquai qu'Eleanor Steber pointait toujours le micro en direction de sa voix d'or. Aujourd'hui, je n'en serais aucunement incommodée: je pourrais probablement enterrer n'importe qui parce que j'ai l'habitude de projeter, mais j'étais alors plus jeune et je retenais toujours ma voix, pour produire des sons parfaits et bien ronds. Je n'aurais jamais soupçonné qu'une autre chanteuse puisse vouloir me nuire!

À mesure que le concert progressait, je remarquai qu'Eleanor Steber glissait un pied devant le mien, sous ma robe, pour me faire perdre l'équilibre. J'étais forcée de reculer pour ne pas basculer et je m'éloignais ainsi du micro. On utilise souvent cette tactique à l'opéra, mais, comme je ne m'y étais produite que rarement, j'étais totalement prise au dépourvu. À l'entracte, Nicola Moscona me prit à part. «Très chère, dit-il, soyez aussi imperturbable que le roc de Gibraltar. Ne cédez pas d'un centimètre.» Et André Mertens, qui avait perçu ce petit manège depuis les gradins, entra dans les coulisses en fulminant. «Il faut river son clou à cette femme», tonna-t-il. «Non, lui répondis-je, je refuse d'entrer dans son jeu. Attendons plutôt la suite.»

Dans le *Requiem* de Verdi, l'alto occupe presque toute la place — environ quatre-vingt-dix pour cent de l'oeuvre —, mais le dénouement du drame, les sept dernières minutes, revient à la soprano et au choeur. Si la soprano est au meilleur de sa forme, l'auditoire aura totalement oublié l'alto lorsqu'elle donnera sa dernière note. Comme chacun sait, Steber avait un organe superbe, aussi m'étais-je résignée d'avance. Cette soirée en plein air avait été singulièrement calme jusque-là pour une ville comme New York, presque mystérieusement trop calme. Mais à la seconde où Steber ouvrit la bouche pour entonner sa dernière aria, *Libera me*, un avion survola le stade. Puis retentirent les sirènes de camions d'incendie dont on aurait juré qu'ils nous encerclaient. D'autres bruits d'avions et de sirènes suivirent. Pendant tout son solo, l'incroyable cacophonie persista et ruina tous ses effets. Assise, les yeux tournés vers le ciel, je me suis dit: «En tout cas, Seigneur, on peut dire que vous réglez leur cas à ceux qui se conduisent mal.»

Il y a des chefs de tous les gabarits, de toutes les tailles, de toutes les personnalités, mais ils ont presque tous en commun une bonne dose d'amour-propre. Qui pourrait les en blâmer? À leur manière, ils jouent un peu les démiurges: ils combinent des éléments disparates de musique et parviennent ainsi à créer un effet qui transcende l'humain. Et, même pour les meilleurs d'entre eux, la tâche n'est pas facile.

Un jour, j'ai vu un orchestre italien, à La Scala, presque venir à bout de Szell. Les musiciens italiens, comme les musiciens français, se comportent souvent en répétition comme des écoliers turbulents. Ils jouent les futés, s'affalent sur leurs chaises et ne font guère d'efforts, même s'ils donnent toujours le meilleur d'eux-mêmes lorsque vient le moment du concert. Cette attitude peut épuiser nerveusement un chef invité, surtout s'il est aussi exigeant que Szell. À mesure que se déroulait la répétition, Szell devenait plus agressif, particulièrement à l'égard du violoncelliste, qui semblait le meneur des mutins. À bout, il finit par lancer: «Vous savez, rien ne m'oblige à rester. Je peux très bien sauter dans le prochain avion et rentrer chez moi.» Le violoncelliste se contenta d'un haussement d'épaules nonchalant dont les Italiens ont le secret. «Ne vous gênez surtout pas pour nous», répliqua-t-il, tout en ajoutant que Szell bluffait. Comme on s'en doute, le concert eut lieu quand même.

Si Szell était célèbre pour ses colères, Sir Thomas Beecham avait la réputation d'un homme follement capricieux. Lorsqu'il était venu à Montréal pendant la guerre, durant son mandat à la direction du Seattle Symphony, il avait dirigé un concert d'été à Ville Saint-Laurent, et une locomotive avait sifflé en passant à proximité de l'église où se donnait le spectacle. Il s'était arrêté et avait attendu que le bruit des roues contre les rails se soit éteint avant de reprendre sa baguette. Les gens répétaient, après le concert, que même son attitude pendant cette pause impromptue trahissait clairement ce message: «Quel pays barbare!»

À Toronto, où il s'était ensuite rendu pour remplir un autre engagement, il lui était arrivé une aventure qu'il adorait relater. Sir Thomas aimait bien prendre un verre et, l'après-midi précédant le concert, il était entré dans un magasin pour s'acheter de l'alcool; à l'époque, tout consommateur devait préalablement obtenir un permis à cette fin. Lorsque le commis lui demanda sa profession, il répondit: «Chef.» Et le commis écrivit sur le formulaire: «Chef de train à la TTC» — la Toronto Transit Commission. Il avait pris Sir Thomas pour un employé des transports en commun!

Beecham était un petit homme malicieux, mais il en imposait par sa présence. Le jour où je passai une audition devant lui, je dus attendre mon tour, dos à la porte, au fin fond d'un vaste studio d'enregistrement de la station Maida Vale, à Londres. Soudain, je sentis se poser sur moi un regard d'une telle intensité que j'eus la sensation d'en avoir le crâne transpercé. Sir Thomas se trouvait pourtant à une bonne distance de moi —l'équivalent d'un demi-pâté de maisons — dans cette très grande salle. Il pouvait donner des sueurs froides à n'importe qui en le regardant, et, quand il vous fixait, vous le sentiez et vous vous retourniez.

J'auditionnais ce jour-là pour un enregistrement de quatre mélodies de Delius, le compositeur dont il s'était fait le champion et sur lequel il avait d'ailleurs écrit un livre. Après que j'eus chanté, il se tourna vers sa femme Betty, une pianiste, qui l'accompagnait. «Qu'en dites-vous, Madame? Je crois qu'on ne pourrait faire mieux, n'est-ce pas?» Il me choisit ainsi pour alto et je rentrai par avion en France où je donnais alors une tournée; j'étudiai ma partie, même si je n'étais pas très entichée de la pièce. Puis, comme j'en avais déjà mémorisé la moitié, je reçus une lettre: Sir Thomas avait changé d'idée et décidé d'enregistrer plutôt *Songs of Sunset*.

Quand je débarquai à Londres pour la séance d'enregistrement, Sir Thomas était d'humeur enjouée. L'oeuvre qu'il avait sélectionnée nécessite un orchestre, un choeur et deux solistes, et les imposants effectifs orchestraux et chorals de la BBC étaient tous à leur poste. Il décida toutefois de faire d'abord répéter uniquement les cordes et la harpe. Les autres musiciens durent se résoudre à poireauter sur place des heures durant. La séance, qui ne devait durer qu'une journée, s'étirait déjà indûment. Et soudain, alors qu'on n'avait enregistré que la moitié de l'oeuvre, Sir Thomas déposa sa baguette, salua l'orchestre et les chanteurs et clama: «Mesdames et Messieurs, merci beaucoup. Nous nous reverrons dans dix-huit mois.» Puis il se retira.

J'appris alors qu'il lui arrivait souvent de ne pas compléter un enregistrement. En raison des lois britanniques de l'impôt sur le revenu, il habitait hors du pays plusieurs mois par année et, le jour précis de notre séance, comme lors de tant d'autres auparavant, il prétexta que cette journée marquait pour lui une date limite et qu'il n'avait d'autre choix que de rentrer en France. En réalité, il se servait de cette excuse pour manifester son ressentiment aux compagnies de disques anglaises. Sa famille avait largement contribué par sa fortune à l'essor de l'industrie musicale britannique, qu'elle avait même soutenue pendant la guerre. Mais, après la fin de celle-ci, les compagnies de disques avaient souvent préféré à Sir Thomas de nouveaux talents à la mode. Pour leur rendre la monnaie de leur pièce, il avait trouvé moyen de les frapper à l'endroit le plus sensible: le portefeuille. Il n'enregistrait qu'à moitié tout ce qu'il commençait et empêchait ainsi la sortie du disque. Cela pouvait sembler étrange comme vengeance, mais, selon toute apparence, il en tirait une satisfaction certaine.

Nous ne nous sommes jamais réunis pour terminer cet enregistrement, et, peu de temps après, Sir Thomas décéda. Pourtant, *Songs of Sunset* parut finalement sur disque, prétendûment sous la direction de Sir Thomas; mon nom y figurait comme soliste. Les critiques crièrent au prodige; après l'avoir écouté attentivement, j'eus la certitude qu'il n'était pas l'oeuvre de Sir Thomas, et je n'eus pas le moindre doute non plus sur un autre détail: la voix qu'on y entend n'est pas la mienne. Je suppose que la compagnie de disques voulait récupérer sa mise de fonds et qu'elle avait, pour cela, repris le travail depuis le début avec une nouvelle équipe. J'aurais pu provoquer un scandale en protestant, mais des innocents en auraient souffert et je ne souhaitais pas créer de remous. Quant à la voix qu'on prétend être celle de Maureen Forrester, je crois qu'il s'agit plutôt d'une jeune mezzo qui débutait alors dans la carrière. J'espère seulement qu'on l'a payée, parce que, si c'est bien celle que je crois, elle aurait mérité que son nom figure sur la pochette: j'ai nommé Janet Baker.

Sir John Barbirolli est un autre illustre Britannique avec qui j'ai souvent travaillé: un génie alerte, à la peau parcheminée, qui, vers la fin de sa vie, enlevait toujours ses dentiers pour diriger. Comme première oeuvre sous sa direction, j'interprétai l'oratorio d'Elgar intitulé *Le Songe de Gerontius*, que je connaissais déjà pour l'avoir chanté lorsque j'étais membre du choeur

Elgar, à Montréal. Les Britanniques adorent cette pièce mais les Nord-Américains la jugent un peu fastidieuse. C'est une oeuvre ravissante, mais interminable. Quand on en est aux trois quarts, on peut toujours surprendre des spectateurs en train de consulter leur montre. J'eus beaucoup de plaisir à chanter le rôle de l'Ange aux côtés de Richard Lewis en Gerontius. Pendant toute la répétition, chaque fois que je prononçais un certain mot — je crois qu'il s'agissait de «danse» —, Barbirolli s'arrêtait et me disait, dans son fort accent de Manchester: «Il ne faut pas dire *danse*, mais *donse*. Dieu que vous êtes américaine!» Il ne me reprenait ainsi que pour le plaisir de me provoquer. «Je ne suis pas américaine, répliquais-je, mais canadienne!»

Sir John avait la réputation de ne jamais assister aux réceptions qui suivaient les concerts. En réalité, ainsi que je le découvris plus tard, pendant que je me tapais ces obligations mondaines, il rentrait chez lui, un immeuble où l'on pouvait aussi louer des chambres, buvait quelques verres, puis, vers minuit, se glissait dans sa cuisine et apprêtait quelque fabuleux plat de pâtes de son invention dont il se régalait avec sa femme, Lady Evelyn, une hautboïste renommée. Comme j'aurais préféré être invitée à partager leur repas de minuit.

Un jour où nous donnions le *Requiem* de Verdi à Houston, où il était le chef attitré de l'orchestre, Sir John fit toutefois une exception à cette règle. Le conseil d'administration de l'orchestre offrait une réception au Petroleum Club et, dans un geste pour se protéger lui-même, il me demanda de l'y accompagner. J'étais assise aux côtés du président du conseil d'administration, un pétrolier richissime, et je jouais avec ma fourchette parce que j'avais étourdiment mangé avant la réception. Comme d'habitude, je cherchais à alimenter la conversation. Sir John avait alors certainement plus de soixante-dix ans, et il dirigeait de moins en moins souvent. «C'est merveilleux que vous ayez réussi à convaincre Sir John de venir à Houston, dis-je au président. Quel autre chef avez-vous invité cette saison?» «Ma belle, vous ne vous adressez pas à la bonne personne, fit-il d'une voix traînante. Je n'assiste jamais aux concerts. Je me contente de payer pour qu'on en donne.»

J'ai aussi chanté plusieurs fois sous la direction de William Steinberg, pour qui j'avais une affection toute particulière; ce juif né en Allemagne avait été l'assistant de Klemperer; il avait ensuite fui en Palestine avant la guerre et s'était finalement installé aux États-Unis. Il avait un style très particulier: il battait la mesure en huit, toujours un petit peu en avance sur le tempo, et il fallait un moment pour s'y habituer. J'ai d'abord interprété avec lui le *Requiem* de Verdi au Festival de Vancouver; c'était avec Lois Marshall, Jon Vickers et George London, baryton-basse de Montréal décédé il y a quelques années. Une distribution canadienne à faire rêver.

Jon et moi avons repris le *Requiem* de Verdi avec Steinberg près de dix ans plus tard au Lincoln Center; cette fois, Martina Arroyo, une femme au grand coeur qui aime autant que moi la compagnie et adore régaler les gens d'anecdotes, tenait la partie de la soprano. Elle peut fêter jusqu'au petit matin, ce dont je suis incapable, mais il faut dire qu'elle ne se lève pas avant midi. Une fois où nous donnions toutes deux des concerts à San Francisco, nous nous sommes croisées à plusieurs reprises à trois heures du matin à un comptoir de hamburgers de la chaîne Hippo, dont nous étions devenues des habituées. J'étais généralement sur le point de rentrer me coucher, mais Martina ne marquait ainsi qu'une pause dans son équipée nocturne. Quand nous avons chanté ensemble le *Requiem* de Verdi à New York, Steinberg n'avait plus beaucoup de temps à vivre. Une maladie l'avait presque totalement paralysé et il pouvait à peine bouger les mains tant elles étaient rigides. Je n'en fus aucunement désemparée, parce que j'avais souvent travaillé avec lui et que je savais ce qu'il voulait; mais les musiciens qui ne le connaissaient pas eurent du mal à s'y retrouver.

La dernière fois que je chantai sous la direction de Steinberg, à son avant-dernier concert, nous avons donné *Lied von der Erde* avec le Pittsburgh Symphony, dont il avait été le directeur musical pendant des années. Lorsqu'il entra en scène en traînant le pas, j'en eus le coeur brisé. J'avais l'impression de deviner, emprisonnée dans son enveloppe charnelle, une âme enragée. Lorsqu'il dirigea l'*Adieu*, je crus entendre les plaintes de cette âme. Il mourut à quelques mois de là et je restai fermement convaincue que son corps avait succombé longtemps avant son esprit.

Fait étrange, tous ces grands hommes de la musique ne m'ont jamais inspiré de crainte. Cela explique peut-être pourquoi je me suis toujours si bien entendue avec eux. Je n'ai jamais courbé l'échine ni fait de flatteries. Mais un jour où je faisais escale à l'aéroport de Boston, j'aperçus Pierre Monteux, un homme imposant et chaleureux, aux allures de morse, qu'on considérait comme le prince des chefs et l'inspiration de très nombreux jeunes maestros. Il avait dirigé pour les Ballets russes de Diaghilev à Paris, et il avait créé *Le Sacre du printemps* de Stravinski, en 1913, qui avait provoqué une émeute au Théâtre des Champs-Élysées. Je l'avais rencontré une fois déjà dans les bureaux de RCA et il avait vaguement évoqué la possibilité que nous travaillions ensemble, mais je n'osais espérer qu'il se souviendrait de moi. Je ne pus résister à l'envie de lui adresser la parole. «Maestro, je ne voulais que vous saluer et vous dire à quel point je vous admire. Nous nous sommes déjà vus chez RCA Victor. Je suis chanteuse.»

Pierre Monteux me détailla de la tête aux pieds. «Vous savez, vous avez tout à fait le type de la chanteuse.»

Je n'ai jamais eu la chance de travailler avec lui; peu après cette rencontre, il décédait. Mais on me demanda de participer au concert donné à sa mémoire à Carnegie Hall en 1964. Monteux avait accepté d'y diriger à cette date le London Symphony et, à sa mort, ses amis décidèrent de profiter de cette occasion pour lui rendre hommage. Le Tout-New York s'arracha littéralement les billets de ce spectacle parce qu'une impressionnante brochette d'artistes y participaient. Pablo Casals vint de Hongrie en avion pour diriger les *Concertos brandebourgeois*; Rudolf Serkin et Isaac Stern interprétèrent des solos au piano et au violon. Leopold Stokowski dirigea la *Fantaisie en do mineur* de Beethoven, avec Serkin comme soliste, et je chantai l'aria *Erbarme Dich* de la *Passion selon saint Matthieu*, sous la direction de Casals, tandis qu'Isaac tenait la partie de violon obligé. Quelle formidable soirée! Parmi les spectateurs, les vedettes ne manquaient pas non plus: dans la première rangée avaient pris place Aaron Copland, Eugene Istomin et Emil Gilels.

Ce soir-là, quelqu'un raconta une savoureuse anecdote à propos de Monteux. Un jour où il était en tournée dans les États du Sud avec le San Francisco Symphony, dont il était le directeur, l'heure du lunch passa sans qu'il songe à faire stopper l'autobus. Finalement, il demanda au chauffeur de s'arrêter devant un pittoresque restaurant de campagne et le gérant de l'orchestre y entra pour prendre les dispositions nécessaires, mais le propriétaire refusa de les servir. C'était un restaurant ségrégationniste, réservé aux Noirs. Le gérant réussit tout de même enfin à persuader le propriétaire qu'il ne serait pas ennuyé, parce qu'on le déchargeait de toute responsabilité. Personne n'oserait lui reprocher quoi que ce soit puisque le grand Pierre Monteux lui-même insistait pour manger chez lui. Après le lunch, au moment où les musiciens s'apprêtaient à quitter les lieux, le propriétaire s'approcha de Monteux pour s'excuser d'avoir fait quelques difficultés. «J'ignorais que vous étiez quelqu'un d'important», dit-il. «Mon ami, reprit Monteux, *chacun* de nous est quelqu'un d'important.»

* * *

Parce que j'ai travaillé si jeune avec tous ces illustres musiciens d'un âge avancé, j'en ai malheureusement vu mourir plusieurs. La plupart touchaient déjà à la fin de leur carrière au moment où j'ai fait leur connaissance et c'était pour moi un peu comme une ultime occasion d'entrer en contact avec une époque quasi révolue. Je ne prétends pas m'être liée d'amitié avec tous. Le monde de la musique ne s'y prête pas. Souvent, nos existences se frôlent un instant en scène, puis s'éloignent aussitôt parce que d'autres engagements nous appellent séparément dans d'autres villes. Mais avec les plus grands, j'ai toujours senti opérer une magie. Quand on travaille avec un génie, on se sent en confiance.

Et le génie se manifeste à tout âge. Il y a dix-sept ans, à mon arrivée à Bologne pour y donner les *Chants d'un compagnon errant* de Mahler, je téléphonai à mon agente italienne, Emi Erede, à Milan, pour obtenir plus de précisions sur le concert. Elle m'apprit que le chef invité était tombé malade et qu'un jeune Italien de la génération montante le remplacerait. Il n'avait que vingt-deux ans. «Vingt-deux ans et il veut diriger du Mahler!» m'exclamai-je, certaine qu'une personne aussi inexpérimentée ne saurait jamais sonder les profondeurs de ce cycle émouvant et inépuisable.

J'étais plutôt sceptique en me rendant à la répétition. Mais je fus renversée lorsque j'entendis l'interprétation intelligente et sensible que proposait ce jeune homme. Sa lecture de l'oeuvre était si proche de la mienne que j'avais l'impression de travailler avec lui depuis toujours. À mon retour à New York après ce voyage, je vantai son talent à qui voulait m'entendre et j'appelai les gens de Columbia Artists pour les supplier de le mettre sous contrat. Ils ne s'y intéressèrent pas. «Nous avons déjà suffisamment de jeunes protégés italiens talentueux», me rétorquèrent-ils. Et quand j'insistai, ils réagirent comme si j'étais devenue folle. Tout le monde sait maintenant qui de nous était le plus fou. Ce jeune homme est devenu l'un des chefs les plus célébrés sur la scène internationale et nous avons récemment répété ensemble à Philadelphie, où il est le chef attitré de l'un des plus grands orchestres d'Amérique, les *Lieder eines Fahrenden Gesellen.*

J'ai éprouvé aussi beaucoup de plaisir, dès notre première rencontre, à travailler avec un autre jeune maestro nommé Lorin Maazel. Enfant, il avait été un violoniste prodige, et je me demande souvent si cette expérience a pu marquer son style, si proche à mes yeux de celui d'un autre chef, également musicien prodige dans son enfance: George Szell. Tous deux avaient un tempérament froid, analytique, et des idées très arrêtées sur la façon d'interpréter chaque oeuvre. J'ai souvent chanté *Kindertotenlieder* avec Maazel et j'en ai tiré chaque fois beaucoup de satisfaction: je me revoyais travaillant avec Szell. Peut-être parce qu'il fut plongé très jeune dans un monde d'adultes et que des agents l'ont alors exploité, Lorin s'est montré avec moi très digne et très distant la première fois que nous nous sommes rencontrés. Je l'ai trouvé d'un commerce difficile. Un jour où je me trouvais à Vienne pour un enregistrement et que je traversais le hall de l'hôtel Imperial, j'entendis une voix qui m'appelait dans un fort accent new-yorkais: «Hé, Forrester, comment allez-vous?» Je me retournai, et qui aperçus-je, à moitié sorti d'une boîte téléphonique? Lorin Maazel! Il s'était remarié et n'était plus le même homme.

Lorsque j'ai débuté dans la carrière, pendant les années 1950, Leonard Bernstein était un jeune loup qu'on venait de nommer chef assistant du New York Philharmonic, alors sous la direction de Dimitri Mitropoulos. Ce n'était pas un mince honneur que d'être invitée à chanter avec lui, à New York, la *Missa Solemnis*;

j'ai eu un plaisir fou à travailler à ses côtés. C'était un homme très chaleureux et très expansif. Il prodiguait des accolades et des baisers à tous ceux qu'il croisait. J'ai chanté plusieurs fois avec lui depuis lors et il est toujours resté le même: prévenant, attachant et exubérant. Mais je ne prétends pas avoir réussi à vraiment connaître Lenny et je me demande combien de personnes y sont parvenues. Il se protège derrière une façade fort difficile à percer. En réalité, c'est un introverti et, comme tant d'autres, il dissimule ses angoisses derrière des élans de sociabilité.

Les critiques croient reconnaître dans ses compositions l'influence de Mahler et Lenny dirige mieux que quiconque les oeuvres de ce compositeur autrichien. Il joue si lentement le troisième mouvement de la *3ᵉ Symphonie* que je crains parfois, en l'écoutant, qu'il ne s'arrête avant la fin. Certains inconditionnels de Mahler n'apprécient guère ses interprétations, qu'ils jugent trop sentimentales, mais sa manière satisfait mon penchant pour le mélodrame. Je trouve cela tout simplement envoûtant. Même si j'ai donné cette symphonie avec plusieurs chefs, je n'oublierai jamais la façon dont Lenny l'a dirigée lors de l'office à la mémoire de Robert Kennedy. C'était si émouvant que je me suis dit: «Mon Dieu, voilà ce que j'aimerais pour mes funérailles.» Le Mahler de Bruno Walter était totalement différent: plus lyrique et éthéré, presque mystique. Dès la première mesure, il avait déjà en tête une vision complète de l'oeuvre; il savait exactement comment il la déroulerait et quelle impression sonore laisseraient les dernières notes, et cela avant même d'avoir entamé l'ouverture. Lenny est un chef qui vit l'instant présent. On a toujours le sentiment que son humeur du moment détermine son interprétation. Quand il termine une exécution, on a le sentiment qu'il a tiré de l'oeuvre tout ce qu'elle avait à livrer. Lenny exige toujours une intensité d'émotion qui épuise à la longue. Bien entendu, il en est la première victime et il ne s'arrêtera jamais. Cela pouvait aller quand il était jeune homme, mais je souhaiterais parfois qu'il apprenne aussi à se détendre. Il est si entier: je crains qu'il ne se ruine la santé.

Un jour où j'étais à Jérusalem pour le Festival d'Israël, Lenny y répétait la *3ᵉ Symphonie* de Mahler avec une autre alto, une jeune Israélienne douée d'une splendide voix. Pour une raison que j'ignore, il affirma n'en pas aimer la couleur et me demanda de la remplacer. «Non, lui dis-je, jamais je ne pourrais faire ça.» Après tout, il l'avait entendue auparavant et il savait donc à quoi s'attendre d'elle, sans compter que le concert se donnait dans la ville même où la jeune femme était née. «Pour vous, il ne s'agit que d'une autre exécution, poursuivis-je, mais ce concert pourrait décider de la carrière de cette fille dans son propre pays. Cela pourrait ruiner ses possibilités de faire carrière. Vous devez aussi songer à quel point sa confiance en elle-même s'en trouverait minée.» Il se rendit enfin à mes arguments et la garda.

Une autre fois, encore à sa demande, j'ai remplacé à pied levé une interprète. Je venais de chanter avec Seiji Ozawa au Festival de Tanglewood, résidence estivale du Boston Symphony, à Lenox, dans le Massachussetts, et j'avais à peine mis le pied dans la maison que le téléphone sonnait: la direction du Festival de Tanglewood me demandait si je pouvais immédiatement faire demi-tour. Lenny n'était pas satisfait de son alto dans la *Missa Solemnis*. À cette occasion, il fit remplacer deux chanteuses: l'alto et la soprano; et pour répondre à sa requête, Phyllis Curtin et moi avons sauté dans un avion.

Je me dis parfois que les chefs devraient y penser à deux fois avant d'engager un chanteur. Ce n'est pas comme s'ils devaient choisir un produit à l'aveuglette: ou ils ont entendu l'artiste en audition ou ils ont pu écouter ses enregistrements sur disque. Je ne trouve pas juste que certains chefs décident, à la dernière minute, sur un coup de tête, qu'ils préfèrent un timbre de voix différent pour une certaine oeuvre et mettent ainsi en péril la carrière de jeunes interprètes.

Seiji Ozawa, qui fut l'assistant de Lenny au New York Philharmonic, a fait une entrée fracassante dans le monde de la musique, un peu comme Lenny plusieurs années plus tôt. Il était déjà une vraie supervedette, fougueux et brillant, énigmatique et solitaire, quand il se retrouva à la tête du Toronto Symphony à trente ans seulement. Il étudiait encore pour améliorer son anglais lorsque je me suis produite avec lui une première fois; nous avons donné les *Five Songs for Dark Voice* («Cinq mélodies pour voix grave») que Harry Somers avait composées pour moi. Si je lui demandais: «Pouvez-vous me faire ça de cette façon?», il souriait, dodelinait de la tête et me répondait: «Oui, oui.» Mais quand l'orchestre se mettait à jouer, je constatais qu'il n'avait absolument rien compris à ce que je lui avais demandé.

Mais il apprend vite et, en moins de deux ans, il parlait anglais couramment. J'adorais travailler avec lui, mais certains membres influents du monde musical torontois n'ont jamais pu supporter la présence parmi eux d'un *enfant terrible*[2]. Rien ne les irritait plus que son refus de revêtir un habit de soirée après un concert et d'assister aux réceptions. Les rares fois qu'il y fit une apparition, il se présenta souvent en jeans, chaussé d'espadrilles. Au milieu des années soixante, pareille conduite avait fait de lui l'enfant chéri de la presse, mais certains esprits plus conservateurs en avaient été outrés. En fait, Seiji détestait qu'on l'invite à ces réceptions et il ne voulait pas se sentir *forcé* d'y aller. Après un concert, il souhaitait surtout se retrouver parmi des jeunes de son âge, rentrer chez lui pour écouter de la musique rock et faire un bon repas japonais.

Pendant un certain temps, Seiji tenta par tous les moyens de se donner des airs d'Occidental, mais après son départ de Toronto pour San Francisco, son mariage et la naissance de ses enfants, il s'est peu à peu rapproché de ses racines japonaises. Maintenant, il vit au Japon six mois par année et il insiste pour que ses enfants y reçoivent leur éducation. Des musiciens m'ont raconté qu'il était devenu plus réservé et plus exigeant, et qu'il s'emportait même contre le gérant de l'orchestre si d'aventure certains détails l'agaçaient, ce qui n'était pas du tout son genre lorsqu'il habitait Toronto.

* * *

Mais le chef le plus bizarre avec qui j'aie travaillé est pratiquement un inconnu. Il y a plusieurs années, Harold Shaw, qui était alors mon agent, me téléphona pour me dire qu'il avait reçu une offre plutôt inusitée. Un millionnaire nommé Gilbert Kaplan, qui avait rêvé toute sa vie de diriger la *2e Symphonie* de Mahler, avait retenu les services du American Symphony pour un concert privé à l'intention de ses amis, des banquiers de New York, et il me demandait d'être sa soliste. Jamais de ma vie je n'avais

---

2. En français dans le texte. (*N.d.T.*)

rien entendu d'aussi ridicule. La *2ᵉ Symphonie* de Mahler est l'une des oeuvres musicales les plus difficiles qui soient et je venais tout juste de la donner une énième fois avec Zubin Mehta et le New York Philharmonic. «Je ne veux pas la faire avec un amateur», répondis-je. Mais Harold ne lâcha pas prise. Kaplan était prêt à me verser un cachet de dix mille dollars et il avait aussi engagé le Westminster Choir de Princeton, au New Jersey, celui-là même avec qui j'avais interprété la même oeuvre sous la direction de Bruno Walter. «Écoutez-moi, dit Harold, il ne s'agit que d'un concert privé; si quelque chose accroche, le grand public n'en saura rien; et tous vos amis, même les Bronfman, y seront.» Mais je me montrai inflexible. Je ne m'y prêterais pas pour tout l'or du monde.

Quelques critiques réussirent à se faufiler parmi les invités et portèrent Gilbert Kaplan aux nues. L'année suivante, comme il était devenu membre du conseil d'administration du American Symphony, il décida de diriger la même oeuvre en public, dans le cadre d'un concert bénéfice. Il me redemanda de tenir le solo et, cette fois, il me téléphona lui-même. Parce qu'il s'agissait de venir en aide à un orchestre en difficulté, j'ai finalement cédé en me disant: «Pourquoi pas?»

Américain de naissance, Gilbert Kaplan avait entendu pour la première fois la *2ᵉ Symphonie* de Mahler à l'âge de vingt-quatre ans: c'était au cours d'une répétition du American Symphony, dirigée par Stokowski. Depuis, cette oeuvre l'obsédait littéralement. Ce génie avait réussi à créer son propre magazine, *Institutional Investor*, dont le bureau-chef se trouvait à New York, et que recevaient tous les magnats de la finance internationale. En fait, on n'avait même pas à s'y abonner: la direction vous l'expédiait gratuitement si elle jugeait que vous le méritiez. À trente ans, il était déjà millionnaire et, dès qu'il se mettait en tête de relever un défi, il s'y consacrait entièrement. Sa femme Lena est une beauté suédoise, et, chaque année, ils se rendent chez ses parents en Suède pour y passer la fête de Noël en famille. Mais comme Lena se plaît à le répéter, même si les Suédois se font un devoir de parler anglais en présence de leurs invités, les membres de sa famille finissent inévitablement par oublier la présence de Gilbert et par s'entretenir entre eux en suédois. Une année où cela se produisait comme d'habitude et que tous jacassaient en suédois autour de Gilbert, l'un des frères de Lena se permit ce commentaire: «Gilbert est un type formidable, j'en conviens, mais pourquoi garde-t-il les cheveux si longs?» Et un autre laissa tomber: «Oui, et pourquoi un homme riche comme lui porte-t-il ces affreuses chaussettes rouges?» À ces mots, Gilbert se leva et leur fit la leçon, dans un suédois impeccable. «Soit dit en passant, cher beau-frère, puisque vous tenez tant à le savoir, je porte des chaussettes rouges pour la même raison que je garde les cheveux longs: parce que j'aime ça.» Comment ne pas aimer un homme qui consacre un an à étudier secrètement le suédois? On comprendra alors qu'à partir du moment où Gilbert Kaplan s'était mis dans la tête de diriger la *2e Symphonie* de Mahler, rien n'aurait pu l'arrêter, même s'il n'avait jamais, dans sa vie, tenu une baguette de chef.

Il jouait un peu de piano; mais il en jouait aussi peu que moi, et jamais je n'aurais songé à exhiber mes talents de pianiste en public. Il engagea un chef pour lui enseigner à lire une partition et lui apprendre à diriger. Puis, chaque fois qu'il apprenait que quelqu'un donnait cette oeuvre, où que ce soit dans le monde, il sautait à bord de son jet privé et rencontrait le chef en question pour discuter avec lui, pendant quelques heures, de sa conception de l'oeuvre. J'avais entendu parler de lui partout où j'avais chanté en Europe. Il ne manquait certainement pas de culot.

Tous les billets pour le concert du American Orchestra à New York s'étaient vendus rapidement. C'était une soirée de gala et la *crème de la crème*[3] de la société new-yorkaise s'y était donné rendez-vous. Ma participation à cette exécution ne me causa pas le moindre embarras; ce fut au contraire une révélation. Gilbert ne se contenta pas seulement de diriger l'oeuvre, il le fit de mémoire, et la *Symphonie* dite *Résurrection* dure une heure et vingt minutes. Par moments, son interprétation était fort émouvante. Pour tout dire, cette exécution fut grandiose en un sens parce qu'elle forçait chacun à se demander si finalement toute personne intelligente et déterminée ne pourrait pas diriger l'oeuvre de son choix. En décembre 1984, j'ai de nouveau chanté la *2e Symphonie* avec lui et le London Symphony. Et, encore une

---

3. En français dans le texte. (*N.d.T.*)

fois, chacune de ses décisions me parut défendable. Il connaît tous les enregistrements de cette symphonie, et son interprétation, qui a pourtant des caractéristiques de chacun d'eux, n'en est pas moins homogène. Depuis lors, il l'a aussi donnée avec d'autres orchestres, et, en le regardant diriger, j'ai toujours l'impression de voir en action une mécanique parfaitement huilée, presque un ordinateur. Il connaît de mémoire toutes les notes et rien ne lui échappe, mais si on observe son visage pendant qu'il dirige, on peut sentir que chacun de ses gestes est calculé. Il ne vit pas et ne respire pas réellement la musique, et cela fait toute la différence.

J'eus tout de même plus de plaisir à travailler avec Gilbert Kaplan qu'avec certains autres chefs plus jeunes avec qui je me suis parfois produite. Il m'arrive de me présenter dans de petites villes où je dois frayer avec un jeune maestro ambitieux, à la crinière hirsute, et qui pense avoir réponse à tout. Personne ne peut rien lui apprendre. Je m'assois, j'écoute le tempo qu'il adopte, absolument inapproprié, et je subis sans broncher une interprétation que je considère franchement inacceptable. Le chef reste toujours le patron. Autant je me dis souvent que j'ai eu de la chance de débuter dans cette carrière aux côtés de génies comme Bruno Walter, Friz Reiner et George Szell, autant j'y vois aussi parfois un désavantage. Quand on a travaillé dès ses débuts avec les chefs les plus illustres de ce siècle, on se sent moins de patience avec les jeunes freluquets.

* * *

Si j'ai toujours prétendu n'avoir jamais été intimidée par les grands noms de la direction d'orchestre, je dois néanmoins admettre que l'un d'eux m'a tout de même donné des papillons dans l'estomac. Deux ans après que Bruno Walter m'eut découverte, André Mertens me confirma par téléphone un engagement qui m'enthousiasma: il s'agissait d'interpréter, en première américaine et sous la direction de Leopold Stokowski, l'aria pour alto de *Alexandre Nevski* de Prokofiev, dans le cadre du Empire State Music Festival, en 1959. L'honneur était considérable parce que Stokowski se targuait d'avoir révélé cette oeuvre au public américain pendant la guerre, sur les ondes radiophoniques de la NBC. Parce qu'il s'agissait de la première pièce que je chanterais en russe, je demandai l'aide d'un professeur de langues de Montréal qui donnait régulièrement des leçons aux membres du corps diplomatique. Quand on chante en russe, la voix provient de cinq centimètres plus bas et cinq centimètres plus loin en arrière; du moins, c'est ainsi que je me le représente.

À mon arrivée à New York, j'étais impatiente d'aller à ma première répétition avec piano, qui devait avoir lieu à l'appartement de Stokowski, dans la Cinquième Avenue. Lorsqu'on m'ouvrit, je crus d'abord me trouver en présence d'une femme. La personne qui se tenait devant moi avait la crinière blanche et bouclée la plus touffue que j'aie vue. C'était pourtant le maestro lui-même.

Il était alors marié à Gloria Vanderbilt et l'appartement était évidemment princier. Les murs étaient littéralement tapissés de photographies de ses enfants et des grands moments de sa carrière, mais je n'aperçus ni Gloria ni les enfants. Stokowski m'accompagna lui-même au piano à queue et nous nous entendîmes à merveille. Il parut satisfait de mon interprétation; de temps à autre, il s'arrêtait toutefois pour me dire: «Très bien, mais, comment dire?... un peu plus... un peu plus russe!»

Le lendemain matin, nous traversions en voiture la vallée de l'Hudson pour nous rendre à Bear Mountain, où a lieu le festival. Le compositeur Heitor Villa-Lobos, dont une oeuvre serait jouée au même concert, s'y trouvait déjà. Il était de petite taille, très hispanique sous son chapeau mou à larges bords qui lui donnait l'air d'un gaucho brésilien à la retraite. Déjà fort âgé, il paraissait très fragile dans l'air humide et lourd de Bear Mountain. Villa-Lobos me fit signe d'approcher du banc où il était assis, près d'une fontaine, et me dit qu'il m'avait entendue chanter. «Et maintenant, vous devriez interpréter mon opéra en un acte. Il conviendra parfaitement à votre voix.» Il n'en mentionna pas le titre et j'étais si excitée par mon travail avec Stokowski que j'oubliai même de le lui demander; plus tard, je m'en suis voulu énormément de ne pas m'en être informée, parce que, quelques mois plus tard, Villa-Lobos quittait ce monde. Je n'ai jamais réussi à retracer cette oeuvre et la plupart des musiciens n'en ont même jamais entendu parler. J'étais encore indolente à l'époque, quand il s'agissait de saisir les occasions qui se présentaient.

Lorsque Stokowski fut prêt à répéter, je quittai Villa-Lobos et rejoignis l'orchestre sur la scène en plein air. C'était un chef très expressif; aucun de ses gestes n'était gratuit et il disposait les musiciens d'une manière plutôt hétérodoxe — tous les cuivres d'un côté, et, de l'autre, toutes les cordes —, afin d'obtenir le son qu'il recherchait. Certains puristes s'en scandalisaient et le tenaient pour un original.

Dans *Alexandre Nevski*, ma partie consistait en une aria éblouissante de la Mère Russie cherchant, sur le champ de bataille, son enfant parmi les cadavres: une page tragique et très bouleversante. Pendant la répétition, j'étais assise aux côtés de Stokowski, devant l'orchestre, et j'eus soudain un sourire. Il s'arrêta. «Pourquoi souriez-vous?» demanda-t-il, déconcerté et un peu froissé.

«Maestro, répondis-je, je viens de me rendre compte que mes désirs se sont réalisés. Depuis que j'ai vu, enfant, *One Hundred Men and a Girl*, je rêvais de me retrouver assise ici même, chantant avec Leopold Stokowski et un orchestre symphonique.»

CHAPITRE 20

La tournée

Lors d'une tournée en France avec l'Orchestre symphonique de Bordeaux, je constatai soudain, après une demi-heure d'autoroute, que j'avais oublié mon soutien-gorge spécialement conçu pour les robes décolletées dans le dos. Comme on s'en doute bien, je ne peux pas chanter sans soutien-gorge... Chaque fois que nous passions à proximité d'une petite ville de province, le chauffeur de la limousine Peugeot dans laquelle j'avais pris place avec le chef Roberto Benzi y poussait une pointe et je me précipitais à la boutique de lingerie fine. Mais les vendeuses écarquillaient les yeux lorsque je leur demandais si elles avaient ma pointure. «Oh, Madame, répondaient-elles, il faudrait pour ça aller en Allemagne.» En désespoir de cause, je me rabattis sur un comptoir de tissus à la verge où je me procurai un mètre de tissu et une bande élastique. J'ai moi-même cousu, collé et assemblé les pièces de cette création de mon cru. J'y ai si bien réussi qu'on a dû, après le concert, avoir recours à des ciseaux pour m'en libérer. Voilà qui donne un coup au mythe de la vie fastueuse qu'on prête aux cantatrices en tournée!

Une autre fois, j'avais oublié le corsage d'une robe et Lois Marshall dut m'envelopper le buste dans un long foulard de soie pour un spectacle. Je le répète souvent: il faut savoir improviser. Je n'oublierai jamais l'air ahuri d'une portraitiste qui avait pris place à mes côtés au mariage de la fille de mes amis Jackie et Paul Desmarais, célébré au Musée des Beaux-Arts de Montréal. L'artiste peintre se plaignait de ce qu'elle perdait ses sandales; pendant que nous attendions l'arrivée de la mariée, je la convainquis de les retirer et de me les confier. Elle resta médusée lorsque je sortis des ciseaux de ma bourse et rajustai sur place ses chaussures alors même que se déroulait la cérémonie. En tournée, on apprend à parer à toutes les urgences.

Au cours des trente dernières années, j'ai passé quatre-vingt-dix pour cent de mon existence en tournée. Les musiciens mènent une vie errante; s'ils veulent travailler, il leur faut accepter de se déplacer constamment, ce qui les condamne parfois à une existence très solitaire. Et c'est pourquoi certains artistes, qui ne supportent pas la solitude, retiennent les services d'une dame de compagnie qui les suit partout. En tournée, je n'ai jamais eu d'autre compagnon de route que mon accompagnateur, et quand je chante avec des orchestres, je voyage toujours seule. Je ne confie même pas à personne le soin de mes réservations d'hôtel et d'avion, parce que j'y réussis mieux moi-même et que je calcule plus rapidement que n'importe quel agent de voyage les délais nécessaires pour les correspondances.

Les musiciens se côtoient très peu en tournée; un soir, ils se produisent à tel endroit, et, dès le lendemain, ils doivent plier bagage pour remplir leur engagement suivant dans une autre ville. Une certaine camaraderie, qu'on pourrait qualifier de fraternelle, se développe toutefois entre eux. Il y a quelques années, alors que j'étais de la distribution du *Médium*, le gérant du MacMillan Theatre de Toronto me dit, à mon arrivée dans la salle: «Oh, Rudolph Serkin donnait ici un concert la semaine dernière et il a laissé un mot pour vous.» Le message se lisait comme suit: «Désolé de ne pas avoir pu t'embrasser, ma chérie. Meilleurs voeux de succès.» Sur quoi avait-il écrit ces mots? Sur du papier hygiénique!

Serkin était l'homme le plus gentil qui soit. Il m'est arrivé de participer à son Festival de Marlborough, au Vermont. Après mon exécution des *Deux chants pour contralto, avec accompagnement à l'alto et au piano* de Brahms, il vint me voir à l'entracte et s'excusa de ce que sa femme Irene et sa fille Judy ne l'aient pas accompagné en coulisse pour me dire à quel point elles avaient apprécié mon interprétation. «Mais pourquoi vous excuser?» lui demandai-je. «Parce qu'elles étaient si bouleversées qu'elles se sont réfugiées dans les bosquets pour pleurer», me dit-il. Dans la bouche de bien d'autres personnes, cette réponse aurait pu avoir l'air d'une basse flatterie, mais venant des Serkin, on pouvait la croire sincère. Ils n'étaient pas autrement.

Mon plus cher souvenir de Serkin, je le tiens d'un concert où je ne chantais même pas avec lui. J'avais pris place dans la salle pour la soirée d'ouverture du Festival de Saratoga, résidence d'été du Philadelphia Orchestra, où je devais me produire le lendemain soir. Serkin donnait un concerto de Beethoven avec Eugene Ormandy et l'orchestre; au deuxième mouvement, une panne d'électricité plongea la salle dans l'obscurité. Serkin et l'orchestre ont joué merveilleusement dans le noir. Quand la lumière revint, on entendit Ormandy murmurer: «J'ai toujours su qu'ils n'avaient pas besoin de moi.»

La vie en tournée ne manque pas d'aventures cocasses. Dans les premières années qui suivirent notre association, André Mertens m'avait obtenu par tous les États-Unis des tournées de récitals que la direction de Columbia Artists organisait elle-même et vendait sous le titre de Community Concerts. Les artistes qui n'avaient pas eu comme moi la chance d'une tournée pour les Jeunesses musicales en tiraient à la fois une grande expérience et une occasion de se faire mieux connaître. L'un des premiers concerts du genre se donnait à Vernal, dans l'Utah, une ville où on extrait du pétrole des sables bitumineux. Un comité d'accueil nous attendait, John Newmark et moi, à l'aérogare, et, dans la voiture qui nous emmenait à l'hôtel, John demanda si on avait trouvé quelqu'un pour tourner les pages, tel qu'il l'avait demandé. «Oh, bien sûr, l'assura-t-on, nous avons déniché une gentille petite fille qui joue du violon.» Elle assista à la répétition, assise sur le banc aux côtés de John. Chaque fois qu'il hocherait la tête, lui expliqua-t-il, elle devrait se lever; un second coup de tête de sa part indiquerait à l'enfant que le moment était venu de tourner la page.

Le soir du concert, elle était très nerveuse. Elle se présenta dans une petite robe dont la jupe était aussi empesée qu'un tutu et, quand elle s'assit aux côtés de John, le tulle se retroussa au point de couvrir les touches graves du clavier. Le spectacle qu'ils offraient ainsi à la salle était plutôt obscène, surtout lorsque John, si digne, cherchait à tâtons les notes basses. Quand vint pour elle le moment de se lever et de tourner la première page, John lui adressa un sourire, secoua la tête et elle lui rendit son sourire.

Il répéta son signe de tête, mais elle resta assise et continua de lui sourire. Elle ne tourna pas une seule page de tout le récital.

Le même soir, après le concert, on donnait une réception dans un hôtel de la ville. Comme j'y entrais, un homme portant une chemise de bûcheron en sortait. «Êtes-vous la chanteuse?» demanda-t-il. Je lui répondis affirmativement. «Écoutez-moi, ma jolie, fit-il en me flanquant une grande tape dans le dos, je n'étais jamais allé à un concert avant ce soir et je tenais à vous dire que, même si je ne devais jamais en voir un autre, j'en ai eu ce soir pour mon argent.»

Nous sommes allés ensuite à El Paso, au Texas, où notre agente régionale, une dame fascinante de quatre-vingt-neuf ans nommée Ma Short, habitait l'étage supérieur de ce qui était alors le Hilton Hotel; elle fumait de gros et longs cigares dans une chambre où s'empilaient tant de journaux qu'une étincelle aurait tout fait flamber. Quand je fis sa connaissance, j'étais très curieuse de tout savoir sur cette carrière dans laquelle je venais de m'engager et je lui demandai ce qui l'avait incitée à retenir mes services.

«Ma chouette, dit-elle de sa voix traînante en retirant son cigare de sa bouche, je lis chaque jour le *New York Times*, et ce qui est bon pour New York l'est aussi pour El Paso.»

Un jour, je remplissais un engagement à El Paso dans le cadre d'un Community Concert, et, le lendemain, je me retrouvais dans une grande salle de concert en Italie. Je crus que mon premier récital à Milan ne prendrait jamais son vol. Je chantais de toute mon âme tandis que ces dames portant chapeaux et gants restaient rivées à leur siège, le visage impassible, et ne m'accordaient que de tièdes applaudissements. À l'entracte, je dis à Donald Nold, mon accompagnateur américain: «Mon Dieu, c'est la catastrophe.» Au même moment, un petit vieillard entra dans la loge en poussant des «Oh!» et des «Ah!» d'admiration. Il se présenta comme un professeur de chant du Conservatoire et il remarqua qu'en dépit de ses éloges j'étais contrariée. «Ah! Signora, fit-il, je devine ce qui vous tracasse: vous croyez que ces vieilles femmes dans l'assistance ne vous aiment pas. Ne vous inquiétez pas, elles ne savent même pas se faire une idée. À chaque concert, elles viennent me voir à l'entracte pour me demander si c'est réussi. Aujourd'hui, je leur ai dit que c'était magnifique. Leur accueil vous paraîtra bien différent à partir de maintenant.» Pendant la seconde partie du récital, en effet, les bravos et les ovations debout se multiplièrent.

En Italie, on a souvent cette ennuyeuse coutume de verser leur cachet aux chanteurs à l'entracte. Une artiste se voit ainsi forcée de cacher dans sa loge ce qui doit assurer sa subsistance pendant un mois ou de rentrer en scène pour la seconde partie après avoir glissé de force tous ces billets dans sa gaine, en espérant que le public ne remarquera pas ses nouvelles rondeurs. Dans un pays où la monnaie, la lire, est si dévaluée et les factures si astronomiques, pas étonnant qu'on voie tant de cantatrices se produire dans des robes de plus en plus amples!

Un jour où je donnais la *Missa Solemnis* avec Herman Scherchen dans la cathédrale de Monreale, une cité historique de Sicile non loin de Palerme, et que la salle était bondée, on ne me paya pas à l'entracte, comme à l'ordinaire. Après le spectacle, je rassemblai mes affaires et, comme je m'apprêtais à quitter la salle par une porte latérale pour rentrer en voiture à mon hôtel, un petit homme singulier fumant un gros cigare, portant un complet à fines rayures et un chapeau Al Capone qui lui couvrait un oeil, s'approcha de moi. «Forrestieri?» s'enquit-il.

«*Si*», lui répondis-je avec circonspection, comme si j'avais craint une tentative d'enlèvement.

«*Vieni qui*», me dit-il en pointant du doigt le pare-chocs d'une voiture garée devant la porte. Sans plus de cérémonie, malgré la présence autour de nous des derniers spectateurs à sortir de la salle, il se mit à compter des lires à même une énorme liasse et me tendit mon dû.

J'étais insultée et, dès mon arrivée à l'hôtel, j'appelai mon agente, à Milan. «Emi, lui dis-je, vous ne me croirez jamais quand je vous dirai avec quel mépris on m'a traitée. On m'a remis mon cachet au-dessus d'un pare-chocs de voiture, en pleine rue, comme on paierait une pute.»

Il y eut un moment de silence à l'autre bout du fil. «Mais on vous a payée, n'est-ce pas, ma petite?» demanda-t-elle d'une voix angoissée.

«Oui, bien sûr, mais là n'est pas la question.»

«Ma petite, continua-t-elle, remerciez le ciel. Vous ne savez pas à quel point vous avez de la chance.»

Parvenir à la salle de concert est souvent déjà en soi une demi-victoire. Un hiver où j'habitais encore à Montréal, la veille d'un récital que je devais donner à Boston, un blizzard avait soufflé sur la côte est et l'aéroport de Dorval avait été fermé. Comme je ne pouvais courir le risque qu'il le soit encore le lendemain, John Newmark et moi avons sauté dans ma voiture et voyagé presque toute la nuit dans une tempête de neige qui avait même immobilisé les trains. Lorsque nous nous sommes enfin garés devant Jordan Hall pour y donner notre concert, nous n'avions que quinze minutes de retard. Une autre fois, l'appareil dans lequel j'avais pris place, à l'aéroport de Pittsburgh, fut retenu au sol en raison d'un épais brouillard; pour m'assurer d'arriver à temps à Toronto, où je devais me produire au St. Lawrence Center, je louai un avion privé. Cette fantaisie me coûta finalement plus que ne me rapporta mon récital.

Il m'arrive de me dire que je passe la moitié de ma vie dans le ciel, et j'ai souvent frôlé la catastrophe. Un jour — j'étais alors enceinte de Gina —, John et moi nous trouvions à bord d'un avion entre Montréal et Toronto, où nous devions changer d'appareil pour nous rendre à Rapid City, dans le Dakota du Sud, et je remarquai soudain que nous tournions en rond depuis un bon moment. Finalement, le pilote s'adressa aux passagers par l'interphone: «Ne vous inquiétez pas, les amis, dit-il. Nous avons un petit problème: nous avons sorti le train d'atterrissage mais une seule roue a obéi; nous continuerons donc à tourner en rond au-dessus du lac Ontario pour utiliser le plus de carburant possible et nous délester ainsi de ce poids mort.» La plupart des passagers furent saisis de panique, mais, pour une raison que j'ignore, je ne fus pas effrayée le moins du monde. Un seul détail me préoccupait: nous raterions notre correspondance et nous ne pourrions donner notre concert. Pour amortir les coups, je jetai sur mes épaules le vison que je venais de m'acheter et l'hôtesse entassa des coussins autour de nous; lorsqu'on nous demanda de nous pencher vers l'avant et de protéger nos têtes, je fus prise d'un fou rire. J'étais enceinte de huit mois et demi et mon tronc refusait de plier. Je baissai la tête et soufflai à John, blanc comme un drap: «À plus tard, vieille peau!» Cette fois, il n'apprécia pas du tout mon sens de l'humour.

Au sol, les équipes de secouristes se tenaient prêtes à intervenir avec leurs ambulances et leurs camions à incendie, et elles avaient aspergé la piste de mousse ignifuge. Lorsque nous avons touché le sol, l'unique roue du train d'atterrissage qui s'était positionnée se détacha et nous avons atterri sur le ventre sans nous écraser. Quand les portes s'ouvrirent, nous avons pu descendre directement sur la piste sans l'aide de rampe d'embarquement. Tous les passagers étaient secoués; moi, je ne me faisais du souci que pour mon nouveau vison, couvert de cette mousse gluante qu'on avait répandue sur la piste. Les journalistes se ruèrent sur nous et je les suppliai de ne pas révéler avant le lendemain matin que j'étais à bord de l'appareil. «Je ne voudrais pas que mon mari s'inquiète, dis-je. Il joue du violon en concert ce soir même.»

Pérouse, Pittsburgh, Vienne, Vancouver, Varsovie: ces noms n'évoquent plus pour moi qu'une succession de chambres d'hôtel semblables. Je ne peux situer dans le temps tel ou tel événement qu'en me rappelant lequel de mes enfants je portais à l'époque. Parfois, les déplacements continuels me rendaient un peu folle. Un jour, après un concert avec le Concertgebouw Orchestra d'Amsterdam, je me rendis compte que je disposais de trois journées complètes à moi avant mon prochain spectacle. Partout où j'étais allée en Europe au cours de cette tournée qui me semblait durer depuis des mois, il avait plu. Je descendis à la réception de l'hôtel et demandai où brillait le soleil à une heure de vol. Le réceptionniste vérifia les rapports de météo. «À Copenhague», répondit-il. «Réservez-moi une place sur le prochain vol», lui dis-je. Au cours de ce voyage, j'ai découvert à la fois la ville de Copenhague et l'argenterie Georg Jensen. Cela devait se passer en 1961, parce que j'étais alors enceinte de Linda.

Des années durant, chaque printemps, je me suis produite au Festival de Vienne, et j'enregistrais simultanément dans cette même ville les opéras de Haendel sur étiquette Westminster. La première année, nous avions enregistré *Rodelinde*, puis ce furent *Xerxès*, *Théodora* et *Heraklès*, que j'ai d'ailleurs chanté avec Louis Quilico. On ne montait presque jamais ces opéras et ces oratorios, et on m'y confiait invariablement des rôles masculins:

232

Bertarido, le roi décadent de *Rodelinde*, ou Xerxès lui-même. Je logeais chaque fois à l'hôtel Imperial, le meilleur de la ville. En tournée, je crois qu'il est nécessaire de se dorloter. Eugene disait toujours que si on ne peut pas se payer plus de luxe en tournée que chez soi, voyager n'en vaut pas la peine. Au café de l'Imperial, il y avait un vieux serveur au regard triste qui se souvenait de moi d'une année à l'autre. Il m'appelait «*Frau Kammersängerin*» — Madame la Chanteuse de chambre —, le plus grand hommage qu'on puisse rendre à une cantatrice à Vienne, où on raffole des titres. Ce serveur ne me laissait jamais rien commander directement du menu. «Je vais vous servir une *Suppe*», disait-il.

«Oh, est-elle bonne ce soir?» demandais-je.

«Les chanteurs ont besoin de soupe, insistait-il. Ensuite, vous prendrez bien un plat de *Wiener Schnitzel*, notre bonne escalope de veau panée.»

Un soir où nous avions complété l'enregistrement de mes récitatifs d'*Héraklès* plus tôt que prévu, je dus trouver un moyen d'occuper cette soirée de liberté imprévue. J'étais d'humeur à me faire plaisir pour avoir si bien travaillé; j'enfilai ma plus belle toilette, jetai mon vison sur mes épaules et me rendis à l'Opéra; malheureusement, il ne restait plus une seule place, même debout. Je décidai donc, à la place, de dîner dans la grande salle à manger de l'hôtel, pour changer. Elle était presque vide parce que tout le monde s'était rendu à l'Opéra, mais lorsque je m'y présentai, le maître d'hôtel m'affirma d'un air terriblement arrogant que toutes les tables étaient réservées. Il m'avait jeté un regard impudent et m'avait cataloguée comme une touriste nord-américaine emmerdeuse. J'insistai et il finit par m'indiquer une table, la moins bonne de la salle. Je déteste les gens qui se donnent des airs, et, selon mon expérience, les personnes les plus illustres sont les moins affectées. J'en voulais tant à cet homme que je décidai de lui donner une leçon de bonnes manières et de lui enlever ses préjugés. Je commandai du caviar et de la vodka; je précisai au serveur de m'apporter toute la boîte de caviar et une pleine bouteille de vodka bien froide, sans même m'informer des prix. Puis je commandai du faisan domestique avec un Château Mouton-Rothschild et, pour terminer, un Sachertorte. Lorsque j'eus terminé mon repas, tout le personnel était aux petits soins avec moi, y compris le maître d'hôtel. Au moment où je quittais la salle après avoir distribué des pourboires princiers, il me demanda: «Aurons-nous le plaisir de vous revoir demain soir, *Hoheit*?», ce qui signifie littéralement «Votre Grandeur».

«Non, lui répondis-je sèchement, il n'y avait pas de quoi se régaler. Merci!» Le lendemain soir, je retournai au café voir mon spécialiste en nutrition des chanteurs.

Vienne est une ville merveilleuse à découvrir en touriste, mais je n'aurais jamais aimé vivre dans ces murs où tant de grands musiciens ont prospéré. Pour les chanteurs étrangers qui viennent y travailler, cette ville peut se transformer en un véritable coupe-gorge. On raconte que des vedettes de passage à l'Opéra de Vienne y ont vécu des moments horribles. Je ne me suis jamais produite dans cette salle, mais, selon ce que m'ont rapporté des amis, les Viennois les flattaient en leur présence mais les dénigraient dès qu'ils avaient le dos tourné. Je me suis rendue une fois en avion dans cette ville pour y donner un concert et j'en suis repartie sans même que l'impresario ait eu la décence d'envoyer quelqu'un pour m'accueillir ou s'assurer qu'il ne me manquait rien. Un manque de courtoisie aussi flagrant a de quoi laisser incrédule.

Mais chaque fois que j'y séjourne en touriste, j'adore flâner dans les musées, que je m'efforce d'ailleurs de visiter partout où je vais. Cela me permet de sortir de ma chambre d'hôtel, où il m'arrive parfois de devenir abrutie à force de n'avoir rien d'autre à regarder que les quatre murs ou la télévision. Combien j'en ai habité, de ces chambres! J'ai souvent l'impression de ne voir rien d'autre pendant des mois. Dès que je descends dans un hôtel, je m'empresse d'en ressortir aussitôt pour m'acheter des fleurs. Si je me trouve dans une ville pour un long séjour ou si j'y donne un opéra, je loue généralement un petit meublé, comme le font la plupart des musiciens; par leur décor, ces appartements sont assurément les endroits les plus déprimants qui soient, à l'exception peut-être des cellules de prison. Tout le mobilier y est inévitablement de plastique, les verres sont de vieux pots de confitures, et la vaisselle, le pire méli-mélo! Je finis toujours par m'acheter des coussins, des affiches, une cafetière et un petit poêlon de téflon, pour me sentir un peu plus chez moi. En peu de temps, j'ai ainsi accumulé une pleine malle d'ustensiles de cuisine et certainement la plus grande collection au monde de téflon de voyage.

En tournée, je ne suis toutefois pas aussi casanière que certains chanteurs que je connais. La soprano Evelyn Lear et son mari, le baryton-basse Thomas Stewart, ne se déplacent jamais sans une malle contenant une cuisine portative. Et le baryton-basse Paul Plishka, un merveilleux cuisinier, ne voyage jamais sans sa femme si un engagement l'oblige à s'absenter pour un long moment. Ils remplissent leur voiture jusqu'au toit d'une batterie Cuisinart, d'un moulin à café, d'une cafetière, de poêlons électriques, de bouilloires, de couteaux de cuisine et tout le reste. Même chez ces bohèmes que sont les artistes, l'instinct domestique prend parfois le dessus. En tournée, Lois Marshall passait beaucoup de temps dans sa chambre, parce que sa claudication l'embarrassait et la retenait de sortir. Je ne lui ai jamais demandé quel genre d'ustensiles domestiques elle pouvait trimballer dans ses valises, mais lorsque j'ai voyagé avec elle, du temps que nous faisions partie du Bach Aria Group, je ne sais plus combien de fois je me suis fait mal au dos pour avoir transporté ses bagages du terrain de stationnement à sa chambre.

Le Bach Aria Group était d'ailleurs souvent appelé à voyager. William Scheide, un riche musicologue américain de Princeton, en avait été l'initiateur. Et il avait décidé de consacrer son existence à faire connaître la musique de Bach. En fondant cet ensemble vocal et instrumental, il avait déjà sa petite idée: sélectionner des arias, des duos et des quatuors, parmi les deux cent quinze cantates de Bach, et les offrir en récital au public, avec un accompagnement réduit à un quintette de chambre, au lieu des choeurs impressionnants que Bach a composés en introduction et en conclusion à ces oeuvres. À l'origine, le groupe se composait de très grandes vedettes: Eileen Farrell, Jan Peerce, Norman Farrow — une basse de London, en Ontario — et Carol Smith, qui tenait la partie de l'alto. Mais en 1958, alors que Carol Smith séjournait en Europe, Scheide m'invita à la remplacer. Il s'agissait d'une très prestigieuse invitation.

Je m'étais imaginé que tous ces chanteurs illustres devaient être très guindés. Mais comme je me rendais à ma première répétition avec eux, au studio du pianiste Paul Ulanowsky, dans son appartement de New York, j'entendis dans le corridor une femme qui criait, à l'intérieur, avec l'accent nasillard typiquement new-yorkais: «Christ, que cette foutue musique est difficile!»

Scheide s'efforçait de la calmer: «Allons, allons, pense à Notre Seigneur sur la croix.»

«Bon Dieu, répliqua-t-elle, ça fait des années que tu me crucifies avec ça.»

Et c'est ainsi que je fis la connaissance d'Eileen Farrell. C'était une femme épatante, enjouée, d'une constitution assez semblable à la mienne. Elle n'avait pas une once de prétention. Ce langage de matelot prenait dans sa bouche une dimension comique.

Jan Peerce, qui avait commencé sa carrière de violoniste sous son vrai nom, Pinky Perelmuth, était tout simplement exquis, le type même de l'oncle adoré. En dépit de sa renommée et de sa fortune, il ne snobait jamais personne et il avait un timbre de voix si particulier que, chaque fois qu'il chantait, il émouvait tout le monde. Il était devenu une vedette tout de suite après avoir enregistré *The Bluebird of Happiness* et il nous régalait d'anecdotes sur sa carrière et sur son expérience de chanteur aux côtés de Toscanini.

En 1960, au cours d'un concert de gala, nous avons donné la *Neuvième Symphonie* de Beethoven dans le cadre des festivités du quatorzième anniversaire de l'Organisation des Nations unies; y participaient également Elisabeth Schwarzkopf et Kim Borg, un baryton dont j'avais assisté aux débuts à Berlin, la veille de la naissance de Paula. Avant que nous montions sur l'estrade d'honneur de l'Assemblée générale, le gérant du New York Philharmonic nous avait bien recommandé de suivre en scène les lignes peintes sur le plancher. Comme, lorsque j'entre en scène, je marche toujours la tête haute et je souris à l'assistance, j'oubliai ses instructions et je me retrouvai un instant isolée du groupe, à l'avant de l'estrade, ce qui dérida toute la salle. J'étais écarlate. Puis Jan Peerce se pencha vers moi et me murmura à l'oreille: «Il y a des gens qui feraient n'importe quoi pour provoquer un rire.»

Lui et sa femme Alice nous invitaient souvent, Eugene et moi, à leur maison de La Rochelle, en périphérie de New York, où ils se nourrissaient exclusivement de viande kascher. Ils n'en faisaient pas un plat, mais des années plus tard, lorsque j'appris qu'ils venaient à Vienne alors que je m'y trouvais, je sillonnai la ville pour leur dénicher un bon restaurant kascher. Ils n'ont jamais oublié cette attention. À la fin de sa vie, Jan Peerce n'avait plus qu'une vision périphérique et il devait donc se placer de côté en scène pour lire la musique, mais jamais il ne donna un mauvais concert. Cette vedette méritait chaque parcelle d'estime que lui vouait le public.

Au fil des ans, le Bach Aria Group avait connu plusieurs transformations et, au moment où j'ai été invitée à m'y joindre comme membre régulier, il ne restait plus du quatuor original que Norman Farrow. Lois Marshall y tenait alors la partie de la soprano; Richard Lewis, celle du ténor; quant au quintette de chambre, il se composait de quelques-uns des musiciens les plus respectés: Ulanowsky au piano, Sam Baron à la flûte, le célèbre hauboïste Robert Bloom (qui avait été de l'orchestre de la NBC sous Toscanini), Oscar Shumsky au violon et Bernard Greenhouse, mon meilleur complice dans le groupe, au violoncelle.

Nous donnions ensemble environ quinze concerts par an: trois à New York et le reste en tournée, habituellement dans les universités. Nous nous déplacions en voiture, et Scheide, qui se sentait le père de la troupe, insistait généralement pour que nous nous suivions à la file indienne sur la route. Je n'aime pas voyager en groupe. Je suis une personne très organisée: je peux boucler mes valises et être prête à partir en cinq minutes, dès l'instant que je l'ai décidé. Je déteste faire le pied de grue des heures durant à attendre des gens, et je tenais donc à conduire moi-même l'une des voitures. Quand Scheide sortait ses petites cartes routières en nous disant qu'il allait prendre la tête du convoi, je m'esquivais en douce, prenais un raccourci et arrivais à destination avant tout le monde. Cela le mettait hors de lui.

Un jour, mon indocilité me joua un tour. Nous avions atterri en fin de journée à Memphis et il nous fallait compléter le trajet en voiture jusqu'à la petite ville où nous devions nous produire. Quatre musiciens avaient pris place dans ma voiture, et, quand j'aperçus sur la route une camionnette de la police, je m'arrêtai et demandai le chemin le plus court pour me rendre au motel où Scheide avait fait des réservations pour nous. Les renseignements que me fournit l'officier de police nous obligèrent à un détour et, lorsque nous arrivâmes enfin à destination, je compris pourquoi. L'agent de police attendait dans le hall, de toute évidence pour procéder à mon arrestation. Il m'avait prise pour une prostituée en vadrouille avec quatre clients.

Les oeuvres que nous interprétions nous donnaient de grandes satisfactions parce qu'elles étaient très difficiles. Bach exige une discipline rigoureuse. Les pièces de Brahms sont parfois un baume pour la voix, mais Bach traite celle-ci comme un instrument. Il ne laisse aux chanteurs que très peu de temps pour respirer et il n'y a pas moyen de prendre des raccourcis dans ses cantates. Lois et moi interprétions en duo la *Cantate* n° 78 — «Nous nous hâtons d'un pas mal assuré mais impatient» —, véritable tour de force. Nous la donnions généralement en rappel et, quand nous l'achevions, le public bondissait de son siège et poussait des bravos. C'est une oeuvre si rapide et qui laisse si peu de temps pour respirer que nous la terminions toujours à bout de souffle, même si nous tirions manifestement beaucoup de plaisir à l'exécuter. Les spectateurs en raffolaient parce qu'on ne s'imagine pas habituellement que Bach puisse être amusant; mais je disais toujours: «Un homme qui a eu vingt-six enfants ne pouvait qu'avoir le sens de l'humour.»

Lorsque nous chantions, les gens étaient souvent renversés par la puissance de la voix de Lois. Ils regardaient cette petite femme aux allures de poupée et la croyaient très frêle; en fait, Lois était aussi solide qu'un taureau. Pour souligner son quarantième anniversaire, je lui ai organisé une fête à Toronto, et quand est venu le moment d'éteindre les quarante bougies de son énorme gâteau, elle s'est rempli les poumons et les a soufflées si fort qu'elles se sont enfoncées dans la pâte. On n'a pu avaler une seule bouchée de ce dessert dont on aurait juré qu'il avait été mitraillé avec de la cire.

Faire partie du Bach Aria Group était un véritable plaisir parce que nous nous serrions les coudes. Mais réunir neuf musiciens provoque des heurts parce qu'il faut alors composer avec neuf fortes personnalités. Et certains peuvent se montrer susceptibles! Les gens croient toujours que les chanteurs sont des êtres difficiles: mon expérience m'a appris que les instrumentistes ont le cuir encore plus sensible quand vient le moment de fixer le montant de leurs cachets et l'ordre d'apparition de leurs noms sur le programme. Je me sentais parfois comme la mère de famille et, après neuf années de ce régime, je me lassai de mon rôle. J'ai finalement quitté le groupe parce qu'il me semblait aussi que nous commencions à faire démodé.

* * *

En 1962, j'entrepris ma première tournée australienne, la plus longue de ma carrière: elle me tint loin de chez moi pendant trois mois. En onze semaines, je donnai trente-sept concerts, et la chaîne nationale radiodiffusa la moitié de chacun d'eux; j'avais donc dû apprendre pour ce voyage une énorme quantité d'oeuvres. À la réception qui suivait chaque récital, on nous servait immanquablement du pavlova, une spécialité australienne outrageusement sucrée, composée de trois couches de meringue, de crème fouettée et de fruits de la passion. Chaque portion devait compter au bas mot mille calories. La première fois, j'adorai ça; mais après trente-sept portions, j'aurais vendu mon âme pour passer une soirée sans cette sorte de passion.

À Sydney, on venait à peine d'achever la construction de l'Opera House, et, pour une campagne publicitaire, on me demanda de poser, coiffée d'un casque protecteur, devant l'édifice et de chanter un duo avec Bill McGinley, un travailleur de la construction et amateur d'art lyrique, qui connaissait une aria de *Samson et Dalila*.

Pour nous remercier, les autorités de la ville avaient organisé pour John et moi une visite au parc zoologique de Taronga à Sydney. John avait acheté spécialement pour la tournée un très élégant complet pied-de-poule qu'il portait ce jour-là. Dans l'enceinte réservée aux koalas, une de nos hôtesses décréta qu'il nous fallait absolument une photo et elle déposa donc une de ces petites bêtes dans les bras de John. Ces adorables créatures nocturnes ont des griffes extrêmement longues et celle que John tenait enfonçait de plus en plus profondément les siennes dans le complet tout neuf. À ce qu'on m'a dit, les koalas, comme les chameaux, n'urinent pas souvent; secoué de sa torpeur par toute cette agitation et les éclairs de magnésium, le petit copain de John se convainquit sans doute que c'était l'occasion rêvée de se soulager. John sentit soudain s'épanouir sur le devant de sa veste une tache humide qui empestait l'eucalyptus; le koala se nourrit en effet exclusivement des feuilles de cet arbre. Dès notre départ du jardin zoologique, il se rendit directement chez un teinturier. «Pour l'amour du ciel, qu'est-ce que c'est?» demanda le commis.

Personne ne voulut croire John lorsqu'il répondit: «De l'urine de koala.»

Cette aventure hilarante tombait à point nommé parce que la tension était forte depuis l'éclatement récent de la crise des missiles de Cuba. Tous les journaux australiens évoquaient à la une la menace d'une guerre nucléaire. Je fus prise de panique, affolée à l'idée qu'un conflit puisse se déclarer alors que je me trouvais loin de mes enfants. Je me jurai de ne jamais plus m'absenter aussi longtemps.

Quand on est en tournée, on se sent impuissant lorsque des malheurs frappent ceux qu'on aime. Depuis son retour de la guerre, mon frère Arnold consacrait toutes ses forces à retrouver une certaine sérénité — et sa sobriété. Pendant ses périodes dépressives et ses rechutes dans l'alcoolisme, il avait plongé deux fois dans un ravin à bord d'un camion et s'était séparé de sa femme Nan et de leurs deux enfants à plusieurs reprises. Un prêtre de Trois-Rivières s'était occupé de lui pendant un certain temps et l'avait remis sur le droit chemin, mais il avait recommencé à boire. Il connut dès lors une vie très torturée, ponctuée de nombreux séjours dans des cliniques et des hôpitaux psychiatriques. Je me suis toujours dit que son épouse devait être une femme forte, inébranlable, pour avoir ainsi supporté un mari qui était d'une certaine façon un inadapté. Arnold aura été toute sa vie un être trop sensible et trop naïf pour assumer la réalité.

Quelques années après ma tournée en Australie, je me trouvais en Nouvelle-Zélande, en train de répéter le *Requiem* de Verdi, quand le gérant de la salle de concert me tendit un télégramme: Arnold était mort. Un accablant sentiment de tristesse m'envahit à la pensée de cette vie gâchée. En tenant compte du décalage horaire, je déduisis que je ne pourrais revenir à temps au Québec pour assister à ses funérailles et il me parut singulièrement approprié de chanter, ce soir-là, le *Requiem*. J'ai toujours eu la conviction que les spectateurs ne sont nullement intéressés par les problèmes personnels d'un chanteur et je m'efforce d'éviter que les miens n'affectent mon rendement; mais quand je chantai ce soir-là, les larmes qui coulèrent sur mes joues étaient aussi vraies que l'affliction perceptible dans ma voix. Des gens présents dans la salle m'affirmèrent avoir senti que ce concert n'était pas comme les autres.

240

Dans la mesure du possible, je n'accepte pas d'engagements qui m'éloignent des miens les jours de fête, mais il m'est arrivé de faire exception à cette règle une veille de jour de l'An. On m'avait demandé de chanter la *Neuvième Symphonie* de Beethoven à Berlin, avec trois des voix les plus prestigieuses de l'époque — Ernst Haefliger, Irmgard Seefried et Dietrich Fischer-Dieskau —, sous la direction du grand chef hongrois Ferenc Fricsay. Si, dans la plupart des pays, l'exécution du *Messie* à l'époque de Noël est devenue une tradition, il en va de même à Berlin pour la *Neuvième Symphonie* de Beethoven, qu'on donne chaque année aux environs du jour de l'An.

Entre les représentations, nous passions notre temps à festoyer. À l'une de ces fêtes, nous étions tous réunis autour d'un bol d'eau glacée pour perpétuer une autre tradition berlinoise du jour de l'An. Il s'agit de verser dans ce bol de minuscules gouttes de plomb, préalablement fondu dans une cuiller au-dessus de la flamme d'une chandelle; en tombant dans le bol, les gouttes prennent diverses formes qui permettent, dit-on, de prédire l'avenir de chacun pour la nouvelle année. Mais en cherchant ainsi le sort qui l'attendait, Ernst rata le bol et échappa sur ma jambe le plomb fondu, qui me parut la traverser jusqu'à l'os. Tout un présage pour le Nouvel An!

Je me suis souvent produite avec Fricsay, qui était le chef de l'orchestre de la station RIAS depuis la fin de la guerre. C'était un homme dans la cinquantaine, merveilleux et raffiné, qui avait passé les plus récentes années de sa vie dans les hôpitaux pour y subir opération sur opération. En 1963, il m'invita un jour à dîner chez son amie, Madame Fish. Cette Canadienne d'origine, pleine de verve, était la seule petite-fille encore vivante d'Anna, la préceptrice du roi de Siam, dont la vie avait servi de prétexte à la comédie musicale *The King and I*. Tandis que nous bavardions tous les trois, Fricsay avoua se sentir très las. «*Ach*, je dois subir une autre intervention chirurgicale, dit-il. Le problème, c'est qu'il n'y a plus rien à enlever.» Il n'aurait pu voir plus juste. Peu de temps après, il mourut.

Une autre fois, après avoir complété l'enregistrement des cinq *Rückert Lieder* («Chants sur des poèmes de Rückert») de Mahler avec Fricsay et l'orchestre de la RIAS, j'étais rentrée en avion à Montréal. À l'aéroport, j'avais sauté dans un taxi pour me rendre avenue Roslyn, où j'avais acheté notre première maison, une petite unifamiliale charmante en pierres des champs; il y avait même un studio au-dessus du garage, où Eugene pouvait répéter et donner des cours de violon. Dès que la voiture s'arrêta devant la maison, Tita sortit en courant et en se tordant les mains. «Oh, Frau Forrester, me dit-elle, Paula est très malade; je ne sais plus quoi faire.»

Je me précipitai à l'intérieur, puis à l'étage, où je trouvai la petite dans son lit, si amaigrie que la peau de son visage semblait tendue et découvrait ses dents; on aurait dit un cadavre. Elle demanda à aller aux toilettes et je l'y portai. Je remarquai que son urine était brunâtre. Je téléphonai à notre pédiatre, le docteur Dick Goldbloom, qui me recommanda de le rejoindre immédiatement avec ma fille à l'urgence de l'hôpital. Eugene et moi avons enveloppé Paula dans une couverture et filé à toute allure jusqu'à l'Hôpital pour Enfants de Montréal. On découvrit qu'elle avait contracté à la maternelle une fièvre scarlatine qui s'était transformée en hépatite infectieuse. Comme si cela ne suffisait pas, elle attrapa la varicelle pendant son hospitalisation et, à son retour à la maison, elle la transmit à tous nos autres enfants. Pendant un moment, je craignis qu'elle ne s'en sorte pas. Un mois plus tard, lorsqu'elle fut totalement hors de danger, je dus repartir pour remplir un nouvel engagement. Des amis m'ont demandé pourquoi je ne l'avais pas annulé. Je n'ai pas osé leur avouer que je ne pouvais me le permettre. Je devais continuer à voyager pour régler nos factures. Chaque fois que j'étais ainsi partagée entre ma carrière et ma famille, je me sentais très coupable, mais également soulagée d'avoir pu rentrer à la maison à un moment aussi crucial.

En 1973, je connus la tournée la plus angoissante de toute ma vie. J'étais à Bordeaux pour chanter la *Petite Messe solennelle* de Rossini avec deux pianistes israéliens et un chœur. Les employés de la compagnie nationale des téléphones étaient en grève, mais mon infaillible sixième sens me disait que quelque chose n'allait pas à la maison et je tentais sans arrêt, mais en vain, d'entrer en communication avec Toronto. En désespoir de cause, je me rendis au consulat canadien, où je pus enfin obtenir la communication avec mon numéro, grâce à leur ligne privée. Quand Eugene répondit, je lui demandai si tout allait bien.

«Écoute, ne t'inquiète pas, répondit-il, ce n'est pas grave, mais le docteur dit qu'il faut pratiquer l'ablation du rein malade de Paula.»

Pas grave! Je m'effondrai. Je lui fis promettre de reporter l'opération jusqu'à mon retour. Mais quand j'arrivai à la maison, le médecin maintint son diagnostic. L'un des reins de Paula s'était ratatiné au point d'atteindre la grosseur d'un pruneau; il ne fonctionnait plus et menaçait d'infecter le rein encore sain. Le chirurgien pratiqua l'intervention avant Noël et, dès le jour de l'An, Paula pouvait s'asseoir dans une chaise droite. Finalement, tout se régla pour le mieux.

Mais dans des moments comme celui-là, j'étais pratiquement prête à maudire ma profession, qui m'obligeait à mener la vie d'un commis voyageur. Je n'en remerciais pas moins ma bonne étoile de ne pas avoir eu à chanter les *Kindertotenlieder* («Chants des enfants morts») de Mahler à Bordeaux alors que je languissais d'inquiétude pour Paula qu'un océan séparait de moi.

CHAPITRE 21

Maître de conférences

Le chant ressemble un peu à la musculation, parce qu'il faut littéralement soulever le son pour le mettre en place. Les efforts qu'on déploie alors — en rentrant le fessier, en gonflant la cage thoracique et en arrondissant le dos pour remplir la poitrine d'air — donnent souvent au chanteur une silhouette semblable à celle des adeptes de la musculation et rappelant la forme d'une pyramide inversée. Un jour où j'attendais dans les coulisses d'un centre culturel américain le début imminent de mon concert, deux autres artistes qui se produisaient dans une salle adjacente faisaient aussi le pied de grue dans le même espace, avant leur entrée en scène. C'étaient deux armoires à glace en maillot de bain et costume d'homme des cavernes, qui participaient à un spectacle de lutte dans la salle voisine. Nous avons lié conversation et presque immédiatement nous avons parlé de nos professions. Le plus drôle, c'est que nous nous sommes finalement entendus pour dire que leur travail et le mien reposaient sur les mêmes bases: le sens du spectacle et le contrôle musculaire. Nous nous sommes enfin avoué notre admiration mutuelle, et cette rencontre inopinée m'a confirmé que j'avais raison de croire, comme je le répétais souvent à mes élèves, que les chanteurs appartiennent vraiment à la race des athlètes.

La profession de chanteur exige beaucoup physiquement et, si on utilise tous les muscles adéquats, il faut alors déployer énormément d'efforts. Après un concert, j'ai souvent la nuque complètement trempée de sueur. Je transpire tellement que mes robes de soie sont brûlées aux aisselles, comme si des mites les avaient rongées. Pendant un concert, je peux perdre plus d'un kilogramme.

Parce qu'à mon sens le secret de la technique vocale est avant tout de nature physiologique, il m'est facile de percevoir rapidement ce qui ne va pas chez d'autres chanteurs. Certains s'imaginent que cela fait de moi un bon professeur et l'on me demande souvent de donner des séminaires dans les villes où je me produis. Dans la mesure du possible, j'accepte ces requêtes, mais j'ai selon moi un grave défaut à cet égard et j'en déduis que je ne devrais pas finir ma carrière comme professeur, ainsi que le font tant de chanteurs: je n'ai pas la patience d'écouter indéfiniment les gens répéter la même erreur.

J'ai donné quelques séminaires devant les caméras de l'Office national du Film, qui en a fait un documentaire distribué par la suite sur plusieurs continents. Lorsque Joe Castaldo, directeur de la Philadelphia Music Academy, le visionna en 1966, il me téléphona et me demanda de prendre la tête de la faculté d'art lyrique. «Oh, Joe, je n'ai vraiment pas de talent comme administratrice», lui répondis-je. C'était une façon diplomatique de décliner son offre. «Sans compter que j'ai un mari et des enfants, ajoutai-je. Je ne peux tout simplement pas boucler mes valises et partir comme ça.» J'avais à peine eu le temps de me retourner que Joe téléphonait à Eugene et lui offrait un poste de professeur de violon. Peu de temps après, nous déménagions tous à Philadelphie.

Pour Eugene, ce travail tombait à point: son mandat comme gérant du National Youth Orchestra à Toronto arrivait à échéance et il connaissait déjà Philadelphie pour y avoir étudié dans sa jeunesse. Ce serait aussi son initiation à l'enseignement, une profession pour laquelle il semblait naturellement doué; Eugene est une encyclopédie vivante de la musique et il adore initier les jeunes gens aux arts, qui sont toute sa vie.

Nous sommes donc partis avec les cinq enfants, une ménagerie de chiens, de chats et de gerbilles, quatorze tonnes de bouquins et de disques, et la nourrice qui avait succédé à Tita. Par l'entremise d'un agent immobilier, j'avais loué une vaste demeure à Haverford, en bordure du Philadelphia's Main Line. Nous venions à peine d'y emménager que les propriétaires demandaient à la reprendre, mais nous avons de loin préféré la deuxième maison que nous y avons dénichée et où nous nous sommes promptement installés, un coin de rue plus loin. En fait, cette propriété avait davantage l'air d'un domaine: cinq acres de terrain, un court de tennis, une piscine, une écurie près du garage, et, tout autour, un grand boisé parsemé de statues. La cour arrière était à elle seule aussi vaste qu'un terrain de football. Depuis la route, la propriété rappelait un peu la Maison-Blanche. Un détail surtout l'en distinguait: au lieu d'un portique, la façade se prolongeait par une vaste marquise qu'un trou béant devait plus tard signaler à l'attention des visiteurs. Un jour où Gina et Linda s'étaient faufilées en douce sur le toit pour y fumer secrètement une cigarette, Gina glissa et, dans sa chute, traversa la toile. C'est un miracle qu'elle ne se soit pas cassé le cou.

En dépit de ce faste apparent, l'intérieur était en piteux état. Les moquettes étaient maculées, le linoléum en décomposition et les murs d'un gris souris ou éléphant horriblement déprimant. J'arrachai les moquettes, posai des mètres de linoléum de mes mains nues et fis repeindre toute la maison d'un blanc cassé lumineux. Elle était transformée. Mais quatre ans plus tard, lorsque nous avons quitté Philadelphie, les propriétaires me présentèrent une facture en alléguant que j'avais saccagé leur propriété: ils exigèrent aussi que je la repeigne entièrement de ce lugubre gris éléphant.

Les gens qui surnomment Philadelphie la Ville de l'Amour fraternel n'ont jamais, de toute évidence, mis les pieds dans le quartier que nous habitions. Dès que j'insistai pour que mes enfants fréquentent une école publique des environs, tous nos voisins de Main Line refusèrent de nous parler. En fait, trois préjugés jouaient contre nous: d'abord, nous étions juifs; ensuite, nous n'envoyions pas nos enfants dans des institutions privées, et enfin, comble de l'horreur, les enfants amenaient à la maison leurs amis noirs de l'école. Pour toute la famille, ces années passées à Philadelphie furent formatrices et enrichissantes. Les enfants s'y sont beaucoup plu et y ont noué des amitiés durables. Daniel y joignit les rangs d'un choeur de si bonne tenue qu'il fut plus tard invité à donner une tournée en Europe. Et j'y constatai que je n'avais pas à m'inquiéter du sens des valeurs de mes enfants: ils me firent très rapidement comprendre qu'ils ne perdaient pas leur temps avec des êtres bornés comme nos voisins, aussi riches fussent-ils. Certains étaient très snobs. Une voisine me téléphona un jour pour solliciter une contribution à la Croix-Rouge, et, quand je lui demandai si je devais apporter l'argent chez elle, elle répondit dédaigneusement: «Ce ne sera pas nécessaire. La bonne passera le prendre.»

Pendant notre séjour à Philadelphie, je me fis mal au dos et le médecin m'ordonna de garder le lit des semaines durant. Il me dit que ma colonne vertébrale était si mal en point que c'était un miracle que je puisse encore marcher, et il me prescrivit des analgésiques. Après avoir avalé quelques-unes de ces capsules, je me sentis comme aspirée au plafond, d'où je contemplais mon corps étendu sur le lit. Je n'ai jamais consommé de drogues de toute ma vie et cette expérience hallucinatoire me terrifia. J'étendis le bras vers la table de chevet, saisis le flacon de médicaments, me traînai jusqu'à la salle de bains et versai le tout dans la toilette. «Je préfère supporter la douleur, dis-je au médecin. Je refuse d'avaler un médicament qui me fait perdre toute maîtrise.»

Je ne pouvais rester au lit à ne rien faire. Comme je souffrais le martyre et que je ne pouvais me rendre en voiture à Philadelphie pour y donner mes séminaires, je convainquis la direction de l'institution d'envoyer mes élèves chez moi, où ils pourraient continuer à suivre leurs cours et faire un plongeon dans la piscine. L'Académie de Musique accueillait des jeunes du plus pauvre ghetto de la ville et les Noirs constituaient au moins quarante pour cent de sa clientèle. Les voisins ont eu tout un choc quand l'autobus de l'Académie s'est garé dans l'allée devant la maison et s'est vidé de ses jeunes occupants. Ils osèrent même téléphoner au poste de police pour se plaindre de ce que le chauffeur avait poussé le moteur au maximum et enfumé ainsi leurs maisons.

* * *

J'ai adoré mon expérience d'enseignement à Philadelphie, mais j'étais bien consciente que certains chanteurs font de piètres professeurs. Un jour, Rudolf Bing avait demandé à Zinka Milanov, une superbe vedette du Metropolitan Opera qui avait l'un des plus beaux pianissimi qui soit, de faire un saut aux ateliers de chant du Met pour apprendre aux élèves quelques trucs du métier. Elle s'y montra pendant une pause, entre deux répétitions de *La Gioconda,* que les élèves étaient justement en train d'étudier. «Observez-moi bien, petites Gioconda, dit-elle en roucoulant, et toutes tendirent l'oreille pour recueillir ses perles de sagesse. Regardez, regardez, regardez, poursuivit-elle. Écoutez, écoutez, écoutez. Apprenez, apprenez, apprenez!»

Birgit Nilsson a la réputation de dispenser des enseignements plus pratiques. Lorsque Lisa Della Casa, une Suissesse d'une grande beauté, fut invitée une première fois à se produire dans *Tristan et Isolde*, elle consulta Nilsson, qui s'était rendue célèbre dans le même rôle, pour lui demander conseil. «Pour l'amour du ciel, ma chère, lui dit Nilsson, n'oubliez surtout pas d'abord de vous acheter une bonne paire de chaussures. Le premier acte dure une heure et demie et vous le passerez debout.»

En réalité, l'un des secrets du chant consiste à adopter une bonne position debout. On ne peut rester debout les pieds rapprochés. Il faut se tenir comme si on allait pivoter sur soi et éviter de raidir les genoux. Si on se tient le corps raide, on pourra même tomber à la renverse quand viendra le moment de donner du volume. Mon expérience comme joueuse de basket-ball pendant mes études m'a grandement servie en ce sens.

Contrairement à d'autres chanteurs, je ne refuse pas de transmettre mes connaissances. Un jour, je suis entrée au Met pendant que la mezzo italienne Ebe Stignani répétait *Falstaff*; James Levine, qui dirigeait la répétition, dut me demander de quitter la salle parce qu'elle ne permettait pas qu'une cantatrice de son registre y assiste, de crainte qu'on ne perce ses secrets.

J'ai appris énormément en écoutant les grandes voix de notre époque. Lorsque je répétais avec Nilsson au Met, j'étais fascinée; sa voix d'une puissance inouïe sort avec une facilité si trompeuse et si déconcertante qu'elle donne presque l'impression de métal en fusion. En l'observant, j'ai compris que, au lieu de pousser directement le son, elle le roule dans sa bouche avant de le projeter. Cette technique brillante lui assure une parfaite maîtrise et lui évite de manquer de souffle. En l'écoutant, j'avais le sentiment qu'elle était née avec deux résonateurs de plus dans le corps.

Dans ce que j'apporte aux élèves, rien n'est plus important, à mon sens, que la confiance en eux et en leurs possibilités d'interprète. «Les notes sont sur le papier devant vous, leur dis-je.

Les chanter n'a rien de mystérieux. Il suffit de les soulever du papier et de leur insuffler la vie. Tout le monde ne sera peut-être pas d'accord avec la façon dont vous vous y prendrez, mais au moins c'est *vous* qu'on entendra et non une copie servile d'un enregistrement quelconque que vous tenteriez d'imiter. Vous ne pouvez compter que sur votre propre interprétation pour vous distinguer des autres.»

Je peux percevoir instantanément, en le regardant droit dans les yeux, si un élève comprend ce qu'il chante. «Ne chantez jamais une oeuvre en laquelle vous ne croyez pas, leur dis-je toujours. Chaque phrase doit signifier quelque chose pour vous.» À mon sens, aucun compliment ne vaut celui de spectateurs venus me dire en coulisse, après un spectacle, que je pourrais même, si je le chantais, rendre vivant l'annuaire du téléphone.

Je répète aussi volontiers qu'il faut donner le meilleur de soi-même à chaque exécution, comme s'il s'agissait du concert le plus important de sa carrière. J'ai toujours considéré qu'il se pouvait qu'ait pris place dans la dernière rangée de la salle la plus modeste un spectateur qui pourrait devenir un fidèle admirateur si je savais le toucher par mon interprétation. Je compte encore aujourd'hui des inconditionnels qui m'ont entendue une première fois à mes débuts à Town Hall, il y a trente ans, et qui ne ratent aucune de mes apparitions à New York, Washington ou Los Angeles; ils me surprennent souvent en m'accueillant à l'aéroport, même lorsque je crois arriver incognito. Certains d'entre eux sont tout aussi entichés de Marilyn Horne ou de Martina Arroyo; ces gens-là vous sont fidèles pendant presque toute une vie.

On ne peut évidemment jamais prévoir qui nous entendra. La première fois que j'ai chanté pour George Szell, je lui demandai ce qui l'avait incité à me choisir pour alto. Il me répondit qu'en quittant Boston en voiture il m'avait entendue interpréter à la radio les *Kindertotenlieder* et qu'il s'était dit: «Voilà la voix que je veux pour *Lied von der Erde.*» Toutes les exécutions comptent.

En scène, il est important, quand on ne chante pas, d'avoir l'air intéressé à ce qui se déroule, même si on a entendu la même pièce des centaines de fois depuis un mois. J'essaie toujours de me composer le visage d'un personne absorbée, bien que je sois parfois en train de planifier un menu somptueux.

Plus jeune, je fermais souvent les yeux en chantant, pour mieux me concentrer. Mais j'ai compris plus tard que je commettais là une erreur, parce que je créais l'impression de ne chanter que pour moi; je tirais en quelque sorte les rideaux et je me coupais ainsi du public. Maintenant, je chante en observant les visages, et j'ai découvert que je pouvais faire réagir les gens uniquement en les fixant. Même que je me sers de ce pouvoir, et c'est pourquoi je déteste tant les salles plongées dans l'obscurité.

J'ai également appris très tôt qu'il me faut être bien mise quand je suis en scène — suffisamment pour que les gens qui ont fait l'effort de sortir afin de venir m'entendre n'aient pas le sentiment de se retrouver devant une femme qui pourrait être leur voisine de palier. Il faut essayer de provoquer et de communiquer un brin de magie. Certaines jeunes cantatrices veulent exhiber leur belle silhouette et portent des toilettes trop ajustées. Dès qu'on se met à chanter et que les muscles se gonflent, les moindres imperfections physiques deviennent évidentes. Je frémis encore d'horreur quand je vois des photos de moi à ma période jersey. J'aurais mérité qu'on m'appréhende pour avoir osé porter ces robes moulantes.

Elizabeth Schwarzkopf avait saisi l'importance de l'image qu'elle projetait. J'ai chanté plusieurs fois avec elle à New York, mais je ne la connaissais pas intimement, parce qu'elle faisait partie de la génération ayant accédé au vedettariat avant mes débuts. Elle était l'épouse de Walter Legge, ce génie des techniques d'enregistrement qui dirigeait la compagnie Angel-EMI et qui était célèbre pour la manière impitoyable dont il traitait sa femme ou tout autre musicien dans un studio. Dans le milieu, on se plaisait à répéter que Walter Legge rendrait service au monde entier, y compris à lui-même, en décédant subitement. Mais il lui fit faire des enregistrements superbes. Plus il grognait contre elle, plus elle chantait comme une déesse. Des gens qui la connaissaient bien m'ont raconté qu'elle ne s'intéressait ni à l'acoustique ni au système d'amplification sonore d'une salle lorsqu'elle y entrait pour répéter. Seuls les éclairages occupaient son esprit. Elle s'installait en scène entourée de miroirs jusqu'à ce qu'elle soit assurée que l'éclairagiste avait disposé ses projecteurs de manière à ce qu'elle paraisse sous son meilleur jour.

Certains pourront appeler cela de la vanité; pour moi, c'est du professionnalisme. Dans ce métier, le succès dépend en partie de votre capacité de vous montrer sous votre meilleur jour.

* * *

À Philadelphie, j'ai enseigné à deux élèves exceptionnelles. L'une d'elles, une mezzo de race noire nommée Florence Quivar, était la vedette de l'école. La première année où je me consacrai à l'enseignement, elle auditionna devant moi et je lui dis qu'elle avait l'une des plus belles voix que j'aie entendues. «Mais, ajoutai-je aussitôt en prenant des précautions pour qu'elle n'interprète pas mal ce que j'allais lui dire, vous chantez comme une Noire.» Je ne parlais évidemment pas de la couleur de sa peau mais du coloris de sa voix, de cette sonorité ténébreuse et moelleuse qui peut finir par lasser quand on interprète tout de cette manière. Elle n'apprécia pas du tout la critique et préféra ne pas étudier avec moi. L'année suivante, elle revint me voir, plus impatiente d'apprendre que tout autre étudiant que j'aie eu. Elle me faisait penser à moi-même plus jeune, quand j'étais avide d'en absorber toujours davantage à chaque cours. Je ne suis pas étonnée que Florence se soit retrouvée au Met, qu'elle ait mené une si brillante carrière et que sa renommée grandisse encore.

L'autre étudiante qui m'impressionna grandement, une soprano lyrique, également noire, qui s'appelait Bonita Glenn, devait plus tard devenir *fest* soprano — c'est-à-dire membre permanent — de la compagnie d'opéra de Saint-Garlan, en Suisse. Elle fit là-bas la rencontre la plus incroyable. Un jour, à une intersection, un homme la croisa, puis tourna les talons et revint dans sa direction. «Pardonnez-moi de vous accoster ainsi, dit-il, mais je ne peux pas me retenir. Vous êtes la plus jolie femme que j'aie vue dans ma vie, et, bien que je sois marié, je vous jure qu'un jour je vous épouserai.» Cela pourra paraître invraisemblable, mais c'est pourtant ce qui est arrivé.

Encore élève, Bonita semblait promise à un si brillant avenir qu'après la remise des diplômes je décidai de l'emmener avec moi pour une brève tournée. Partout où nous allions, je faisais en sorte qu'on lui accorde des auditions, et elle obtint ainsi un engagement. Mais son comportement pendant ce voyage m'a bien amusée. Dès que nous arrivions à un hôtel, elle commandait à sa chambre des biftecks, des crevettes, du vin — tout ce qu'il y avait de meilleur. Il m'en coûta une fortune, mais je ne lui adressai jamais le moindre reproche. Plus tard, lorsqu'elle se retrouva seule en tournée, elle m'écrivit pour me demander comment j'avais pu la laisser agir ainsi. Je tenais à ce qu'elle apprenne d'elle-même qu'une personne d'une certaine réputation à qui on verse d'importants cachets ne vit pas pour autant dans l'opulence. Quand une cantatrice a remis ses vingt pour cent à son agent, qu'elle a payé son accompagnateur, réglé les notes d'hôtel et les billets d'avion, sans oublier ses partitions et ses toilettes, il lui reste à peine le quart de ce qu'elle a gagné. Et quand on débute dans ce métier, il vaut mieux très rapidement devenir habile en affaires — s'assurer que son agent obtienne des engagements dans la même région à des dates rapprochées, pour réduire les frais de transport, et veiller à ce qu'il ne facture pas l'impression de dépliants et d'affiches publicitaires qui ne seront même pas utilisés. Certains agents assurent leur subsistance des mois durant en encaissant des intérêts sur les cachets des artistes qu'ils représentent. La réalité économique frappe souvent brutalement le jeune musicien: il a été formé pour devenir un artiste et il découvre soudain qu'il lui faut aussi être un homme d'affaires avisé.

Lorsque des institutions d'enseignement me demandent de donner des séminaires, j'essaie maintenant parfois de les en dissuader. Dans le cadre de séminaires, le professeur invité ne fait que passer rapidement; il écoute les jeunes chanteurs s'exécuter, leur souligne les corrections qui s'imposent, mais il repart avant même d'avoir pu s'assurer qu'on a apporté le correctif indiqué. Un professeur qui se prête à ces visites éclairs peut finalement faire plus de tort que de bien. Il peut aussi arriver que chaque étudiant interprète la pièce qu'il possède le mieux et que la classe se transforme ainsi rapidement en un exercice fastidieux de congratulations. Au lieu de cela, je préfère entretenir les élèves du *métier* de chanteur pour leur éviter de s'empresser, sur réception de leur premier chèque, d'acheter un vison. J'ai moi-même fait ce dur apprentissage à la rude école de la vie.

Quand j'ai enfin obtenu ce que je considérais comme mon premier succès à Montréal, j'ai décidé que je devais avoir l'air d'une vedette. Je me rendis donc chez un fourreur dont je dévorais des yeux les vitrines depuis des années. Je suis entrée en me promettant d'acheter un beau et chaud manteau de castor qui m'aurait coûté mille cinq cents dollars; lorsque je ressortis, le propriétaire m'avait convaincue de me faire tailler sur mesure un vison de cinq mille dollars. Je portais ce manteau depuis un an à peine que déjà les peaux commençaient à se fendiller. Je le fis examiner chez Creed, à Toronto, un jour où je donnais un concert dans cette ville, et le maître fourreur faillit me jeter dehors comme si mon manteau avait pu contaminer ceux qu'il avait en magasin. Il me dit qu'il ne pouvait rien pour ma fourrure pour la simple raison qu'on l'avait coupée dans de vieilles peaux ratatinées. Quand je me mis à réfléchir à tout ce que j'aurais pu faire avec ces cinq mille dollars, j'éclatai en sanglots. De retour à Montréal, je n'ai pas fait d'histoires. Je me contentai de dire à mon fourreur qu'il avait perdu non seulement une cliente mais l'un de ses meilleurs agents de publicité. «Partout où j'irai, même en entre-vue avec des journalistes, je raconterai la façon dont vous avez traité une jeune femme naïve.» Je n'eus même pas besoin de déployer ma vengeance: il fit faillite peu de temps après.

Un jeune chanteur doit aussi prouver qu'on peut se fier à lui. Depuis le début de ma carrière, je n'ai annulé que deux concerts. À un moment donné, mon dos me faisait tellement souffrir que je ne pouvais même plus reporter mon poids d'un seul côté et que je me déplaçais hors scène à l'aide d'une canne. Pour réussir à donner un concert, je devais m'appuyer sur une seule jambe et, grâce à mes robes longues, personne ne s'est jamais douté que j'adoptais en scène la posture d'un flamant. Un hiver, je me suis infligé une double fracture au bras en patinant avec les enfants, et, une semaine plus tard, j'étais sur les planches en toilette noire à manches papillon, malgré mon plâtre que j'avais dissimulé sous un bas de soie noire. Après le spectacle, une femme venue me féliciter dans ma loge toucha ma manche et son visage se glaça. Elle se tourna vers une amie et lui dit, d'une voix tremblante: «Oh, mon Dieu! Elle a un bras artificiel...»

Le travail du chanteur ne se termine pas avec la fin du concert. Il lui faut assister aux réceptions. Beaucoup d'artistes européens ou de nouveaux venus dans la carrière se font gloire de ne jamais paraître à ces réceptions, mais je crois qu'ils réduisent ainsi leurs chances d'être réengagés. Les spectateurs ont besoin de faire votre connaissance et de sentir que vous n'êtes pas inaccessible. Un baryton britannique venu jadis se produire à Montréal dans *Rigoletto* en a fait l'amère expérience. Après la représentation, il s'est présenté à une réception très élégante où l'on ne servait que des vins et des plats français très raffinés. Il avait à peine franchi le seuil qu'il demanda une bière. Les hôtes se confondirent en excuses, mais il lâcha un juron, tourna les talons et sortit. Le conseil d'administration et le chef d'orchestre en furent vexés et l'homme ne chanta plus jamais à Montréal.

Ces réceptions sont souvent plus épuisantes que le concert lui-même, parce que l'artiste s'y trouve encore en représentation. Mais j'aime le monde, et je me suis fait des tas d'amis et j'ai découvert bien des recettes en y assistant. Peu après avoir commencé à faire des tournées, j'avais déduit, à partir d'anecdotes qu'on me racontait dans tous les cercles musicaux du continent, que Jan Peerce s'était constitué un fichier où il tenait un relevé complet des récitals qu'il avait donnés et des réceptions auxquelles il avait assisté, sans oublier de noter le menu qu'on lui avait alors servi. Lorsqu'il repassait dans une ville, il téléphonait à ceux qui l'y avaient accueilli et disait: «Madame Smith, je vous appelais simplement pour vous dire quel merveilleux souvenir j'ai gardé de votre ville et du délicieux Apple Brown Betty que vous aviez apprêté pour la réception qui a suivi le concert.» Comment voulez-vous qu'un membre de conseil d'administration résiste à pareil compliment? Jan Peerce ne devait pas sa carrière qu'à sa superbe voix: il avait aussi saisi l'importance d'entretenir de bonnes relations avec le public.

* * *

Après la mort d'André Mertens, je me suis sentie de moins en moins satisfaite de l'attention que m'accordait la direction de Columbia Artists. J'ai été particulièrement agacée qu'à partir d'un certain moment on ne m'y décroche plus d'engagements prestigieux. Je donnais toujours mes récitals à Town Hall, jamais à Carnegie Hall, qui représentait un échelon supérieur. On n'avait aucune crainte de me perdre, parce que je me comportais comme une fille docile et complaisante. Si je me rendais à l'agence parce qu'on m'y avait convoquée, on me laissait attendre des heures dans l'antichambre pendant que Renata Tebaldi, confortablement assise à l'intérieur, son caniche dans les bras, jouait sa grande scène de diva. Elle parlait d'une toute petite voix de fillette et, chaque fois qu'un agent lui disait qu'une de ses requêtes était absolument irrecevable, elle prenait un air boudeur et lançait: «Mais je n'ai pas de mari pour s'occuper de moi.» Je n'ai jamais eu droit à ce genre d'attentions parce que j'étais très autonome.

Au fil des ans, j'avais rencontré à quelques réceptions le célèbre impresario Sol Hurok, qui ne tarissait pas d'éloges pour moi et souhaitait prendre en mains ma carrière. Je considérais cela comme un grand compliment, parce que Sol Hurok n'était pas qu'un simple agent: c'était un peu le tsar du milieu des artistes; mais je me sentais tenue de rester fidèle à André. Après la mort de celui-ci, je me liai par contrat à l'agence de Hurok; Harold Shaw s'y occupait des artistes de concert. On y prit les dispositions pour que je donne mon premier récital à Carnegie Hall, mais Hurok était déjà un vieil homme malade et il décéda peu après. Un conglomérat du spectacle prit alors le contrôle de l'agence et Harold Shaw refusa de s'y associer; il démarra sa propre affaire et je lui suis depuis restée fidèle. Nous sommes devenus de si bons amis que, si je l'appelle et lui dis: «Harold, je viens de m'acheter une nouvelle maison et j'ai immédiatement besoin de dix mille dollars», je reçois le chèque le lendemain. Croyez-moi, tous les agents n'en font pas autant.

Il me semble toutefois que certains chanteurs sont aujourd'hui trop obnubilés par le sens des affaires. Les cachets astronomiques qu'exigent des supervedettes comme Luciano Pavarotti et Placido Domingo sont en train de ruiner l'industrie du concert. Les producteurs de spectacles ont appris qu'ils ne pouvaient espérer aucun profit d'un spectacle mettant en vedette ces artistes hors de prix à moins de les présenter dans des amphithéâtres de la dimension du Madison Square Garden de Toronto ou du Forum de Montréal. Mais quel mélomane souhaite entendre la plus belle musique du monde dans des constructions conçues pour le hockey? Aucun directeur de salle ne peut se les offrir dans le cadre d'une saison régulière de concerts; il lui faut donc utiliser le nom de ces vedettes, qu'il produira à perte, pour écouler ses abonnements, tout en versant de moins bons cachets à ses autres artistes. En fin de compte, tous les musiciens en souffrent.

Personnellement, j'aime beaucoup ces deux chanteurs. J'ai chanté le *Requiem* de Verdi avec Placido à San Francisco, et je peux dire que c'est un être humain d'une grande noblesse: il n'est ni poseur ni paradeur et je le tiens pour un parfait gentilhomme. J'ai pour lui une grande admiration quand je songe aux efforts qu'il a dû s'imposer lorsqu'une compagnie d'opéra de Tel Aviv a retenu ses services, au début de sa carrière. Il lui a fallu chanter Verdi en hébreu avant de débarquer à New York et de réapprendre tous ces opéras en italien.

Même si je n'ai jamais chanté avec Pavarotti, je l'ai rencontré en coulisse, également à San Francisco, à un moment où nous répétions chacun un opéra différent; il m'est apparu comme un homme charmant qui aime la compagnie. Lorsqu'il est venu à Toronto, ma secrétaire a reçu un appel du bureau de Walter Homburger, de l'Orchestre symphonique de Toronto: on lui demandait si j'avais en ma possession un exemplaire de *Anthology of Italian Songs* («Anthologie d'arias italiennes»). Pavarotti en avait besoin parce qu'il avait décidé à la dernière minute de modifier son programme. Il devait d'abord interpréter un cycle de mélodies très difficiles, et j'ai été irritée d'apprendre que les gens avaient payé cinquante dollars le billet pour entendre des airs que tous les étudiants de conservatoire apprennent dès la première année.

Je suis loin de m'opposer au versement de cachets élevés, mais je pense qu'il faudrait tout de même établir certaines limites. Au-delà d'un certain point, l'art cède le pas à une folle rivalité entre personnalités uniquement avides d'occuper seules l'avant-scène.

* * *

Lorsque nous habitions Philadelphie, ma mère nous rendait souvent visite et les enfants s'attachèrent alors beaucoup à elle. Un matin, je l'emmenai faire des courses avec moi, et, de retour à la maison, je lui préparai à dîner. Elle mangea très peu, prétextant qu'elle ne se sentait pas très bien. Je l'installai devant le téléviseur dans le bureau pour qu'elle y regarde les téléromans, en me disant qu'il ne s'agissait sans doute encore une fois que de l'un de ses fréquents troubles digestifs. Quand, toute sa vie durant, on a vu sa mère exagérer le moindre de ses ennuis de santé, on a tendance à traiter à la légère ce genre de symptômes. Puis elle se mit à vomir et je compris que ce n'était pas comme d'habitude. Même couchée, elle ne se sentait pas bien. Je l'installai dans la voiture et me rendis à l'hôpital, à une dizaine de pâtés de maisons de chez nous. En l'espace de quelques heures, elle subit deux graves crises cardiaques et elle dut rester six mois à l'hôpital.

C'était insupportable de voir soudainement ma mère aussi démunie. Et je me sentais d'autant plus désemparée que je ne pouvais passer beaucoup de temps auprès d'elle. J'étais constamment en tournée; Eugene enseignait toute la journée et les enfants étaient trop jeunes pour qu'on les laisse entrer seuls à l'hôpital. Je compris peu à peu qu'elle se sentirait mieux si elle se retrouvait près de mes soeurs et de ses amies à Montréal. Ses médecins s'opposaient toutefois à ce qu'elle voyage en avion, et je ne voyais pas comment je pourrais la faire rentrer au pays autrement. Je dénichai enfin un merveilleux service ambulancier qui mit douze heures, par la route, à la ramener chez elle.

Elle prit du mieux pendant un certain temps, puis sa santé se détériora progressivement. Elle fut atteinte du syndrome de Ménière, une affection de l'oreille moyenne qui provoque la perte de l'équilibre, des nausées et la sensation que tout ce qui vous entoure valse constamment sous vos yeux. Cela oblige le malade à consommer régulièrement des Gravol et sa vie prend l'allure d'un cauchemar. Comme elle perdait ses forces, il devint de plus en plus difficile pour mes soeurs de la garder. Finalement, l'une d'elles me téléphona et me dit qu'elle avait repéré un hospice où la placer. Je me rendis en voiture visiter les lieux après un concert; l'institution était située dans un très beau quartier de Montréal, mais, quand j'y entrai, l'odeur d'urine dans les corridors me prit à la gorge. Je fus horrifiée de trouver ma mère confinée dans un lit au fond d'une chambre sombre, privée d'activités toute la journée durant. De sa chambre, je téléphonai à un médecin de mes amis qui pratiquait au Jewish General Hospital, puis j'appelai une ambulance et la déménageai sans tarder à sa clinique. La directrice de l'hospice me poursuivait en me répétant que je n'avais pas le droit d'agir ainsi, mais ce que j'avais vu m'avait mise hors de moi. «Cette femme est ma mère, lui dis-je. Et c'est moi qui paie les factures. Essayez-donc de m'en empêcher.» Je ne pouvais supporter que ma mère, autrefois infatigable, soit reléguée dans un endroit pareil pour y attendre la mort.

Au cours des deux années qui suivirent, elle se porta bien; elle se plut dans les centres spécialisés en soins gériatriques où je la plaçai, d'abord à Montréal, puis à Toronto lorsque j'y retournai vivre avec ma petite famille. Elle était heureuse de pouvoir bavarder avec d'autres patients, s'adonner à l'artisanat et faire valoir ses talents lors de soirées récréatives. Pour elle, c'était comme revivre les soirées paroissiales d'antan à Fairmont Taylor. Puis les attaques se succédèrent. Après chacune, elle connaissait une rémission, grâce à un médicament miracle que les médecins lui prescrivaient, puis elle faisait une rechute, victime d'une nouvelle hémorragie cérébrale. Je la voyais dépérir peu à peu. Cette femme qui avait pesé quatre-vingt-dix kilos et s'était enorgueillie de sa stature imposante se ratatina jusqu'à ne plus peser que trente-cinq kilos; son corps se disloqua et se recroquevilla comme celui d'un oisillon blessé. Elle était devenue presque aveugle, même si elle refusait par fierté de l'admettre, mais son esprit demeura alerte jusqu'à la fin.

Un jour, Eugene et moi lui avons apporté un petit tourne-disque portatif à haute fidélité et un nouvel enregistrement que je venais de compléter. Elle m'avait toujours reproché de n'avoir jamais enregistré sur disque des mélodies anglaises, mais Radio-Canada venait tout juste de lancer sur le marché un microsillon sur lequel j'interprétais du Ralph Vaughan Williams et du Healy Willan. Nous avons branché l'appareil tout près de son lit et elle écouta le disque avec ravissement, heureuse de reconnaître plusieurs de ses airs préférés. «C'est adorable, vraiment adorable», répétait-elle sans arrêt. Ce fut pour nous tous un moment très émouvant; Eugene et moi avons souvent dû nous tourner vers la fenêtre pour essuyer discrètement une larme. Enfin, le sommeil la gagna et nous avons quitté la chambre sur la pointe des pieds.

Quelques heures plus tard, au moment où nous allions nous mettre au lit, le téléphone sonna et je sus, avant même de répondre, que ma mère était morte. J'étais soulagée qu'elle soit enfin libérée de ses souffrances, que son petit corps blessé puisse désormais reposer en paix. Mais à partir de ce jour, j'eus la sensation, à chacun de mes concerts, qu'un siège restait toujours vide. C'est ma mère qui avait désiré pour moi cette carrière, qui m'avait poussée à m'y engager et qui avait tiré gloire de tous mes triomphes et de tous les comptes rendus publiés. En un sens, elle en était venue à vivre à travers moi, comme par procuration. Je sais qu'elle s'était même imaginé un instant qu'elle sillonnerait le monde à mes côtés, et que sa déception fut vive quand elle comprit que son projet ne se réaliserait jamais. Il m'arrive souvent, au cours d'un concert ou d'une cérémonie où l'on m'honore, de penser à elle et de me dire comme elle serait fière, même si une partie de moi sait bien, au fond, que rien de cela ne lui échappe. Ma mère n'est pas très loin.

Si elle avait pu mener une carrière musicale, elle serait devenue une artiste d'un genre que je ne serai jamais. Je suis du type organisé, qui aime les salles de bains propres et les planchers immaculés. Elle se serait enveloppé la tête de turbans comme les gitanes, aurait dansé sur les tables, aurait passé des nuits blanches au milieu de bohèmes dans les caves de la Rive gauche à Paris.

Jusqu'à la fin, elle conserva son sens du théâtre. Le dernier jour de sa vie, alors que nous faisions jouer mon disque, son médecin est entré dans la chambre et il lui fit la remarque que ce devait être merveilleux pour elle de m'entendre chanter ainsi. «Je crois que vous chantiez vous aussi, n'est-ce pas, Madame Forrester?» demanda-t-il.

«Oh, oui! répondit ma mère. La musique, ç'a été toute ma vie.»

Ce furent ses dernières paroles.

CHAPITRE 22

La famille en tournée

Quand Paula, Gina, Daniel et Linda étaient jeunes, Eugene, pour les endormir, leur inventait des histoires où il était question de trois fillettes nommées Florabelle, Dorabelle et Isobelle, toujours en voyage à travers le monde avec leur père, et à qui il arrivait de folles aventures. Comme par hasard, leur toute dernière escapade conduisait toujours ces trois fillettes au pays même où je donnais un concert. Lorsqu'ils entrèrent à la maternelle, mes enfants savaient tous qu'à Venise les rues sont des rivières où les gens circulent en gondole et parlent italien; qu'à Moscou les hivers sont aussi rigoureux et neigeux qu'au Canada, mais que les habitants y parlent russe et n'ont pas autant de liberté qu'ici. Grâce à ces histoires, mes enfants ont eu très tôt une meilleure connaissance de la géographie que bien des adultes que je connais; plus important encore, elles leur permettaient de partager un peu la vie de leur mère en tournée.

Mais à mesure qu'ils grandissaient, je compris que, si je voulais qu'ils la partagent plus que par ces histoires à l'heure du coucher, je devais les emmener avec moi en tournée. Chaque été ou chaque fois qu'ils avaient un long congé et que j'étais invitée à chanter à un festival qui m'obligerait à m'absenter plus d'une semaine, aussi maigre que fût le cachet, j'acceptais l'invitation afin de pouvoir ainsi me faire accompagner des enfants et profiter du même coup d'un voyage en famille. L'organisation de ces déplacements me causait des maux de tête, mais le plaisir que nous en tirions tous compensait largement les difficultés surmontées. À l'été, les enfants adoraient explorer la ville à proximité du Festival de Tanglewood, dans les Berkshires, avec ses pelouses à perte de vue et ses innombrables bars laitiers. Pour eux, le Festival d'Aspen n'évoquait pas tant la musique que des promenades à cheval dans les sentiers de montagne et la descente en radeau du fleuve Colorado.

Ces voyages avec les enfants m'ont souvent permis de nouer des liens plus étroits avec d'autres artistes. Une année, au cours des vacances de Pâques, nous avons profité d'un engagement que j'avais avec Zubin Mehta et le Los Angeles Philharmonic pour nous amuser à Disneyland. Pendant le même voyage, Zubin nous invita tous à déjeuner chez lui le dimanche de Pâques; sa femme Nancy avait même caché un oeuf dans le jardin pour amuser les enfants, puis elle les ravit en ouvrant son tablier et en donnant à chacun un minuscule poussin piaillant.

Mais nos sorties en famille n'enthousiasmaient pas toujours autant les enfants. Quand Susie avait trois ans, comme j'étais convaincue que je ne passais pas suffisamment de temps avec elle, je l'emmenai avec moi dans une petite tournée américaine que j'avais acceptée de faire avec le Bach Aria Group. Nous nous déplacions en voiture de ville en ville et j'étais certaine de pouvoir trouver des gardiennes dans les campus où nous nous produirions. Je n'avais pas oublié mes voyages avec mon grand-père et je pensais que cela l'exciterait follement. Mais plus les jours passaient, plus elle se repliait sur elle-même. Puis elle se mit à prononcer des phrases comme: «Je m'ennuie du chien» et «Hé, maman, qu'est-ce que les autres font à la maison actuellement?» Elle finit par s'ennuyer tellement de la maisonnée qu'Eugene dut venir en avion à Chicago pour la ramener à Philadelphie.

Des années durant, jamais la famille ne prit de vacances ailleurs que dans les lieux où j'avais des engagements. De 1960 à 1966, Eugene et moi avons emmené chaque été les enfants au Festival Casals de Puerto Rico, où ils firent la connaissance non seulement de Casals mais aussi d'Arthur Rubinstein, de Rudolf Serkin et d'Isaac Stern. Les gens disaient: «Vous devez connaître une existence fascinante à voyager ainsi avec votre mère!» et les enfants se contentaient de hausser les épaules. Après six séjours estivaux au Festival Casals, ils se souvenaient surtout des paons qui couraient en liberté dans les jardins du Caribe Hilton.

Je me suis produite une première fois à ce festival sur une invitation d'Alexandre Schneider, le violoniste russe un peu toqué qui l'avait fondé trois ans plus tôt. Tout le monde l'appelait Sasha et il m'avait surnommée «*Snegourochka*», qui signifie «Mademoiselle Neige», ou «*Putscula Smutscula*», qui ne signifie absolument rien. Sasha est un incorrigible coureur de jupons et il ressemble assez à Eugene. En fait, il ne s'est jamais remis de ce qu'une blonde qu'il avait dévorée des yeux pendant des heures en concert ait ensuite demandé en coulisse à faire plutôt la connaissance d'Eugene.

Sasha était un fidèle ami et admirateur de Casals, qui habitait le sud-est de la France depuis son exil volontaire d'Espagne après que Franco y eut pris le pouvoir. Sasha l'avait fait sortir de sa retraite en lui proposant l'idée d'un festival de violoncelle qui se tiendrait dans le paisible hameau de Prades, où vivait Casals, dans les Pyrénées, et qui connut une très grande popularité. Plus tard, en 1955, après avoir appris que Casals mourait d'envie de s'installer à Puerto Rico, Sasha avait créé, avec l'aide du gouverneur de l'île, Luis Muños Marín, qui était également un poète de renom, un festival plus imposant à San Juan, auquel il avait donné le nom de son ami. C'était l'endroit tout indiqué pour ce faire, puisque la mère de Casals était d'origine portoricaine, tout comme d'ailleurs Martita, son épouse d'alors et sa cadette de plusieurs années, une très belle femme qui avait jadis étudié le violoncelle. Quiconque a eu le loisir d'admirer les portraits de sa mère que Casals avait accrochés aux murs de son salon a pu constater d'ailleurs que Martita ressemblait à s'y méprendre à cette dernière.

Pour notre famille, ce festival était l'occasion de vacances de rêve. Dès la deuxième année, Eugene joua du violon dans l'orchestre composé des plus grands musiciens du monde, qui, comme nous, y passaient leurs vacances tout en s'adonnant à leur métier. Et lorsque nous ne travaillions pas, nous nous ébattions avec les enfants sur les plages, où Paula apprit à nager, ou bien nous explorions l'île. Chaque fois que j'entends des gens dire du mal des Portoricains, je me bouche les oreilles. Même si certains insulaires n'avaient d'autre choix que de vivre dans d'affreux taudis, j'ai remarqué que les mères réunissaient régulièrement les enfants pour leur donner un bain; ils sortaient ensuite de leur masure vêtus de chemises impeccablement propres. Il y avait un grand nombre de squatters, mais aussi branlantes que

262

fussent leurs cabanes, elles avaient toujours un toit, constitué d'un morceau de tôle ondulée ou de carton, même si ce qui leur servait de murs n'en avait que le nom. À Puerto Rico, on aurait dit que dès qu'une maison de squatters avait un toit, le gouvernement ne pouvait en chasser les occupants.

Les Portoricains sont très avenants et courtois, d'une incroyable gentillesse quand ils le veulent. «¡ *Qué linda es!* — Comme elle est jolie!» — s'exclamaient-ils en voyant Gina ou Paula, les premières années. Quand nous avons compris que notre troisième fille avait été conçue dans l'île, nous l'avons prénommée Linda, en hommage à Puerto Rico.

Comme peu de Portoricains pouvaient s'offrir le luxe d'assister au festival, Luis Muños Marín veillait à ce que des téléviseurs soient installés dans les places publiques et le long des boulevards de San Juan. Des foules se massaient autour de chacun d'eux par les soirées chaudes et humides, pour regarder les spectacles en sirotant du Coca-Cola ou de la bière. Les premières années du festival, les insulaires étaient en admiration devant les musiciens qui venaient s'y produire. Un jour où je déambulais dans le centre-ville, un vieil homme à l'air distingué, en complet et panama, s'approcha de moi et me baisa la main. Puis il me pointa du doigt et posa les mains sur son coeur. Par ce geste touchant, il voulait me signifier que mon interprétation l'avait ému.

Les Portoricains, en parlant de Casals, l'appelaient Don Pablo; nous l'avions surnommé affectueusement «l'Ancêtre». Lorsque j'ai chanté avec lui pour la première fois, il avait déjà quatre-vingt-quatre ans et certains le jugeaient totalement gâteux. Mais l'allure de Casals était trompeuse. Il marchait d'un pas très hésitant, accroché au bras de Martita, et sa respiration était bruyante lorsqu'il fumait la pipe. En le voyant remonter péniblement l'allée centrale du théâtre de l'université de Puerto Rico, où avaient lieu la plupart des spectacles, on pouvait penser: «Seigneur, il ne pourra jamais terminer ce concert.» Parce qu'il avait un problème d'équilibre, il dirigeait assis, dans un fauteuil pivotant à haut dossier. Mais dès qu'il soulevait sa baguette et battait la première mesure, il se mettait à bondir sur son siège. À la seconde où la musique prenait son vol, il revenait à la vie.

Une année, il toucha même le violoncelle, et, en toute honnêteté, je dois avouer que je m'étais demandé s'il parviendrait à tenir jusqu'au bout. Son coup d'archet ne dévia jamais d'un centimètre, et, tandis que je l'observais avec attention, je remarquai soudain que ses mains ressemblaient à celles de Charlie Chaplin: petites et fines, sans la moindre ride. Casals avait des mains d'enfant.

Dans sa loge, il gardait un énorme fauteuil éventré dans lequel il aimait s'asseoir pour recevoir les gens qui venaient le féliciter après le concert. Un soir, je l'ai vu à maintes reprises sur le point de s'y effondrer et chaque fois Martita le redressa. «Mon Dieu, me suis-je dit, j'espère que ce n'est rien de grave.» Je remarquai ensuite qu'il s'écroulait ainsi chaque fois que de belles jambes passaient à proximité. Il avait une robuste constitution et un appétit de cheval. Et à quatre-vingt-quatre ans, il gardait toujours une main sur le genou de Martita lorsqu'ils dînaient ensemble au restaurant.

Mon expérience de travail avec Casals me rappela étrangement les moments passés en compagnie de Bruno Walter, car il ne parlait que très peu lui aussi. Il valait donc mieux se trouver sur la même longueur d'onde que lui. Mais je n'oublierai jamais la première fois que je chantai pour lui. Il devait diriger la *Rhapsodie pour alto* de Brahms et, avant la première répétition, Sasha, qui était le *Konzertmeister* de l'orchestre, s'approcha de moi, l'air plutôt préoccupé. «Vous savez, me confia-t-il, cette oeuvre bouleverse beaucoup l'Ancêtre. La dernière fois qu'il a dirigé la *Rhapsodie pour alto*, c'était pour son ex-femme, Susan Metcalfe. Il craint même de ne pouvoir la donner jusqu'au bout sans fondre en larmes.»

Casals attaqua donc le prélude et, même s'il avait la réputation de toujours traîner un peu, lorsqu'il arriva au solo de l'alto, qui est d'un tempo très lent, on aurait dit une marche funèbre. On interrompit un moment la répétition; je me tournai vers Sasha et lui murmurai: «Mais c'est si lent que tout le monde s'endormira.»

«Dites-le-lui, répondit-il. Moi, je ne peux pas.»

Je découvris finalement un moyen de lui passer le message. Pendant la pause café, je résolus de lui dire: «Maestro, je suis consciente que je m'étire et que, lorsque nous attaquerons l'adagio, le tempo aura tellement ralenti que toute l'oeuvre en souffrira. C'est ma faute et j'en suis désolée.» À ce moment-là, Casals s'approcha de moi à pas traînants, la pipe aux lèvres, appuyé sur Martita; avant même que j'aie pu ouvrir la bouche et lui débiter mon discours, il posa la main sur mon bras. «Enfin, dit-il, une artiste qui peut chanter à mon rythme.» Il était si perspicace qu'il avait deviné ce que j'allais lui dire et m'avait devancée en me tournant un compliment. Mais lorsque vint le moment du concert, il accéléra le tempo. Il avait reçu mon message sans que j'aie à le verbaliser.

En 1962, il me demanda d'interpréter son oratorio *El Pessebre* («La Crèche»), conçu comme un hymne à la paix dans le monde. Il s'était inspiré d'un poème sur la Nativité que Joan Alavedra avait écrit pour sa fille, en catalan, une langue très difficile et aussi différente de l'espagnol que l'est le finnois des autres langues scandinaves. En concert, nous l'avons quelquefois donné en anglais, mais quand est venu le moment, quelque temps après, de l'enregistrer à New York dans la version originale, je demandai à Alavedra de me donner quelques leçons de prononciation. Cela sonnait un peu à mes oreilles comme le russe, où l'on retrouve d'ailleurs le même «l» mollement lingual, mais je me sentais très nerveuse parce que tous les autres membres de la distribution étaient de langue espagnole. Assez paradoxalement, Alavedra m'affirma que, pour cette même raison, mon catalan était le meilleur de tous. Pour moi, cela ne pouvait s'expliquer que par mon talent inné d'imitatrice.

Certains des musiciens qui participèrent aux exécutions de *El Pessebre* se moquaient de Casals pendant qu'ils jouaient. Ils jugeaient l'oeuvre banale et surannée, servilement inspirée de Wagner et de Brahms. Mais l'Ancêtre y était très attaché et ses yeux se mouillaient quand il la dirigeait; on ne pouvait que vouloir l'interpréter de son mieux pour lui plaire. La première new-yorkaise, un mois plus tard, avec le Cleveland Orchestra Chorus de Robert Shaw, fut un moment terriblement émouvant. Casals ne s'était pas produit à New York depuis quatre ans; il avait alors quatre-vingt-cinq ans et paraissait plus frêle que jamais. Mais sa direction ne souffrit d'aucune faiblesse. Sa passion lui donna des ailes au point qu'on a pu le voir quitter sa chaise et conduire debout. La salle l'a rappelé six fois devant le rideau et lui a réservé une ovation debout de dix minutes. Après, en scène, il embrassa tous ceux et celles qui l'entouraient, y compris la plupart des membres de l'orchestre.

Dans le cadre d'un autre Festival Casals, j'ai créé une oeuvre de Domenico Scarlatti intitulée *Salve Regina*, qui avait été perdue pendant des siècles. Sasha avait retracé cet hymne à la Madone terriblement difficile à interpréter; en ce qui me concerne, ce n'aurait pas été une grande perte si on ne l'avait pas retrouvé. Cette année-là, une équipe de tournage de l'Office national du Film accompagna notre famille à San Juan. J'essayais de me concentrer sur cette oeuvre impossible, traînant toujours derrière moi — où que j'aille, même à des cocktails — une troupe bruyante composée des enfants, de la nounou et du mari, de même que de cameramen.

Au Festival Casals, j'ai fait la connaissance de plusieurs illustres musiciens, dont Arthur Rubinstein, avec qui je travaillai par la suite. Il s'était produit le même soir, dans le cadre d'un autre concert, mais j'appris ensuite par des amis qu'il avait parlé de moi en entrevue comme de «la chanteuse qui a un Stradivarius dans la gorge». Peu de temps après, je le revis au Biffi Scala, le chic restaurant de la maison d'opéra du même nom; il abandonna un instant sa compagnie pour venir à ma table. «Ah, ma chère, j'ai vu que vous chantiez demain soir les *Kindertotenlieder*, fit-il. Je n'ai pas entendu cette oeuvre depuis 1904, à Petrograd. Si je ne jouais pas à la même heure, je serais allé vous entendre.»

Je n'ai jamais su si je devais le croire ou non, parce qu'il était un enjôleur et qu'il en remettait s'il se trouvait en présence d'un jeune blonde sensuelle. Arthur Rubinstein savait flatter une femme au point qu'elle se sentait redevenir une écolière.

Un peu plus tard, il me demanda de chanter à un dîner offert à New York en son honneur. Il s'agissait un peu, avant la lettre, d'une «mise sur le gril» d'une célébrité. Lui et Stokowski s'y échangèrent l'un sur l'autre des propos qui firent s'esclaffer la salle. Rubinstein se leva le premier et raconta comment, au cours d'un voyage en train en Amérique du Sud, il s'était retrouvé dans le wagon-restaurant où un homme l'avait dévisagé pendant tout le repas. «Je voyais bien que le pauvre homme m'avait reconnu, dit-il, mais j'espérais qu'il n'irait pas jusqu'à venir à ma table et se rendre ainsi ridicule.» Rubinstein était vraiment doué pour tourner une histoire. «Finalement, le type s'est amené et s'est confondu en excuses. ''Je sais à quel point cela peut vous ennuyer,

266

mais pourrais-je vous demander un autographe pour mes petits-enfants?'' ''Mais, bien sûr'', lui répondis-je. Je pris une serviette de table et y griffonnai ma signature. Il était aux anges. ''Je ne pourrai jamais vous exprimer toute ma reconnaissance, Monsieur Stokowski'', ajouta-t-il.»

Puis Stokowski prit à son tour le microphone pour lui répondre. Il raconta qu'un jour, à Chicago, souffrant d'un mal de tête après un concert, il avait demandé au chauffeur du taxi dans lequel il avait pris place de s'arrêter à une pharmacie pour qu'il puisse y acheter de quoi se soulager. Il expliqua aux deux pharmaciens derrière le comptoir que le mal était lancinant; puis il prit conscience qu'un des deux pharmaciens l'avait reconnu et il sentit le besoin d'ajouter qu'il avait travaillé très fort. «Oh, oui, je comprends, Monsieur Rubinstein», lui répondit le premier pharmacien. Consterné par la grossière erreur que venait de commettre son confrère, le deuxième pharmacien s'empressa de la réparer: «Ce n'est pas Rubinstein, lui dit-il, mais Tchaïkovski!»

Les organisateurs de la fête avaient demandé à Rubinstein quels artistes il voulait entendre, et il avait arrêté son choix sur Carol Burnett et moi-même. J'interprétai une aria d'*Orphée et Eurydice* de Gluck et quelques airs folkloriques; je m'en tirai très bien, mais je ne crois pas avoir été aussi amusante que Carol Burnett, qui présenta l'un des monologues les plus hilarants que j'aie entendus. C'était un public difficile; on avait réuni dans cette salle les musiciens les plus célèbres et je m'étais sentie terriblement nerveuse avant d'entrer en scène. Carol Burnett avait quitté depuis peu le *Garry Moore Show* et venait d'entreprendre une carrière de comique solo.

Elle commença son numéro en racontant comme elle adorait chanter lorsqu'elle était écolière en Californie. Un jour où elle devait chanter en duo avec une copine pour la visite annuelle des parents à l'école, cette copine tomba malade, victime de la rougeole. Le maître d'école était alors monté sur l'estrade pour expliquer à l'auditoire que Carol avait courageusement accepté de chanter seule. Puis elle commença à chanter. Elle n'interprétait que la moitié du duo: la partie de l'alto, c'est-à-dire la ligne harmonique, sans la mélodie. Un public non averti n'aurait guère trouvé cela drôle, mais comme il n'y avait là que des musiciens, la salle croula sous les applaudissements.

Je me fis un autre ami au Festival Casals: Isaac Stern. La première fois que je l'ai aperçu, je me suis dit: «Comme il est adorable!» Il était tellement rondelet et attendrissant. Comme bien des gens de petite taille, il portait toujours ses verres relevés sur le front, comme s'il s'était imaginé que cela le ferait paraître plus grand. Isaac est l'un des êtres qui me sont les plus chers en ce monde; il a une très forte personnalité, et il ne s'arrête jamais. Il porte des chemises avec col Danton, et, comme il est constamment au téléphone, il donne l'impression d'un magnat de la finance en train de conclure un marché d'un million de dollars. Vous entrez dans le studio pour une répétition et il vous salue d'un geste de la main en lançant: «Salut, ma belle», le combiné toujours collé à l'oreille. La répétition commence invariablement une demi-heure plus tard que prévu parce qu'Isaac doit encore placer une vingtaine d'appels et que Teddy Kollek, de Jérusalem, attend sur une autre ligne pour lui parler.

Isaac, Sasha Schneider et moi nous sommes si souvent produits ensemble au Festival d'Israël que les gens nous avaient surnommés «la Bande à Stern». En un sens, Isaac et moi nous ressemblons: nous sommes tous deux des êtres fondamentalement sociables et nous adorons faire la fête et bouffer. Nous nous portons toujours à la défense des opprimés et nous récoltons de l'argent pour eux, mais jamais pour nous-mêmes. Isaac a sauvé Carnegie Hall de la ruine, et il se porte constamment au secours de jeunes musiciens, quand il n'est pas occupé à organiser quelque soirée bénéfice. Une année où j'avais accepté la responsabilité d'un concert du genre, à titre de présidente de la Fondation culturelle canado-israélienne, je téléphonai chez lui et sa femme refusa de lui passer le combiné. «Je parie que vous voulez lui demander de se produire bénévolement», fit-elle pour me taquiner. «Rappelez donc à Isaac combien de fois j'en ai fait autant pour lui», rétorquai-je. Comme de raison, il accepta et ce fut un succès à tout casser: nous avons recueilli trois cent vingt mille dollars en une soirée.

* * *

Je séjournai une première fois en Israël en 1962, et, au cours des neuf mois qui suivirent, j'y retournai à trois reprises. Ce n'était que le début d'une longue histoire d'amour. En Israël, les gens me traitent comme une citoyenne honoraire, et c'est le seul pays du monde où je me sente comme dans une seconde patrie. Pas seulement parce que le pays est juif, mais parce que les Israéliens se passionnent pour la musique. À l'époque, la population se composait essentiellement de vieux Européens de l'Est et on vendait pour chaque concert douze fois plus de places que n'en contenait la salle, de sorte que certains spectateurs étaient parfois juchés jusque sur les poutres du plafond. Pour pouvoir obtenir un abonnement aux concerts de la Philharmonique d'Israël, il fallait attendre qu'un abonné décède. Chaque fois que je m'y produisais, les organisateurs du concert me suppliaient d'ajouter une représentation, tant les mélomanes y étaient insatiables. Dans la rue, les passants m'arrêtaient pour me donner leur opinion sur un concert, et mon coiffeur ne se gêna pas un jour pour me lancer: «Dites donc au chef qu'il joue trop lentement le deuxième mouvement de Brahms.»

La première année, j'y ai chanté avec Sergiu Celibidache, un chef roumain. Je n'avais encore jamais entendu parler de lui, parce qu'il n'avait presque pas dirigé en Amérique du Nord. Il était si capricieux qu'il exigeait au moins dix répétitions avant un concert, ce que personne évidemment ne pouvait se permettre. Après que nous eûmes donné ensemble la *Rhapsodie pour alto*, les organisateurs du concert me demandèrent de donner un récital supplémentaire, comme d'habitude, parce qu'on s'arrachait les billets pour entendre cette jeune cantatrice qui s'était acquis une belle réputation aux États-Unis. Je leur suggérai comme programme un groupe d'arias extraites d'*Orphée*, mais l'orchestre ne put se procurer nulle part la partition d'une des arias. J'étais sur le point de proposer un autre programme lorsque Celibidache annonça: «Ne vous en faites pas, je vous en ferai une copie.» C'était prodigieux! Il connaissait de mémoire toute l'orchestration d'une aria de six minutes.

En Israël, je tournai un certain nombre de documentaires destinés à l'enseignement du chant, et, pendant mon séjour, le gouvernement me logea à ses frais au Mishkonot; le maire Teddy Kollek avait fait construire ces appartements en rangée dans la vieille ville de Jérusalem, à l'intention des artistes invités. Saul Bellow occupait un de ces appartements en même temps que moi, et, bien que je n'aie pas eu alors la chance de le rencontrer, je découvris plus tard qu'il y écrivait à ce moment-là son roman *Ô Jérusalem*.

J'aimais la simplicité qui caractérisait la vie en Israël. À l'époque, tout le monde se connaissait par son prénom. On appelait les ministres Avi ou Ben et tout le monde s'adressait au Premier ministre en disant simplement «Golda». Golda Meir assistait à tous les festivals et les Israéliens chargés de sa protection devaient libérer deux rangées de sièges, devant et derrière elle. Elle détestait cela, parce qu'elle était fondamentalement une femme du peuple. Je suis allée deux fois chez elle, et, même si je suis certaine qu'elle devait avoir des domestiques cachés quelque part, je n'ai jamais senti leur présence. C'était comme si on avait rendu visite à la grand-mère de sa meilleure amie pour prendre le thé et des gâteaux secs. Elle était douée d'un charisme exceptionnel. Elle devait avoir été une jeune femme très séduisante, parce que, même si elle ne portait jamais de maquillage, on ne pouvait s'arrêter de la regarder. Elle fumait cigarette sur cigarette et avait une voix très grave, presque masculine. Quand elle nous invitait chez elle, on sentait qu'elle adorait la musique et elle voulait toujours savoir si la vente des billets allait bon train. Elle semblait s'intéresser vivement à toutes les personnnes qu'elle rencontrait.

Mon concert le plus émouvant en Israël fut une exécution de *I Never Saw Another Butterfly* («Je n'ai jamais vu d'autre papillon») de Srul Irving Glick. Il avait composé ce cycle de mélodies en s'inspirant d'extraits d'un livre consacré aux graffiti et aux cahiers d'écolier que les libérateurs avaient découverts dans le camp nazi de la mort de Terezin, après la fin de la guerre. C'est une oeuvre bouleversante. Dans le livre, à la fin de chaque citation, figure le nom de l'enfant qui en est l'auteur, et que Glick conserva dans sa partition. Ainsi, sur l'une des pièces qui l'avaient inspiré, il avait écrit: «De Peter Fruschel, disparu en 1944.»

Avant que je n'arrive à Tel-Aviv pour donner ce concert, Avi Shoshani, le gérant de l'orchestre, me téléphona pour me dire: «Maureen, bonne nouvelle! J'ai mis les noms des enfants mentionnés dans cette oeuvre dans l'ordinateur du Musée de la Diaspora, et Peter Fruschel n'est pas mort. Il a survécu au camp et il est rentré en Tchécoslovaquie après la guerre; puis il a émigré

270

en Israël, où il a pris un nom hébreu. Il travaille maintenant comme psychiatre et il se consacre aux gens qui ont connu les camps de concentration.»

Quand j'arrivai à Tel-Aviv, Avi avait réussi à m'obtenir un dîner avec Peter Fruschel et son fils de douze ans; je lui remis alors un exemplaire de ces mélodies que je venais d'enregistrer sur disque au Canada. Il ne se souvenait même pas d'avoir gribouillé quoi que ce soit sur papier pendant sa captivité, mais il assista au concert et ne put retenir ses larmes. L'oeuvre que Glick a composée à partir du journal de cet homme a toujours exercé une forte impression sur le public. En voici un extrait: «Nous nous sommes habitués à rester debout, alignés. Nous nous sommes habitués à recevoir des coups, à voir des cercueils empilés; nous nous y sommes habitués.» À mesure que la liste s'allonge, la pièce gagne progressivement, et jusqu'à la fin, en intensité sonore: «Nous nous sommes habitués à voir arriver des milliers d'âmes en peine... et à voir des milliers d'âmes en peine s'en aller.» À ce moment précis, on entend retentir sept sonneries, comme celles qui résonnaient dans les camps lorsque les fours étaient en action.

Partout où j'ai interprété ces mélodies, les spectateurs les ont accueillies par une ovation; en Israël, la réaction fut différente d'ailleurs. On pouvait voir des gens porter la main à la bouche comme si ce rappel du passé leur donnait la nausée. Puis ils se levaient et applaudissaient frénétiquement, mais on sentait aussi dans les applaudissements un silence, et par toute la salle on percevait clairement des sanglots.

Quand Susie avait cinq ans, je l'emmenai à Tel-Aviv. Pendant une répétition avec la Philharmonique d'Israël à la salle Mann, je l'avais assise dans la douzième rangée avec des crayons et un grand cahier à dessin. Tous les musiciens succombèrent à son charme. Pendant une pause, le premier violon descendit dans la salle pour lui parler. «Votre fille a accepté de faire mon portrait», me dit-il en me faisant un clin d'oeil lorsqu'il fut remonté sur la scène. Quand nous sommes rentrées, ce soir-là, je remarquai que bien des livres israéliennes tintaient dans sa poche. «Susie, mais où as-tu pris tout cet argent?» lui demandai-je. «Tous les hommes m'en ont donné pour que je dessine leur portrait», répondit-elle. Je sus dès lors que je n'aurais jamais à m'inquiéter pour ma plus jeune fille, l'artiste.

J'avais toujours désiré emmener tous mes enfants en Israël et je pus enfin réaliser ce rêve en 1967. On ne peut pas dire que nous y soyons allés par le chemin le plus court. Cette année-là, je devais remplir des engagements de Londres à Dubrovnik, et Eugene et moi avions donc décidé d'en profiter pour nous offrir les plus superbes vacances en famille. Lorsque j'informais les gens de notre itinéraire, ils me regardaient comme si j'avais perdu la tête. Ce fut la pagaille avant même que nous ayons quitté Philadelphie. Maria, notre ménagère, qui devait nous accompagner et nous donner un coup de main, nous fit faux bond au moment même où je bouclais nos valises. J'appris qu'elle était enceinte et qu'elle faisait la tournée de ses soupirants pour leur dire adieu. Cela me rendit si furieuse que je la congédiai sur-le-champ; je me consolai en me disant que, si elle jouait ainsi la coquette à Philadelphie, mieux valait ne pas imaginer ce qu'aurait été son comportement sur l'Ancien Continent, où elle aurait eu la garde de cinq enfants. Je n'avais que faire d'un enfant de plus.

Nous nous sommes rendus en avion à Londres, où je devais enregistrer *Jephta* de Haendel avec la soprano irlandaise Heather Harper. Le jour, pendant que je travaillais, Eugene fit voir aux enfants la Tour de Londres et la relève de la garde. Nous logions dans le vieil appartement de Branson que j'avais habité avec Paula; Farrell, qui vivait retirée dans la campagne anglaise, vint nous rendre visite pour l'occasion et apporta à chacune des filles un minuscule sac à main — en partie parce qu'elle n'avait pas renoncé à faire d'elles des dames comme il faut. Moi, je vécus ce séjour comme si une époque de ma vie trouvait enfin un dénouement heureux.

De Londres, nous sommes allés au Festival de Salzbourg, en Autriche, où je devais interpréter le *Stabat Mater* de Pergolèse avec la Philharmonique de Berlin et Claudio Abbado. Comme autre soliste, on avait choisi Gundula Janowitz, une soprano allemande avec qui j'avais chanté antérieurement à Bonn. En Europe, elle était une très grande vedette, mais un peu trop hautaine à mon goût. Lorsqu'elle constata qu'elle n'arrivait pas à contrôler sa respiration pour donner d'un seul trait une phrase musicale, elle me demanda de couper aussi la mienne pour lui éviter ainsi de mal paraître. Gundula Janowitz me fit entrevoir à quoi ma vie aurait ressemblé si j'étais restée en Europe. Elle se pavanait comme une reine dans Salzbourg pendant que moi je ne me préoccupais que de trouver un moyen de laver les sous-vêtements de cinq enfants dans des salles de bains d'hôtel.

Zubin Mehta était aussi à Strazbourg pour son travail, en compagnie de ses deux enfants, Zarina et Mirwan. Ceux-ci s'ajoutant aux enfants de Claudio et à ma marmaille, nos trois familles donnaient à elles seules le spectacle d'un véritable attroupement. Nous étions tous descendus à l'hôtel Bristol, et nous prenions nos repas ensemble à une immense table ronde où je tenais le rôle de mère du clan. À notre dernier soir à l'hôtel, nous avons commandé un repas gargantuesque, et nous venions tout juste de réussir à quitter la table quand Zubin nous invita à nous rasseoir: «Attendez, vous ne pouvez pas partir déjà», dit-il. Et un véritable défilé de serveurs fit son entrée au son de tambourins, les bras chargés de plateaux de palacsinta, des crêpes hongroises fourrées au fromage de Hollande et nappées de sauce chocolat, qu'il avait commandées tout spécialement pour l'occasion. Personne ne voulut le froisser, mais à la fin du repas nous avons tous eu bien du mal à nous lever de nos chaises.

Un jour de relâche, Zubin décréta que nous devions tous visiter une vieille mine de sel autrichienne. Lorsque nous y sommes arrivés, on nous dit que Susie était trop jeune pour y être admise. J'insistai pour que tout le monde y aille sans moi et je restai dehors sous le soleil, en me disant que l'attente ne durerait pas plus d'une demi-heure. Trois heures plus tard, ils réapparurent enfin. Ils avaient dû enfiler des salopettes blanches et glisser profondément dans les entrailles de la mine sur des traîneaux de cuir, attachés les uns aux autres au niveau des jambes pour former une chaîne humaine, et s'enfoncer toujours davantage, sans pouvoir rebrousser chemin. Eugene avait même pensé qu'ils n'en ressortiraient jamais. Lorsque j'entendis cela, je remerciai le ciel que Susie ait été trop jeune.

De là, nous nous rendîmes tous ensemble à Dubrovnik, où je me joignis au Bach Aria Group pour un concert. Zubin obtint du gouvernement yougoslave qu'on nous fasse admirer la côte en canot automobile, par une journée ensoleillée; mais le soir venu, comme j'entonnais, dans la cour d'un vieux château, une cantate de Bach qui commence par ces mots: «Ouvre mes yeux coupables...», le ciel s'ouvrit à son tour et une pluie diluvienne s'abattit sur nous. Tous les spectateurs coururent se mettre à l'abri.

Finalement, nous sommes partis pour Israël. Mais à notre escale à l'aéroport d'Athènes pour notre correspondance jusqu'à Tel-Aviv, la compagnie El Al nous informa qu'il y avait eu un détournement d'avion, l'un des premiers d'une longue série. Il nous faudrait attendre sur place au moins huit heures. L'aérogare était bondée et la chaleur y était suffocante; comme je déteste perdre du temps, nous avons loué un minibus de tourisme et nous avons profité de ce contretemps pour visiter la ville, du Parthénon jusqu'au Pirée.

Enfin, nous avons atterri à Tel-Aviv, où les enfants s'amusèrent follement. Après m'y être produite, j'ai de nouveau chanté *El Pessebre* avec Casals à Césarée, dans l'antique amphithéâtre romain d'Hérode, près de la mer. C'était splendide, mais Paula avait été soudain prise d'une forte fièvre. Je courais de la salle de répétition à ma loge pour la réconforter, mais son état empirait. Finalement, pendant que je chantais en scène, Eugene et le médecin durent la transporter d'urgence à l'hôpital, où elle passa la nuit.

Mon dernier engagement m'appelait en Espagne pour y chanter avec le Bach Aria Group. Puis nous avons pris l'avion à Bilbao pour nous rendre à Paris, où nous devions changer d'appareil et rentrer à Philadelphie. Trois heures avant le départ de notre vol pour les États-Unis, je m'engouffrais dans un taxi avec les enfants pour faire un bref tour de ville et leur montrer la tour Eiffel, l'arc de triomphe de l'Étoile et Montmartre.

Notre odyssée m'avait éreintée, et, à notre arrivée à la maison, je dus me taper la lessive accumulée depuis trois mois avant de refaire mes valises et de m'envoler, le lendemain matin, pour Buenos Aires. Les enfants s'entendaient pour dire que ç'avait été leurs plus belles vacances, et cela leur donna à tous le goût de voyager. À des moments différents de leur vie, ils connurent tous leur époque bohème.

Malgré toutes ces expériences, mes enfants ne furent jamais impressionnés par l'éclat de la vie d'artiste. Pourtant, cela a tout de même dû les marquer d'une certaine façon puisqu'ils sont tous devenus, à leur manière, des artistes. Paula est douée pour l'écriture et Gina veut tourner des films lorsque ses deux enfants seront plus vieux; Susie étudie le dessin de mode et Daniel vient tout juste de sortir d'une école de théâtre en Angleterre pour joindre les rangs de la Stratford Festival Young Company, ce qui me rend très fière de lui. Un jour, j'aimerais bien monter un spectacle avec mon fils. Linda s'est déjà fait un nom avec la troupe Second City de Toronto et elle jouait dernièrement dans son premier téléfilm. Nous savions tous, quand elle n'avait que onze ans, qu'elle deviendrait une actrice. Elle trouvait déjà le moyen d'accaparer ma mère et de la forcer à assister à toutes ses séances solos, et elle avait tellement le sens du théâtre que nous l'avions surnommée «Sarah Jalousie». Puis elle entra à l'American Academy de Pasadena, où elle avait tant de temps libres qu'elle flânait longuement avec les femmes itinérantes et une bande d'originaux qu'elle semblait attirer comme un aimant. Tous ces personnages ont maintenant refait surface dans ses sketches à Second City. Mais elle prétend s'être également inspirée, pour ces numéros, de personnages plus proches de la famille.

Lors d'un spectacle d'improvisation, elle a créé un personnage féminin assis dans son salon, mais qui donne pourtant la nette impression d'être en visite comme son amie. Pendant que cette dernière papote, son hôtesse n'arrête pas de se lever pour vider les cendriers, redresser des tableaux aux murs et s'assurer que les tables de coin ne sont pas empoussiérées, sans jamais cesser de vocaliser la bouche fermée. Linda a intitulé ce numéro «L'Obsédée de la propreté»; personne dans notre famille ne semble avoir eu de difficulté à deviner qui a pu l'inspirer.

CHAPITRE 23

Jamais la mariée

Eugene et moi dînions en ville avec des amis et il remarqua soudain mon air absent. «Vous pensiez qu'elle était avec nous, dit-il, alors qu'en fait elle est plongée dans *Lied von der Erde*, qu'elle va chanter dans quatre jours.»

Et il avait raison. Quand je ne peux passer suffisamment d'heures seule et que la conversation ne me concerne pas directement, je fais le vide autour de moi et je répète mentalement la pièce dont la mémorisation me préoccupe. Par bonheur, j'ai toujours été capable d'apprendre au beau milieu de la cohue. Pendant presque toute ma carrière, j'ai enrichi mon répertoire aussi bien en avion qu'en train, et même à la maison tandis que les enfants écoutaient de la musique rock ou se défoulaient au sous-sol. Et pendant un certain temps, alors que nous habitions Toronto et qu'ils étaient encore adolescents, j'avais secrètement loué un studio au centre-ville pour m'assurer un peu de paix et apprendre de nouvelles oeuvres. Je n'en ai jamais parlé à personne, pas même à Eugene. Encore aujourd'hui, lorsqu'ils me surprennent à chantonner, les enfants s'exclament: «Ça y est, maman est encore ailleurs!»

Pour tout dire, lorsque je mémorise une oeuvre moderne et que j'en arrive au moment où je veux m'assurer que je la maîtrise vraiment, j'ouvre la radio, je syntonise la station rock la plus tonitruante et je m'efforce de l'interpréter malgré ce fond sonore. Si j'y arrive, je sais que je ne me laisserai pas distraire par une orchestration en contrepoints qui se surimposera à ma partie, la mélodie.

Mais je manque de patience et je ne parviens pas à me concentrer très longtemps. Quand j'apprends un rôle pour un opéra, je suis assise au piano depuis à peine une demi-heure que déjà je me retrouve en train de nettoyer les carreaux ou d'épousseter les cadres. Tout le monde peut facilement le deviner quand j'étudie un opéra: la maison est plus propre, si possible, que d'ordinaire. Et quand je crois bien connaître ma partie, je sors marcher au centre-ville. Je repasse dans ma tête toute la scène, parmi le flot incessant des voitures, les coups de klaxon et les sirènes, et les piétons qui se hâtent. Je peux très bien saluer des gens qui me disent bonjour en me croisant sur le trottoir, mais en esprit je suis déjà en scène et je fais en sorte que rien de ce qui arrive ne réussisse à me distraire. Je suis certaine qu'en m'apercevant dans cet état certaines gens se disent: «Mon Dieu que cette femme a l'air dément.»

Quelle race d'originaux que celle des chanteurs! Les gens me demandent parfois si je n'ai jamais eu le béguin pour l'une des vedettes avec qui j'ai chanté et pour qui toutes les autres femmes se pâmaient. Eh bien, je ne peux nier que certains d'entre eux sont tout simplement irrésistibles: Simon Estes, par exemple. Devant lui, j'aurais souhaité avoir trente ans de moins; néanmoins, je ne pourrais jamais m'imaginer amoureuse d'un autre chanteur. J'ai déjà assez de vivre avec ma voix; la vie serait insupportable si devait s'y ajouter celle d'un autre.

Tous les chanteurs sont des égocentriques, mais les bons ténors forment une race à part. Les *Heldentenors* ou «ténors dramatiques», comme Jon Vickers, sont très peu nombreux; on en dénombre rarement plus d'un par génération, ce qui explique qu'ils deviennent de si grandes vedettes. Lorsque je jouais à Paris dans *Cendrillon*, mon fils Daniel est venu me rendre visite, et Louis Quilico, qui occupait une chambre voisine de la mienne à l'hôtel, l'entendit chanter un soir dans son bain. Le lendemain, Louis me laissa entendre que Daniel serait un *Heldentenor*. À ces mots, je lui répondis: «Traîne-le dehors et va le noyer, sinon en grandissant il deviendra insupportable!»

George London rapportait qu'en traversant les coulisses du Metropolitan Opera il avait un jour croisé Richard Tucker qui y faisait nerveusement les cent pas. «Qu'est-ce qui vous tracasse, Dick?» lui avait-il demandé.

«Oh, vous ne comprendriez pas, lui avait répondu Tucker. Je n'en peux plus de supporter ce fardeau.»

«Mais quel fardeau?» insista George.

«Celui d'être le plus grand ténor au monde! On ne peut pas se permettre un concert qui ne soit pas parfait.»

Cet homme qui avait pourtant la réputation d'être le plus affreux égoïste se montra toujours d'une incomparable gentillesse avec moi. La première fois que je me produisis à ses côtés, j'étais assez nouvelle dans la carrière; nous avons enregistré ensemble le *Requiem* de Verdi à Philadelphie et je me sentais à peine intimidée par la présence d'un si grand nom. Par la suite, chaque fois qu'il venait au Canada pour ses excursions de pêche dans le Nord, il me téléphonait pour me dire: «Maureen, comment ça va? Et comment vont Eugene et les enfants? Êtes-vous heureuse, ma belle? Y a-t-il quelque chose que je puisse faire pour vous?» Peu d'artistes sont aussi attentionnés.

Je ne fréquente pas beaucoup les autres chanteurs parce que je n'aime pas passer des soirées à discuter de technique. Quand je ne chante pas, la musique est le dernier sujet de conversation qui m'intéresse; je préfère qu'on m'entretienne d'une bonne pièce de théâtre ou d'une bonne recette. Contrairement à bien des chanteurs, je peux à volonté me passer totalement de musique. Selon moi, la majorité des musiciens vivent avec des oeillères et je ne supporte pas les gens qui font un trop grand cas de leur voix. Mais j'ai eu de la chance: chanter n'a jamais été pour moi un travail.

Chaque fois que je faisais une tournée avec le Bach Aria Group, je demandais toujours, en arrivant à l'hôtel, où se trouvait la chambre de Lois Marshall. Et je veillais à ce qu'on me loge à l'autre extrémité de l'immeuble, parce qu'elle s'exerçait généralement trois heures par jour dans la salle de bains, à compter de sept heures du matin. On pouvait l'entendre jusqu'à dix étages au-dessous comme au-dessus de sa chambre et cela me rendait folle.

Pendant quelques années, après que j'eus cessé de suivre des cours de Diamant, je retenais de temps à autre ses services comme répétiteur lorsque j'apprenais de nouvelles oeuvres. Mais depuis lors, je n'ai jamais cru qu'il fallait s'exercer beaucoup, parce que cela, à mon sens, altère la beauté naturelle de la voix.

Avant un concert, si je me sens la voix éraillée, je fais quelques exercices que Diamant m'a enseignés et qui agissent un peu comme un massage sur les cordes vocales, sinon je chante un peu de Bach. Si je sais que je devrai interpréter un passage techniquement difficile qui met en oeuvre mon aigu, je chante alors environ cinq minutes avant le concert pour bien ouvrir cette partie de mon registre. Mais je n'aime pas vocaliser, surtout un jour de récital, au point de me fatiguer la voix avant d'entrer en scène.

Je me rappelle bien l'une des rares fois où je me suis exercée avant de chanter pour un chef: c'était au début de ma carrière, lorsque je m'apprêtais à répéter la *Neuvième Symphonie* de Beethoven avec Herbert von Karajan et le New York Philharmonic. Cela se passait peu après son premier séjour controversé aux États-Unis, en 1955. Des manifestants brandissant des pancartes avaient violemment dénoncé ses apparitions en public, en rappelant qu'il avait été membre du parti nazi et qu'il s'était produit toute la guerre durant, tant à Aix-la-Chapelle qu'à Berlin. Même si ma partie dans cette oeuvre ne me permettrait pas de me faire vraiment valoir, je ne voulais pas que Karajan trouve à redire à mon exécution. Il avait la réputation d'être extrêmement pointilleux et, en fait, je lui trouvai à certains moments un air terrifiant. Toutefois, jamais il ne me parut difficile de travailler avec lui. Il obtenait de l'orchestre ce qu'il en recherchait, ce vers quoi nous tendons tous d'ailleurs, et j'adorais l'observer lorsqu'il dirigeait: il fermait souvent les yeux et entrait pratiquement en transe.

Il m'arrive fréquemment d'accorder une audition à des élèves doués d'une assez jolie voix et d'une incroyable technique, mais chez qui je perçois un je ne sais quoi impossible à cerner et pourtant signe qu'ils ne s'illustreront jamais. Presque invariablement, ces élèves sont de ceux qui vous disent s'exercer inlassablement. Si je m'objecte à ce que les étudiants se coupent du reste du monde et s'enferment dans une tour d'ivoire pour se concentrer sur leurs seules cordes vocales, c'est que je ne crois pas que la musique s'acquière à ce prix.

Bien entendu, comme je suis une alto, il m'est facile d'en parler ainsi. Comme les barytons-basses, les altos se servent, pour chanter, de leur voix naturelle, celle qu'ils ont lorsqu'ils parlent; mais les sopranos et les ténors doivent travailler davantage pour pousser la leur un octave au-dessus, à un échelon supérieur qui ne leur est pas naturel. Ce qui explique que tant de sopranos soient si capricieuses: elles ont toujours les nerfs en boule parce qu'elles ne savent jamais si elles pourront donner ces notes suraiguës. Elles n'ignorent pas non plus que leur carrière professionnelle sera brève, puisque après un certain temps leur voix refusera de se projeter dans l'aigu comme auparavant. Les altos ne connaissent pas une carrière de supervedette comme les Callas ou les Joan Sutherland; les voix plus graves ne parviennent pas à déchaîner les foules comme le fait une soprano par ses vocalises éblouissantes qui frisent la haute voltige. Mais pour compenser, nous, les altos, avons une carrière plus longue. Si nous perdons graduellement nos aiguës, nous pouvons aborder des rôles qui s'adressent à une voix plus grave. Les altos peuvent chanter toute leur vie, ce qui explique sans doute pourquoi elles sont toujours d'un caractère accommodant. Si j'avais été soprano, je n'aurais jamais pu faire carrière comme cantatrice. Pour chaque alto, il existe une centaine de sopranos et je n'aurais pas été satisfaite tant que je n'aurais pu m'imposer comme l'une des meilleures. Dans un milieu où la compétition est si féroce, je n'aurais pu me contenter de faire partie du peloton. Les altos se montrent très amicales les unes envers les autres et se recommandent même mutuellement pour divers engagements. Le caractère de jeune paysanne bon enfant semble taillé sur mesure pour ce type de voix. «Saisissante», «charismatique»: telles sont les épithètes utilisées par les critiques pour décrire les sopranos. Mais que disent-ils des altos? «Superbe diction», «d'une grande chaleur», «une personnalité attachante». Qui a jamais entendu parler d'une prima donna contralto?

Je n'ai pas connu personnellement aucune des grandes altos du passé. Bruno Walter avait coutume de dire que ma voix lui rappelait celle de Kerstin Thorborg, une mezzo suédoise avec qui il avait enregistré *Lied von der Erde* en 1936. Au fil des ans, d'autres ont souvent comparé mon style et ma tessiture à ceux d'Ernestine Schumann-Heink, aussi célèbre pour ses récitals que pour ses rôles à l'opéra dans les premières années de ce siècle. Elle était l'alto type, bon enfant; véritable incarnation de la fertilité, elle eut une ribambelle de rejetons, qu'elle allaitait en coulisse pendant les spectacles. Certains de ses enfants sont nés aux États-

Unis, d'autres en Allemagne, et, quand la Première Guerre mondiale éclata, ils se retrouvèrent tragiquement dans des camps opposés, au désespoir de leur mère.

Schumann-Heink était une femme colossale, vraiment bâtie pour chanter du Wagner, et on raconte encore dans le milieu cette anecdote à son sujet: un metteur en scène du Met, voulant lui expliquer comment sortir de scène, lui aurait dit: «Quand vous avez terminé, vous vous tournez et vous sortez de profil.» «Mon cher, lui aurait-elle rétorqué, je n'ai pas de profil.»

Après mes débuts à Town Hall, les critiques ne s'entendaient pas lorsqu'il s'agissait d'établir si j'étais réellement une contralto ou plutôt une mezzo-soprano. Ce débat me parut ridicule. Je peux chanter certaines pièces destinées à la tessiture de mezzo, mais la plupart de oeuvres écrites pour cette voix sont trop aiguës pour la mienne. Ma voix se fatigue quand je les interprète et c'est pour moi le signe évident qu'elles sont au-dclà de mon registre. Je peux rendre ma voix plus légère jusqu'à lui donner l'éclat d'une voix de jeune fille; j'ai appris à le faire pour obtenir des textures plus variées, parce que je ne veux pas avoir toujours le même coloris; sinon, on se lasse d'une voix à la longue, comme de la musique d'ambiance. Mais le médian — le vrai caractère de la voix —, voilà ce qui détermine la tessiture, et le mien ne laisse pas de doute: je suis bien une alto.

Cela m'attriste, par exemple, de voir une artiste comme Shirley Verrett, qui ne chante pas dans sa vraie tessiture. Je l'ai rencontrée une première fois en coulisse, après un spectacle à la salle de concert du Metropolitan Museum de New York. Cette femme noire d'une incroyable beauté s'approcha de moi et me dit: «Ma chère, je ne vous connais pas, mais si vous n'êtes ni une actrice ni une artiste, alors vous avez raté votre vocation.» Toute sa personne exhalait le tempérament d'une grande artiste. C'est l'une des plus belles mezzos de notre temps, mais elle persiste à chanter des rôles dramatiques pour voix aiguë qui ne lui conviennent pas. Comme la plupart des chanteurs, elle ne croit pas possible de connaître la gloire à moins d'être soprano et de décrocher tous les premiers rôles.

Je concède que les voix plus graves ont rarement accès au temple de la renommée. Les altos tiennent toujours les deuxièmes rôles féminins, aussi bien les tantes que les nourrices. J'ai chanté les mères, les bonnes, les sorcières, les garces et les voyantes, mais, comme je l'ai souvent signalé aux metteurs en scène, jamais la mariée. Un peu comme si les compositeurs s'imaginaient que nous sommes incapables de passion. Certains musicologues désignent les altos comme les «chanteuses mal-aimées» et plusieurs de nos rôles furent écrits à l'origine pour des castrats. Compte tenu de notre tempérament débonnaire, il est étrange que les compositeurs nous aient toujours composé des pages mélancoliques: des airs sur un amant ou un enfant perdu. En musique, nous incarnons toujours les affligées.

C'est d'ailleurs l'une des raisons pour lesquelles j'aime tant chanter les *Italienisches Liederbuch* de Hugo Wolf: un cycle de quarante-six mélodies, dont la moitié sont destinées à la voix d'alto et l'autre moitié à la voix de baryton, et où l'homme se fait doux et suppliant, et la femme, extrêmement aguichante et provocante. Cela me permet un changement de ton plus que bienvenu. La première fois que Shirley Verrett m'entendit, j'interprétais justement ce cycle avec le célèbre baryton français Gérard Souzay, un homme d'une grande sensibilité et de tempérament nerveux, et qui consacrait d'innombrables heures à s'imprégner d'un personnage. Comme il se préparait! Il se retirait dans un coin et se recueillait, pour ainsi dire. Me préparer à entrer en scène, cela signifie pour moi de vérifier si mon rouge à lèvres est bien appliqué. Nous étions parfaitement assortis pour ce numéro: lui si réservé, moi si flamboyante. Malheureusement, il y avait grève dans les journaux de New York et on ne publia donc aucun compte rendu; c'était regrettable parce que tous ceux qui ont assisté au spectacle s'accordaient pour dire qu'une certaine magie avait opéré ce soir-là. Plus tard, Souzay m'adressa une photographie signée, sur laquelle il avait dessiné un coeur et écrit: «N'étions-nous pas superbes?»

Après un autre concert où j'avais interprété dix de ces mélodies, le compositeur Samuel Barber vint me visiter dans ma loge. «Très chère, dit-il, j'avais entendu parler de vous comme d'une grande interprète de Mahler et de Brahms, mais j'ignorais que vous aviez un tel sens de l'humour. Je veux vous écrire un cycle de mélodies.» J'aime beaucoup sa musique et j'aurais été ravie qu'il compose une oeuvre expressément pour moi, mais il décéda peu de temps après.

Aujourd'hui, chaque fois qu'un compositeur me fait une proposition pareille, je m'empresse de préciser: «*Par pitié*, écrivez-moi une page gaie. Ne me composez pas une autre pièce triste.» C'est d'ailleurs ce que j'ai suggéré au compositeur canadien Oskar Morawetz lorsqu'il me téléphona peu de temps après, follement excité. «Maureen, j'ai mis la main sur quelque chose d'inouï: les poèmes des enfants de Robert Louis Stevenson, y compris celui qui commence par ce vers: ''J'ai une toute petite ombre qui ne me quitte jamais...''»

Je ne tenais plus en place, mais quand nous avons répété *A Child's Garden of Verses* («Le Florilège d'un enfant»), chaque fois que j'ajoutais une note d'espièglerie, Oskar s'y opposait: «Oh non, Maureen, pas comme ça.» Excédée, je lui ai finalement demandé: «Mais quelle sorte d'enfants as-tu, Oskar?» Bien entendu, comme il était l'auteur de ces pièces et que c'est un merveilleux orchestrateur, je les ai interprétées selon ses volontés. À ce propos, John Kraglund, du *Globe and Mail*, aura merveilleusement traduit ma pensée: «Mademoiselle Forrester nous a confié qu'elle avait souhaité une pièce de musique enjouée. Malheureusement, on lui a composé des *Kindertotenlieder*.»

La plupart des oeuvres pour alto — comme le signale à l'évidence le titre du cycle composé à mon intention par Harry Somers (*Five Songs for Dark Voice*) — sont des pages sombres pour voix sombre. Les chanteurs perçoivent les sons comme des couleurs et ils peuvent donner aux sonorités la nuance qu'ils souhaitent. Les critiques me surnommaient souvent «la jeune femme à la voix d'or», mais ma voix est d'un coloris plus chaud, proche du bronze, alors que Marian Anderson avait une voix rappelant la couleur de la mélasse. La plupart des voix de soprano sont d'un rouge vif ou d'un orange éclatant, bien que certaines jeunes vocalistes comme Kiri Te Kanawa tirent plutôt sur le rose soutenu. Beverly Sills avait une voix argentée et, en ce sens, Pavarotti lui ressemble, mais avec ici et là des taches de couleurs vives. La voix de Birgit Nilsson fait penser à de l'acier, par sa force et son aplomb. La voix de soprano de Callas n'avait rien du rouge ardent: on percevait de la souffrance dans sa voix. À la fin de sa vie, quand Aristote Onassis lui brisa le coeur, sa voix prit un coloris tragique, tirant davantage sur le pourpre.

À mon avis, les journalistes ont été injustes avec Callas. D'après ce que j'ai appris, même si elle était souvent dévorée par ses problèmes personnels, comme nous avons tous pu le lire, on a exagéré son côté capricieux. Un jour où je me produisais à La Scala, le gérant de la salle me dit: «Vous me rappelez Callas. Je ne veux pas dire par là que vous chantez comme elle ni que vous lui ressemblez, mais que vous êtes arrivée bien préparée.» Elle était, paraît-il, une femme organisée, sans patience pour les gens qui ne travaillaient pas aussi fort qu'elle. S'ils n'avaient pas appris leur partie, elle refermait sa partition et disait: «Je reviendrai lorsque vous serez prêts.»

Je ne l'ai vue qu'une fois, lorsqu'elle est venue chanter à Montréal avec l'Orchestre symphonique. Elle est entrée en scène dans une robe noire, une étole rouge sang sur les épaules, et même si on n'aimait pas sa voix on ne pouvait la quitter des yeux. On aurait dit qu'elle flottait en scène. Plus tard, je compris que c'était dû au fait qu'elle était myope; elle déambulait nonchalamment comme une personne hypnotisée parce qu'elle ne voyait rien. Mais l'expression de son visage envoûtait littéralement la salle.

La voix que je considère comme la plus grande de notre époque n'appartient pas à une alto mais à une soprano: j'ai nommé Kirsten Flagstad. À mon sens, c'était l'unique voix parfaite pour Wagner, d'une riche sonorité absolument homogène, aussi puissante que celle d'une Birgit Nilsson, avec en plus le velouté. De l'aigu au grave, on aurait dit de l'or pur, la voix la plus incomparable qu'on puisse imaginer. Elle chanta jusqu'à la soixantaine et je n'ai jamais entendu d'elle un son qui ne soit d'une totale perfection.

Je me trouvais à Oslo pour y donner un concert avec Sir Malcolm Sargent lorsque le roi de Norvège décéda. Par un heureux concours de circonstances, nous devions y interpréter les *Quatre chants graves* de Brahms dans la célèbre orchestration de Sir Malcolm et le concert prit l'allure d'un office à la mémoire du souverain. Au cours d'une entrevue que j'accordai à une station radiophonique pour l'occasion, je mentionnai que j'étais une inconditionnelle de l'une des gloires de mon pays hôte: Kirsten Flagstad. «Dans ce cas, laissez-moi vous dédier ceci», dit l'animateur. Il fit alors tourner un disque d'hymnes qu'elle avait enregistrés, de simples hymnes de tous les jours, qu'elle interprétait sans effet, de la manière la plus touchante, comme si elle les avait chantés dans une église. Pour moi, ce disque résume cette femme qui était sans affectation, contrairement à de nombreux chanteurs obsédés par leur statut et leur célébrité, et qui dépensent tant d'énergie à jouer les importants. L'intervieweur me dit que la station radiophonique terminait chaque soir ses émissions en faisant jouer l'un de ces hymnes interprétés par Flagstad; cet hommage rendu à une grande artiste m'apparut à la fois merveilleux et mérité.

* * *

Tout jeune chanteur ne se préoccupe que de produire des sons parfaitement ronds et purs, et c'était également mon cas. Mais, après quelques années, vint un moment dans ma carrière où je me rendis compte que j'étais assommante. Je produisais de belles sonorités, mais malheureusement toutes uniformes, peu importe ce que je chantais, aussi bien mezzo forte, mezzo piano que pianissimo. Je m'écoutai avec plus d'attention et je me dis: «Ma fille, ta voix ne provoque ni enthousiasme ni agacement. Elle est aussi lisse que du papier peint et on s'en fatigue tout autant.» Je me suis reprise en mains et j'ai appris par moi-même à jouer en chantant. J'avais compris qu'il ne suffisait pas de faire de jolis sons; il fallait aussi donner vie aux textes et, pour cela, les analyser comme le ferait un Laurence Olivier ou un John Colicos. Un professeur ne peut enseigner cela; il faut aller le chercher au plus profond de soi. J'ai appris à créer différentes couleurs, à donner l'impression d'une voix de vieille femme ou d'enfant, et j'ai cessé d'avoir peur de grimacer pour produire un effet.

Cela m'est venu naturellement avec la maturité et les dures expériences de la vie. Jeune fille, j'avais connu une existence relativement sans histoire, puis je me suis retrouvée avec une vie secrète et j'ai dû me débrouiller toute seule. Cette expérience m'a grandie comme être humain, mais aussi comme chanteuse. Ce sont les situations difficiles de la vie qui font mûrir. Quand on est désespérément amoureuse du père de son enfant, qu'on découvre qu'il refuse toute forme d'engagement et qu'on se retrouve soudain en train d'interpréter une page de musique comme

Du Liebst Mich Nicht («Vous ne m'aimez pas») de Schubert, on s'y donne corps et âme, comme jamais auparavant. Pour toucher le coeur du public, il faut avoir éprouvé le poids de la tristesse.

Encore aujourd'hui, j'ai besoin de la scène pour me libérer de mes émotions. Attablée avec des amis, je me sens souvent incapable d'exprimer mes sentiments, alors qu'en chantant devant sept mille personnes rassemblées dans un stade j'arrive à me livrer sans réserve à travers les mots écrits par un autre.

Dès que j'eus appris à m'imprégner du sens des textes, les critiques perçurent la différence et ma carrière prit réellement son essor. J'étais devenue une comédienne en plus d'une chanteuse et c'est pourquoi j'ai encore tant de travail aujourd'hui. Je compense pour ce que ma voix perd en puissance en mettant davantage le texte en valeur. Heureusement, j'ai pris conscience de cela très tôt et j'ai ainsi évité de m'asseoir sur mes lauriers. J'ai compris que la carrière de chanteuse est un combat sans fin pour s'améliorer, pour mettre à profit toutes les armes dont on dispose — ou qui nous restent!

* * *

En 1958, lorsque j'ai fait mes débuts comme membre du Bach Aria Group, à New York, les coulisses de Town Hall étaient bondées d'amis et d'admirateurs, dont Glenn Gould. Puis une figure familière s'avança dans ma direction, une personne de grande taille, à la peau noire, au port de reine: Marian Anderson, la contralto incontestée de l'heure. Elle était aussi affable et douce qu'on me l'avait dit. Même si sa carrière tirait alors à sa fin, causer avec elle fut pour moi comme m'entretenir avec Dieu lui-même.

Quelques années plus tard, je la revis lors d'un concert au Théâtre Saint-Denis à Montréal. Les organisateurs de la soirée m'avaient fait asseoir dans la deuxième rangée: une place d'honneur pour une contralto assistant au concert d'une autre chanteuse de même registre. Mais ce fut une expérience éprouvante parce que Marian Anderson avait commencé à perdre son aigu et que son accompagnateur dut transposer à plusieurs reprises, de plus en plus vers le grave, si bien qu'à la fin il se retrouva souvent à court de touches. En dépit de cela, le public lui accorda une ovation debout. Je me rendis dans sa loge après le spectacle pour lui dire à quel point ç'avait été un beau concert; ce n'était évidemment pas le cas. Pour toute personne ayant le sens de la musique, ce récital avait été affligeant. Les gens ont beau dire que, dans ce métier, les jalousies sont féroces, aucun chanteur ne souhaite être témoin du chant du cygne d'une grande voix. Peu après, elle fit ses adieux à la scène.

Malgré les énormes différences entre nos deux voix, je n'ai jamais dissimulé mon plaisir lorsque les gens associaient mon nom à celui de Marian Anderson. Et si j'ai eu quelques idoles, elle fut l'une d'elles, pas seulement d'ailleurs parce qu'elle avait une voix superbe. Elle fut pour beaucoup un symbole; elle ne se montra jamais capricieuse et ne mena pas une vie comme celles qu'on trouve étalées dans la chronique mondaine. Elle surmonta tous les obstacles et les préjugés raciaux qui la blessèrent jusque dans l'âme, avec élégance et dignité. La presse l'avait surnommée l'Ambassadrice musicale des États-Unis, et, quand elle voyageait à l'étranger, on sentait bien qu'elle incarnait ce qu'il y a de plus raffiné dans ce pays. Je serais comblée si, un jour, les gens se souvenaient de moi avec autant d'émotion qu'ils se rappellent Marian Anderson.

CHAPITRE 24

La voix de la diplomatie

L'invitation était aussi flatteuse qu'embarrassante: en 1961, le secrétariat d'État aux Affaires extérieures, à Ottawa, me téléphonait pour m'annoncer que le Kremlin m'invitait à entreprendre une tournée en Union soviétique. Je me demandais bien pourquoi on me faisait une proposition semblable. Je découvris plus tard que David Oistrakh, le célèbre violoniste russe, m'avait entendue à Carnegie Hall pendant l'un de ses séjours aux États-Unis et qu'il avait suggéré au ministre soviétique de la Culture de m'inviter à Moscou. Glenn Gould et Lois Marshall y avaient déjà séjourné, mais, dans les années de la guerre froide, un voyage en Union soviétique restait un événement rare. Après avoir accepté l'offre, je remarquai que j'étais aussi la seule à avoir l'honneur insigne d'y être invitée au milieu de décembre. Je n'ai jamais eu autant froid de ma vie.

John Newmark refusa de venir avec moi, parce qu'il avait vécu sous le régime nazi et considérait le communisme comme une variation sur le thème du totalitarisme. Je fis donc appel à Donald Nold, un pianiste américain qui m'avait souvent accompagnée en Europe. Lorsque je pris l'avion pour la Russie, je venais tout juste de déménager au Connecticut avec notre petite famille et j'avais déjà fait trois séjours en Israël la même année; aussi, quand vint le moment de m'envoler vers l'Union soviétique, je ne considérais pas tout à fait cette aventure comme des vacances. Quand Donald et moi avons atterri à Moscou, des représentants du gouvernement nous attendaient à l'aéroport, y compris une interprète qui nous avait été affectée pour toute la durée de la tournée: une beauté russe nommée Nina. En Union soviétique, votre interprète vous accompagne partout et vous savez que tout ce que vous direz ou ferez figurera dans l'un de ses nombreux rapports officiels. Elle nous conduisit à notre hôtel, le Budapest; comme partout ailleurs au pays, une femme qui gardait les clés de toutes les chambres vérifia notre identité et inspecta nos bagages. L'hôtel était bondé de Russes et de citoyens du bloc soviétique, et il nous fallut prendre tous nos repas au restaurant du rez-de-chaussée, où je fus renversée par les quantités phénoménales d'alcool qu'on y consommait. Je suis restée estomaquée en voyant deux hommes ingurgiter à eux seuls deux litres de calvados et un tiers de litre de vodka, puis passer au vin rouge. À la fin, ils étaient complètement saouls et roulèrent sur le plancher de la piste de danse comme deux ours au corps à corps. Il faut dire que, pour calmer sa faim, on ne pouvait se rabattre que sur l'alcool: soir après soir, on semblait nous servir la même assiette de poulet décharné accompagné d'une montagne de pommes de terre farineuses. Vers la fin du voyage, j'aurais été prête à ramper pour avoir des légumes frais. Lorsque nous prenions place à une table, le serveur y déposait toujours de petits drapeaux devant nous: un canadien pour moi et un américain pour Donald. On s'assurait ainsi que tous les dîneurs sachent que nous étions des étrangers, et, après quelques jours, nous avons supplié nos hôtes de retirer ces drapeaux.

Nous avons donné notre premier spectacle, qui connut un franc succès, dans la salle de concert du Conservatoire. J'y interprétai *Frauenliebe und Leben*, un peu de Bach et une oeuvre de Franck. Je me fais toujours un point d'honneur de chanter au moins un rappel dans la langue du pays où je me produis; j'avais donc consulté, avant mon départ, le professeur Peltnev, de l'université de Montréal, qui m'avait déjà donné des conseils pour *Alexandre Nevski*, afin qu'il m'aide à maîtriser le texte de la célèbre berceuse de Gretchaninov. Mais que croyez-vous que les Soviétiques demandaient en rappel? Un *Ave Maria* dont je n'avais pas la partition avec moi.

Aucun public ne se compare à celui qu'on trouve en Union soviétique. Les Russes traitent leurs artistes comme des dieux. À la fin du concert, ils m'accordèrent une ovation debout, puis ils se bousculèrent en direction de la scène, me considérant comme si j'avais été une sorte de Madone et cherchant à toucher l'ourlet de ma robe. Je n'ai jamais vu une cohue pareille.

Nous avons parcouru en avion le trajet Moscou-Leningrad. Partout où nous allions, Nina me suivait de si près que je pouvais à peine aller seule aux toilettes, et nous avons donc été étonnés lorsqu'elle disparut soudain à notre arrivée dans le hall de l'hôtel. Puis un homme s'est approché de moi, un sourire fendu jusqu'aux oreilles. «Ah, Madame Forrester, fit-il, je vous ai reconnue d'après une photographie. Vous vivez au Canada, n'est-ce pas?»

«Je suis canadienne, lui répondis-je, mais je n'habite plus Montréal. J'ai déménagé aux États-Unis.»

«Ah bon! Moi, je vivais à Toronto, enchaîna-t-il. Regardez, j'ai encore ma carte de membre du syndicat. Ma femme et mes enfants y habitent toujours. Oh, Madame, puis-je oser vous demander de me rendre un grand service? Accepteriez-vous d'apporter ces cadeaux de Noël à mon fils?»

«Comme vous pouvez le constater, je suis très occupée, lui dis-je. Pourriez-vous revenir demain? Nous prendrions le temps de boire ensemble un café.»

Je me doutais qu'il pouvait s'agir d'un piège. Et quand Nina réapparut, je lui rapportai dans les moindres détails ce qui s'était produit. «J'ignore tout de la nature de ce cadeau et je ne crois pas que mon gouvernement apprécierait que je rende ce service, lui précisai-je. De plus, je vis maintenant au Connecticut. Pensez-vous que j'aurais dû plutôt lui dire de s'adresser à quelqu'un d'autre qui pourrait remettre ce présent en mains propres?»

«C'est une excellente idée», répondit Nina. L'homme ne revint pas et plus personne ne tenta de m'embarrasser. C'était comme si on m'avait fait passer une épreuve, et, à compter de ce moment, Nina relâcha sa surveillance.

À notre départ de Leningrad, nous avons pris l'avion à destination de Tbilissi, en Géorgie, terre natale de Staline, puis d'Erevan, capitale de l'Arménie. Ces voyages en petits avions, hors du circuit des grandes villes soviétiques, ne manquaient pas de charme. Dès que nous approchions de notre destination, tous les passagers bondissaient de leurs sièges, saisissaient leurs bagages et se précipitaient vers la porte de l'appareil. «*Niet, niet*», leur lançaient les hôtesses pour les renvoyer à leurs places, mais les passagers les ignoraient. Ils restaient imperturbablement plantés

290

près de la sortie pendant toute la manoeuvre d'atterrissage, et je me suis souvent fait la réflexion que, vus de l'aérogare, ces frêles avions devaient donner l'impression de pencher d'un côté.

C'était excitant de voir des coins de l'Union soviétique auxquels le touriste moyen n'a pas accès. À Erevan, alors que je lisais un exemplaire du magazine *Time* pour la quatorzième fois — parce que personne ne m'avait prévenue d'apporter de quoi lire, pas plus d'ailleurs que du cirage à chaussure, du détersif et du papier hygiénique — et que j'en connaissais le contenu par coeur, un jeune homme s'adressa à moi dans un parfait anglais au fort accent new-yorkais. «Êtes-vous américaine?» me demanda-t-il, l'air très intéressé. J'appris qu'il était né aux États-Unis de parents arméniens qui n'avaient jamais été heureux sur le continent américain et qui étaient rentrés en Union soviétique. Il n'avait pu s'adapter à sa nouvelle vie parce qu'il avait été élevé aux États-Unis et il savait pourtant que les autorités ne le laisseraient jamais quitter l'U.R.S.S. Il mourait d'envie de lire un peu d'anglais et il accepta avec joie l'exemplaire du *Time* que je lui offrais. Mais avant de le prendre, il me pria d'attendre un instant. Il se rendit au kiosque à journaux et m'y acheta un exemplaire d'une revue féminine soviétique. Il me demanda ensuite d'y glisser le *Time* pour que personne ne remarque notre troc.

À Erevan, comme aucune autre femme ne prenait place dans la salle à manger et que je commençais à m'y sentir de trop, je me suis rapidement éclipsée en disant à Donald que j'irais au lit plus tôt. Le lendemain matin, lorsque je le retrouvai pour le déjeuner, il me parut ébranlé. Il me raconta qu'après mon départ il avait continué de boire et était ensuite sorti de l'hôtel pour une promenade à pied. Il avait à peine tourné le coin de la rue que trois hommes l'avaient encerclé et l'avaient volé. Il avait appelé au secours et un imposant agent de police, sorti de nulle part, avait pris les coupables sur le fait, puis les avait forcés à se dévêtir pour constater ce qu'ils avaient dérobé. Cela avait provoqué un gros attroupement et le policier avait finalement ramené Donald à l'hôtel, où il l'avait confié à la garde du gérant. Ce dernier avait affirmé à l'agent que cela ne se serait pas produit si son client n'avait pas été ivre. Donald s'inquiétait des conséquences que cela pourrait avoir pour nous deux. On devient très facilement paranoïde dans les pays derrière le rideau de fer et, dans le cadre d'une tournée parrainée par les Affaires extérieures, on souhaite par-dessus tout éviter un incident diplomatique.

Je suggérai que nous rapportions sans tarder l'incident à Nina. Elle nia tout: un geste pareil était impensable en Union soviétique. Comme le gérant de l'hôtel, elle tenta de reporter le blâme sur Donald. «Un citoyen soviétique ne vole jamais», répéta-t-elle avec insistance. Et, d'un pas fier, elle nous précéda hors de l'hôtel pour nous faire visiter la ville, comme prévu. Cinq minutes plus tard, dans la rue, on lui vola sa bourse pendant que nous faisions la queue pour acheter des timbres.

D'Erevan, nous avons pris l'avion pour Bakou, capitale de l'Azerbaïdjan. Cette ville se trouve sous une latitude plus australe et sa côte maritime offre le spectacle d'une forêt de plates-formes de forage sur la mer Caspienne. C'est un peu le Moyen-Orient soviétique: les gens y ont un tempérament totalement différent de celui des Moscovites; physiquement, ils sont plus méditerranéens et plus robustes, de peau plus hâlée. Une femme de la commission culturelle régionale du Parti nous accueillit à notre arrivée. Alors que je descendais la rampe d'embarquement, elle me confia que, vingt-cinq ans plus tôt, une blonde plantureuse comme moi aurait été kidnappée dès son arrivée à Bakou. «C'est bien que vous veniez maintenant, conclut-elle. Avant, vous auriez été volée.» C'est ainsi qu'on me souhaita la bienvenue en Azerbaïdjan.

Pendant que nous roulions en direction de la ville, elle demanda comment nous aimerions occuper la journée avant d'entamer notre série de concerts, le lendemain. Partout où je vais, j'achète des tableaux; je demandai donc à visiter une galerie d'art ou à rencontrer quelques peintres. Je m'étais imaginé que nous aurions droit à une visite impromptue à l'atelier d'un artiste. Au lieu de cela, on ferma au grand public le musée d'art de la ville et on organisa une réception officielle spécialement pour moi. On avait aussi convoqué pour l'occasion treize artistes, et je me suis sentie frustrée de ne pas mieux parler le russe, parce qu'ils avaient tous des têtes fascinantes et expressives. Mais en jetant un rapide coup d'oeil dans le musée, je compris que leur conception de l'art moderne n'allait pas plus loin que les affiches politiques du genre «Persévère, Canada» que le gouvernement canadien avait fait imprimer pendant la Deuxième Guerre mondiale pour encourager la production en usine. J'avais l'impression de retrouver sur chaque tableau des marteaux et des faucilles ou des équipements de forage. «Oh, mon Dieu! me suis-je dit, cette réception va tourner à la catastrophe. Comment vais-je m'en sortir?»

Lorsqu'on me demanda ce que je souhaitais voir en premier, je tentai une tactique de diversion en prétendant m'intéresser aux oeuvres du passé. En fait, leur art ancien, d'une grande beauté, rappelait le style des miniatures persanes. Mais nous nous sommes inévitablement retrouvés dans la salle d'art contemporain, et le porte-parole du groupe, un petit homme nerveux, me demanda ce que je pensais de leur peinture actuelle. J'essaie toujours de me montrer diplomate, mais j'ai bien du mal à ne pas dire ce que je pense vraiment. «Eh bien, lui dis-je, c'est du travail très bien léché. Mais cette manière date d'au moins vingt-cinq ans.» Il y eut un lourd silence et je pus voir s'allumer les yeux de tous les artistes regroupés derrière l'homme. Ils m'avaient laissée croire qu'ils ne comprenaient pas l'anglais, mais leur réaction venait de les trahir.

«Que voulez-vous dire?» insista-t-il, piqué au vif.

«Entre nous, vous savez, les artistes d'Europe et d'Amérique du Nord ont adopté une manière un peu moins réaliste et un peu plus abstraite, poursuivis-je. L'art s'est maintenant engagé dans une autre voie. Je suppose que ce n'est qu'une question de goût.»

«Ici, les gens n'aiment pas ce genre d'oeuvres», rétorqua-t-il sèchement.

Comme je savais que les artistes étaient de mon avis, je ne pus retenir une fine allusion politique. «Oh, mais les artistes ne doivent jamais se soumettre aux goûts ou dégoûts, continuai-je. Ils doivent s'exprimer en toute liberté. Un véritable artiste ne peint pas sur demande.»

Comme le climat semblait devenir un peu trop tendu, j'essayai de changer de sujet. Je demandai si certains des peintres présents avaient étudié à l'extérieur de la Russie. On me présenta un jeune barbu qui avait passé quelque temps à Paris, mais le porte-parole officiel se fit un devoir de me préciser qu'il ne s'était jamais adonné à l'art abstrait, même pendant son séjour en France. Finalement, on servit des rafraîchissements, ce qui détendit l'atmosphère, et nous nous sommes ensuite follement amusés. Les peintres m'ont appris une danse folklorique endiablée et je leur ai enseigné le cha-cha-cha.

Un soir de relâche, je demandai à la femme qui composait à elle seule notre comité d'accueil à assister à un spectacle d'opéra. «N'y allez pas, me prévint-elle. Ici, les gens n'aiment pas l'opéra; ils aiment les danses folkloriques, et d'autres spectacles. Aller à l'opéra est une grosse erreur.» J'insistai parce qu'on présentait *La Tosca*, une de mes oeuvres préférées. Quand Donald et moi y sommes arrivés, on nous donna la loge du commissaire du peuple, à l'avant de la salle. La production de *La Tosca* n'exige qu'une petite distribution; pourtant, ce soir-là, il y avait plus de gens sur scène que dans la salle. Les deux rôles principaux avaient été confiés à des artistes à la retraite qui faisaient un retour expressément pour cet opéra mais qui auraient mieux fait de s'en abstenir; la merveilleuse aria pour soprano fut tellement massacrée que Donald et moi avons dû nous cacher derrière les rideaux de la loge pour étouffer nos ricanements. Nous avons ri aux larmes. On aurait dit les Marx Brothers à l'opéra. Le lendemain matin, notre hôtesse vint nous voir pendant la répétition. «Ne me dites rien, fit-elle. Je ne veux même pas en entendre parler. Je vous avais prévenus.»

Le lendemain de notre dernier concert, elle nous accompagna jusqu'à l'avion. C'était un minuscule aéroport où l'on se rendait à pied sur la piste jusqu'à l'appareil, et, juste avant que nous y montions, j'aperçus un cycliste traversant un champ à vive allure puis s'engageant sur la piste dans notre direction. C'était le jeune peintre barbu qui avait étudié à Paris, venu nous souhaiter bon voyage. Il me donna l'accolade. «Revenez à Bakou, me dit-il en français. La prochaine fois, je vous ferai une peinture abstraite.»

Nous sommes rentrés à Moscou pour notre ultime concert, dans la superbe salle Tchaïkovski. Donald voulait répéter, mais, malgré des demandes réitérées, on ne nous fournit pas le piano nécessaire. Nina nous servait chaque fois une nouvelle excuse. Finalement, la veille du concert, je lui dis: «Nina, nous avons *absolument* besoin de ce piano. Tous les billets sont vendus.» Puis, pointant du doigt ma gorge, sans prononcer un mot, je fis comme si j'essayais de chanter sans qu'aucun son ne veuille sortir. «Vous n'oseriez pas!» s'exclama-t-elle. La Russie n'est pas différente des autres pays: une demi-heure plus tard, nous avions notre piano.

La veille du concert, dans la salle à manger du Budapest, nous étions assis près d'une grande tablée où avaient pris place des officiers de la marine. L'un d'eux, un bel homme aux cheveux noirs, avait un visage expressif et saisissant. Il nous adressait des sourires sans arrêt, et, après la fin de la beuverie, il était resté attablé. «Vous, Forrester?» demanda-t-il. Il m'avait manifestement reconnue d'après mon portrait sur l'affiche servant à la publicité du concert, qui tapissait les murs de la ville.

«Oui, lui répondis-je, je m'appelle Forrester. Et vous?»

«Ilya», fit-il.

«Oui, mais Ilya est un prénom, comme Maureen. Quel est votre nom de famille?»

«Pas très difficile, dit-il. Le même dans le monde entier: Goldman.»

«Seriez-vous juif?» m'exclamai-je.

Il haussa les épaules. «Mes parents morts à la guerre. Mon frère et moi élevés à l'école militaire; deux marins. J'ai pas de religion.»

Je lui demandai s'il avait des enfants et il me répondit qu'il avait un fils. Je pensai alors aux miens qui devaient être rentrés à la maison et se préparaient sans doute pour le Hanukkah, à quelques jours de là. «Verrez-vous votre garçon pour le Hanukkah?» lui demandai-je.

«Hanukkah?» fit-il, semblant ignorer totalement le sens de ce mot. Je lui expliquai l'origine de cette fête et la coutume de donner aux enfants, ce jour-là, de la monnaie qu'on appelle *gelt* Hanukkah. Il s'était montré si charmant avec nous que nous l'avons invité à assister au concert, le lendemain soir, et à dîner ensuite avec nous. Le récital fut un succès, et, à notre retour à l'hôtel, comme nous franchissions la porte du hall d'entrée, nous l'avons aperçu qui nous attendait. Mais dès qu'il entrevit Nina, il détala comme un lapin effarouché. Ce soir-là, nous n'avons pas revu Ilya. Le lendemain matin, au moment où nous réglions la note d'hôtel, il se pointa soudain dans le hall.

«Très beau concert», fit-il. Après que je l'eus remercié du compliment, il était sur le point de s'esquiver quand il revint soudainement sur ses pas et me serra la main. Il y glissa une pièce de monnaie toute neuve. «Pour Hanukkah», dit-il, et il disparut.

* * *

Partout où je suis allée en tournée, j'ai été touchée par des gestes magnanimes. La musique surmonte toujours les barrières linguistiques, culturelles et sociales entre les hommes. Je l'ai vue souvent faire tomber les préjugés des gens et les rapprocher comme dans le village global imaginé par Marshall McLuhan. La musique m'a révélé des mondes où je n'aurais jamais cru pénétrer, même dans mes rêves d'enfant les plus fous. Mais par-dessus tout, elle m'aura valu le privilège de jeter un regard derrière les portes closes de la maison bâtie par Mao.

En 1978, Walter Homburger m'invita à accompagner le Toronto Symphony dans le cadre d'une tournée en République populaire chinoise. Les Chinois connaissent depuis longtemps la musique occidentale, mais, pendant la Révolution culturelle, on y avait interdit comme décadentes certaines oeuvres. Quelques années avant cette invitation de Walter, le Vancouver Symphony m'avait offert de découvrir Pékin avec lui; nous avions dû modifier notre programme de musique romantique et renoncer à mon interprétation des *Nuits d'été* de Berlioz parce que les autorités chinoises considéraient ces oeuvres comme contre-révolutionnaires et s'opposaient à ce que nous les donnions. Finalement, pour diverses raisons, ce voyage ne s'était jamais concrétisé. Toutefois, en 1978, même si l'Orchestre de Pékin n'était toujours pas autorisé à jouer du Beethoven et que son répertoire de musique occidentale se limitait à trois oeuvres, approuvées au cours des trois années précédentes, la censure semblait relâcher lentement son étreinte. Par souci de prudence, je décidai de mettre au programme une pièce qui puise ses racines dans la musique traditionnelle: *Das Knaben Wunderhorn* («Le Cor magique de l'enfant), un cycle de Mahler composé sur des poèmes populaires.

Le jour de notre arrivée à Pékin, il neigeait légèrement et les vents soufflaient du désert de Gobi. Il faisait si froid que nous n'avons pu nous empêcher de répéter la phrase cliché que nous sortons toujours en pareille circonstance: «Nous avons apporté avec nous le climat canadien.»

Des visites comme la nôtre dans ce pays étaient encore l'exception et on nous y accueillit de la manière la plus officielle qui soit. Au moins cinquante dignitaires chinois nous attendaient à l'aéroport. Et quand vint le moment de nous attribuer des voitures pour nous rendre en ville, ils respectèrent un ordre hiérarchique très strict qui différait toutefois grandement du nôtre. Dans la voiture de tête, ils firent monter le président du conseil d'administration de l'orchestre; je pris place dans la deuxième, à titre de soliste; Walter Homburger, gérant général de l'orchestre, suivait dans la troisième, et le chef, Andrew Davis, fermait le défilé. Comme on peut le constater, en Chine, le chef est loin d'être le plus important personnage de l'orchestre!

Une longue autoroute bordée d'arbres, qui me rappelait les routes du sud de la France et leurs innombrables *allées*[1] encadrées de peupliers, reliait l'aérogare au centre de Pékin. Dans la ville, les rues étaient encombrées de milliers de bicyclettes, et, comme une loi y oblige les automobilistes à klaxonner chaque fois qu'ils doublent un cycliste, c'était la cacophonie perpétuelle.

Le gouvernement nous logeait dans l'un des plus vieux hôtels où tout le décor était d'une monotonie extrême. Les gens des Affaires extérieures nous avaient suggéré, avant notre départ, de ne pas porter beaucoup de bijoux ni de couleurs trop voyantes, pour ne pas trancher brutalement sur le fond de couleurs monochromes imposées par la révolution, mais il nous aurait fallu déployer des trésors d'imagination pour ne pas détonner dans ce décor. Dans chaque chambre, on trouvait sur la table un thermos d'eau bouillante, une boîte à thé, une tasse munie d'un couvercle pour les infusions, un paquet de cigarettes et des allumettes. Puisque Mao fumait, tout le monde était censé en faire autant.

Certains membres de l'orchestre occupaient des chambres infestées de blattes et l'omniprésence de ces insectes fut un constant sujet de plaisanteries pendant toute la tournée. Pour ma part, je n'en ai pas aperçu une seule. Andrew Davis y célébra son anniversaire de naissance et, pour l'occasion, Corkie Monohan,

---

1. En français dans le texte. (*N.d.T.*)

une contrebassiste qui devait plus tard devenir son épouse, réussit à en capturer une, que nous avons peinte avec du vernis à ongles pour lui donner l'apparence d'une broche. Nous l'avons ensuite déposée dans une boîte, que nous avons emballée et que nous lui avons offerte en cadeau.

La cuisine était inusitée: on nous servit, entre autres plats exotiques, du serpent et du chien sauvage. J'avais d'ailleurs remarqué qu'on ne voyait pas d'animaux domestiques dans les rues. Je ne savais pas toujours ce que je mangeais et parfois je préférais ne pas m'en informer. À tous les banquets officiels, nous portions inévitablement un toast avec du *mao tai*, un alcool assez apparenté au slivovitz. La première fois que j'y trempai les lèvres, je me dis que ça goûtait le décapant, mais à la longue j'y pris goût. Partout où nous allions, les Chinois se montraient accueillants et prévenants. Ils refusaient de nous laisser payer le teinturier et même mes visites chez le coiffeur.

Avant notre départ du Canada, la direction des Affaires extérieures m'avait clairement laissé entendre que ce serait merveilleux si je pouvais donner un rappel en chinois. «Allons, n'exagérons pas, avais-je répliqué. Je chante en vingt-cinq langues, mais pas en chinois. Je n'ai pas la moindre idée de ce que peuvent signifier les sons dans cette langue.» Il est très difficile de chanter en chinois parce que, lorsqu'on le fait, le son produit provient d'un point situé plus haut dans le corps que pour la musique occidentale; je me le représente comme logé entre les deux yeux. Pour une chanteuse classique, cette sonorité aiguë et métallique a des allures totalement étrangères. J'ai tout de même accepté de m'y essayer, à la condition de trouver quelqu'un qui puisse m'enseigner une berceuse très brève, d'un rythme très lent, que je pourrais enregistrer sur bande et apporter avec moi en voyage.

On m'envoya alors Abe Mannheim, le bibliothécaire du Vancouver Symphony, qui avait vécu quelques années en Chine et qui m'enseigna un air intitulé *Nanni-wan*. Je ne savais pas exactement ce que j'apprenais, mais je me consolai en me disant que je pourrais en affiner mon interprétation quand je serais rendue à Pékin. Le jour même de notre arrivée, en me présentant à la répétition, j'ai constaté que notre présence suscitait un énorme intérêt: une foule de cinq mille personnes, composée essentiellement de jeunes gens en uniforme kaki, s'était assemblée pour nous voir répéter. Le service des nouvelles de la télévision chinoise filma intégralement notre répétition. Avant le début de chaque pièce, un présentateur s'avançait sur scène pour en donner le titre. Quand il annonça finalement *Nanni-wan*, ce fut le délire dans la salle. C'était l'un des airs les plus populaires du pays.

J'interprétai le premier couplet et le public réagit avec enthousiasme. Le deuxième couplet provoqua la même réaction. Mais comme j'achevais le troisième, des fous rires secouèrent la salle et je compris que j'avais commis une gaffe monumentale. On m'avait attaché un adorable interprète en la personne de Monsieur Duan; quand, plus tard, il arriva dans ma loge, il me félicita pour mon chinois. «Enfin, je ne connais pas vraiment le chinois, reconnus-je. J'ai appris les sons mécaniquement, mais je me sens embarrassée parce que j'ai le sentiment de ne pas les avoir rendus convenablement. Qu'est-ce que je chantais au juste?»

Il m'expliqua que «Nanni-wan» était le nom d'un village, un superbe coin de pays, plein d'arbres et de fleurs plantés par les travailleurs et où les troupeaux broutaient dans les champs. «Le premier couplet était parfait», affirma-t-il.

«Et que dit le deuxième couplet?»

Il me répondit que le deuxième couplet décrit comment Nanni-wan a dépéri avec le temps, au point que personne n'y vit plus; c'est un village désert, stérile, abandonné. «Le deuxième couplet était plus que parfait», m'assura-t-il.

«Plus que parfait?» insistai-je, parce que je commençais à décoder le langage diplomatique de Monsieur Duan. «Parlez-moi donc du troisième couplet.»

«Eh bien, dans le troisième couplet, vous vous êtes un peu fourvoyée, avoua-t-il. La chanson dit: ''Puis survint la révolution; le Régiment 395 arriva et fit revenir les travailleurs. Retenez la leçon de Nanni-wan parce qu'on l'a fait refleurir.''»

«Et qu'est-ce que j'ai dit?» demandai-je nerveusement.

«Vous avez dit: ''Puis survint la révolution; le Régiment 395 arriva et fit revenir les travailleurs. Retenez la leçon de Nanni-wan, une terre maintenant désolée, livrée aux éléments et sans le moindre habitant!''»

Ma bourde fit rire tout le pays, mais j'eus le sentiment que les Chinois ne m'en affectionnèrent que davantage. Par la suite, partout où nous nous trouvions, dans la rue comme dans les ascenseurs des hôtels, les gens s'approchaient de moi et me touchaient le bras, avec un gentil petit sourire timide, pour me dire, en ricanant: «Oh, Nanni-wan!» À chaque concert, on me redemandait cet air en rappel.

Il y a quelques années, avant que Pierre Elliott Trudeau ne se retire de la scène politique, il m'invita à une réception en l'honneur du Premier ministre chinois en visite à Ottawa. Dès que celui-ci m'aperçut, il se dirigea vers moi et me salua en lançant: «Ah, Forrester! Vous êtes très célèbre en Chine.»

«Oui, Monsieur le Premier ministre, lui répondis-je. On nous reconnaît à nos méprises...» Il ne put retenir un éclat de rire.

J'étais retournée en Chine entre-temps. En effet, au printemps 1982, la République populaire m'avait invitée, dans le cadre d'un échange culturel, à y donner des récitals et des séminaires. On m'avait également demandé d'emmener avec moi un autre chanteur et j'arrêtai mon choix sur Claude Corbeil, un baryton-basse québécois doué d'une belle personnalité de joyeux luron. Et nous avions choisi ensemble Claude Savard comme accompagnateur. Notre itinéraire nous conduisit du Conservatoire de Pékin à ceux de Shen-yang et de Ha-êrh-pin, avec sur nos talons une équipe de l'Office national du Film prête à tout pour faire un court-métrage qui devait plus tard être diffusé à Radio-Canada sous le titre *Singing: A Joy in Any Language* («Chanter: un bonheur dans toutes les langues»).

Pendant le trajet en voiture de l'aéroport à Pékin, je remarquai immédiatement les changements survenus en seulement quatre ans. L'avenue bordée d'arbres dont je me souvenais traversait maintenant une véritable forêt. Un programme de reboisement exigeait de chaque citoyen qu'il plante un arbre par an. Quand les Chinois décident d'agir, ils s'y mettent tous.

En Chine, les gens étaient fascinés par ma voix grave, surtout parce que la tradition du chant chinois les oblige à produire des séries de petits cris aigus. Tout l'opéra chinois se donne encore dans un style archaïque qui fait penser à la voix de fausset, avec des effets de trémolo. Mais lorsque les Chinois décidèrent de promouvoir le chant occidental, ils ne manquèrent pas de merveilleux talents; quand on peut choisir parmi un milliard de voix, il n'est pas étonnant que la récolte soit abondante. Le gouvernement traite vraiment aux petits soins les musiciens qu'il sélectionne pour les former. Les chanteurs n'ont absolument rien à payer, sont bien mieux nourris que le citoyen ordinaire et n'ont rien d'autre à faire qu'étudier. Comme en Russie, ils sont entièrement à la charge de l'État. Certains pays occidentaux devraient prendre exemple sur la Chine pour la façon dont on y traite les artistes. Au Canada, il m'arrive encore parfois de rencontrer des gens qui me demandent ce que je fais *vraiment* pour gagner ma vie.

Les élèves de Claude et les miens étaient comme des éponges et ils apprenaient très vite. Mais pour triompher d'une tradition vieille de huit siècles et aux antipodes de la nôtre, certains d'entre eux auraient eu besoin d'un répétiteur pour des notions de base. Je dus leur apprendre à ouvrir tout leur corps et à ne pas chanter seulement avec les muscles de la gorge. Je devais aussi fréquemment interrompre des cours sur la respiration et l'interprétation pour corriger des fautes de prononciation. J'espère que, d'ici à mon prochain séjour comme professeur en Chine, le gouvernement aura préparé le terrain en donnant préalablement aux étudiants quelques cours d'allemand, de français et d'italien.

Pour éliminer la barrière des langues dans nos récitals, Claude et moi avions choisi un final folichon: le *Duo des chats* de Rossini. Le public n'en revenait pas de ce que deux chanteurs jusque-là si émouvants puissent s'adonner à un dialogue musical de miaulements. Mais les chats produisent les mêmes sons dans tous les pays du monde et ce numéro fut le clou de la tournée.

Les étudiants s'attachèrent beaucoup à moi, et, même après que je leur eus donné leur dernier cours et fait mes adieux, les hauts fonctionnaires du ministère de la Culture insistèrent pour me ramener au Conservatoire, où mes élèves voulaient me dire au revoir à leur manière. Ils avaient préparé une cérémonie toute simple et une jeune fille devait chanter *Kindertotenlieder* en mon honneur. Mais dès qu'elle ouvrit la bouche, son interprétation me parut si inappropriée que je dus l'interrompre. «Attendez une minute! Arrêtez! lui dis-je. Vous avez une belle voix, mais vous ne comprenez pas du tout le sens du texte. Il s'agit d'un parent qui a perdu son enfant; ça n'a rien d'une petite romance sentimentale. Vous ne pouvez pas chanter ça de cette manière.» Et je me retrouvai en train de donner un autre cours de trois heures à la petite fête organisée pour me souhaiter un bon voyage.

Le lendemain matin, tout le long du trajet jusqu'à l'aéroport, un brouillard planait mollement au-dessus de l'*allée*[2] bordée d'arbres. Cela donnait au paysage un aspect surréel et l'on pouvait apercevoir, ici et là dans les bois, de vieux Chinois coiffés de leurs chapeaux de paille de paysans en train de faire leurs exercices matinaux: des mouvements gracieux de T'ai-chi. Ils ressemblaient à des hérons et à des flamants qui se seraient déplacés au ralenti dans la brume. C'était un spectacle inoubliable.

Au cours de ce voyage, je m'étais plainte à des fonctionnaires chinois de ce qu'il était injuste pour une visiteuse comme moi de venir enseigner seulement deux semaines et de devoir reprendre l'avion aussitôt. «Vous mettez des graines en terre et vous ne pouvez même pas vous assurer qu'elles prendront racine et croîtront sainement», leur dis-je.

Il n'y a pas très longtemps, j'étais invitée à dîner chez l'ambassadeur de Chine à Ottawa. Je m'étais imaginé que ce serait un grand dîner officiel, mais je me retrouvai seule à partager avec lui un somptueux repas qui devait bien compter une douzaine de services. Pendant que nous sirotions nos *mao tai* et échangions les plaisanteries d'usage qui servent de prélude à toute conversation en Chine, l'ambassadeur me dit qu'il rentrait de Pékin et qu'il avait pour moi un message de son Premier ministre: le gouvernement souhaitait que je retourne en République populaire pour y enseigner pendant six mois. Un séjour aussi long était hors de question, même si j'espère un jour y passer un bon moment — pourvu qu'on me promette que je n'aurai pas à visiter une nouvelle fois la Grande Muraille et le tombeau des Ming. Et tandis que l'ambassadeur me regardait chercher mes mots pour répondre à cette invitation inattendue, son regard pétillait de malice.

«Le Premier ministre m'a prié de vous dire que vos semis attendent.»

---

2. En français dans le texte. (*N.d.T.*)

CHAPITRE 25

L'anti-diva

Les journalistes m'ont souvent demandé pourquoi je ne me produisais pas à l'opéra. Plusieurs d'entre eux considèrent cette forme d'art comme un débouché naturel pour une chanteuse classique. Chaque fois, je leur expliquais patiemment que ce n'était que par pur égoïsme. En concert, on peut exprimer une gamme complète d'émotions pendant quatre-vingt-dix minutes, faire valoir les plus belles qualités de sa voix, sans avoir à partager son public avec quiconque. Les compositeurs d'opéra n'ont presque jamais écrit de pages pour mettre en valeur les altos, et, lorsqu'ils l'ont fait, ils ne leur ont habituellement donné que des rôles de soutien d'au plus dix minutes. Et, pour ma part, je ne me suis jamais considérée du type à incarner Carmen.

Je n'ai pas mis beaucoup de temps à comprendre que les chanteurs de concert pouvaient gagner plus que les vedettes d'opéra. On prend l'avion, on donne un concert et on repart aussitôt pour remplir un autre engagement après avoir empoché son cachet. Quand on fait partie de la distribution d'un opéra, il n'est pas rare qu'on répète pendant trois semaines, et on n'est payé à la fin que pour les représentations données. Je ne pouvais pas me permettre de consacrer autant de temps à répéter un rôle de dix minutes comme belle-mère de quelque soprano alors que j'avais cinq bouches à nourrir.

La plupart des chanteurs débutent à l'opéra; lorsqu'ils prennent de l'âge et que leur voix perd en qualité, ils terminent généralement leur carrière comme chanteurs de concert, dans de plus petites salles. J'ai suivi le même cheminement, mais à rebours.

Je chante de plus en plus à l'opéra maintenant que j'ai franchi le point culminant de ma carrière. Quand je me penche sur mon passé, ce qui m'étonne n'est pas d'avoir mis tant de temps à venir à l'opéra mais d'y chanter encore malgré les expériences abominables que j'y ai connues. À une certaine époque, on aurait dit que je courais à la catastrophe chaque fois que je montais sur les planches d'une maison d'opéra.

Mes premiers pas à l'opéra furent à peu près honorables, mais certainement pas suffisants pour me donner le goût de persévérer. Quand j'avais vingt-trois ans, Pauline Donalda — l'une des plus illustres cantatrices canadiennes, qui se produisit d'ailleurs aux côtés de Caruso — m'avait confié des rôles insignifiants dans les productions de sa Montreal Opera Guild: un solo d'une phrase dans le rôle de la jeune couturière de l'opéra *Louise* de Charpentier, et l'air populaire de l'aubergiste dans *Boris Godounov*. Cela a aiguisé mon appétit pour la scène, mais sûrement pas pour d'aussi petits rôles. Je venais alors tout juste de faire mes débuts comme chanteuse de concert à Montréal, et j'avais goûté au plaisir d'occuper la scène toute seule.

Irving Guttman, qui venait d'entreprendre une carrière de metteur en scène, m'offrit peu après mon premier rôle d'importance. Avec des copains, nous étions allés voir Blanche Thebom au Forum de Montréal; elle avait interprété des airs de *Samson et Dalila* avec tant de sensualité qu'Irving s'était mis à déchirer sa chemise en pleine rue à la sortie du concert. «Maureen, il faut absolument que nous montions ensemble un opéra», clamait-il, pendant que le reste de la bande se tordait de rire devant ses démonstrations excessives d'enthousiasme. Moins d'un an plus tard, Irving tenait parole et montait *Le Consul* de Gian Carlo Menotti, à Cornwall, en Ontario. Il me convainquit de jouer la grand-mère, un rôle en or qui me permettait d'interpréter, entre autres, une superbe berçeuse. Je craignais surtout de ne pouvoir incarner vraisemblablement une grand-mère, compte tenu de mes vingt-cinq ans. Le lendemain de la première, lorsque je vis ma photo en première page du journal de Cornwall, je compris que je m'étais inquiétée pour rien. Je ressemblais vraiment à une vieille de quatre-vingt-cinq ans complètement édentée. Toutefois, depuis que je chante à l'opéra, je n'ai jamais tenu un rôle qui ait incité quiconque à déchirer sa chemise en sortant du spectacle.

Il s'écoula près de dix ans avant que je ne succombe une nouvelle fois à la tentation de faire de l'opéra. En 1962, Nicholas Goldschmidt me persuada de chanter dans *Orphée et Eurydice* de Gluck, une production de la Canadian Opera Company au O'Keefe Centre. Comme cela m'arrive souvent, on me confia le rôle d'Orphée, interprété à l'origine par un castrat. C'était un rôle idéal pour mes débuts officiels à l'opéra. Mais quand Nicholas me le proposa, il me demanda d'abord: «As-tu de belles jambes?» Il s'en assura d'un oeil expert, parce que Orphée passait tout l'opéra uniquement vêtu d'une tunique. Cette production fut éblouissante et même avant-gardiste. Hanya Holms en avait écrit la chorégraphie: on y voyait évoluer des danseurs dans les Enfers, au milieu d'un tourbillon de serpentins et d'éclairages d'un rouge écarlate qui jaillissaient de plates-formes surélevées derrière nous et donnaient l'impression de flotter comme dans une vision surréaliste. Je me tirai plutôt bien de ma partie et la célèbre aria *Che Farò Senza Euridice*, que j'avais souvent interprétée en récital, me valut des critiques dithyrambiques. Je me sentais tout de même un peu trop inexpérimentée pour un premier rôle aussi complexe. Je n'avais pas vraiment joué auparavant et je dus m'en remettre à mon seul instinct dans une oeuvre dont la partition à elle seule pose déjà bien des difficultés.

De plus, je ne m'étais jamais produite sur une scène aussi vaste que celle du O'Keefe Centre et je n'avais pas acquis l'expérience nécessaire pour faire porter ma voix dans une salle aussi caverneuse et capitonnée. Aujourd'hui, la Canadian Opera Company triche un peu puisqu'elle a fait dissimuler des micros dans le O'Keefe Centre, mais ce n'était pas alors le cas, et, pour une compagnie aussi novice que la nôtre, je maintiens que cette salle étouffe littéralement la voix, même partiellement pourvue de microphones. Il faut constamment pousser la voix au maximum. À cette époque, je n'avais pas la technique nécessaire pour me produire au O'Keefe et je savais au plus profond de moi que je n'avais pas fait sensation dans ce rôle. Mes agents de New York avaient invité la directrice de la Chicago Opera Company à venir m'entendre et il était manifeste que je ne l'avais pas impressionnée non plus. Je n'ai plus jamais entendu parler d'elle.

Dans les premières années de ma carrière, André Mertens me pressait sans relâche de décrocher un rôle au Metropolitan

Opera. Il soutenait que si mon curriculum vitae comportait la mention d'une apparition au Metropolitan, je pourrais exiger des milliers de dollars de plus en cachets. Mais quelque réticence m'incitait toujours à reporter cette démarche. Au début, ma voix ne me semblait pas assez puissante pour la salle de quatre mille places du Met; par la suite, comme ma renommée grandissait, je n'étais pas intéressée aux rôles mineurs inévitablement assignés aux contraltos et qui ne valent que deux phrases dans les comptes rendus. Or, chaque fois que je donnais un récital à New York, je m'attirais une critique délirante.

J'ai finalement cédé et, oubliant mes réserves, j'acceptai d'auditionner au Met. Si j'avais été futée, j'aurais préparé un rôle du tonnerre parfaitement adapté à ma voix, celui de Dalila par exemple, et que j'aurais souhaité chanter. Mais je ne me suis jamais vue en Dalila, pas plus qu'en Carmen. J'étais à mon meilleur dans les rôles de rois décadents.

Peut-être aussi entretenais-je une peur inconsciente à l'égard de l'opéra parce que cet univers m'était étranger et que je ne connaissais personne pour m'y initier et m'y guider. On m'avait raconté des histoires effroyables au sujet de gens qu'on avait forcés à tenir des rôles qui ne leur convenaient pas, alors qu'un contrat les liait au Met, et qui avaient ainsi ruiné leur voix, ce qui avait marqué la fin de leur carrière. J'étais si convaincue que je n'impressionnerais pas à l'opéra que, contrairement à mon habitude, je n'avais pas pris la peine de bien me préparer à cette audition. Il n'est donc pas étonnant, compte tenu de cette attitude défaitiste, que ma première tentative pour entrer au Met se soit conclue par un échec monumental.

La Scala m'avait aussi offert la possibilité de me produire dans le rôle de mon choix, mais les maisons italiennes me paraissaient encore moins indiquées: il y a là-bas trop de grandes voix. Pour décrocher un succès en Italie, je compris qu'il m'aurait fallu chanter un opéra ancien si méconnu qu'on le considérerait comme une curiosité, ou un opéra moderne qui attirerait l'attention par sa nouveauté.

Pendant longtemps, heureuse du tour que prenait ma carrière, j'évitai donc l'opéra. Mais je prenais peu à peu de l'assurance et ma voix gagnait en volume. En 1966, André Mertens me convainquit finalement une nouvelle fois qu'il me fallait à tout prix faire mes débuts new-yorkais à l'opéra avant qu'il ne soit trop tard. Certains critiques considéraient même qu'un chanteur qui ne s'était pas produit sur une scène d'opéra de première catégorie avant trente ans ne serait jamais dans le coup — et j'en avais déjà trente-six. Cette année-là, Julius Rudel, pour qui j'avais chanté au Festival de Caramoor, me proposa le rôle de Cornélia dans une production de *Julio Cesare* de Haendel, au New York City Opera, qu'il montait expressément pour Beverly Sills. Ce serait un spectacle très couru, non seulement parce qu'on ouvrirait ainsi la saison du Lincoln Center mais aussi parce qu'on n'avait presque jamais donné *Julio Cesare*. Comme tous les opéras de Haendel, cette oeuvre extrêmement difficile et très longue constitue une véritable épreuve d'endurance. Depuis quelques années déjà, Beverly et Julius avaient établi une tradition: ils tiraient annuellement de l'oubli quelque obscur opéra pour mettre en lumière leurs talents et le Tout-New York attendait impatiemment cette production.

Le rôle de Cornélia, veuve de Pompée, est le deuxième rôle féminin en importance de cette oeuvre, immédiatement après celui de Cléopâtre, qu'incarnait Beverly, et il comprend quelques arias vraiment très belles. Quand Julius me l'offrit, André Mertens jubilait à l'idée d'une occasion pareille. Mon agente de relations publiques, Audrey Michaels, travailla jour et nuit pour m'obtenir un battage publicitaire et tous les journaux m'accordèrent une couverture plus qu'appréciable. En réalité, je reçus tant de publicité que cela finit manifestement par irriter Beverly. Un jour, comme j'arrivais à la répétition, elle me dit: «Ma foi, c'est tout un article que t'a consacré le *New York Times*!»

«Écoute, lui répondis-je, je n'y suis pour presque rien, même s'il s'agit de mes débuts. Je le dois à mon agence de relations publiques. Et tu devrais t'en trouver une.»

Beverly suivit rapidement mon conseil. Elle n'aurait pu choisir meilleur moment, puisque cette production de *Julio Cesare* la catapulta au rang des supervedettes.

Elle avait accepté de chanter Cléopâtre à la condition que Julius Rudel n'en retranche pas la longue aria du deuxième acte. Puis elle avait commandé qu'on lui écrive les ornements vocaux les plus brillants, qu'elle déroulait en longues cadences dans son registre suraigu, pour mettre en valeur les plus belles qualités de sa voix. Haendel se prête fort bien à ces effets stylistiques. On peut y interpréter une aria du début à la fin sans fioritures, puis la reprendre avec des ornements dans un *da capo* qui lui donne presque l'air d'une improvisation, comme en jazz. En somme, c'est un peu comme si on ajoutait de la glace sur un gâteau. J'étais si naïve et si inexpérimentée que je n'ai même jamais songé à imiter Beverly. Si j'avais su à quel point son rôle était phénoménal, je n'aurais jamais accepté de faire mes débuts new-yorkais à l'opéra dans cette production. J'obtins néanmoins de bonnes critiques, mais Cornélia n'est pas de ces rôles qui vous valent de gros titres.

En réalité, cette production marqua plutôt pour moi un triomphe sur l'adversité. José Varona, un costumier générale-ment merveilleux, s'était inspiré, pour mon personnage, de la statuaire romaine. L'idée était intéressante, mais les statues romaines n'ont pas à monter ni à descendre des escaliers, empê-trées dans des costumes et des perruques qui pèsent une tonne. Ma coiffure se composait de milliers de boudins minuscules qu'on aurait dits sculptés dans la pierre et qui d'ailleurs pesaient autant. Inutile de dire que je la détestais. Le pire, c'est que je n'eus pas le courage de l'avouer. Parce qu'il s'agissait de mes débuts, je n'osais pas me plaindre. Quant au costume, il devait peser vingt kilos. La jupe, couverte d'énormes appliqués de cuir en forme de feuilles de palmier qu'on avait arrosés de peinture dorée, ressemblait à une énorme structure rigide. J'avais l'air d'une citrouille géante outrageusement décorée.

À la fin du deuxième acte, j'interprétais un charmant duo avec Beverly Wolff, qui jouait mon fils Sextus; il me fallait alors gravir un escalier d'échafaudage jusqu'à une petite plate-forme où se trouvait sa cellule de prison. Au cours de la générale, je me rendis compte soudain que ma jupe était deux fois plus large que les marches. Je devais gravir ces échelons de côté en traînant une toilette de vingt kilos sans avoir l'air de déployer le moindre effort. Dans cet opéra, je me sentais vaincue avant même d'entrer en scène.

Le soir de la première, Peter Ustinov, qui est un vrai mordu de l'opéra, avait pris place à l'avant de la salle, dans une loge. Dans l'une des premières scènes, j'étais censée me trouver mal et m'écrouler. Mais comment s'évanouir dans un costume pareil?

J'ai porté la main à la tête en chantant: «Pauvre de moi» et, quand je m'effondrai, je disparus sous la jupe, qui resta sur place, animée, pour ainsi dire, de son propre mouvement. Et lorsque je m'affalai, dans ce qui devait être ma grande scène mélodramatique, j'entendis Peter Ustinov éclater d'un rire hystérique.

Je me demande comment j'ai pu me produire dans un autre opéra après cela, mais je suis aussi entêtée qu'un ours. Un an plus tard, Beverly Sills et moi reprenions *Julio Cesare* au Teatro Colon de Buenos Aires. C'était évidemment la même musique, mais on avait, cette fois, situé l'action à une autre époque, et, Dieu merci, les costumes étaient différents. Un autre chef assumait aussi la direction: Karl Richter, organiste et harpiste allemand, célèbre pour son travail dans le milieu choral comme fondateur du Choeur Bach de Munich. Homme singulier, d'un style très hétérodoxe, il ne s'entendit guère avec Beverly. Il refusa qu'elle chante les ornements qu'elle avait commandés pour sa partie. Entre eux, cela faillit vraiment tourner mal. À la fin, elle osa presque lui dire ses quatre vérités. «Écoutez-moi bien: j'ai été engagée parce que je suis devenue célèbre en chantant ce rôle de cette manière à New York et je me fiche de ce que vous pouvez penser. Je le ferai à ma façon, et si ça ne vous plaît pas, vous n'avez qu'à aller vous faire voir.» Richter était si furieux que, pendant tout l'opéra, il refusa de la regarder. Chaque fois qu'elle chantait, il plongeait la tête dans la partition et se contentait de battre mécaniquement la mesure.

Beverly passa un mauvais moment, mais elle tint bon. Nous sommes devenues des amies au cours de ces deux productions. Depuis, elle m'appelle toujours «Murine». «Murine, me dit-elle, tu me fais du bien aux yeux.» Et moi je la surnomme «Befferly». Elle a été à rude école et elle chante depuis longtemps. Enfant, elle fut une vedette de la radio, où elle serinait des ritournelles commerciales pour Rinso White; pendant les années ingrates de l'adolescence, elle dut accepter toutes les offres qui se présentaient. Elle n'était peut-être pas très instruite, mais elle savait intuitivement se tirer d'affaire. Au premier coup d'oeil, on devinait qu'elle n'était pas du genre à se laisser duper. Elle connaît ses atouts et sait les utiliser à bon escient. C'est une excellente comédienne; elle bouge bien en scène et elle s'assure toujours d'avoir son mot à dire sur ses costumes. Elle a une taille de guêpe, mais les hanches et les cuisses épaisses — tout juste le contraire de moi. On la voit donc toujours en costume décolleté ou au col très élaboré, la taille très ajustée, dans une longue jupe de tulle enveloppante. Elle était bien avisée de porter ainsi ce qui avantageait sa silhouette. Après des années passées à m'affubler de costumes absolument horribles, j'ai finalement tiré moi aussi la leçon qui s'imposait.

Norman Treigle jouait César dans ces deux productions et j'ai beaucoup appris en l'observant. Il chantait depuis des années avec Beverly et ils choisissaient ensemble des rôles qui leur permettaient à tous deux de mettre en valeur leurs talents. Mais à mesure que grandissait sa renommée, Beverly dut évidemment accepter des rôles sans ce partenaire. Petit à petit, Norman perdit confiance en lui; il abandonna finalement le chant et connut une fin de carrière tragique. Il était regrettable qu'il ait tout misé sur son association avec Beverly, parce qu'il n'avait pas qu'une belle voix: c'était aussi un comédien exceptionnel. Quand, les joues creuses et les yeux hagards, il posait un geste dans son rôle de César, j'avais remarqué qu'il prenait son temps pour étendre le bras; au dernier moment, il déroulait le poignet comme pour ponctuer sa note aiguë. Avec une économie de gestes, il créait des effets saisissants.

Après la représentation, qui commençait à vingt et une heures à Buenos Aires, toute la distribution se démaquillait et se rassemblait dans le vaste foyer où la direction faisait dresser des tables pour empêcher les admirateurs de se ruer sur les vedettes et de les bousculer. Il fallait se prêter à ce rituel et signer des autographes pendant au moins une heure. Parfois, nous ne rentrions à l'hôtel qu'à trois heures du matin.

Un soir, Norman, sa femme, Beverly et moi nous trouvions dans l'ascenseur pour nous rendre à nos chambres respectives lorsque la cage s'immobilisa entre deux étages. Nous étions pris au piège. Beverly ne put retenir des cris de soprano à vous glacer le sang. Inutile de dire qu'on vint rapidement à notre secours. Mais le mécanicien n'arrivait pas à découvrir la cause du problème et dut parcourir la ville entière pour trouver le chef technicien. Beverly n'arrêtait pas de hurler et la direction de l'hôtel s'efforçait en vain de la calmer pour qu'elle ne réveille pas les autres clients. «Écoutez-moi bien, dit Beverly, quand Sills ne dort pas, personne ne dort.»

310

La même année, j'acceptai de tenir le rôle de La Cieca, la mère aveugle, dans *La Gioconda*, que Lotfi Mansouri montait au San Francisco Opera. C'était la première fois que je travaillais avec Lotfi, même s'il me connaissait déjà de réputation. En effet, il se trouvait dans la salle le soir de mes débuts new-yorkais à Town Hall, plusieurs années plus tôt. Il me confia qu'il avait pleuré pendant ce concert: il n'arrivait pas à croire qu'une jeune inconnue, novice dans la carrière, puisse interpréter avec autant d'âme un répertoire aussi difficile.

La Cieca était mon premier rôle de vieille femme depuis ma participation au *Consul* et Lotfi devinait que je ne me sentais pas très sûre quant à la façon de l'aborder. «Allons, je veux que vous ayez un succès monstre, dit-il; alors, faites comme bon vous semblera pour être à l'aise dans ce rôle.» Il me suggéra toutefois de me mettre dans la peau d'une aveugle. Je me rappelai alors que les gens privés de la vue ne fixent jamais aucun objet dans une pièce, mais semblent plutôt regarder droit devant eux, le regard absent. Et c'est ce que je fis, mais c'était plus difficile qu'il n'y paraissait. À la fin de chaque représentation, j'avais terriblement mal aux yeux à force de me retenir de battre des paupières.

Un jour, je me suis présentée à la répétition même si on ne m'y avait pas convoquée et Lotfi en parut atterré. «Oh, ma très chère, je suis désolé. Je suppose que vous croyiez avoir une répétition cet après-midi?»

«Non, répondis-je. Mais je ne connais pas cet opéra et je me suis dit qu'il fallait en profiter pour remédier à cette lacune.» Lofti en fut absolument ravi; depuis, il répéterait à tous ses élèves que c'est ainsi qu'une vraie professionnelle étudie un opéra. En réalité, j'ai toujours adoré les répétitions et j'ai beaucoup appris cet après-midi-là, et pas seulement au sujet de *La Gioconda*. Leyla Gencer, une soprano au tempérament et à la susceptibilité légendaires, tenait le rôle titre, et Grace Bumbry, qui avait étudié avec Lotte Lehmann et était alors une des jeunes étoiles montantes, incarnait Laura. À l'époque, Bumbry se croyait obligée de se payer tous les luxes d'une diva et n'achetait déjà plus que des Lamborghini ou se pointait aux répétitions à bord de limousines longues comme un pâté de maisons. Elle devait dépenser tous ses cachets pour cet étalage d'excentricités. Dès que Bumbry arriva à San Francisco, la rivalité qui l'opposait à Gencer était palpable dans l'air. Elles ne se regardaient pas une seconde pendant la représentation et ne saluaient jamais ensemble. Cette situation aurait pu s'avérer catastrophique si elle n'avait été si ridicule.

Un après-midi où j'assistais à la répétition, assise dans la salle aux côtés de Gencer, Bumbry chanta d'une manière bouleversante en se déplaçant sur les planches comme un chat noir racé. Elle bougeait avec une sensualité extraordinaire. «On dirait une magnifique et noble panthère, pas vrai?» dis-je à Leyla.

«Oh non, ma chère, rétorqua Leyla. Elle a plutôt l'air d'une araignée.» Et, après un silence, elle ajouta: «Une vraie veuve noire.»

Le monde de l'opéra est un champ de bataille idéal pour les ambitieux. Mais ces petites jalousies de vedettes ne m'atteignent pas. Je n'ai jamais pris ombrage du succès des autres. En ce qui me concerne, personne ne peut être le meilleur; chacun ne peut donner que le meilleur de soi-même. Chaque voix est différente et il n'y a aucune raison de vouloir que la sienne ressemble à celle d'un autre. Il arrive tout de même parfois qu'on ferme les yeux sur un comportement de prima donna quand on est transporté par une exécution vraiment extraordinaire.

L'une des productions d'opéra les plus spectaculaires auxquelles j'aie participé date de 1968: j'interprétais la servante Brangäne dans *Tristan et Isolde* de Wagner. Zubin Mehta dirigeait cette production de l'Opéra du Québec et Jon Vickers y jouait Tristan, un personnage qui l'avait déjà rendu célèbre en Europe. Le rôle de la servante Brangäne est long et étoffé et je restais en scène pendant presque tout le premier acte. Wagner l'a originellement composé pour une soprano, mais, pour bien distinguer Brangäne d'Isolde dans leurs duos, plusieurs chefs préfèrent choisir pour la première une voix plus grave. Après l'avoir chanté, j'en suis venue à la conclusion qu'on devrait opter pour une mezzo plutôt que pour une contralto. Quoi qu'il en soit, j'ai eu beaucoup de difficulté à apprendre cette partie, dont les phrases mélodiques interminables exigent une exceptionnelle maîtrise de la respiration et un souffle hors de l'ordinaire, sans compter que certains passages aigus du deuxième acte m'épuisaient vocalement. Pendant que je donnais cet opéra, ma cage thoracique augmenta même de volume: quand on chante du Wagner, le son produit vient de plus bas et de plus loin en arrière que dans du Verdi.

Le metteur en scène eut une idée de génie pour mon aria depuis la tour de guet, au deuxième acte: Brangäne met alors Isolde en garde de s'éprendre de Tristan, parce qu'il est en fait responsable de la mort de son fiancé. Pour cette scène, on me fit monter dans l'ascenseur de l'arrière-scène de Place des Arts jusque dans le cintre, où on me posta sur une passerelle, cinq étages au-dessus du milieu de la salle. Par bonheur, je n'ai pas eu le vertige. Mais je me sentais comme une équilibriste sur son fil de fer. On dut aussi m'installer un moniteur en circuit fermé pour que je puisse voir Zubin qui dirigeait en dessous de moi. Le public ne discernait pas d'où provenait ma voix, qui, de cette hauteur, lui parvenait amplifiée, dans un saisissant effet enveloppant, comme si on avait disséminé dans le théâtre une cinquantaine de haut-parleurs.

Ces acrobaties qu'on exigeait de moi en valaient la peine, ne fût-ce que pour le bonheur d'entendre Jon dans Tristan. Il avait joué ce rôle tant de fois déjà qu'il le possédait à la perfection. On l'aurait dit taillé exprès pour lui. Il était superbe et, même si je ne devais jamais réentendre cet opéra, je me rappellerai toujours cette production. Ce fut aussi un moment émouvant parce que nous donnions la représentation d'adieu de l'Opéra du Québec, qui avait fait faillite. Le soir de la dernière, des amateurs se penchèrent aux garde-fous et crièrent, des sanglots dans la voix: «Vous ne pouvez pas fermer!» Pour cet opéra, il fut impossible à quiconque d'obtenir gratuitement, de racheter ou même de voler un billet.

Jon avait débuté dans la carrière à peu près en même temps que moi. Je l'ai entendu chanter une première fois dans *Le Messie*, à Kingston, en Ontario, quand il était encore un beau jeune homme mince, frais émoulu du Conservatoire de Toronto. J'en étais restée stupéfaite. Sa carrière n'avait véritablement pris son essor qu'en Europe. Jon est un chanteur fascinant et un brillant acteur; à mon sens, il a presque toujours tenu des rôles qui lui ressemblaient un peu: des personnages angoissés ou tourmentés. C'est un être très complexe, mais quelle merveilleuse expérience que de travailler avec lui! Je n'oublierai jamais la scène de la mort de la comtesse que je jouais à ses côtés dans *La Dame de pique*, au Centre national des Arts d'Ottawa. Quand il me soulevait de mon fauteuil et me secouait, après que j'eus expiré, je pouvais me laisser aller comme une poupée de chiffon, les yeux grand ouverts tournés vers la salle, sans un battement de paupières. Quel plaisir de jouer cette scène avec un comédien capable de soulever une forte femme comme moi et qui ne craignait pas de me malmener.

Je ne prétends toutefois pas que Jon et moi ayons été, à quelque moment, des intimes. Il est plutôt secret et ne se mêle que fort peu aux gens. Comme plusieurs *Heldentenors*, il se drape dans sa dignité, de sorte qu'il n'est pas toujours facile de frayer avec lui. Une fois où nous donnions *Samson* de Haendel à Dallas, il se présenta aux répétitions avec une semaine de retard. Je suppose qu'il s'était imaginé que Lotfi Mansouri ferait travailler les choeurs entre-temps et veillerait à ce que tout soit fin prêt quand il arriverait, mais cela ne facilitait évidemment pas la tâche des autres membres de la distribution, qui auraient eu besoin d'établir un rapport avec lui en scène. Par ailleurs, la soprano Patricia Wells et moi avions découvert que ce jour marquait l'anniversaire de naissance de Jon et nous étions rendues chez Neiman-Marcus où nous lui avions acheté un très beau tricot irlandais et un énorme gâteau. Nous avions prévu de les lui offrir au nom de toute la distribution, au moment d'une pause. Au premier acte, il était debout dans un escalier, attendant de chanter *Éclipse totale*, l'aria qui l'a rendu célèbre, quand il lança soudain: «Monsieur Mansouri, je ne suis pas venu à la répétition pour vous écouter travailler avec les choeurs. Lorsque vous serez prêt, appelez-moi.» Et il sortit sans se retourner.

Inutile de dire que ce comportement ne plut pas tellement aux autres membres de la distribution. Le lendemain, nous avons laissé son cadeau dans sa loge, avec ces mots: «Désolés que vous n'ayez trouvé, hier soir, dans un coin de votre coeur, une raison de rester. Nous avions acheté un gâteau d'anniversaire pour souligner l'événement, mais nous avons appris qu'une choriste célébrait également hier son anniversaire de naissance et nous avons préféré le lui offrir. Vous aurez malheureusement raté cette petite fête. Nos meilleurs voeux.» Comme de raison, Jon se sentit mortifié et se confondit en excuses.

314

Lorsque je me produisis dans *Tristan et Isolde*, je me sentais déjà plus à l'aise à l'opéra, et, en 1974, le Met m'offrit finalement un rôle: celui d'Erda dans *Das Rheingold* et *Siegfried* de la *Tétralogie* de Wagner, qu'on présenterait à un mois d'intervalle. Encore une fois, j'eus la sottise d'accepter. Même si Schumann-Heink s'était illustrée dans ce rôle, ce n'était certes pas le plus indiqué pour des débuts au Met. Dans les deux cas, ma participation se limiterait à seulement quatre minutes. Déesse de la Terre, Erda n'est pas tant un personnage du drame que la voix du destin.

J'appris ma partie en un rien de temps et, le jour de ma première répétition, j'étais terriblement excitée. Enfin, je me retrouvais au Met dans un rôle qui m'était prédestiné: comme je le disais en plaisantant, j'avais passé toute ma vie à me comporter comme une Mère Nature et j'étais enfin payée de retour. Je me mis sur mon trente et un et je me rendis au Metropolitan Opera. La standardiste qui gardait également l'entrée des artistes m'informa des coutumes du Met: déjà m'attendait une pile de lettres haute de trente centimètres, que m'avaient adressées mes admirateurs. Quand un artiste fait ses débuts au Met, tous s'arrachent son autographe, qu'ils pourront revendre plus tard à bon prix. Collectionner les autographes de chanteurs d'opéra est maintenant devenu une industrie florissante.

Elle m'expliqua comment me rendre au troisième étage, mais je n'y trouvai qu'un menuisier en train d'assembler des pièces de décor. «Ma jolie, fit-il, vous vous êtes trompée d'étage, mais si vous voulez rester, je vous trouverai vite de quoi vous occuper.» Je repérai finalement mon répétiteur à l'étage inférieur. Lorsqu'il plaqua le premier accord, je me rendis compte qu'il ne s'agissait pas de celui de *Das Rheingold*. «Non, dit-il, je croyais que nous répéterions *Siegfried* aujourd'hui.» Puis il s'entêta à me rapporter les derniers ragots du Met. Son comportement ne me parut guère professionnel, compte tenu que je me retrouverais une demi-heure plus tard en répétition sur la grande scène et que je n'avais même jamais vu cet opéra.

Enfin, il me conduisit au rez-de-chaussée. On avait déjà répété plus de la moitié de l'oeuvre, mais je n'étais pas en retard car je n'intervenais qu'une heure et demie après le début de l'opéra.

Je m'avançai sur la scène et me retrouvai soudain sur le plateau d'une énorme montagne noire. Ce n'étaient que rochers et escarpements en carton-pâte. Je cédai à la panique. «Mon Dieu, me dis-je, mais où ferai-je mon entrée?» Puis quelqu'un me dit que je sortirais tout droit du sommet des Alpes. La musique de Wagner comporte au moins un avantage: comme le thème de chaque personnage y est annoncé au moins cinquante mesures avant son apparition, le chanteur a donc tout le temps nécessaire pour se mettre dans l'ambiance, si jamais il s'est endormi. Je me dirigeai vers les coulisses, derrière les rochers. Un machiniste debout près d'un monte-charge hydraulique lisait une bande dessinée en s'éclairant d'une lampe de poche. «Je suis Erda. Savez-vous où je fais mon entrée?» lui demandai-je.

«Oh, c'est donc vous la madame que je dois jucher là-haut!»

Il me hissa à l'aide de sa machine jusqu'en haut du décor, où seule ma tête surplombait le sommet de la montagne, à environ cinq pâtés de maisons du manteau d'Arlequin. J'étais si loin de la fosse d'orchestre que j'aurais eu besoin de jumelles pour voir le chef, Sixten Ehrling. J'avais à peine poussé la première note de *L'Avertissement d'Erda* qu'il ordonna une pause. Quelqu'un lança, à mon intention: «Eh bien, Mademoiselle Forrester, je suis heureux de voir que vous avez trouvé votre chemin jusqu'en haut», et tous quittèrent la scène pour aller boire un café. À leur retour, je chantai mon solo. Je m'attendais à ce qu'on me donne quelques conseils, quelques indications de mise en scène, n'importe quoi. «Bravo, Mademoiselle Forrester», me dit-on, et rien de plus. Le machiniste me fit redescendre et je quittai les lieux. Pour une déception, c'en était toute une!

Juste avant la générale, je me pointai à la salle de maquillage. «Oh, on ne maquille jamais Erda, me dit-on. De toute façon, vous n'en auriez pas besoin, pas plus d'ailleurs que d'un costume, parce qu'on ne verra que votre tête au-dessus des rochers. À ce moment-là, aucun projecteur n'est braqué sur vous; vous n'êtes en somme qu'une voix menaçante.» Ils me remirent un casque de bain pour dissimuler ma chevelure blonde et on m'éclaira d'un vert bilieux. C'est à ce moment-là que j'ai commencé à parler de mon rôle comme de celui du Joyeux Géant vert.

Le soir de la première, tout le monde était là: Eugene et Irene Bird, de Toronto, plus un tas d'amis et de copains de

Washington et de New York. Ma loge était inondée de fleurs et, après la représentation, les gens y défilèrent pour me dire: «Comme tu dois être contente que ce soit terminé!» et «Ça doit être excitant de faire ses débuts au Met!» Mais personne ne me dit que j'avais été magnifique. Finalement, je demandai à Eugene: «Honnêtement, dis-moi, comment c'était?»

«Eh bien, ma chérie, comment dire? Quand on ne voit même pas une personne, on n'est jamais non plus tout à fait sûr de l'entendre.» Le *New York Daily News* mentionnait que j'étais «à peine visible», et Donal Henahan, du *New York Times*, écrivait que j'étais «musicalement dans le ton», mais que ma voix de contralto «manquait un peu de volume et de timbre», en particulier parce qu'on m'avait «reléguée au fin fond de la scène, loin de tout microphone». Le critique du *New York Post* notait, pour sa part, qu'on avait du mal à savoir si j'étais bien la déesse de la Terre ou «une amibe aux proportions gigantesques». Et voilà pour mes débuts triomphants au Met.

Je n'eus pas plus de chance la saison suivante, quand le Met me redemanda pour chanter Ulrica, la gitane diseuse de bonne aventure de *Un Ballo in Maschera* de Verdi. Dans ce rôle très ingrat, personne n'a remporté de vif succès depuis que Marian Anderson y a fait ses débuts au Met. Il convient à une voix vraiment très grave, idéalement à une basse travestie. Cette production, où j'avais pour partenaires Roberta Peters et Louis Quilico, fut particulièrement éprouvante pour moi. Mon costume ressemblait à une botte de paille mal ficelée. Il se décomposait littéralement et je laissais des traces partout où j'allais. Si on avait besoin de retracer la diseuse de bonne aventure dans ce théâtre gigantesque, il suffisait de suivre les brins de paille.

Tout chanteur rêve de se produire au Metropolitan Opera, mais je peux honnêtement avouer que j'ai connu de plus grandes et de plus nombreuses satisfactions à chanter pour de petites compagnies d'opéra, tant à San Francisco et à Santa Fe qu'à Toronto. Et je ne dis pas cela par amertume. Au Met, un chanteur participe à la première, puis souvent un autre prend sa place le lendemain soir et un troisième enregistre le disque. Lorsque nous avons enregistré *Siegfried*, Birgit Nilsson, qui n'avait été d'aucune représentation, s'amena sans plus de préparation pour la radiodiffusion. Au Met, la distribution change constamment, soit que certaines vedettes doivent remplir d'autres engagements, soit qu'elles se sentent soudainement indisposées. Le problème, c'est que les remplaçants n'ont jamais l'occasion de répéter avec les autres membres de la distribution ou d'apprendre à les connaître. Voilà qui explique aussi l'importance du souffleur au Met. Un nouveau baryton arrive, complètement ignorant de la mise en scène, et ne parvient pas à se rappeler ce qu'on lui a débité rapidement à ce propos l'après-midi même. Que fait-il? Pendant toute la représentation, il reste planté devant le trou du souffleur, où une voix lui murmure chaque phrase, une mesure d'avance, ce qui ne manque pas de distraire les autres chanteurs. On ne joue plus vraiment; il ne s'agit en fait que d'une exécution en concert, mais avec des décors.

Les petites compagnies n'ont pas de souffleur et toute la distribution reste dans la production jusqu'à la dernière représentation. En fait, j'ai appris bien loin du Met ce que doit être au fond l'opéra: une exécution bien orchestrée, dans un climat de camaraderie.

À l'étape où j'en suis maintenant, j'adore faire de l'opéra. Pour moi, il y a là une sorte de magie, semblable à celle qu'é-prouvent les enfants lorsqu'ils se déguisent. Il faut pour cela revêtir des costumes extravagants et évoluer dans des décors fabuleux tout en donnant vie sur scène à ses fantasmes les plus bizarres. Ce n'est pas un hasard si je joue de plus en plus à l'opéra. Alors que je complétais l'une de mes innombrables tour-nées, il m'est arrivé de me réveiller un matin dans une énième chambre d'hôtel pareille à toutes les autres et de ne plus trop savoir dans quelle ville je me trouvais. Je me suis alors dit: «Quelle vie solitaire pour quelqu'un qui comme toi adore tant la compa-gnie.» Et bien que se produire avec des orchestres rapporte davan-tage, je tire maintenant plus de plaisir du temps que je passe chaque année, comme membre de la distribution de divers opéras, à observer et à commenter toute la journée le jeu des autres chanteurs, et souvent à dîner avec eux. Je ressens presque du désappointement quand arrive la première et que chacun part de son côté après la représentation. Quand on a connu l'existence solitaire d'une chanteuse de concert, jouer à l'opéra, c'est comme se sentir de nouveau membre d'une famille.

CHAPITRE 26

Ensorcelée, harnachée et volante

L'un des rares après-midi où je me trouvais à la maison, peu après notre retour à Toronto en 1971, Linda amena chez nous une amie de l'école. La fillette resta debout dans l'embrasure de la porte, sans me quitter des yeux. «Maman, montre-lui comment tu voles, supplia Linda. Juste un petit tour dans la salle à manger.» À une certaine époque, on aurait dit que tous les enfants au Canada, y compris mon fils et mes filles, croyaient dur comme fer que je pouvais voler sur un manche à balai.

Tout cela à cause de l'incroyable perfectionnement des techniques de trucage à la télévision. Mais aussi en partie grâce à l'idée de génie du chef Mario Bernardi, qui m'avait téléphoné sur un coup de tête, en 1970, alors que nous habitions encore Philadelphie. «Je me disais tout bonnement que vous accepteriez peut-être», commença-t-il, l'air étrangement précautionneux. «Nous voulons monter *Hänsel und Gretel* de Humperdinck pour Radio-Canada et nous aimerions vous offrir un rôle.» Je bâillai, sûre qu'il allait me proposer le petit rôle insignifiant de la mère, qui ne m'intéressait pas le moins du monde. J'essayais déjà de trouver une façon polie de refuser son offre lorsqu'il ajouta: «Écoutez, j'espère que vous ne le prendrez pas mal, mais nous songions à vous proposer le rôle de la sorcière.» La sorcière! C'était la suggestion la plus savoureuse qu'on me faisait depuis que Bruno Walter m'avait découverte treize années plus tôt. J'échappai un immense éclat de rire qui deviendrait ma marque de commerce comme sorcière. Ce coup de téléphone allait donner une toute nouvelle orientation à ma carrière.

Avant que j'interprète ce rôle de sorcière loufoque, presque personne, à l'exception de ma famille et de quelques amis comme Mario, ne se doutait qu'un bouffon sommeillait en moi. Tôt dans ma carrière, j'avais côtoyé les plus grands noms de la musique et je m'étais crue obligée de me montrer sérieuse et digne, même dans la vie de tous les jours. Les critiques me décrivaient invariablement comme une personne d'une grande «noblesse» et mes admirateurs s'adressaient à moi en m'appelant cérémonieusement Madame. J'étais définitivement classée comme une chanteuse de lieder collet monté et dans la plus pure tradition. En fait, quand le milieu canadien de la musique apprit que j'allais jouer la sorcière, Hermann Geiger-Torel, qui dirigeait l'école d'opéra, ne cacha à personne que c'était à son avis une épouvantable erreur. «Elle n'a rien d'une comédienne!» disait-il. Le milieu ignorait tout de ma nature débridée et impudente. Depuis ce rôle, on a compris que c'est mon air sérieux qui est emprunté; l'autre partie de moi que ce rôle a révélée, voilà ma vraie nature.

Dès que commencèrent les répétitions de *Hänsel und Gretel*, je sus que j'attendais ce rôle depuis toujours. Même le costume était une réussite. Suzanne Mess avait dessiné un gilet noir sur une jupe fleurie d'un orange criard. Je portais une perruque de boucles folles rouge carotte qui se terminaient, sur le sommet de la tête, en un chignon phallique que je glissais sous un haut chapeau noir pointu, ce qui me donnait des airs de sorcière burlesque plutôt que de revenante lugubre. Pour appliquer le maquillage, il fallait au moins une heure: on m'ajoutait des verrues sur tous les doigts, un menton pointu et une étrange marque étoilée sur la joue. Après la télédiffusion de l'opéra, quand les enfants se pressaient autour de moi dans la rue, plusieurs me demandaient combien de temps il m'avait fallu pour mettre mon faux nez. Essayez donc de m'imaginer en train de leur expliquer que le nez en question était vraiment le mien. Mon plasticien, qui lui avait déjà fait subir la première de deux transformations pour le remodeler, n'aurait pas apprécié leur commentaire. Mais je pense que leur impression venait de ce que je me comportais devant eux comme si j'en portais un. Je me rappelle avoir lu, quand je travaillais le personnage de la sorcière, ces mots de

Spencer Tracy: si vous jouez un rôle comme si vous aviez un gros nez, alors vous n'avez pas besoin de maquillage.

Ce costume et la brillante et convaincante direction de Norman Campbell ont libéré en moi une douce folie que je n'avais jamais pu exprimer pendant toutes mes années de récital. Je m'amusais tant à faire le clown sur les planches qu'un jour, au moment où Norman décrétait une pause et que je passais près d'une caméra en quittant le plateau, je me penchai vers la lentille et, pour faire une blague, je tirai la langue. On entendit soudain résonner à l'interphone la voix de Norman qui criait, depuis la cabine de commande: «Merveilleux! Gardez-moi ça.» À l'écran, sous l'effet du gros plan qui déformait mon visage, ma langue avait l'air d'un énorme serpent effroyable et Norman intégra cette image dans une scène où je suivais à la piste Hänsel et Gretel dans la forêt.

Norman était un réaliste à tout crin. Pour la scène finale, où Hänsel et Gretel me jetaient dans le four, Murray Laufer avait construit une énorme cuisinière en bakélite à l'intérieur de l'amusante maison en prétendu pain d'épices de la sorcière. Le fourneau était fermé par une porte en fer et reposait sur des briques qui encadraient une grille où l'on pouvait faire du feu. En répétition, on ne me demanda que de me promener en chantant *Tendres bouchées*, l'air qui précède le moment où Hänsel et Gretel poussent la sorcière dans le fourneau. Puis Norman annonça qu'on allait tourner et un machiniste alluma un vrai feu dans la grille, sous le four. Norman me rassura: on voulait fixer les flammes sur pellicule; je ne courais aucun danger; après tout, je ne resterais à l'intérieur qu'une petite minute. Eh bien, Hänsel et Gretel me poussèrent dans le four, où j'étais très à l'étroit, et refermèrent la porte derrière moi. Recroquevillée sur le dos, j'y attendis patiemment qu'ils achèvent leur duo de réjouissance sur la mort de la sorcière. Mais l'attente me parut interminable. Cela dut durer quatre bonnes minutes. Dans ma petite prison de bakélite, je commençais à avoir de plus en plus chaud et à transpirer. Des filets de sueur s'échappaient de ma perruque carotte et mon maquillage dégoulinait. La chaleur devenait insupportable et je bénissais Suzanne Mess d'avoir conçu un costume à plusieurs épaisseurs, qui me protégea le dos contre les brûlures. Je me serais crue dans un sauna déréglé. Enfin, j'entendis Norman hurler:

«Coupez!» et, croyez-moi, si cette prise n'avait pas été bonne, il aurait fallu attendre une journée avant de reprendre la scène. La sorcière avait complètement fondu. Lorsque le machiniste ouvrit enfin la porte du four, je sortis la tête et lâchai, à la blague: «Quelqu'un veut des rôties?»

Nous ne tournions pas les scènes dans l'ordre, et, un matin, Norman se tourna vers moi pour me dire: «Eh bien, Maureen, c'est aujourd'hui que tu voles.» Il m'emmena dans un vaste studio où tout était d'un bleu porcelaine éclatant, depuis les murs jusqu'au piafond, y compris une motocyclette immobilisée au centre de la pièce. «À quoi ça doit servir?» demandai-je. «Tu vas la conduire», répondit-il. Je n'étais jamais montée sur une moto-cyclette. Et non seulement s'attendait-on à ce que je décrive des cercles sur cet engin dans un studio, mais on me refusait le droit de le chevaucher normalement, comme n'importe quel membre des Hell's Angels. Je devais plutôt me coucher sur la moto, comme si j'étais étendue sur mon balai. Norman m'expliqua alors le procédé de trucage par la couleur: en se servant de certaines caméras spéciales, on peut capter l'image d'un objet ou d'une perscnne sans enregistrer tout ce qui, autour, est de ce bleu précis. On superpose ensuite cette image à l'arrière-plan de son choix, dans le cas présent un balai sur lequel je m'envolerais par la fenêtre dans le ciel. En somme, la magie est maintenant à la portée de tous.

Je montai sur la moto et dirigeai les guidons de manière à suivre la ligne tracée sur le plancher. Puis, me démenant comme un diable pour décrire des cercles, je me mettais à ricaner. Cela peut paraître facile, mais une chanteuse ne peut pas ricaner comme une sorcière ordinaire sans courir le risque de s'égosiller instan-tanément. Je devais me garder de la voix pour le reste de l'opéra, qui comporte quelques pages très difficiles. Il n'y avait pour moi qu'une façon d'y parvenir: pratiquer un exercice de gammes ascendantes et descendantes. Le livret précisait que je devais pousser des rires sardoniques et perçants pendant trois minutes. Certains des cris qu'on entend sur la bande sonore n'ont rien de contrefait: plus la moto prenait de la vitesse, plus je me sentais paralysée de peur et à moitié étourdie, et plus j'étais certaine que j'allais incessamment me casser le cou. C'était de la folie pure.

Ce spectacle fit un malheur. Des années après sa diffusion, où que je me produise au Canada, les enfants me pourchassaient en me suppliant de voler pour eux. Je suppose que cette lubie finit par m'atteindre moi aussi, parce que, par la suite, chaque fois qu'on me demanda de reprendre *Hänsel und Gretel* sur scène, je n'acceptai qu'à la condition expresse de voler. Après tout, je devais sauvegarder ma réputation. Lorsque je rejouai ce rôle à Calgary, le gérant du théâtre, pour assurer mon vol, retint les services de la Boston Flying Company, qui avait participé à la production new-yorkaise de *Peter Pan*. Mais on ne me fait pas voler aussi facilement qu'un sylphe comme Peter Pan. Chaque jour, au fil des répétitions, je m'informais auprès du metteur en scène du moment où arriverait la matériel qui me permettrait de voler; chaque fois, il m'assurait qu'il ne restait plus qu'à régler certaines formalités aux douanes. Le jour de la première, les douanes donnèrent enfin le feu vert. Il fallut des heures pour installer l'appareillage dans le théâtre. Le rideau devait se lever à vingt heures trente, et à dix-sept heures les employés de la Boston Flying Company me donnaient ma première leçon d'aéro-dynamique.

Une énorme chenille courait entre les poutres, au-dessus de la scène, où s'entrecroisaient des fils de fer que des hommes actionnaient depuis le sol à l'aide de câbles pour diriger ainsi ma course. J'étais reliée à la chenille par un fil de fer soudé à une plaque métallique insérée dans une espèce de corset que je portais sous mon costume. Le corset était muni de sangles qui s'attachaient sur les épaules et dans l'entre-jambes, un peu comme un harnais de parachutiste; comme on s'en doute, cet équipement prenait tant de place que je n'arrivais plus à enfiler mon costume. Il fallut donc le découdre rapidement et l'agrandir avec du ruban, à quelques heures seulement du lever de rideau.

Puis la représentation commença. Je devais d'abord me rendre au milieu de la scène pour y entamer, en brandissant un balai, ma danse de sorcière, que j'achevais par une profonde flexion des genoux. À ce signal, les machinistes tiraient sur leurs câbles. Du coup, j'étais propulsée quinze mètres plus loin, dans les coulisses. Je ne voyais plus soudain que des éléments de décor, des fils de fer, des câbles et une jungle d'obstacles meur-triers. Cette fois encore, les cris et les ricanements me venaient naturellement, sans qu'on ait à me les souffler. J'étais projetée dans les airs à une vitesse que j'aurais crue de cent cinquante kilomètres à l'heure, certaine que j'allais me décapiter. Je filais dangereusement en direction d'un mur, me garantissais du choc avec les pieds et reprenais ainsi, à une vitesse vertigineuse, ma course en sens opposé. Pour mon retour sur terre, les machinistes me rattrapaient au vol pendant ma descente en flèche, puis ils me décrochaient et je m'élançais sur scène à califourchon sur mon manche à balai en poussant un *si* aigu que je maintenais une minute. C'était chaque fois ma plus belle note de tout l'opéra parce qu'on y percevait clairement mon soulagement d'avoir atterri en toute sécurité. J'adorais jouer ce rôle, ne fût-ce que pour l'ovation qui suivait cet instant.

Lors de la dernière représentation à Calgary, comme je complétais la première de mes deux traversées aériennes de la scène, je me rendis compte soudain qu'il me serait impossible de me retourner pour entreprendre la deuxième. Je jetai un regard aux machinistes en dessous de moi: ils avaient tous la main sur la bouche dans un geste qui présageait une catastrophe. Je perdis brusquement de l'altitude avant de m'écraser comme une roche. Deux des plus solides machinistes coururent dans ma direction et amortirent ma chute. Le fil métallique qui me reliait à la chenille s'était rompu. Cet incident échappa au public et je réussis à rentrer en scène en clopinant et à donner mon *si*, mais toute la distribution en fut gravement secouée. Après le spectacle, presque tous vinrent me confier que seul un miracle avait pu m'éviter le pire. «Ne t'inquiète pas, Maureen, me dit le gérant de la compagnie, nous avons pris une assurance d'un million de dollars pour te protéger.» Je me contentai de rire, mais je me dis en moi-même: «Mon bonhomme, ton million de dollars ne ferait pas long feu si je devenais paraplégique.» Après cette expérience, quand on voulut me faire voler, je me montrai plus exigeante.

Lorsque j'ai refait *Hänsel und Gretel* à San Diego, la compagnie d'opéra confia la responsabilité de mon exercice de vol à un homme qui avait fait jadis les fêtes foraines. Il avait travaillé avec des trapézistes, mais je le prévins que je n'avais rien d'une reine du trapèze. Avant que nous commencions les répétitions, j'allai voir le chef machiniste et lui refilai quelques billets de cent dollars. «Prenez ça et allez vous amuser un peu, lui dis-je. Vous aurez besoin de toutes vos forces: je ne suis pas un poids plume.» Les machinistes n'avaient jamais été traités comme ça.

Ils sortirent, achetèrent des pizzas et de la bière qu'ils rapportèrent au théâtre, et me firent membre honoraire du syndicat des machinistes. J'ai toujours eu beaucoup d'admiration pour les gens de métier qui travaillent en coulisse: les habilleuses, les coiffeurs, les maquilleurs et les costumiers. S'ils ne vous aiment pas, ils peuvent réduire tous vos efforts à néant. J'ai connu des ténors qui s'étaient montrés désagréables avec un costumier et qui, à la générale, se sont retrouvés coincés dans un col légèrement trop étroit. Pour atteindre à l'oeuvre d'art, un spectacle exige plus que ce que les spectateurs voient sur scène, et, malheureusement, certains chanteurs l'oublient.

Je me considère maintenant trop vieille pour ce rôle de sorcière et j'ai finalement renoncé à jamais à l'incarner. Mais je lui dois ma libération. Tout à coup, les gens commencèrent à me regarder différemment et à m'offrir des rôles comiques ou dramatiques. Cet opéra révéla à tous que je pouvais jouer et j'ai maintenant une nouvelle raison de vivre, comme actrice. Les rôles de composition furent pour moi une véritable soupape, ce qui est d'autant plus étrange que, dans la vie de tous les jours, je suis très flegmatique; je déteste faire des histoires. Mais j'ai sûrement en moi un côté mélodramatique qui ne demandait qu'à s'exprimer.

Après *Hänsel und Gretel*, on m'offrit de plus en plus de rôles étoffés. L'année suivante, je chantais celui de la déesse Fricka de *Die Walküre*, une production de la Canadian Opera Company. Il s'agit d'un rôle bref, mais qui me permettait encore une fois de donner libre cours à des émotions que je n'avais pas encore eu l'occasion d'exprimer dans un torrent de récriminations. Dans ma vie conjugale, je n'ai jamais été du genre à pousser des cris, mais quand j'entrai en scène à grandes enjambées pour le long monologue de Fricka au deuxième acte, je me déchaînai et, vingt minutes durant, j'en fis voir de toutes les couleurs à Wotan, mon mari à la scène. Pas étonnant que certains critiques m'aient accusée de voler la vedette. Quand je quittais le théâtre après ce spectacle, je me sentais parfaitement rassérénée.

Peu après, l'Opéra de Montréal m'offrait le rôle de Madame Quickly, l'écervelée de l'opéra *Falstaff*: un défi pour moi, autant comme chanteuse que comme comédienne, mais dans un registre plus classique. Puis Brian Macdonald me persuada de jouer

Madame de La Haltière, l'affreuse belle-mère répugnante du *Cendrillon* de Massenet, que nous avons d'abord présenté au Centre national des Arts à Ottawa et qui nous a ensuite menés en tournée à Washington, à Paris, à San Francisco et à New York. Cet opéra n'avait pas été monté depuis un siècle et il eut donc un certain retentissement, particulièrement en France, terre natale de Massenet. Frederica Von Stade, qui tenait à l'origine le rôle titre dans notre production, avait contribué à susciter de l'intérêt pour cette oeuvre dont elle avait enregistré un peu plus tôt quelques extraits sur disque.

Brian Macdonald est un metteur en scène inventif et, en cours de répétition, il découvrait de nouvelles possibilités à cette oeuvre et en tirait des scènes. Cette production fut une arlequinade bien rodée. Mon costume était d'un ridicule consommé: un énorme ballon dirigeable, rouge et violet, qui me donnait l'allure du Bonhomme Michelin. Nous en étions à peu près au milieu des répétitions quand Brian décréta qu'il fallait le faire descendre du plafond. Lorsque les affreuses belles-soeurs et moi avions terminé notre petite danse en pantalons, ma robe tombait littéralement du ciel et venait se déposer sur mes épaules en respectant parfaitement le tempo de la musique. Je la décrochais, pour éviter d'être entraînée une fois de plus dans le cintre, et nous nous mettions en route pour le bal; tout cela sans jamais perdre le rythme. À chaque représentation, cette scène provoquait des applaudissements si nourris que le spectacle s'en trouvait momentanément interrompu.

Après *Cendrillon*, les gens ne me voyaient plus du même oeil. À Paris, qui donc se pointa dans ma loge? John Coast, mon ex-agent britannique. «Maureen, fit-il incrédule, je n'aurais jamais imaginé que vous puissiez être amusante!» Je sentis alors qu'il regrettait de m'avoir laissée tomber.

Mais le rôle qui me parut le plus excitant, et que j'aurais dû d'ailleurs tenir pour mes débuts au Met, est celui de Clytemnestre dans *Elektra* de Strauss. Je le chantai à la Canadian Opera Company en 1983. Pour m'y préparer, je fis ce que j'aurais dû faire plus tôt, quand je connus ma première et si désastreuse expérience à l'opéra: j'étudiai le rôle avec un répétiteur. À l'opéra, on signe parfois des engagements quatre saisons à l'avance, et, un an avant que je n'interprète ce rôle, alors que j'étais à San

Francisco pour y chanter dans *Cendrillon* et que je disposais de toutes mes journées, je trouvai un répétiteur du nom de Philip Eisenberg, qui avait travaillé comme souffleur au Met et à la San Francisco Opera Company. Je n'ai besoin de personne pour étudier au piano la musique d'un opéra, mais il m'enseignait à bien maîtriser mon rôle en scène.

Il avait souvent fait *Elektra* et il me prévint en particulier de ne pas chanter piano une certaine note parce que l'orchestre joue alors très fort. Il attira aussi mon attention sur le fait qu'à un autre moment, alors que les indications scéniques m'obligent à monter un escalier en courant, je ne verrais plus le chef et risquerais donc de rater mon attaque. Je sus ainsi qu'il fallait me retourner dès mon arrivée en haut de l'escalier, pour repérer le coup de baguette du chef. Il n'y a aucun moyen pour un chanteur de connaître des indications comme celles-là en se reportant à la partition et les spectateurs ne devinent pas à quel point des détails techniques en apparence insignifiants peuvent faire toute la différence dans une exécution. Le répétiteur d'opéra ne vous apprend pas à chanter; il vous met en garde contre les embûches d'une oeuvre.

Mais, pour certains détails, on ne peut compter que sur soi-même. Quand je fis mon entrée sur le plateau dans la scène du grand cortège de Clytemnestre, je constatai soudain avec horreur que je n'avais plus de voix. Quelques minutes plus tôt seulement, ma voix était pourtant parfaitement claire. Puis j'en compris la cause: les garçons qui interprétaient mes laquais entraient en scène dans l'obscurité, puis allumaient leurs flambeaux, préalablement enduits de kérosène. Le simple fait de respirer cet air enfumé de vapeurs d'huile fraîchement enflammée m'avait coupé toutes mes ressources vocales. À la représentation, je dus rester à l'écart, dans la pénombre, en haut d'un escalier, et, lorsque le cortège s'avançait, j'avalais une grande gorgée d'eau à même un verre dissimulé. Je gardais cette eau dans ma bouche comme si j'allais me gargariser; de cette façon, mes narines filtraient les funestes vapeurs. Dans les opéras que j'ai chantés depuis, j'ai aussi appris, quand on me traîne ou me lance sur le sol — comme c'était le cas dans *La Gioconda* —, à ne pas inhaler la moindre poussière, sinon je me retrouve incapable même de croasser. Mais qui a jamais pensé à suggérer à une jeune chanteuse de garder la bouche fermée?

Clytemnestre fut aussi l'un des rôles les plus émotivement exténuants que j'aie interprétés. Cette vieille femme que la syphilis a rendue démente et qui se couvre de bijoux pour dissimuler ses plaies ulcérées prononce la réplique la plus glaçante qui soit: «Je me sens comme une loque dévorée par les mites.» Je passais vingt-cinq minutes en scène dans un rôle de pure composition. Dans la scène finale, la vieille délire en présence de sa fille et sombre lentement dans la folie jusqu'à sa sortie majestueuse dans les coulisses d'où la salle peut l'entendre expirer dans un ultime cri déchirant.

Mais aucun rôle ne m'épuisa vocalement comme celui de Madame Flora dans *Le Médium*, opéra en un acte de Gian Carlo Menotti. Je l'ai tenu une première fois au Third Stage du Festival de Stratford en 1974 et, comme ce fut un grand succès, nous en avons également donné douze représentations au MacMillan Theatre de Toronto. Madame Flora est une vieille médium qui, ayant escroqué les gens par des séances de spiritisme pendant toute sa vie, perçoit soudain des signes que ce monde des esprits avec lequel elle prétendait communiquer pourrait bien exister et se sent ébranlée par cette possibilité. En me préparant à ce rôle, j'essayais de m'imaginer une vieille femme flétrie ayant connu une existence marginale et il me vint à l'esprit qu'elle devait être du genre à souffrir de varices et d'enflures aux chevilles. J'ai toujours eu, et j'en suis fière, de belles jambes et des chevilles fuselées, et je cherchai donc un moyen de les faire paraître plus grosses. J'ai trouvé dans les tiroirs de mon fils Daniel une paire de chaussettes de ski dont j'ai coupé les extrémités et que j'ai enfilées sous des bas de fil trop grands, maintenus en place sous le genou par des élastiques. Je portais une petite robe d'intérieur défraîchie et très ample, et mes cheveux ébouriffés retombaient en mèches folles sur mon front. Quand je vis une photographie de moi dans ce personnage, j'ai été bouleversée par sa ressemblance avec ma mère dans les dernières années de sa vie.

Dans *Le Médium*, je devais pousser plusieurs cris perçants et j'avais parfois l'impression de m'abîmer ainsi les cordes vocales. L'intensité de ce rôle m'apporta de grandes satisfactions, mais c'est aussi le seul qui m'ait à ce point vidée, tant vocalement qu'émotivement.

Cette production eut un retentissement certain et Harold Shaw, mon agent américain, tenait à ce que nous la reprenions à New York. Il en avait produit la première version new-yorkaise, qui mettait en vedette Marie Powers, celle-là même pour qui Menotti avait composé l'oeuvre. Mais le personnage aurait, semble-t-il, finalement déteint sur elle. Elle avait tellement pris son rôle à coeur qu'elle avait installé un *prie-dieu*[1] dans sa loge; après quelques représentations, elle arrivait plus tôt au théâtre et faisait du patin à roulettes sur le trottoir devant la façade. Elle était devenue un peu bizarre. Voilà qui donne une idée de l'intensité du rôle. *Le Médium* a un petit côté surnaturel qui réclame un certain type de salle. En dépit de ses efforts, Harold ne réussit jamais à trouver à New York le théâtre qui convient. On lui offrit la salle Rebecca Harkness du Lincoln Center, mais on n'aurait pu présenter cet opéra dans le cadre rutilant et moderne du plus récent bijou d'architecture new-yorkaise. L'oeuvre s'accommode mieux d'une salle vieillotte, habitée de souvenirs, où le spectateur peut s'imaginer la présence de toiles d'araignée, sentir dans l'air une odeur de vermoulu et croire qu'à tout moment une main moite pourrait se porter à sa gorge.

Après ma participation au *Médium*, Brian Macdonald m'offrit d'autres rôles de composition qui me permirent d'exprimer ma nature excessive. Celui, par exemple, de Bloody Mary dans une production de *South Pacific* à Edmonton. À cette occasion, il m'écrivit un numéro de chorégraphie hilarant: pieds nus, vêtue d'un «mumu», un cigare accroché aux lèvres, je me démenais comme une damnée au milieu d'un choeur de marins. Puis Sam Gesser retint mes services pour une tournée pancanadienne dans le rôle titre de la comédie musicale *Mame*, qui, à mon sens, m'allait comme un gant. Mais le producteur, qui devait financer le projet, ne put recueillir les sommes nécessaires et annula la tournée à la dernière minute. Pour moi, ce fut une catastrophe: pour accepter ce rôle, j'avais refusé tout autre engagement pendant les quatre mois à venir, et je n'avais pas encore signé de contrat avec lui qui m'aurait protégée. Il est difficile d'occuper quatre mois avec des engagements de dernière minute et j'appris ainsi à ne jamais prendre au sérieux un producteur tant que je n'ai pas de contrat en poche.

---

1. En français dans le texte. (*N.d.T.*)

En 1984, Brian me persuada de passer tout l'été à Stratford pour y jouer l'extravagante Reine des fées dans *Iolanthe*, ce qui marqua mon initiation au monde de Gilbert et Sullivan. J'y trouvai également une autre occasion de voler. Mon personnage tenait en partie de la reine Victoria et de Hermione Gingold, baguette magique en plus. Je portais un costume fait de verges de tulle ayant l'apparence d'écailles de poisson, et on m'avait fixé une paire d'ailes dans le dos. Je chaussais des bottes à talons hauts d'inspiration victorienne, faites sur mesure par un *bottier*[2] de Stratford, et qu'on avait teintes d'un aigue-marine phosphorescent. Sachant que j'adore danser, Brian m'avait chorégraphié un petit numéro folichon avec les fées. Mais essayez donc de danser élégamment en talons hauts, avec des ailes au dos, ficelée dans des verges de tulle et une baguette à la main!

Je n'ai aucune formation de danseuse; quand un chorégraphe m'enseigne des pas, je les retiens d'habitude immédiatement. Mais comme je n'ai jamais suivi de cours, personne ne m'a jamais dit qu'un danseur n'amorce pas une rotation sans d'abord pointer le pied dans cette direction. Un jour, en répétition, je laissai donc mon pied bien droit en tournant sur moi-même et j'entendis un craquement. Le petit os précieux que nous avons tous derrière le genou s'était démis et était allé se loger sous la rotule. C'est le genre de douleur qu'on ressent jusqu'au creux de la poitrine. Dieu merci, je m'en remis rapidement.

J'aurais dû en tirer une leçon. Mais je ne sais pas m'arrêter quand il le faudrait. Alors qu'Eric Donkin et moi répétions notre sortie de scène, quittant nos balançoires à la fin du premier acte, je jugeai qu'il fallait ajouter un brin de fantaisie. Nous avons mis au point un bel effet: je retombais sur un pied après une vrille comme en pratiquent les skieurs aquatiques. Et pendant la danse des fées, je me balançais sur mon trapèze au-dessus de l'avant-scène, une jambe pendante derrière moi dans un mouvement d'arabesque, en chantant: «Tralala!» La salle était délirante.

Mes amis étaient tous affolés de me voir accomplir pareilles acrobaties à mon âge; assez singulièrement, c'est une scène beaucoup plus banale qui faillit signifier mon arrêt de mort. Au

---

2. En français dans le texte. (*N.d.T.*)

deuxième acte, Brian avait prévu l'entrée d'une sorte de voiture victorienne qui symbolisait ironiquement l'Empire britannique. J'y prenais place à l'arrière sur une plate-forme, casquée et cuirassée, lance à la main, l'air d'une Britannia détraquée.

Douglas Chamberlain conduisait la voiture et un garçon la poussait pour lui faire décrire une boucle sur la scène avant que nous sortions par l'arrière-scène, où se trouvaient une clôture de bois et, peints sur un rideau, les édifices du Parlement britannique. Mais ce véhicule était presque aussi difficile à manoeuvrer qu'une auto tamponneuse, et, au cours d'une représentation, nous avons raté la sortie et heurté la clôture. J'ai été projetée tête première dans les coulisses, où j'ai atterri jambes en l'air. Imaginez: Britannia jupes par-dessus tête. Nous avions tous le fou rire et j'eus du mal à retrouver mon souffle pour entonner mon grand air, *O Foolish Fay*, dont nous avions récrit le texte pour nous moquer du lecteur de nouvelles Knowlton Nash. Après la représentation, les spectateurs se pressèrent à ma loge pour savoir comment je pouvais répéter chaque soir ce saut périlleux et Brian suggéra à la blague de l'inclure dans la mise en scène. C'est un miracle que je ne me sois pas cassé le cou. Je m'en tirai avec une seule ecchymose de la grosseur d'une pièce de cinquante cents sur l'épaule.

J'aimerais bien un jour faire partie d'une production à Broadway, comme *Gypsy* ou *Sweeney Todd*. Et, en fait, la Houston Opera Company s'est jadis montrée intéressée à me confier le rôle créé par Angela Lansbury dans *Sweeney Todd*; un concours de circonstances et mon perfectionnisme m'ont toutefois fait rater cette occasion. Le metteur en scène de la production à Broadway, Hal Prince, avait insisté pour que j'auditionne d'abord devant lui à New York, dans l'air *The Best Pies in London*. J'avais demandé à son agent de m'envoyer la partition par la poste, parce que je déteste apprendre une pièce en l'écoutant sur disque. Mais la partition n'arriva pas à temps et je n'avais pu la dénicher nulle part. Lorsque je pris l'avion pour New York et me présentai devant lui au théâtre où l'on donnait alors *Evita*, je chantai plutôt un pot-pourri d'airs populaires pour lui prouver que je n'étais pas qu'une chanteuse classique. Ma voix l'impressionna beaucoup, mais je me rendis compte après coup que j'avais commis une erreur. J'aurais dû courir le risque de ne pas paraître vraiment préparée et me résigner à apprendre, même imparfaitement, l'air en question d'après un enregistrement; privé de la possibilité de m'y entendre, Hal Prince ne me perçut pas comme la folle marchande de petits pâtés de *Sweeney Todd* mais plutôt comme une autre de ces femmes d'un certain âge et de commerce agréable qui s'adonnent à la chanson populaire en tailleur de suède. Je considère comme l'une des rares déceptions de ma carrière de n'avoir pu décrocher ce rôle.

À ce jour, mon unique rôle en tant que comédienne se résume à une brève apparition dans une série télévisée de Radio-Canada, intitulée *The Great Detective*. J'y jouais un personnage timbré soupçonné d'homicide, membre du chœur d'une église où l'on retrouvait coup sur coup des gens pendus dans le beffroi. Mais même ce rôle faisait appel à une forme de chant. Mon personnage était incapable d'interpréter un air, mais le scénario précisait que je devais chantonner une berceuse si laborieusement et en faussant tellement que, ne le supportant plus, le détective, interprété par Douglas Campbell, sortait précipitamment de la pièce. Ce rôle fut terriblement difficile pour moi, et pas pour des raisons d'interprétation. Certaines personnes ne comprennent pas à quel point il peut être pénible, pour quelqu'un qui est doué d'un parfait diapason, de chanter faux.

Quand je jugerai que le moment est venu de me retirer en tant que chanteuse, j'espère pouvoir continuer à me produire comme comédienne. En attendant, je fais mes délices des rôles de composition qu'on continue de me confier. La saison dernière, grâce à la Canadian Opera Company, j'ai tenu, en l'espace de trois mois, trois rôles très différents: la Mère supérieure dans *Dialogues des Carmélites*, la reine décadente Hérodiade dans *Salomé*, et la redoutable vieille fille Katisha dans *Le Mikado*, où toute la distribution portait de jolies petites socquettes à la japonaise alors que je devais enfiler pour danser — je ne sais trop pourquoi — de gros brodequins à semelles de bois hautes de huit centimètres. Je me sentais comme sur des échasses. Dans cette production de *Salomé* montée par la Canadian Opera Company, mon Hérodiade était un petit peu plus mesurée que celle que j'avais jouée à Edmonton, quelques années plus tôt. Le metteur en scène de la première production, Irving Guttman, avait eu la brillante idée de distribuer aux membres de l'équipe de football de l'université d'Edmonton les rôles des soldats et des figurants qui attaquent Salomé à la fin. Pendant les premières répétitions, nous dévorions des yeux ces superbes athlètes tout en muscles qui erraient sur le plateau et manifestaient ouvertement leur dédain pour un art aussi efféminé que l'opéra, l'air de se demander ce qu'ils faisaient dans cette galère. À la fin, ils jouaient avec tant de conviction que je craignais qu'ils n'assassinent accidentellement la pauvre chanteuse incarnant Salomé. Comme esclaves personnels, j'avais à ma disposition deux splendides jeunes hommes au corps huilé, et, pour me tenir occupée pendant des scènes où je n'intervenais que peu, Irving m'avait trouvé un petit passe-temps: je faisais courir mes doigts sur leurs torses, comme s'y serait prêtée toute reine décadente digne de ce nom. Mais l'un de ces pauvres garçons en était si mortifié que nous avons dû finalement nous contenter, pour illustrer la décadence d'Hérodiade, de peler des raisins.

Je me demande souvent si Mario Bernardi savait, lorsqu'il me proposa le rôle de la sorcière dans *Hänsel und Gretel*, qu'il allait libérer un monstre: la bête de scène en moi. Ma réputation de cinglée, capable de n'importe quoi sur scène, a maintenant éclipsé mon personnage de digne chanteuse de concert. Aujourd'hui, les gens seraient déçus si je ne les étonnais pas. Ce retournement ne surprend aucunement mes amis et ma famille, qui, des années durant, n'ont jamais su à quoi s'attendre de ma part. À leurs yeux, j'ai toujours été un être d'intuition, agissant sur des impulsions.

Un jour, par exemple, à Washington, des amis venus m'entendre au Kennedy Center m'ont proposé en blaguant de me joindre au chœur de leur église la fin de semaine suivante. Ils restèrent bouche bée lorsque je les pris au mot. Ce dimanche-là, à la fin de mon solo, *Praise Be to Thee* de Haendel, le secrétaire à la Marine, qui avait fait la lecture d'un passage des Écritures, se tourna vers le pasteur et lui murmura: «Quelle belle voix!», et, après la cérémonie, plusieurs piliers d'église me dirent comme ç'avait été agréable d'entendre passer un souffle d'air frais dans la chorale. J'avais fait promettre à mes amis de ne pas révéler mon identité et je m'offris ainsi une escapade qui me permit de revivre le bon vieux temps où j'étais une voix anonyme parmi d'autres.

Une autre fois, à New York, après avoir assisté à un concert de minuit donné par mon ami Bobby White, je me rendis avec des copains, vers deux heures trente du matin, à une réception chez le frère de Bob, dans le quartier Upper West Side. Alors que je faisais quelques pas dans la rue pendant que mes compagnons verrouillaient les portières de l'automobile, je vis soudain surgir de nulle part deux gros garçons noirs pourchassant un petit Portoricain malingre. Quand ils le rattrapèrent, ils le rouèrent de coups à la tête. Mon sang de mère ne fit qu'un tour et je ne pris même pas le temps de réfléchir. Je marchai droit sur eux et j'arrachai aux deux lourdauds leur victime. «Choisissez donc quelqu'un de votre taille», leur dis-je. Sans doute estomaqués, les deux types prirent la poudre d'escampette. Quant au garçon étendu sur le trottoir, je constatai en le relevant qu'il était complètement drogué — sans la moindre suite dans les idées. Il aurait bien eu besoin d'un médecin, mais en deux secondes il avait lui aussi déguerpi. Mes amis avaient assisté à la scène médusés, le dos plaqué contre un mur, et terrorisés. «Mais tu es cinglée!» dirent-ils. «Ma foi, je pense que si plus de gens intervenaient dans des cas d'injustice aussi flagrante, il y aurait bien moins de crimes», rétorquai-je. «Oui, enchaîna Bobby White, et bien moins de chanteuses!»

Le même instinct qui m'avait poussée à intervenir là où même les anges auraient craint de s'aventurer me fit plonger tête baissée dans une bataille contre l'ACTRA (Alliance of Canadian Cinema, Television and Radio Artists: Association canadienne des Artistes de la Radio, de la Télévision et du Cinéma). J'enregistrais une émission spéciale de variétés intitulée *Goldrush Follies* quand un représentant du syndicat entra dans le studio et décréta: «Nous fermons ce plateau. Nous avons constaté ici la présence inacceptable d'une étrangère.» Radio-Canada avait retenu les services de Joan Morris, une chanteuse des Gay Nineties de New York, et le syndicat lui refusait un permis de travail, sous prétexte qu'elle prenait la place d'une artiste canadienne. Mais Radio-Canada avait néanmoins maintenu sa décision et, au beau milieu de l'enregistrement, l'ACTRA retirait de la production une centaine de chanteurs et de danseurs. La vedette britannique de music-hall Harry Secombe, le magicien Doug Henning et moi-même avons refusé d'obtempérer. Mon sang s'était mis à bouillir dans mes veines aux mots «présence inacceptable d'une étrangère», des mots qui pour moi n'ont aucun sens, surtout dans le milieu des arts.

Le syndicat décida de faire un exemple et me convoqua devant le comité de discipline. Des centaines de membres assistèrent à cette réunion, qui ressemblait à s'y méprendre à un procès en justice et dont la presse attendait avidement les conclusions. Pendant des heures, des orateurs dénoncèrent mon comportement, et parmi mes plus ardents détracteurs se trouvait Pierre Berton. Je n'avais pas retenu les services d'un avocat parce que je me jugeais parfaitement capable d'assurer ma défense. Lorsque vint mon tour, je pris le microphone et fis observer que, dans le cas qui nous occupait, il n'était pas question de quelque artiste polyvalente: la personne en cause était une experte du rag-time et elle avait consacré des années à l'étude de sa spécialité. On avait traité comme une criminelle cette étrangère invitée à se produire au Canada. L'art ne doit connaître aucune frontière, leur dis-je, et, aussi patriote que je sois, je maintiens que cette attitude de défiance bornée à l'égard des étrangers ne peut que nuire à notre pays.

«Je suis une spécialiste de Mahler, poursuivis-je. Je me produis régulièrement à Vienne, ville d'élection de Mahler, et jamais les Viennois n'ont protesté contre le fait qu'une Canadienne interprète les oeuvres d'un de leurs compositeurs et les prive ainsi d'un emploi.» Les commentaires entendus à cette réunion m'avaient rendue furieuse et j'ajoutai qu'à mon avis le problème du syndicat venait de ce que son conseil d'administration ne comptait pas suffisamment d'artistes d'envergure internationale: seules les personnes qui avaient moins bien réussi trouvaient le temps d'y siéger. Les hourras fusèrent dans la salle, ce qui piqua au vif mes détracteurs. Comme sanction disciplinaire, on me frappa — tout comme Doug Henning — de la plus lourde amende dans l'histoire du syndicat: huit cent cinquante dollars; on m'interdit aussi toute apparition à la télévision canadienne pendant un an. En réalité, aucune de ces mesures ne m'affecta puisque quatre-vingt-dix pour cent de mes revenus provenaient d'apparitions à l'étranger. Mais j'en appelai de la décision. On m'épargna finalement la suspension, mais on maintint une amende, réduite à cinq cents dollars, pour avoir critiqué publiquement le syndicat. Après cet incident, les mots que j'avais prononcés étaient de toute évidence restés gravés dans l'esprit de plusieurs artistes. Quand vint le moment des élections à l'Actors' Equity, le syndicat des artistes de la scène, certains de ses membres proposèrent ma candidature au conseil de direction, sans même me prévenir, et je fus élue. Je n'avais pas vraiment de temps à consacrer à ce conseil, mais je n'en acceptai pas moins le poste, que j'occupai pendant trois ans; je jugeais important de montrer que je n'étais aucunement antisyndicaliste. Depuis lors, j'ai été faite membre à vie de l'Actors' Equity.

* * *

Dans ma famille, on ne s'étonnait plus de mes coups de tête. Je ne m'éternise jamais quand vient le temps de prendre une décision. Lorsque nous avons quitté Philadelphie pour revenir habiter Toronto, parce que nous estimions que nos enfants devaient connaître leur pays natal alors qu'ils étaient encore adolescents — et parce que nous jugions supérieur le système d'éducation canadien —, j'eus beaucoup de mal à dénicher une maison en location. Il n'y avait rien d'assez grand pour un couple avec cinq enfants, une nourrice et une bonne, et dont les deux membres faisaient carrière. Notre famille était habituée à beaucoup d'espace. Finalement, l'agente d'immeubles mentionna une maison de trente pièces, Rosedale Road. Un baron du chemin de fer d'origine écossaise l'avait fait construire en 1928 et elle était si gigantesque qu'elle était restée vacante depuis plusieurs années. «C'est un véritable éléphant blanc», me prévint l'agente. J'y jetai un rapide coup d'oeil et, comme il fallait s'y attendre, j'en tombai tout de suite amoureuse. «Vite, lui dis-je, je veux signer le bail sur-le-champ. Mon mari est parti à Mexico pour y suivre un séminaire de direction d'orchestre, et je sais qu'en la voyant il me traitera de folle.» Comme prévu, dès qu'Eugene y posa les yeux, il s'exclama: «Quoi! Mais as-tu perdu la tête?»

Nous avons tous fini par adorer cette maison. Un journaliste l'a décrite un jour comme un «castel en cavale» et on aurait pu y loger une importante ambassade. La salle à manger et la salle de musique étaient toutes deux lambrissées d'acajou et un foyer trônait dans chaque pièce, même dans le hall d'entrée. Il y avait six chambres à coucher au dernier étage seulement, mais aussi un office, sans compter de nombreux escaliers de service. À l'étage des chambres, le hall était si vaste que j'avais pris l'habitude d'y diriger chaque matin des séances de yoga pour toute la famille. Le plus incroyable, c'était encore le coût de location: seulement huit cents dollars par mois. Bien entendu, je dépensais une fortune en chauffage, mais je regrette encore aujourd'hui de n'avoir pas acheté cette maison.

Depuis lors, j'ai habité une demi-douzaine d'autres demeures et, comme chacun sait dans ma famille, je peux changer de maison à la moindre anicroche. L'année dernière, j'ai déménagé en une semaine, entre la première du *Mikado* et les répétitions de *Salomé*. J'avais à peine aménagé dans mes nouveaux quartiers que j'y donnais une fête pour les membres de la distribution.

Rien de ma part n'étonne plus les enfants. Il y a six ans, à la petite fête que j'organisai pour le seizième anniversaire de naissance de Susie, je me suis toutefois surpassée. Je les avais prévenus que je m'absenterais quelques jours avant cette date. Puis j'obtins mon admission à l'hôpital, où je subis une chirurgie faciale. J'avais pris cette décision non pour effacer l'outrage des ans mais parce que je ne supportais plus de me voir à la télévision comme un paquet de chairs flasques. Mon travail m'oblige à de fréquentes apparitions au petit écran, particulièrement depuis que je m'oriente vers le théâtre, et je considérais cela comme un investissement pour ma carrière. Le problème, c'est que lorsqu'on sort de l'hôpital après une intervention comme celle-là, on a les yeux bouffis et le visage tuméfié de noir et de bleu, un peu comme si on avait été victime d'un grave accident. Je me mis donc des verres fumés et je rentrai à la maison, d'où je retins les services d'un traiteur pour la petite fête en l'honneur de Susie. J'avais réservé la salle de réception de l'immeuble que j'habitais alors. Lorsque Eugene et les enfants m'aperçurent, ils en eurent le souffle coupé. «Pourquoi ne nous as-tu rien dit?» demandèrent-ils. «Parce que, répondis-je, vous auriez tenté de m'en empêcher.» Je ne saurai évidemment jamais ce que les amis de Susie ont pensé de cette femme bizarre au visage meurtri et aux verres fumés qui était leur hôtesse.

Mes enfants se sont maintenant habitués à ce que j'accepte les rôles les plus étranges, même s'il semblent craindre parfois que je me casse la gueule en jouant des personnages trop farfelus. Assez tôt d'ailleurs, quand je me suis mise à accepter plus d'opéras et à jouer davantage, ce qui signifiait souvent des semaines complètes à répéter dans une ville éloignée, Eugene a commencé à se méfier de la tournure que prenait ma carrière. Au fil des ans, nous nous étions toujours entretenus chaque jour au téléphone, mais quand on répète un opéra du matin au soir, on a souvent du mal à trouver un téléphone inoccupé au moment d'une pause, et, si on en trouve un, on n'a jamais la monnaie nécessaire. De plus, les membres d'une distribution vont souvent manger ensemble après le travail. Parfois, lorsque je rentrais enfin à l'hôtel pour la nuit, je tombais de fatigue et m'endormais involontairement avant même d'avoir eu le temps de lui téléphoner. Mon association toujours plus étroite avec le monde de l'opéra et du théâtre lui portait de plus en plus sur les nerfs, surtout que je me désintéressais peu à peu de mon rôle d'épouse et de mère. Pour la première fois dans notre vie de couple, je sentis qu'Eugene était jaloux. «J'ai l'impression que l'opéra t'éloigne de moi», dit-il un soir. Je le regardai, l'air de croire qu'il avait perdu la tête. «Ne sois pas ridicule», rétorquai-je.

CHAPITRE 27

L'école du blues

En 1974, à quelques mois de mes débuts au Metropolitan Opera, je jugeai que le moment était venu de perdre quelques kilogrammes. Pour me décrire, les journalistes n'avaient sous la plume que le qualificatif «colossale» et, très tôt dans ma carrière, j'en étais venue à la conclusion que, puisque j'étais depuis toujours de forte taille, mieux valait m'y résigner et en tirer le meilleur parti possible. En d'autres mots, je m'étais dit: «Si tu dois être imposante, sois-le en beauté.» Pour mes spectacles, je portais des robes dessinées tout spécialement pour moi par José Varona, qui les concevait littéralement pour me donner de la prestance. Il s'agissait d'enveloppes de chiffon ou de velours très amples, sous lesquelles une doublure souple et moulante à fermeture éclair m'assurait un véritable support, comme une armure, pendant que je chantais. Ces costumes étaient des oeuvres d'art et me coûtaient d'ailleurs autant.

Les chanteuses ont tendance à considérer leur poids différemment de la plupart des femmes. Pour moi, c'est un coussin de sécurité, compte tenu de la vie que je mène. Je suis moins prédisposée aux rhumes lorsque j'ai cinq kilos en trop, et ces cinq kilos protègent aussi ma voix. Quand on est un peu plus enveloppée, la voix a un velours et une richesse que possèdent bien peu de chanteuses minces. Si on est trop mince, la voix devient flûtée. C'est pourquoi je crois fermement qu'une chanteuse doit peser plus que la moyenne des femmes, bien que certaines vedettes d'opéra exagèrent manifestement et sont si grosses qu'elles mettent leur santé en péril. Souvent il suffirait d'un régime alimentaire plus sain, mais la vie en tournée ne nous facilite pas la tâche. La plupart d'entre nous sommes perpétuellement à la diète. Quand j'étais à San Francisco pour *Cendrillon*, mon amie Marilyn Horne y faisait *La Cenerentola* de Rossini, la version italienne de Cendrillon. Je découvris un jour comment elle parvenait à se garder mince et en forme: elle avait collé à son miroir une photographie d'une diva très en chair qu'elle avait affublée du surnom «Monstre de graisse», pour se donner du courage.

Comme l'observent souvent mes amis, il semble que je maigrisse aussi facilement que j'engraisse, et je suis toujours en cours de diète pour perdre douze kilos, d'ailleurs toujours les mêmes. Mais en 1974, soutenue par l'espoir que ma carrière prenne une nouvelle orientation à la suite de mon apparition au Met, je résolus d'adopter des mesures rigoureuses. Je me fis administrer des hormones tout en suivant une diète très stricte et je perdis vingt-trois kilos. Sans vouloir me vanter, j'étais superbe. La transformation avait été si radicale que les gens ne me reconnaissaient pas, et, bien entendu, aucun de mes vêtements ne m'allait plus. Je dus m'acheter une nouvelle garde-robe. Mais le changement était aussi psychologique: je me sentais devenue une nouvelle femme.

J'avais également décidé que, pour mes débuts au Met, je devais me louer un meublé à New York et m'éviter ainsi des mois d'ennui dans une chambre d'hôtel impersonnelle. J'avais signé un bail sans même avoir visité l'appartement, et au début de l'année, lorsque j'eus un moment entre deux engagements, je pris l'avion à Toronto pour me rendre à New York afin d'y jeter un coup d'oeil. J'avais réservé une place à bord d'un vol matinal. J'étais assise en première classe, attendant le moment du départ, et j'avais l'impression que les hôtesses cherchaient des prétextes pour retarder la fermeture des portes. J'en compris bientôt la raison: un homme d'affaires se précipita dans l'allée et s'affala sur le siège à mes côtés, hors d'haleine. Il était grand et il avait l'air distingué avec ses mèches de cheveux argentés. «Eh bien, il était moins cinq! m'exclamai-je pour le taquiner. Je parie que vous vous êtes réveillé en retard.»

«Qui vous l'a dit?» fit-il en secouant la tête. Revenu de ses émotions, il me demanda: «Mais n'êtes-vous pas Maureen Forrester?»

340

Nous avons ri et bavardé pendant tout le trajet jusqu'à New York. Nous avons atterri à LaGuardia sans même que je m'en aperçoive et il insista pour me déposer à mon nouvel appartement, dont je lui avais parlé. Quand je descendis du taxi, Amsterdam Avenue, près du Lincoln Center, il promit de me téléphoner un jour pour m'inviter à déjeuner. Je me contentai de lui sourire. Quelques heures après que j'eus commencé à mettre de l'ordre dans l'appartement, le téléphone sonna. Je savais qui appelait avant même de soulever le combiné. «Votre toux m'inquiétait, dit-il. Je suis sorti vous acheter une bouillotte électrique.»

J'avais toussé à bord de l'avion, comme je tousse d'ailleurs toujours partout. C'est à croire que je souffre de bronchite depuis ma plus tendre enfance, mais cela n'a jamais affecté ma voix. Toutes ces années durant, personne ne m'avait jamais offert une bouillotte électrique dans un geste évident de séduction. Il avoua finalement: «Écoutez, je suis un fieffé menteur. Je ne cherchais qu'un prétexte pour vous revoir. Accepteriez-vous de dîner avec moi?»

«Je me doutais bien que vous ne vous préoccupiez pas tant de ma toux, fis-je en riant, mais votre attention me touche.»

Je me sentis vaguement coupable d'accepter sa proposition, mais je convins malgré tout de le rejoindre pour l'apéro et le dîner dans un bar-restaurant à la mode. Après tout, cela ne m'engageait que pour une soirée. Nous nous sommes mis à rire dès que nous fûmes assis et ce fut l'une des soirées les plus étourdissantes de ma vie. Il avait voulu m'emmener dans un restaurant et boîte de jazz qui s'appelait Pete's et où il était déjà allé, mais le chauffeur de taxi n'en avait jamais entendu parler. Nous avons sillonné en vain tout Manhattan pour retrouver l'endroit, sans arrêter de rire un seul instant. Finalement, nous nous sommes attablés dans une gargote espagnole pour manger de la paella et boire du champagne, pendant que des guitaristes de flamenco nous sérénadaient. À un moment, pendant ce dîner cinglé, je me rendis compte que je vivais le coup de foudre et que c'était réciproque.

Cette prise de conscience fut merveilleuse, tout comme ce qui suivit, mais elle me plongea également dans une terrible angoisse. Je revivais soudain mon adolescence, plus heureuse que je ne l'avais été depuis fort longtemps, mais je ne pouvais me dérober à une triste réalité: nous étions tous deux mariés. Je me sentais malade à l'idée de trahir Eugene. Au début, je ne voulus considérer cette aventure que comme une manifestation du démon de midi. Ça ne durerait pas. Mais quand il m'accompagna à Boston le lendemain, et, plus tard, quand nous sommes tous deux rentrés à Toronto, je compris que c'était plus sérieux. Dans les mois qui suivirent, il prit l'avion pour venir m'entendre partout où je chantais, et, s'il en était empêché, d'énormes bouquets de fleurs faisaient leur apparition dans ma chambre d'hôtel ou dans ma loge. Jamais dans ma vie je n'avais fait l'objet de telles démonstrations d'amour. Une partie de moi se sentait euphorique tandis que l'autre était en proie à l'agitation. Je suis incapable de duperie et je savais que je ne pourrais continuer à vivre dans le mensonge.

J'avouai finalement la vérité à Eugene et lui signifiai que je souhaitais la séparation. Il était anéanti. Il me supplia de ne pas quitter la maison et suggéra même que nous menions des vies séparées tout en continuant à habiter sous le même toit pour le mieux-être des enfants. Je ne supportais pas l'idée de cette double vie. Depuis mon enfance, dans mon métier comme dans ma vie privée, je n'ai toujours cherché qu'à apporter du bonheur; j'étais au supplice de voir le mal que je causais à l'homme que j'avais aimé pendant tant d'années. Je n'aurais pu rester et être témoin chaque jour de sa peine, aussi maintins-je ma décision de me trouver un foyer pour moi seule.

La nouvelle atterra les enfants. Ils ne nous avaient jamais vus, Eugene et moi, autrement que main dans la main ou enlacés. Seulement quelques années plus tôt, alors que nous vivions encore à Philadelphie, Paula, en rentrant à la maison après avoir rendu visite à une amie, s'était exclamée: «Tu sais, maman, nous sommes la famille la plus heureuse que je connaisse.» Tout le monde avait la même impression. Moi aussi je nous croyais heureux, jusqu'à ce que je fasse la connaissance d'un autre homme.

Même un psychologue amateur vous dira qu'une vie de couple vieille de quinze ans ne s'effondre pas d'un coup du seul fait qu'on rencontre un homme à bord d'un avion. Avec un peu de recul, j'ai compris qu'un fossé s'était graduellement creusé entre Eugene et moi. Le fait que j'étais toujours en tournée ne nous a certainement pas aidés. Eugene avait été forcé d'endosser le rôle du «mari libéré», confiné à la maison avec les enfants, semaine après semaine, et qui assume seul les responsabilités du ménage. Pour lui faciliter la tâche, il avait à son service des cuisinières, des nourrices et des ménagères, mais aucune épouse ne lui tenait compagnie le soir. Quand il ne jouait pas ni ne donnait de cours, il connaissait une existence solitaire. La mienne l'était également, se résumant à une succession d'aérogares et de chambres d'hôtel dans des villes étrangères. Mais je suis certaine que ma vie devait lui sembler follement excitante, comparée à la sienne.

Souvent, entre deux engagements, je me tapais douze heures de vol de nuit pour rentrer à Toronto et passer un dimanche avec lui et les enfants, quelle que soit ma fatigue. Dès que j'entrais dans la maison, désireuse avant tout de m'écraser dans un fauteuil et d'écouter les enfants me raconter ce qui leur était arrivé, il m'accablait des plus récents problèmes de la maisonnée: le lave-vaisselle qu'il fallait réparer ou les factures impayées. Je devais trouver une solution à tout. Parfois, en voyage, je me disais que je ne pouvais plus porter seule le poids de toutes les décisions. Je m'assoyais dans ma chambre d'hôtel et je pleurais; je me sentais frustrée de me trouver si loin des miens et j'aurais voulu trouver quelqu'un avec qui partager ce fardeau. Mais parce que je ne supporte pas les scènes, je n'en ai jamais soufflé mot à Eugene; je tenais bon et je réglais les difficultés. Parfois je redoutais le moment de mon retour à la maison, de crainte d'avoir à affronter une nouvelle crise.

Eugene dut se sentir aussi démoralisé du fait que sa carrière commençait à s'essouffler juste au moment où le succès me souriait. Ses appréhensions des premiers jours s'avéraient justifiées: la jeune et naïve chanteuse qui se produisait dans un gymnase à Ottawa avait surpassé le chef d'orchestre mondain aux manières affables. L'élève avait surclassé le maître. À la maison, à partir de l'adolescence, les enfants se montrèrent eux aussi de plus en plus indépendants et se rebellèrent, comme tous les adolescents. Leur rébellion fut évidemment dirigée contre leur père, à la maison en tout temps.

Les dernières années avant notre séparation, chaque repas se transformait en un échange de cris. Moi qui avais toujours eu les scènes en horreur, je me retrouvais dans une famille de gueulards. Il ne se passait pas un repas sans que l'un de nous explose et quitte brusquement la table. On claquait les portes, on brisait des carreaux; je suis sûre que nos voisins s'imaginaient parfois le pire. Je me retirais souvent au milieu du repas parce que les disputes me nouaient l'estomac. Mais il m'arrivait aussi de me laisser entraîner dans une querelle. Et à l'occasion, pour mettre fin aux cris, je m'emparais d'une pile d'assiettes dans le buffet, que je portais au-dessus de ma tête et que je laissais se fracasser sur le plancher, avant de quitter la pièce à grandes enjambées. J'ai perdu beaucoup de faïence pendant ces années et les enfants m'avaient surnommée «la Main de fer». Des scènes semblables sont inévitables dans les familles turbulentes, mais elles m'épuisaient terriblement. Je ne supportais pas qu'Eugene et les enfants s'engueulent de la sorte, et, si la fin de notre mariage nous porta tous un coup, peut-être fus-je moins étonnée que les autres de ce qui nous arrivait. Je me rendis compte plus tard que j'avais parfois joué la comédie ailleurs que sur scène, au cours des cinq dernières années précédant notre rupture.

Quelques semaines après avoir mis Eugene au fait de mon aventure, je décidai qu'il me revenait de quitter la maison. Je sentais qu'il valait mieux que je laisse les enfants avec leur père parce que je passais beaucoup de temps en tournée. Irene Bird me trouva un bel appartement et, en moins d'une semaine, les enfants frappaient à ma porte et m'annonçaient qu'ils voulaient rester avec moi. Je me retrouvai soudain avec quatre adolescents dans un appartement de deux chambres à coucher. Pour les enfants, ce fut un moment difficile. Un jour, je tombai par hasard sur une vieille photographie d'Eugene et de moi, dans la chambre de Susie, qui y avait écrit: «Maman et papa avant leur divorce.» Des moments comme celui-là me déchiraient le coeur. Mon sentiment de culpabilité devenait intolérable. Chaque matin en me levant, je me regardais dans le miroir et je me disais: «Comment as-tu pu les faire souffrir à ce point?»

Peu après notre séparation, je faisais mes débuts au Met. Eugene, qui continuait à soutenir inconditionnellement ma carrière, insista pour venir à New York. Je lui offris de rester à mon petit appartement et, pendant une entrevue radiodiffusée que nous avons accordée ensemble à Radio-Canada, il répéta à plusieurs reprises que c'était le plus beau moment de sa vie de me voir enfin au Met. Dans notre intimité, les récriminations fusaient encore entre nous. Je passai en larmes la plupart des heures qui précédèrent mon entrée en scène, ce qui aura pu également contribuer au maigre succès de mes débuts.

Au moment de notre rupture, à ma plus grande tristesse, mes émotions troublèrent une de mes exécutions. Je chantais à Montréal la *3ᵉ Symphonie* de Mahler. Pendant que j'étais assise sur scène à écouter cette magnifique musique, parfois très tumultueuse, je vis défiler devant mes yeux toute ma vie avec Eugene, comme un film: nos fréquentations pleines de promesses, les années d'esseulement à Berlin et à Londres avec Paula, puis notre merveilleuse et très intense vie de famille, qui avait trouvé sa fin brutale dans un crève-coeur. Et comme si je les entendais pour la première fois, je sentis le poids des mots que modulait le choeur: «Homme, prends garde. Que disent les coups de minuit? Cuisants seront ta peine et ton supplice.» J'eus bien du mal à ravaler mes larmes et à chanter; une fois de plus, Mahler avait lu dans mon coeur.

* * *

Mon roman d'amour avec l'homme prévenant monté à bord du même vol que moi à destination de New York, par une journée fatidique, continuait de s'épanouir. Avec le recul du temps, je trouve étonnant qu'une personne comme moi, terriblement prude aux yeux de ses enfants, ait pu maintenir une relation avec un homme marié. Parce que j'étais consciente du chagrin que j'avais causé à ma famille, je ne voulais surtout pas plonger une autre personne dans l'affliction. Mais si nous devions continuer de nous fréquenter, je savais aussi que je ne supporterais pas d'être confinée dans le rôle de la femme de mauvaise vie. Je ne suis pas du genre à me cacher ni à m'éclipser. Nous avons commencé à sortir ensemble dans les restaurants et je le présentai à mes enfants et à mes amis. Souvent Eugene faisait un saut chez moi alors que mon ami s'y trouvait et nous prenions un verre ensemble, follement embarrassés. Mais cette situation était un petit peu trop ouverte à mon goût.

À part ces moments, c'était l'amour fou. Il était du genre à prendre l'avion et à me rejoindre à Aspen, même pour trois petites heures. Un jour, il vint passer deux journées complètes en Suisse avec moi et nous avons ensuite pris le train pour Paris. Nous l'avons presque raté; nous avons dû monter alors qu'il était déjà en marche, avec à la main une bouteille de champagne que nous avions achetée pour le voyage. Nous avons ri à gorge déployée pendant tout le trajet. Je n'avais jamais connu un homme comme lui: il avait un sens de l'humour aussi débridé que le mien, et il me traitait comme une reine. Je me sentais revivre. Dans une série de photographies publicitaires qu'on prit de moi à l'époque, j'ai l'air absolument radieuse. Quatre années plus tard, le même artiste me photographiait une nouvelle fois et on aurait juré qu'il ne s'agissait plus de la même femme: ma tristesse se lit sur ces derniers portraits.

J'aurais dû pressentir que notre relation touchait à sa fin. Tous mes enfants l'avaient perçu. Ils n'ont jamais aimé mon ami et ne lui ont jamais fait confiance; dès le début, ils m'avaient prévenu que cette idylle se terminerait mal. «Si un homme n'est pas prêt à faire le saut et à quitter sa femme après un an, m'avait dit Paula avec son instinct de mère, il ne le fera jamais. Tu n'es pour lui qu'une aventure et nous craignons surtout que tu n'en sortes blessée.» Mais j'étais aveuglément amoureuse. «Ne t'inquiète pas, ma chérie, répétais-je pour dissiper ses inquiétudes. Tout finira par s'arranger. Je sais ce que j'ai à faire.»

Avec le temps, je ne pus toutefois rester insensible à certains signes. Il m'avait proposé d'investir de mon argent, qu'il perdit rapidement. Je l'accompagnais souvent à l'aéroport et, s'il partait à la dernière minute pour les États-Unis, je lui disais: «Voici quelques billets américains. Cela t'évitera de perdre du temps au comptoir de change de l'aéroport.» Je n'en revoyais jamais la couleur. En fait, je m'apercevais que, même s'il réussissait, il éprouvait des difficultés en affaires. Je compris lentement qu'il me croyait riche parce que j'étais célèbre. Il ne se doutait pas qu'il ne me restait jamais rien des deux cent mille dollars que je gagnais annuellement, selon les journaux. L'argent me file entre les doigts.

Pendant la quatrième année de notre relation, un jour où je me produisais dans *La Fille du régiment* au Centre national des

Arts à Ottawa, je reçus une lettre. Il m'y disait que son épouse était tombée malade et qu'il se sentait forcé de passer plus de temps avec elle. Il suggérait que nous nous voyions moins pendant quelque temps. Quelque chose dans cette lettre sonnait faux, et, quand j'en parlai à une amie, elle fut tout aussi sceptique. Elle me rappela plus tard pour m'apprendre pire encore que ce que j'avais imaginé: il avait brusquement rompu avec son épouse, de la manière la plus cruelle, et il avait emménagé avec une autre femme. J'étais ébranlée.

Je pris immédiatement l'avion pour rentrer à Toronto et je lui téléphonai. Je lui dis que j'avais reçu sa lettre et lui demandai si nous pouvions nous rencontrer dans un petit restaurant peu fréquenté, pour boire un café. Je m'étais efforcée de prendre un air enjoué et ma voix habituelle. Quand je m'assis à une table avec lui, quelques heures plus tard, j'interprétai l'un des rôles les plus difficiles de ma carrière. «Comment va ton épouse?» lui demandai-je d'abord. Il pâlit et la vérité commença à filtrer. À la fin, je restai silencieuse un moment. Puis je dis: «Je n'ai qu'une question à te poser: cette femme n'aurait-elle pas de l'argent, par hasard?» Il devint écarlate et sa réaction me révéla tout ce que j'avais besoin de savoir. Il demanda si nous pouvions rester amis. «Non, répondis-je. Je comprends maintenant que tu m'as menti dès le début, et, pour une personne comme moi, c'est pire encore que la mort. Je ne peux pas pardonner le mensonge. Tu ne mérites pas une minute de mon temps. Tu n'as pas perdu qu'une amante, tu as aussi perdu une de tes meilleures amies.» Je sortis de ce café la tête haute et, en prenant place dans ma voiture, j'éclatai en sanglots.

Je rentrai à la maison, et, pendant les trois jours qui suivirent, je restai étendue à pleurer sur ma chaise longue dans le jardin. Les enfants étaient déboussolés. Ils ne m'avaient jamais vue dans un état pareil. Ils ignoraient ce qui n'allait pas et ils furent bien avisés de ne pas me poser de questions. Ils s'étaient imaginé, comme je l'appris plus tard, qu'un médecin m'avait découvert une maladie incurable. Le plus difficile fut le sentiment d'humiliation et de trahison que je ressentis. Toute ma vie je m'étais fiée à mes intuitions et il me paraissait cruellement ironique de m'être laissé prendre par un habile charmeur et un menteur. C'était atroce de penser que j'avais renoncé à tant pour lui: j'avais rompu avec un homme qui m'aimait vraiment. Eugene était un si bon époux, scrupuleusement honnête, et je l'avais presque anéanti en lui préférant un personnage aussi fourbe. Je me sentais comme une parfaite imbécile.

Jamais dans ma vie je ne me suis laissée aller à mes émotions autant que pendant ces trois jours; ensuite, je me repris en mains et je commençai à recoller les morceaux de ma vie. «Regarde le bon côté des choses, me suggéra Paula avec sa sagesse habituelle; dis-toi qu'au moins il t'a fait rire pendant trois ans.»

Je sais qu'Eugene aurait souhaité que nous reprenions la vie commune après la fin de mon idylle; pour moi, c'était trop tard. Nous sommes toujours très bons amis; nous passons ensemble toutes les fêtes en famille et je l'adorerai jusqu'à la fin. Mais pour moi, quand une grande histoire d'amour se termine, c'est pour toujours. La page est tournée. Depuis mon enfance, presque depuis le jour où mon amie Ruthie Maclean m'a déçue, j'ai toujours réussi à me retrancher des situations pénibles de ma vie. Parfois, j'aimerais ne pas être ainsi: c'est vraiment triste de ne pas pouvoir donner une nouvelle chance. Mais comme dit Eugene, je ne me contente pas de nettoyer les placards de la maison, j'en fais autant avec mes souvenirs et mes sentiments. Pour moi, hier appartient déjà à un passé trop lointain.

À l'occasion, les enfants me disent que j'aurais besoin d'un autre homme dans ma vie; mais après avoir été trahie de la sorte, quelque chose en moi s'est détraqué. Je ne crois pas que je pourrais accorder comme avant ma confiance à quelqu'un. Je suis devenue très méfiante et je préfère passer plus de temps avec mes enfants, petits-enfants et amis. De plus, je suis une piètre partenaire parce que je ne suis jamais là. Quand je me penche sur mon passé, je me rends compte que j'ai vraiment été pendant toute ma vie une individualiste, en dépit de mes instincts grégaires.

* * *

Après cette peine d'amour, la musique, comme toujours, vint à ma rescousse. Je me jetai corps et âme dans le travail. Mais je sentis graduellement qu'il me fallait surtout relever un nouveau défi. J'avais interprété un grand nombre de rôles de composition parmi les plus incongrus et les gens savaient maintenant que j'étais prête à jouer n'importe quoi. Mais un jour, à brûle-pourpoint, l'agent de publicité Gino Empry, qui planifie le calendrier des spectacles à l'Imperial Room du Royal York Hotel de Toronto, me téléphona à Ottawa pour me faire la proposition la plus inattendue: il me demanda de préparer un numéro de cabaret pour leur café-concert. «Ça n'est pas sérieux, lui dis-je. Vous feriez faillite.» Mais Gino m'assura qu'il était très sérieux, et je le rappelai plus tard. J'acceptais, à la condition qu'il me réserve les deux semaines les plus creuses de la saison; ainsi, l'Imperial Room ne risquait pas de perdre de l'argent.

Dans mes temps libres, je préfère me détendre en écoutant les voix de Sarah Vaughan et de Nancy Wilson plutôt que la diva de l'heure. Et dans l'intimité, j'adore chanter des blues canailles. Mais dans ma vie professionnelle, cela marquerait tout un changement. La veille de la première, j'avais un engagement avec le Orford Quartet, et le lendemain du spectacle de clôture, soit douze soirs plus tard, je devais prendre l'avion pour San Francisco afin d'y donner avec Tatiana Troyanos *Le Couronnement de Poppée*, un opéra de Monteverdi. Je n'avais que quelques semaines pour préparer ce spectacle. Dès que je me mis à éplucher quelque deux cents chansons populaires pour y sélectionner des airs variés qui me conviendraient, je me sentis littéralement au septième ciel. Après toutes ces années écoulées depuis Danceland, j'allais enfin réaliser un rêve: me produire comme chanteuse d'orchestre populaire.

Quand je fredonne de la musique populaire à la maison ou dans ma voiture, je n'ai pas du tout la même voix que lorsque j'interprète des oeuvres classiques. Pour les lieder, il faut projeter davantage la voix pour qu'elle porte au-dessus de l'orchestre et dans la vaste salle de concert. La musique populaire est intimiste et intériorisée; quand on l'interprète, aucun muscle n'entre en action. Aussi, même si l'Imperial Room n'assoit que trois cent cinquante personnes, j'aurais besoin d'un microphone. Un programme de lieder comporte généralement au moins deux douzaines de mélodies; pour un numéro de cabaret, une douzaine suffit. En écoutant un microsillon de Barbra Streisand, je remarquai que la richesse de ce disque provenait de ce que chaque pièce portait une signature différente. Je commandai donc des arrangements musicaux à une douzaine de personnes. Le seul ennui, c'est qu'avec si peu de temps pour préparer mon spectacle, la plupart n'arrivèrent que la veille de la première. J'apprends rapidement, mais là c'était un petit peu trop serré, même pour moi.

Le public de la première n'était pas tout à fait celui qu'on voit habituellement à l'Imperial Room. Par exemple, il s'y trouvait Lotfi Mansouri, de la Canadian Opera Company, Walter Homburger, du Toronto Symphony, Pierre Berton, et mes fidèles admirateurs venus de New York et de Washington. Je n'eus le temps de faire qu'une seule répétition avec l'orchestre de la maison, dirigé par Howard Cable, mais je ne me sentais pas nerveuse, même si je dois admettre que jamais auparavant je n'avais eu à espérer que les spectateurs ne rompraient pas le charme de la musique en échappant accidentellement leur couteau ou leur fourchette. Comme Gino l'avait prévu, je m'amusai follement. Une seule chose m'excéda: la fumée de cigarette.

J'entrais en scène en chantant *Why Was I Born?* de Jerome Kern et j'enchaînais avec la parodie de Cole Porter *I Like Pretty Things*; puis j'entonnais *You Don't Send Me Flowers Anymore* de Neil Diamond. J'ai toujours adoré expliquer aux gens ce que je m'apprête à interpréter, pour les mettre dans l'ambiance; mais on peut se fatiguer la voix en parlant ainsi pendant un concert de musique classique. La musique populaire me permettait enfin de laisser libre cours à mon penchant pour les propos improvisés entre deux pièces. Chaque soir, je présentais au public une chanson d'Eubie Blake en racontant que son auteur ne pouvait évidemment se douter lorsqu'il l'écrivait en 1930, année de ma naissance, qu'il composait ainsi la chanson thème idéale pour moi. Puis j'y allais de ma version de *A Great Big Baby*:

> *I've got lips and I've got arms*
> *I've got hips and lots of charms*
> *Come on somebody, step up, I dare ya*
> *Don't let my weight scare ya*
> *Cause I'm a great big baby*
> *Looking for a man to love*[1]!

---

1. J'ai des lèvres et j'ai des bras
   J'ai des hanches et beaucoup de charmes

Chaque fois, la salle riait à gorge déployée et tapait sur les tables. Personne n'arrivait à croire que Maureen Forrester puisse interpréter un air aussi grivois.

Les critiques n'en revenaient pas. «Eh! La petite nouvelle a tout ce qu'il faut!» écrivait Wilder Penfield dans le *Toronto Sun,* et le *Toronto Star* titrait: «La diva donne dans le pop avec une bonne dose de rire qui guérit tous les maux.» Les onze jours suivants, je donnai deux spectacles chaque soir, et à mon arrivée au Royal York on me remettait presque toujours des lettres de femmes venues m'entendre. L'une d'elles écrivait qu'elle avait pleuré pendant tout le trajet jusque chez elle, à Mississauga, parce que je lui avais rappelé tellement de moments de sa vie de couple. En fait, je n'étais pas étonnée de ce genre de réaction. J'utilisais peut-être ma voix différemment, en mettant moins de vibrato que pour des lieder, mais je faisais appel aux mêmes émotions.

Un soir, en entrant en scène, je jetai un rapide coup d'oeil aux gens attablés et j'aperçus dans la première rangée mon ex-ami avec la nouvelle élue de son coeur. Il ne manquait décidément pas de culot. Pire encore, il eut l'insolence de fredonner pendant que je chantais. Je ne l'ai pas regardé une seule fois de tout le spectacle. Je ne voulais pas lui donner cette satisfaction. Mais ce soir-là, lorsque je chantai comme d'habitude un extrait de *Dear World* de Jerry Herman, on a sans doute pu sentir dans mon interprétation une émotion plus vive. D'abord avec un simple accompagnement de cordes, la pièce s'ouvre sur les mots: «*He stood and looked at me/And I was beautiful...*[2]» Et vers la fin, lorsque tous les instruments de l'orchestre se mettent de la partie, quelques spectateurs ont peut-être remarqué que j'éprouvais des difficultés avec mon mascara en chantant: «*And then he walked away/And took my smile with him*[3]».

Allez, quelqu'un, un peu de courage
N'ayez pas peur de mon poids
J'suis rien qu'un beau gros bébé
Qui cherche un homme à aimer!
2. «Il était là à me regarder/Et je me sentais belle...»
3. «Puis il est reparti/Emportant mon sourire avec lui.»

CHAPITRE 28

Madame la présidente

Un matin, peu après avoir emménagé à ma plus récente adresse à Toronto, je fus réveillée par le bruit d'un camion d'éboueurs et je me rendis compte que j'avais oublié, la veille, de sortir les ordures. J'ai vite enfilé un vêtement et je me suis précipitée dans la rue à la poursuite des éboueurs, mon sac vert à la main. «Prendriez-vous cela?» demandai-je, à bout de souffle. «Bien sûr, ma belle dame, répondit le chauffeur. Mais à la condition que vous me chantiez une chanson. J'adore votre voix!» Voilà pourquoi j'aime tant vivre au Canada. J'aurais pu mener une plus brillante carrière ailleurs, mais je n'aurais pas éprouvé le même sentiment d'appartenance. Le Canada a été bon pour moi, et, à mon sens, les artistes d'ici qui parviennent à une certaine célébrité devraient réinvestir dans ce pays ce qu'ils en ont reçu.

Les gens qui ont réussi ici et se sont aussitôt empressés de s'établir ailleurs pour éviter de payer leurs impôts me mettent hors de moi. Comme membre du conseil de direction de l'Ordre du Canada, j'y pense à deux fois avant de décerner une médaille à un individu qui ne paye pas ses impôts en ce pays. Je porte ma médaille de l'Ordre chaque fois que j'en ai l'occasion. Même le prince Charles l'a admirée lorsque je lui ai été présentée avec d'autres invités, à l'inauguration de l'exposition universelle de 1986, où j'interprétai *Le Spectre de la rose* de Berlioz dans le cadre des célébrations d'ouverture. «Cette médaille, lui dis-je, fait ma fierté et ma joie.» Certains ont pu voir dans ce mot une manoeuvre de relations publiques; en réalité, le fait d'avoir été la première artiste élevée au rang de Compagnon de l'Ordre du Canada en 1967, année même de sa création, marqua l'un des plus beaux moments de ma vie. Parmi les autres personnalités élevées à ce rang figuraient des personnages que je considérais comme des demi-dieux à l'époque où j'étais une jeune fille de la rue Fabre: l'ex-Premier ministre Louis Saint-Laurent; le neuro-chirurgien Wilder Penfield; Jean Drapeau, maire de Montréal, et Madame Vanier, épouse du gouverneur général. L'association de mon nom à celui de ces gens qui ont tant apporté à ce pays me procura un sentiment de fierté inaltérable.

En retour, je n'ai jamais hésité à célébrer les vertus de ce pays. Où que j'aille, je me fais un point d'honneur de chanter des oeuvres canadiennes. L'éditeur de musique Bailey Bird, époux de mon amie Irene, a encouragé les compositeurs canadiens à écrire pour moi; grâce à lui, je compte à mon répertoire quelques pièces superbes qui témoignent de notre talent. Je dois l'une des premières et des plus impressionnantes d'entre elles, *Five Songs for Dark Voice*, à Harry Somers, qui me l'écrivit pour le Festival de Stratford en 1957, année de mes débuts avec Bruno Walter. Le public adore le caractère envoûtant de ces mélodies, mais il n'en comprend pas toujours le texte, un petit poème amer de Michael Framm, composé à une époque très pénible de sa vie. Depuis lors, presque chaque année, des compositeurs m'ont écrit une oeuvre, aussi bien Harry Freedman et Oskar Morawetz que Robert Fleming, dont j'interprète *The Confession Stone*. Il y a quelques années, Murray Schafer me composa une merveilleuse page que je donnai avec l'orchestre du Centre national des Arts. Il s'était inspiré du journal de Clara Schumann écrit pendant sa vie avec Robert Schumann, tout spécialement dans leurs dernières années de vie commune, alors que Robert était gagné peu à peu par la folie et entendait constamment un *la*, cette note qu'utilisent tous les instrumentistes pour se mettre au diapason dans un orchestre. L'oeuvre s'intitule *Adieu, Robert Schumann*. Après le concert, le merveilleux danseur Vincent Warren, qui faisait alors partie des Grands Ballets canadiens, vint me voir en coulisse. Il était d'accord avec moi pour dire que cette oeuvre était très visuelle et qu'il fallait la danser. Notre conversation eut des suites: Brian Macdonald écrivit une chorégraphie, qui connut un vif succès chaque fois qu'elle fut présentée. Murray composa aussi une très belle page sur des poèmes extraits des *Mille et Une Nuits*, qu'il intitula *The Garden of the Heart* («Le Jardin du coeur»). Cette pièce me séduisit sur le coup; plus tard, après en avoir lu le texte, je dis à Murray: «Je ne suis plus une jeune fille de vingt ans; je suis une femme dans la cinquantaine. Pourrions-nous y ajouter quelque chose qui lui donne l'air d'une réflexion, un peu comme si la narratrice revivait en pensée un merveilleux amour?» Murray retourna au recueil des *Mille et Une Nuits*, et il y trouva un passage que je chante en recourant à une technique moyen-orientale, qui met en action la langue et la base du nez, pour imiter le murmure d'un ruisseau. «Quand tu reviendras au jardin du coeur, dit à peu près le texte, prends mon corps, couche-le dans une fosse peu profonde et je renaîtrai comme une source jaillissante.»

Lorsque je donne des séminaires, j'apporte toujours une provision de partitions canadiennes. Et si je me produis à un congrès de professeurs de chant, je laisse toujours à l'arrière de la salle une liste des oeuvres canadiennes que j'interprète, pour que les gens puissent s'en procurer les partitions. Chaque fois, je fais vendre ainsi au moins cinquante exemplaires. Un jour, un éditeur de musique me dit au téléphone: «Eh bien, je suis certain que vous revenez tout juste d'Australie, Maureen, car j'ai reçu de là-bas des centaines de requêtes pour les partitions de Harry Somers!» Je considère qu'il est du devoir des chanteurs de faire connaître les oeuvres de leur pays. Les musiciens sont les représentants de leurs concitoyens compositeurs. Si nous n'interprétons pas leurs pièces, comment espérer que des étrangers le fassent? Selon moi, c'est la meilleure façon de payer de retour son pays pour ce qu'on en a reçu.

Pourtant, un matin de décembre 1983, mon opinion à ce sujet fut sérieusement mise à l'épreuve. Francis Fox, Secrétaire d'État dans le gouvernement Trudeau, me téléphona pour m'offrir le poste de présidente du Conseil des Arts du Canada. J'en restai sidérée.

«Mon Dieu, m'exclamai-je. Avez-vous songé que je donne chaque année cent vingt concerts? Combien d'heures faut-il consacrer à ce travail?»

«Trois ou quatre heures par jour suffisent, tous les trois mois, pour présider les séances trimestrielles du conseil d'administration, me répondit-il. Cela fait donc environ douze jours par an, tout au plus.»

Depuis, je taquine Fox en lui répétant qu'il m'a menti. J'avais le sentiment de passer mon temps à Ottawa ou bien à prononcer des discours un peu partout. Tout cela quasi bénévolement: on ne me versait que trois cent vingt-cinq dollars par jour de travail et on me remboursait mes frais de transport. Presque dès mon entrée en fonction, les crises se succédèrent dans le milieu des arts. J'ai été heureuse de mener des batailles pour les artistes de ce pays, mais si j'avais su que mon mandat se déroulerait sous le signe d'un perpétuel état d'urgence, j'y aurais pensé à deux fois avant d'accepter. Quel travail idéal pour une personne qui déteste les affrontements!

Au cours de ce premier entretien téléphonique, je demandai à Fox de m'accorder quelques jours pour réfléchir à sa proposition. En retour, il me pria de garder le secret. J'en devinais la raison: je n'étais probablement pas la première personne à qui il s'adressait, et si je déclinais son offre, celui qui l'accepterait après moi ne serait pas très heureux d'apprendre que je l'avais refusée. Fox m'avait téléphoné dans la semaine précédant Noël. Dans notre famille, nous célébrons toutes les fêtes, aussi bien juives que chrétiennes ou païennes, et nous étions donc en plein chaos. On ne peut pas dire qu'il s'agissait d'un climat favorable pour prendre tranquillement une décision qui aurait d'importantes répercussions sur les cinq années suivantes de ma vie. Irene Bird, la seule personne à qui j'en parlai, me répondit que je serais folle d'endosser cette nouvelle responsabilité. Je me plaignais déjà souvent de ne pas avoir une minute à moi. Je savais qu'elle avait raison, mais je rappelai Fox moins de trente-six heures plus tard pour lui dire que j'acceptais sa proposition.

Cette tâche m'apparaissait vraiment capitale, bien plus que toutes les autres pour lesquelles on requérait constamment mes services. Le président du Conseil des Arts est avant tout un porte-parole des artistes de ce pays. Ma voix servirait ainsi à d'autres fins. Il me semblait que je devais cela au Canada. Après tous les honneurs qu'on m'avait distribués et les chances qui m'avaient été données, c'était le moins que je puisse faire.

Si j'avais refusé, ma décision aurait pu être interprétée comme un geste de suffisance, l'air de dire: «Moi, j'ai réussi; que les autres se débrouillent tout seuls.» À un moment où les arts subissaient les contrecoups d'énormes réductions budgétaires, j'étais l'une des rares artistes en position de force pour accomplir ce travail. Quand je quémanderais de l'argent pour les artistes, aucun politicien ne pourrait écarter mes demandes comme les complaintes d'une ratée ou les récriminations de quelque désoeuvrée convaincue que le gouvernement devait assurer sa subsistance. Par un heureux concours de circonstances, j'avais réussi sans la moindre assistance du Conseil des Arts, ce qui donnerait encore plus de poids à mes demandes quand je me porterais à la défense de l'institution.

Je savais pertinemment que des centaines de jeunes gens talentueux par tout le pays n'avaient jamais eu la chance, comme moi et quelques autres, de faire la connaissance d'un Gilles Lefebvre ou d'un Bruno Walter. Sans un soutien financier au cours des années qui décideraient de leur succès ou de leur échec, plusieurs d'entre eux pourraient perdre foi en eux-mêmes ou être forcés de renoncer à leur rêve pour embrasser une autre carrière. Je n'avais peut-être pas eu l'aide du Conseil des Arts, mais j'avais pu compter sur celle de J. W. McConnell et j'avais la certitude que celui-ci aurait été heureux de me voir reprendre le flambeau pour aider les jeunes artistes à leurs débuts.

Je n'avais eu affaire au Conseil des Arts que lorsque son service des tournées m'avait demandé de me produire dans de petites villes de la Saskatchewan en avril 1976 et, six ans plus tard, en Ontario. Je croyais fermement à la nécessité des interventions du Conseil pour assurer la diffusion de la musique dans certains coins du pays où l'on était incapable de payer les cachets exorbitants exigés par les artistes établis. Mon premier voyage dans ce contexte m'avait valu de vivre des moments drôles comme j'en avais peu connu depuis des années. Jean Latrémouille, l'agent du service des tournées, m'accompagnait comme chauffeur et «machiniste de tournée»; pendant les longues heures de route dans les Prairies, je m'assoyais souvent à ses côtés sur la banquette avant et nous nous livrions à des compétitions de bulles de gomme à mâcher. Ce spectacle consternait John Newmark, resté à l'arrière.

Partout dans le monde, les gens du domaine des arts désirent en savoir davantage sur notre Conseil. Tous les pays du monde nous l'envient. Même les Américains n'ont aucune institution comme celle-ci, qui soutient financièrement les principales troupes artistiques du pays, sans la moindre ingérence politique, et distribue des bourses aux artistes après évaluation de leurs projets individuels par leurs pairs. Quand il m'est arrivé de me produire à Washington, des sénateurs se sont montrés intéressés à créer chez eux un organisme semblable; certains ont même présenté un avant-projet de loi dans le but de créer une réplique de la Banque des Arts du Conseil. Cette banque, la première du genre dans le monde, achète des oeuvres d'artistes canadiens, sur la recommandation d'un jury; elle loue une grande partie de sa gigantesque collection à des organismes publics sans but lucratif et réussit ainsi à s'autofinancer. Lancé avec un maigre budget de cent millions de dollars tirés de droits de succession de deux magnats canadiens de la finance, Sir James Dunn et Izaak Walton Killam, le Conseil des Arts du Canada a pris tant d'expansion en seulement vingt-sept ans d'existence qu'on le cite désormais en exemple dans le reste du monde. Malheureusement, trop de Canadiens ne l'apprécient pas, selon moi, à sa juste valeur. Je tenais à faire ma part pour que cette situation change. Lorsque les journaux annoncèrent ma nomination, quelques jours plus tard, en prédisant qu'il s'agirait du rôle le plus difficile de toute ma vie, je ne me doutais pas à quel point ils avaient raison.

L'écrivain et metteur en scène Mavor Moore, auquel je succédais à la présidence, m'avait pourtant dit que je pourrais, selon mon désir, me consacrer beaucoup ou peu à ce poste. Il s'y était illustré comme un défenseur très acharné, efficace et rationnel des arts. Il me fit toutefois remarquer que plusieurs des présidents du Conseil, au cours du dernier quart de siècle, avaient préféré ne pas trop faire de vagues. Le gouvernement ne voyait certainement pas en moi une grande intellectuelle lorsqu'il m'avait demandé de prendre la succession. En arrêtant son choix sur moi, on cherchait de toute évidence une artiste en vue et respectée, une sorte d'ambassadrice errante des arts. Mais je ne me contenterais pas d'être un titre dans un en-tête de papier à lettres ou sur une brochure. Je serais une présidente très active et très présente. Si je devais être une ambassadrice, j'étais résolue à participer à toutes les luttes menées pour et par le Conseil.

Un mois après que le gouvernement eut annoncé ma nomination, je pris l'avion pour Ottawa dès que mon calendrier chargé me le permit, afin d'y rencontrer le directeur du Conseil des Arts, Tim Porteous, qui veillait aux affaires courantes depuis 1973, et son adjoint, mon vieil ami Gilles Lefebvre. Ils m'expliquèrent le fonctionnement du Conseil: le personnel préparait les dossiers concernant l'allocation des bourses et les orientations politiques de l'institution à l'intention du conseil d'administration, composé de vingt et un membres, qui prenait les décisions au cours de ses séances trimestrielles. Puis je leur exposai mon plan d'attaque: j'arriverais un jour plus tôt partout où je me produirais au Canada; j'endosserais alors mon rôle de présidente et donnerais une réception à laquelle serait conviée la communauté artistique de la région. Je désirais rencontrer les artistes du pays et entendre de leur bouche l'exposé de leurs problèmes.

Le Conseil commença immédiatement à organiser des réceptions. Pour réduire les frais, nous les tenions habituellement dans des galeries d'art ou des halls de salle de théâtre. Pendant un an, d'un océan à l'autre, j'ai ainsi rencontré des milliers d'artistes et prêté l'oreille à leurs revendications. De Charlottetown à Victoria, ils se sont pressés en grand nombre à ces réceptions, comme s'ils avaient attendu cette occasion depuis des années. Après une première rencontre du genre à Vancouver, je jugeai qu'il fallait apporter quelques modifications à mon projet. Le hall du East End Cultural Centre, qui accueille les expressions artistiques et théâtrales d'avant-garde les plus prometteuses, était bondé. Il y avait tellement de fumée de cigarette qu'on aurait presque eu besoin d'un masque à gaz et le niveau de bruit était si élevé que je devais crier pour me faire entendre de chacun de mes interlocuteurs. Le lendemain, quand j'interprétai la *Rhapsodie pour alto* avec le Vancouver Symphony Orchestra, je n'avais pratiquement plus de voix. Je résolus alors de rencontrer plutôt les artistes *le lendemain* de mes concerts.

Lors de mon premier entretien avec Tim et Gilles, je ne leur avais pas caché mon ignorance des rouages complexes de l'institution. «J'aurai besoin de votre aide, leur dis-je. Je vous promets de travailler d'arrache-pied, mais je compte sur vous pour me conseiller.» J'avais tout de même été, pendant six ans, membre du conseil d'administration du Centre national des Arts et du Roy Thomson Hall, mais je n'aurais jamais imaginé que la tâche de présidente pouvait être aussi exigeante. Comme j'étais naïve! Je n'étais en fonction que depuis deux mois à peine quand la première crise éclata.

Un matin où j'étais en tournée, Tim me téléphona: je devais rentrer à Ottawa et me porter à la défense de la communauté artistique dans une bataille engagée par le gouvernement sur les conditions d'imposition des artistes. Cette question avait déjà soulevé un tollé d'indignation trois mois avant ma nomination. Toni Onley, un artiste de Vancouver, s'était fâché après qu'un inspecteur de Revenu Canada lui eut signifié qu'il devait payer de l'impôt sur ses sérigraphies invendues, un peu comme s'il s'agissait d'un inventaire de produits manufacturés. Tony avait tout de suite convoqué une conférence de presse, le 13 octobre 1983, et menacé de brûler en public, à Wreck Beach, ses superbes oeuvres, en guise de protestation. Francis Fox avait dû lui adresser un télégramme d'Ottawa pour le supplier de n'en rien faire.

Le gouvernement avait confié à un sous-comité permanent de la Chambre sur les communications et la culture le soin de réexaminer toute la question de l'impôt des artistes, dont la situation ne s'accommode pas facilement des paramètres étroits établis par Revenu Canada pour les citoyens ordinaires. Tony n'était pas le seul artiste touché; certaines décisions de Revenu Canada menaçaient la survie d'autres artistes et gens du spectacle, qui soudain ne pouvaient plus déduire leurs frais de transport et autres dépenses indispensables à l'exercice de leur métier. Avant même que je ne devienne présidente, le Conseil des Arts avait demandé à déposer un mémoire sur le sujet. Tim m'informa que le sous-comité nous entendrait enfin le 8 mars. Je me suis produite des douzaines de fois sur la colline parlementaire — j'y ai même un jour risqué une pneumonie: je chantai par un froid de trente sous zéro, sur le coup de minuit, le 31 janvier 1967, année du Centenaire de la Confédération — mais rien ne me préparait à un rôle pareil. Je ne m'y connais pas beaucoup en matière d'impôt sur le revenu. Mon comptable en fait d'ailleurs souvent des cauchemars.

Je me réservai du temps, entre deux engagements, pour rentrer à Ottawa. Tim, qui est à la fois avocat, dramaturge et satiriste de talent, me concocta un excellent exposé que je lus en français et en anglais devant le sous-comité. Le Conseil avait aussi publié un fascicule contenant ses suggestions de modifications à la Loi de l'impôt, que nous avons également déposé. Je dois admettre que, pour la première et la seule fois de ma carrière, j'eus le trac. C'est une très lourde responsabilité de parler au nom de tous les artistes du pays. Quand les députés commencèrent à m'interroger, je ne me sentis nullement embarrassée de demander à Tim ou à un conseiller fiscal, qui m'accompagnaient, de répondre à certaines questions techniques; après tout, je n'étais à ce poste que depuis quelques semaines. Mais je n'éprouvai aucune difficulté à répondre à toutes les questions pièges d'un membre hostile du sous-comité. De toute évidence, il ne cherchait rien de moins que la dissolution du Conseil des Arts. «Si ma petite amie écrit un roman Harlequin, peut-elle obtenir une bourse du Conseil des Arts?» demanda-t-il avec arrogance. «Si votre petite amie écrit un roman Harlequin, lui répliquai-je, elle n'en aura pas besoin.» Toutes les personnes présentes aux délibérations éclatèrent de rire et le vent tourna en ma faveur.

Après de vifs débats, le Conseil remporta finalement une victoire partielle. Deux semaines après notre déposition, le ministre du Revenu annonçait l'application immédiate d'une modification aux règlements qui permettait désormais aux artistes de déduire leurs frais de transport. Et, trois mois plus tard, il consentait à d'autres concessions qui contribuèrent toutes à apaiser les esprits, sans toutefois apporter à cet avant-projet de loi les amendements fondamentaux que nous exigions — ni de solution au problème de Tony. En fait, le gouvernement n'accorda finalement aux artistes le droit de déduire le coût de leurs toiles invendues que deux ans plus tard, soit au printemps 1986.

Je m'étais à peine remise de ce premier combat qu'un deuxième s'amorça. Environ un mois plus tard, alors que j'étais encore en tournée, Tim me téléphona, un matin, pour me lire un article du *Globe and Mail*, comme il le faisait souvent quand j'étais en voyage, pour éviter que les journalistes ne me prennent au dépourvu. Selon cet article, le gouvernement songeait à soumettre le Conseil des Arts, la Société Radio-Canada, le Centre national des Arts et plusieurs autres corporations à vocation culturelle de la Couronne à son avant-projet de loi de réforme budgétaire, portant le numéro C-24, et à forcer ainsi tous ces organismes à «rendre des comptes» aux élus. L'expression «rendre des comptes» donna le signal d'alarme. La loi qui a créé le Conseil des Arts le rend «responsable», au sens le plus large du mot, de ses politiques devant le Parlement, et le vérificateur général scrute chaque année ses livres comptables; mais un principe fondamental et sacré de sa constitution interdit au gouvernement de dicter au Conseil la façon de disposer de son budget. Ce principe empêche les politiciens d'intervenir dans le processus décisionnel et met le Conseil à l'abri de toute ingérence politique lorsque vient le moment d'attribuer des bourses aux artistes du pays entier.

«C'est grave, dit Tim. Il faudra leur tenir tête.» Dans les semaines qui suivirent, l'opposition à ce projet, entretenue également par les autres institutions culturelles concernées, gagna tout le pays d'est en ouest. Partout où j'allais, soit pour donner des concerts ou pour prononcer des discours, les journalistes me harcelaient et je ne cachais pas mes opinions. Le gouvernement n'avait aucune raison de resserrer son emprise sur le Conseil des Arts. Le public pouvait examiner nos livres comptables à volonté. «Le gouvernement veut tout simplement distribuer lui-même les sommes en question et se donner ainsi le beau rôle», dis-je.

La première séance du conseil d'administration depuis ma nomination devait avoir lieu le même mois. Ces réunions durent deux ou trois jours; elles commencent à neuf heures pour se terminer officiellement à dix-sept heures, même si ce n'est jamais le cas. Elles se prolongent souvent en discussions orageuses dans la soirée ou se concluent par des réceptions ou des dîners de travail. Le conseil d'administration ne peut humainement prendre connaissance de chaque formulaire de demande de bourse, mais il y a tellement de politiques et de décisions de jury que le personnel permanent du Conseil des Arts préparait des recueils de dossiers pour moi-même et les vingt autres membres du conseil, qui se rendaient en avion à Ottawa pour y représenter leurs provinces respectives. Certains de ces recueils comptaient jusqu'à cinq cents pages. Je peux dire sans exagérer que nous retrouvions souvent sur nos tables des piles de documents épaisses de trente centimètres.

Cette première séance se tint dans l'ancien quartier général du Conseil des Arts, rue Albert, avant notre récent déménagement pour des raisons d'économie de loyer. Les membres du conseil d'administration s'assirent autour d'une table en forme de fer à cheval, face à une autre table où je pris place avec Tim, Gilles et quelques membres de la direction du Conseil. Les autres employés se tassèrent sur des chaises le long des murs pour défendre les projets de leurs services aussi jalousement que des bergers leurs troupeaux, prêts à intervenir pour expliquer un point de détail ou pour discuter une politique. Toutes les chaises étaient occupées. Je supposai qu'il y avait toujours autant de monde, mais je découvris plus tard que tous s'étaient pointés pour voir cette curiosité: la nouvelle présidente qui avait déjà fait du bruit. Compte tenu du débat sur l'indépendance du Conseil, qui soulevait déjà les passions, la séance n'en prenait que plus d'intérêt. Tout un programme pour mes premiers pas dans mes fonctions officielles.

Les membres du conseil d'administration sont tous des citoyens tenus en haute estime dans leurs domaines respectifs et chacun représente une région du pays. Plusieurs d'entre eux ont des idées bien arrêtées. Chacun maintient que sa troupe provinciale ou sa forme d'art préférée devrait recevoir davantage. Il n'est donc pas facile de concilier leurs intérêts divergents et de les amener à un consensus qui fera le bonheur de tous. Mais quand on a connu Carnegie Hall et La Scala, une séance de conseil réunissant vingt et une fortes personnalités n'a rien de bien intimidant. Nous n'eûmes pas de mal à nous entendre pour dénoncer unanimement le projet de loi C-24. À la fin de la réunion, nous avons émis un communiqué de presse pour signifier que nous nous opposions énergiquement à cette manoeuvre destinée à saper notre autonomie, et qui conduirait inévitablement à «une ingérence politique inacceptable». Et pour nous, il s'agissait là d'un langage modéré.

Lorsque notre déclaration fut publiée dans les journaux, le gouvernement Trudeau ne la trouva pas modérée du tout. Les hauts dirigeants politiques se montrèrent d'abord incrédules, puis courroucés. Les pouvoirs publics à Ottawa ne semblaient pas habitués à ce que leurs agences critiquent publiquement la main qui les nourrit. Le ministre délégué au Conseil des Arts fit savoir à Tim, qui en prit ombrage, que nous serions mieux avisés de mesurer nos paroles.

En fait, le Conseil avait déjà dû lutter pour sauvegarder son indépendance. Le 14 février 1984, comme cadeau de la Saint-Valentin, Francis Fox avait annoncé l'octroi d'un budget additionnel de trois millions de dollars au Conseil des Arts. Il aurait alors été convenu que l'argent reviendrait aux douze grands du pays, à savoir les douze meilleurs orchestres, compagnies de ballet et compagnies de théâtre qui, à cette époque de restrictions budgétaires, connaissaient de graves difficultés financières. Dans tout le pays, certains musées étaient forcés de fermer leurs portes pendant six mois et des troupes de théâtre devaient réduire le nombre de leurs productions. À ce qu'on m'a dit, le cabinet du ministre aurait suggéré dans une lettre l'usage que l'on devait faire de ces trois millions. Comme je chantais en Europe à ce moment-là, je n'ai pas vu de directive à cet effet et le Conseil des Arts nia publiquement en avoir jamais reçu. Tim resta inflexible: nous créerions un précédent si nous acceptions que le gouvernement nous dicte la façon de gérer notre budget. Au lieu de partager les trois millions entre les douze grands, il distribua la somme en parts égales à tous les services du Conseil et créa même un nouveau programme destiné aux auteurs dits de non-fiction, un projet en attente depuis des années. À l'époque, je me méfiais comme Tim des intentions du gouvernement; aujourd'hui, comme j'ai plus d'expérience, je pense qu'il a eu tort de choisir la voie de l'affrontement pour réaffirmer l'indépendance du Conseil. Le cabinet de Fox fulminait, tout comme d'ailleurs les douze grands. Le gouvernement décida alors de resserrer son emprise sur le Conseil des Arts.

En juin, je me rendis à Ottawa pour exprimer notre opposition au projet de loi C-24 devant le comité permanent des crédits budgétaires. Pour donner plus de poids à notre présentation, tous les membres du conseil d'administration m'y accompagnèrent et se levèrent l'un après l'autre, à l'appel de leur nom, dans la salle d'audience de l'aile ouest: William Kilbourn, Nicholas Goldschmidt et Celia Franca, pour n'en nommer que quelques-uns. Ils y étaient tous, ces grands noms du monde des arts, ces personnages nommés par les libéraux et qui faisaient front commun contre une politique libérale. Ce fut une démonstration de force plutôt impressionnante. Je fis observer que je n'étais pas là seulement à titre de présidente du Conseil des Arts mais aussi en tant qu'artiste, «au nom de milliers et de milliers d'artistes canadiens qui s'opposent unanimement à l'inclusion du Conseil des Arts dans ce projet de loi».

Cette fois encore, Tim m'avait écrit un discours énergique. Je fis aussi valoir un exemple de mon cru pour illustrer l'importance de l'indépendance d'un organisme comme le nôtre dans n'importe quel pays. Je rappelai au comité qu'en 1982 Lorin Maazel avait été nommé directeur musical de l'Opéra de Vienne et était devenu ainsi le premier Américain à occuper ce poste. Tandis qu'il préparait sa première saison, un fonctionnaire du gouvernement autrichien lui signifia qu'il n'était pas d'accord avec son choix d'oeuvres et de chanteurs. Lorin fut si outré qu'on porte ainsi atteinte à sa liberté artistique qu'il renonça à ce poste, l'un des plus prestigieux au monde. Il déclara qu'il ne pouvait accepter cette forme d'ingérence politique et risquer que par la suite chaque ministre intervienne à son tour pour promouvoir telle oeuvre de Strauss ou la carrière de sa soprano préférée. Voilà ce qui arrive lorsque le gouvernement se mêle d'arts, dis-je aux membres du comité. Chacun tente d'obtenir un emploi à un ami. Pourquoi ne pas laisser plutôt cette tâche aux experts en la matière: les artistes eux-mêmes?

Le débat devant le comité prit une tournure assez orageuse et, vers la fin, bien que je déteste les bagarres, je m'emportai tout de même un peu. «Si nous avons sainement géré le Conseil des Arts pendant vingt-sept ans, pourquoi le gouvernement sent-il soudain le besoin de nous en retirer la responsabilité? déclarai-je. Je me demande si on a évalué les coûts de cette espèce de mise en tutelle.» Notre présentation eut beaucoup de succès. Mais j'avais involontairement, un peu plus tôt, porté un premier coup qui a peut-être influencé le résultat final.

Le dimanche matin précédant notre comparution, j'avais eu un entretien avec Herb Gray, président du Conseil du Trésor et parrain du projet de loi. Il avait demandé une rencontre informelle pour tenter de dénouer l'impasse avant que nous nous présentions devant le comité, mais nous étions pris tous les deux pendant le week-end. Le samedi soir, j'avais au programme une générale de *Iolanthe* à Stratford, et, le dimanche, je devais recevoir un diplôme honorifique de l'université d'Ottawa. «Écoutez, je suis une lève-tôt, lui dis-je. Que pensez-vous d'un petit déjeuner, à sept heures trente?» Il ravala sa salive et se pointa, accompagné de deux conseillers, à cette rencontre avec Tim et moi dans une suite de l'hôtel Quatre-Saisons. Pour l'essentiel, Herb se contenta de réitérer la position de son gouvernement, résolu à faire adopter le projet de loi. De toute façon, la réforme budgétaire entrerait en vigueur; il fallait nous y résigner. Alors, sans préméditation, j'échappai, presque à mi-voix: «Eh bien, je suis convaincue d'avoir raison et, dans ce cas, je suppose qu'il ne me reste plus qu'à démissionner. Les artistes de ce pays ne m'en demanderaient pas moins.» En prononçant ces mots, je ne regardais pas Herb, mais Tim me dit plus tard qu'il avait alors blêmi.

Certains prétendent que cette réflexion spontanée a infléchi le cours des événements. Je ne m'illusionne pas au point de croire que ma petite personne est à ce point importante. Toutefois, sans que j'en sois informée, Pauline McGibbon, ex-lieutenant-gouverneur de l'Ontario, qui présidait alors le conseil d'administration du Centre national des Arts, avait menacé d'en faire autant dans une lettre personnelle adressée à Trudeau. Je n'ai rien d'une politicienne et je n'essaierais jamais d'imposer mes vues en remettant en question le poste qu'on m'a confié. Mais je savais que je ne pourrais plus regarder en face les artistes de ce pays si j'acceptais qu'on porte ainsi atteinte à l'indépendance du Conseil des Arts. J'aurais trahi la confiance qu'on avait mise en moi. De toute évidence, Herb Gray comprit que son gouvernement se trouverait en mauvaise posture si deux valeureuses Canadiennes au franc-parler démissionnaient en signe de protestation. Et il sentait que je n'étais pas du genre à m'éclipser sans bruit.

Moins de deux semaines après la présentation de notre mémoire, le gouvernement faisait marche arrière. Herb Gray annonçait l'ajout au projet de loi C-24 d'une phrase qui exemptait quatre organismes de ses dispositions: le Centre national des Arts, la Société Radio-Canada, Téléfilm Canada et le Conseil des Arts. Nous nous sommes félicités de cette victoire et d'avoir ainsi sauvé le Conseil, du moins jusqu'en septembre de la même année, alors qu'un nouveau gouvernement fut porté au pouvoir et qu'il fallut reprendre la bataille depuis le début.

Bien des gens ont interprété ma nomination comme un geste partisan, car j'étais une inconditionnelle de Trudeau et je chantais souvent aux réceptions et aux galas officiels. Il est vrai que je considère Pierre comme un ami, mais ces mêmes personnes oublient que les contestations des premiers mois de mon mandat à la présidence étaient toutes dirigées contre son régime. Lorsque, ce printemps-là, il annonça son départ de la scène politique, ses partisans me demandèrent de chanter *Ô Canada* à une soirée d'adieu en son honneur, la veille de l'ouverture de la course à la chefferie qui devait élire son successeur, John Turner. Cette soirée fut un chant du cygne inoubliable, lourdement chargé d'émotions; après la fête, je me retrouvai parmi un petit groupe d'intimes, dont Paul et Jackie Desmarais, au 24, Sussex Drive. Au moment du départ, Pierre nous raccompagna à la porte de la résidence officielle du Premier ministre.

«Maureen, vous faites un travail splendide au Conseil des Arts, me dit-il. Si on oublie toutes ces petites insinuations d'ingérence.»

«Écoutez, Pierre, répondis-je, vous m'avez nommée à ce poste parce que vous me saviez une femme forte, qui se porterait à la défense des artistes. Vous n'auriez pas souhaité que j'agisse autrement.»

Il se contenta de sourire et de dire: «*Touché*[1].» Puis il m'embrassa en guise d'au revoir.

* * *

Quand Brian Mulroney devint Premier ministre, le bruit courut que je serais remplacée à la présidence du Conseil des Arts; ceux qui le répandaient n'étaient manifestement pas au fait de la durée d'un mandat à ce poste. Le mandat à la présidence est de cinq ans, sans égard aux vicissitudes de la vie politique. Je n'y avais pas été désignée pour mes opinions politiques mais parce que j'étais une artiste internationalement reconnue. La seule fois où j'ai émis publiquement une opinion politique, c'est quand j'étais membre du conseil d'administration du Centre national des Arts durant la campagne électorale qui se conclut par l'élection de Joe Clark et son bref mandat à la tête du pays. Un journaliste me demanda ce que je pensais de Clark. Je lui répondis en toute honnêteté que je me sentais incapable de voter, en tant qu'artiste, pour un homme que je n'avais jamais vu dans une

---

1. En français dans le texte. (*N.d.T.*)

galerie d'art ni à aucun événement bénéfice pour la communauté artistique. Immédiatement après son élection, Joe fit une visite au Centre national des Arts pendant que nous répétions un opéra et demanda à me rencontrer. Je lui dis naturellement que j'étais ravie de le voir là et que j'espérais qu'il reviendrait souvent.

J'ai connu Brian Mulroney très longtemps avant qu'il ne devienne Premier ministre. Je n'oublierai jamais cette soirée, il y a de cela près de dix ans, après un concert bénéfice auquel j'avais participé à Montréal avec Harry Belafonte, Nana Mouskouri, Pete Seeger et d'autres vedettes. Je me suis retrouvée, comme Brian Mulroney, à une réception chez le sénateur Leo Kolber. Je me tenais au milieu d'un petit groupe de personnes à proximité de Brian lorsqu'il annonça à Jeanne Sauvé qu'il avait pris la décision de se porter candidat à la chefferie du Parti conservateur. Elle lui suggéra de n'en rien faire et le prévint qu'il y perdrait sa chemise. Je ne m'y connaissais pas le moins du monde en politique, mais ce souvenir jette un éclairage intéressant sur les événements qui allaient suivre. Plus tard, à cette même soirée, Brian et moi avons distrait les invités par un récital improvisé de romances irlandaises et de vieux airs populaires. Tout le monde ne peut pas se vanter d'avoir chanté avec le Premier ministre, en chaussettes sur une table à café.

En décembre 1984, peu après la prise du pouvoir par les conservateurs, nous avons tenu une réunion du conseil d'administration où, pour employer un euphémisme, les esprits étaient surchauffés. Dans son premier budget, déposé un mois plus tôt par Michael Wilson, le nouveau gouvernement avait retiré trois millions et demi de dollars au Conseil des Arts. Compte tenu de l'inflation, cette perte équivalait à cinq millions de dollars. Mais le gouvernement augmentait simultanément le budget du ministère des Communications, confié à Marcel Masse, qui distribuait déjà directement des subventions à des organismes culturels comme les Ballets nationaux et le Musée des Beaux-Arts de Montréal. Les conservateurs avaient aussi nommé quelques partisans à notre conseil d'administration; certains d'entre eux n'avaient pas la moindre connaissance du milieu artistique et semblaient déterminés dès leur arrivée à combattre le Conseil des Arts.

Pour tout dire, en comblant les postes vacants et en remplaçant les membres dont le mandat venait à échéance, on procéda à quinze nouvelles nominations dans les deux années qui suivirent les élections, ce qui rendit fort houleuses les réunions du conseil. L'un des nouveaux venus remettait en question la moindre dépense, comme si le personnel du Conseil avait été composé de mauvais citoyens uniquement intéressés à escroquer le pays. Ces manoeuvres tâtillonnes nous firent perdre des heures, à un moment où tant de questions importantes requéraient notre attention. L'atmosphère était tendue et le moral des troupes au plus bas lorsque nous sommes sortis de cette réunion pour annoncer l'abolition de programmes et de services importants: notre ligne téléphonique sans frais pour les requêtes des artistes; notre service de distribution de courts métrages; notre programme de formation de gérants d'orchestre et notre service de levée de fonds et de souscriptions publiques, dont nous avions plus besoin que jamais pour aider les institutions artistiques à assurer leur financement. Le personnel avait le sentiment qu'on avait gratté tous les fonds de tiroir et la communauté artistique en tira la conclusion que le gouvernement avait décidé d'éliminer le Conseil des Arts.

Une rumeur de plus en plus persistante laissait aussi entendre que certains hommes au pouvoir voulaient la peau de Tim Porteous. Tous tenaient Tim pour un ami très proche de Trudeau; il avait d'ailleurs travaillé au cabinet du Premier ministre et on prétendait que son nom figurait sur la liste noire du nouveau gouvernement. La rumeur, qui continua de courir tout l'hiver et le printemps 1985, paralysait le Conseil. On reportait la moindre décision parce que tout le monde, y compris Tim, attendait que le couperet tombe. À la fin de juin, ne supportant plus l'atmosphère de paranoïa qui empoisonnait le Conseil des Arts, je demandai à Masse de me recevoir.

Je l'avais rencontré brièvement avant qu'il ne devienne ministre des Communications et nous avions des amis communs au Québec, mais mes premiers entretiens avec lui depuis sa nomination n'avaient donné aucun résultat. À une occasion, j'avais même annulé une obligation et m'étais rendue à Ottawa en avion afin de le rencontrer, pour m'apercevoir finalement qu'il ne semblait pas avoir lu le dossier du Conseil sur le sujet. Une autre fois, un de ses conseillers passa son temps à lui murmurer à l'oreille. Je lui fis remarquer que ce comportement, en plus d'être impoli, engendrait un insupportable climat de conspiration. Masse avait aussi tacitement imposé des balises à nos rapports: il ne me parlait et ne m'écrivait qu'en français; je suis toujours ravie de traiter dans cette langue, mais il me paraissait éprouver un malin plaisir à utiliser des mots rares dont j'ignorais le sens.

Le bureau du ministre Masse était situé à deux pas de l'immeuble qui logeait alors le Conseil, mais il me reçut dans son immense cabinet de l'aile ouest, somptueusement meublé et avec une vue imprenable sur la rivière Outaouais. La rencontre se tint à huis clos, même si ma démarche n'avait rien de secret. Je souhaitais mettre fin aux rumeurs et aux potins. Je ne supportais plus de voir Tim dans cette situation, une épée de Damoclès au-dessus de la tête, victime des rumeurs et des insinuations. C'était indigne. Pire encore, le Conseil des Arts était atteint dans son fonctionnement quotidien. Je voulais que Masse agisse avec célérité et netteté, dans un sens ou dans l'autre, et qu'il mette ainsi fin à la détresse de Tim. La situation présente, lui dis-je, minait notre institution et pourrait même se retourner contre le gouvernement.

Masse ne me révéla pas ses intentions; lui et le Premier ministre, me laissa-t-il toutefois entendre, jugeaient que les gens qui demeuraient trop longtemps au même poste avaient tendance à s'encrasser un peu. J'eus la très nette impression qu'on s'apprêtait à nommer un nouveau directeur, mieux disposé à l'égard des conservateurs, mais Masse me promit qu'il préviendrait d'abord Tim, puis moi-même, de sa décision avant d'en aviser la presse. Je lui répondis que je ne pouvais demander plus. Je me rendis ensuite directement aux bureaux du Conseil des Arts et, sans rapporter à Tim le contenu exact de mon entretien avec Masse, je l'informai que son avenir au Conseil semblait compromis. Je lui répétai toutefois l'assurance que m'avait donnée le ministre: si on décidait de le relever de ses fonctions, il serait le premier à en être avisé, ainsi que de la date à laquelle cette décision prendrait effet.

Je me précipitai à l'aéroport et rentrai à Toronto pour le long week-end du 1er juillet. Lorsque j'ouvris la porte, le téléphone sonnait. C'était Tim. «Voilà pour votre maudit ministre et ses promesses», lança-t-il. Il venait de recevoir un appel de De Montigny Marchand, sous-ministre de Masse: on lui proposait un poste sans envergure, celui de vice-consul à Los Angeles.

Une insulte pour un homme de son expérience et de son calibre. Il rageait et me dit que De Montigny lui avait même signifié qu'il était congédié et qu'on espérait en faire l'annonce avant la fin de la semaine suivante. Tim me déclara qu'il n'allait pas partir la tête basse; il avait l'intention de convoquer une conférence de presse dès que prendrait fin le congé du week-end. Je ne tenterais rien pour l'en empêcher, mais je ne serais pas non plus à ses côtés. À titre de présidente du Conseil des Arts, je ne pouvais courir le risque de m'aliéner le gouvernement à un moment aussi critique et je n'ai jamais été du genre à laver mon linge sale en public.

Au cours de cette conférence de presse, le 2 juillet, Tim fit une sortie à tout casser. Il annonça qu'il avait été «relevé de ses fonctions»; il profita de l'occasion pour dénoncer les politiques gouvernementales dans le domaine des arts et prédit qu'elles mèneraient à l'anéantissement du Conseil des Arts. Comme il l'avait prévu, ses accusations firent la une de tous les journaux du pays. Je veillai à ne pas prendre parti dans cette controverse et j'évitai les journalistes, qui me harcelèrent jusqu'à ma maison de campagne. Mon numéro est censé être confidentiel, mais le téléphone n'arrêtait pas de sonner.

Il apparut bientôt évident pour tous que Tim avait agi prématurément: l'arrêté ministériel mettant fin à son directorat n'avait même pas encore été adopté par le cabinet. Le gouvernement pouvait parfaitement se défendre d'avoir jamais eu l'intention de le congédier. De Montigny Marchand nia par écrit avoir jamais annoncé à Tim qu'il était congédié. Sans doute n'avait-il pas été aussi explicite, mais je doute que l'essence de ses propos ait pu permettre une autre interprétation. Aux journalistes qui me poursuivaient, je fis toujours la même réponse: si Tim devait être remplacé, le ministre m'avait promis de m'en informer et je n'avais reçu jusqu'alors aucune nouvelle en ce sens. J'affirmai n'avoir aucune raison de douter de sa parole.

Le lendemain de la conférence de presse de Tim, je reçus un appel du bureau de Brian Mulroney. Le Premier ministre se disait atterré par cette sortie et comprenait mal les raisons qui avaient poussé Tim à convoquer une conférence de presse. Je lui fis observer que des rumeurs persistantes avaient contribué à ce climat survolté et suggérai que son gouvernement devrait régler cette question une fois pour toutes, avec une précision chirurgicale. On aurait certainement pu songer, poursuivis-je, à offrir à un homme de la qualité de Tim, qui avait consacré vingt ans de sa vie à la fonction publique, un poste et un arrangement qui n'auraient pas eu l'air d'une insulte. Le Premier ministre fit valoir que Tim avait été un «copain de Trudeau». Je lui rétorquai que Tim s'en était pris avec autant de véhémence au gouvernement Trudeau qu'à son successeur. Puis le Premier ministre se fit rassurant: il ne ferait rien pour nuire à Tim, parce que le père de ce dernier avait jadis été l'un de ses associés dans un cabinet d'avocats à Montréal. Il affirma même qu'il le trouvait plutôt sympathique. Plus important encore, il promit qu'il me téléphonerait avant d'annoncer publiquement sa décision.

En fait, le gouvernement se contenta de laisser attendre Tim pendant tout l'été. Les hommes politiques ne posèrent aucun geste, ne confirmèrent ni ne démentirent son licenciement. Une brillante tactique qui coupait l'herbe sous les pieds de Tim et le privait de tous ses moyens. Il avait lui-même signé son arrêt de mort. Cette situation était cruelle pour lui, et il n'avait plus que deux possibilités: démissionner et du même coup miner sa crédibilité, ou attendre que tombe le couperet. Le gouvernement avait ainsi tout son temps pour lui trouver un successeur. Ce furent des mois cruciaux pour le Conseil des Arts, dont le personnel préparait alors la réunion automnale du conseil d'administration. Au quartier général, plus personne ne prenait de décisions. L'institution était paralysée. Toutes ses activités étaient suspendues.

Je ne prétends pas que le gouvernement m'ait mis au fait de ses intentions, mais la femme du Premier ministre accoucha au même moment et je suis sûre que ce dernier avait d'autres chats à fouetter. Le Conseil privé me demanda toutefois mon avis sur les candidatures retenues. Au fil des semaines, les coups de téléphone à ce propos se multiplièrent à ma maison de campagne et le gouvernement augmenta ses exigences. Au début, il souhaitait y nommer une femme de langue française, et une journaliste du Québec poussa l'audace jusqu'à annoncer dans sa chronique sa nomination à ce poste. Ce geste coupa court à *sa* candidature. Puis, à mesure que l'été s'écoulait, les protestations contre le patronage conservateur au Québec s'amplifièrent et la brève liste de candidatures prit un caractère différent. Un nom revenait de plus en plus souvent: celui de Peter Roberts, qui abandonnait son poste d'ambassadeur du Canada à Moscou.

Cet automne-là, Tim connut une fin de mandat tragique. Un arrêté ministériel on ne peut plus concis, de trois lignes seulement, nous apprit son licenciement, le jour même de la nomination de Peter. On ne lui adressa ni remerciements ni éloges pour ses bons offices, et, au moment où j'écris ces lignes, on ne lui a toujours pas offert un autre poste.

Je n'avais rencontré Peter qu'une fois, lorsque le conseil d'administration du Centre national des Arts, dont j'étais membre, avait considéré sa candidature comme directeur. Quand nous avons vraiment fait connaissance, après son entrée en fonction au Conseil des Arts, en octobre 1985, il me taquina en lançant: «Ah! Ah! Je vois qu'enfin vous avez trouvé une minute pour me recevoir!» Peter s'est avéré un directeur efficace et, comme c'est un diplomate de carrière, il ne recourt pas, comme Tim, à l'affrontement avec le gouvernement. Il a établi de bons rapports avec Masse et dirige d'une main ferme le Conseil des Arts. Homme charmant, il sait parler le jargon bureaucratique qu'on aime entendre à Ottawa. Il peut vous entretenir des arts d'un strict point de vue économique, en traitant de production, de distribution et de rendement d'investissements, un langage apprécié par les gens du gouvernement. Peter m'a aussi soulagée d'un fardeau en acceptant de prononcer plus de discours.

Lorsque nous nous préparions à notre réunion du conseil, en octobre 1985, l'atmosphère de crise qui avait jusque-là secoué perpétuellement le Conseil des Arts semblait enfin se résorber. Je commençais à respirer. Mais je m'étais réjouie trop tôt. Soudain, un scandale éclata à propos des dépenses électorales de Masse, qui remit sa démission; en l'absence d'un ministre responsable, le Conseil dut reporter encore une fois toutes ses décisions. Paradoxalement, quand Masse était entré en fonction, les artistes de tout le pays l'avaient traité de traître; on l'accusait de sabrer dans le budget, de vouloir mettre au pas les artistes et de recourir au patronage pour financer certaines troupes de son choix et se donner plus d'ascendant au sein du parti. Mais au moment de sa démission, la communauté artistique en était venue à le considérer comme son unique défenseur au cabinet, l'une des rares voix à soutenir le nationalisme culturel. Tout d'abord, alors qu'on rognait les budgets, il avait trouvé d'autres sources de financement. Il avait puisé de l'argent pour la Canadian Opera Company dans l'assiette budgétaire d'Emploi et Immigration, en faisant valoir qu'une maison d'opéra était un employeur. Il avait aussi insisté pour que son gouvernement se donne une politique de l'édition et il avait promis d'en faire autant pour l'industrie cinématographique, afin d'y assurer un contenu canadien.

Au début, j'eus moi aussi des différends avec lui. À mes yeux, il se comportait comme un petit Napoléon. Certes, il se montrait cordial avec moi, mais j'avais toujours le sentiment qu'il me convoquait seulement pour que je l'écoute, non pour que je discute avec lui. La culture hors Québec semblait le laisser plutôt indifférent. Après sa terrible épreuve personnelle, quand il fut exonéré de tout blâme et assermenté une nouvelle fois comme ministre, en décembre 1985, je constatai dans son comportement un changement énorme. On aurait dit un homme trahi, au regard blessé. Dès lors, comme la communauté artistique s'était ralliée derrière lui, nos rapports furent excellents. J'ai été très impressionnée par ses efforts pour soutenir la culture en ce pays.

Masse nous avait prévenus très tôt qu'il ne pourrait pas faire grand-chose pour nous dans le cadre du budget que le gouvernement dévoilerait au printemps 1986 et dont les mesures s'annonçaient on ne peut plus draconiennes. En février, quelques semaines seulement avant son dépôt, des rumeurs avaient couru, qui se confirmèrent par la suite: Masse nous avait obtenu dix millions de dollars de plus. Certains critiques parlementaires suggérèrent que les conservateurs cherchaient ainsi à apaiser la communauté artistique avant d'approuver officiellement la vente de Prentice-Hall du Canada à Gulf and Western, un conglomérat américain. Peu m'importent les raisons qui ont présidé à cette décision; je sais seulement qu'on nous a donné davantage d'argent à un moment où les arts dans ce pays en avaient un besoin urgent.

Mais cette page d'histoire n'a pas encore trouvé son dénouement heureux. Alors que j'écris ces lignes, un important débat s'est engagé sur la manière dont nous devrions disposer de ces dix millions de dollars. Encore une fois, le gouvernement tient à ce qu'ils soient distribués aux grandes institutions et troupes artistiques. Mais le Conseil des Arts se refuse à accepter des fonds dont les affectations lui seraient imposées. On n'a toujours pas trouvé de solution à ce différend et, entre-temps, le Conseil doit survivre avec le même budget qu'antérieurement, donc fonctionner, dans les faits, avec moins d'argent.

Nous avons maintenant un nouveau ministre en la personne de Flora MacDonald, avec qui j'ai hâte de collaborer. Avant notre première rencontre officielle, qui eut lieu dès sa première semaine à ce poste, nous nous étions croisées souvent, depuis des années, dans des aéroports et à des réceptions du gouvernement. C'est une bagarreuse, et, au sein du cabinet, elle se porta toujours à la défense de Radio-Canada quand le gouvernement réduisait son budget.

Paradoxalement, la rogne du gouvernement à l'endroit du Conseil des Arts semble s'apaiser pendant cette période de branle-bas. Peu après l'élection, l'un des meilleurs amis de Masse, Jacques Lefebvre, fut nommé à la vice-présidence. Quant aux nouveaux membres du conseil d'administration, désignés par les conservateurs, ils remettaient presque en question la gestion du Conseil des Arts. Ils épluchaient certaines dépenses comme l'aurait fait un vérificateur ou contestaient l'attribution d'une subvention à une troupe qui accusait un déficit depuis trois ans. Mais ils comprirent peu à peu que la mission du Conseil n'est pas étroitement économique. Nous avons besoin d'un Conseil des Arts en ce pays parce que certaines régions sont économiquement dépourvues et n'auraient jamais accès à la culture si le Conseil n'avait à l'esprit que le rendement de ses investissements. Ils reconnaissent aujourd'hui que toutes les agglomérations du Canada — et pas seulement les grandes villes prospères qui peuvent se la payer — ont droit à la culture. Je crois même que certains de ces sceptiques endurcis considèrent maintenant que la gestion du Conseil est saine.

Je reçois encore beaucoup de lettres de gens qui se plaignent de ne pas avoir obtenu de subvention. Je leur fais remarquer qu'avant de devenir présidente j'ai moi-même essuyé un refus lorsque j'ai soutenu la demande d'un compositeur canadien en ce sens. Tous sont jugés par un comité composé de leurs pairs et la démocratie s'exerce pleinement; compte tenu de nos budgets limités, tout le monde ne peut évidemment gagner. Mais, au Conseil des Arts, les dés ne sont pas pipés.

Il m'arrive encore de me dire que ce poste conviendrait mieux à un individu bien au fait des rouages de la politique. Je ne suis pas du genre à manoeuvrer pour exercer de l'influence ni à user de diplomatie dans mes déclarations. Je me sens plus à mon aise lorsque j'exprime mes opinions personnelles plutôt que celles d'un conseil de vingt membres. J'appelle les choses par leur nom, telles que je les vois.

Je me demande aussi parfois si le mandat à la présidence ne devrait pas plutôt se limiter à trois ans. J'ignore encore si je pourrai compléter le mien. J'essaie de combiner plusieurs de mes apparitions officielles avec mes engagements en tant qu'artiste et j'hésite souvent à demander le remboursement de mes dépenses ou le versement de mes honoraires. Croyez-moi, je ne pose pas en martyre. Je considère cette tâche comme un service dû. Mais tout le temps que j'ai consacré au Conseil aura signifié une baisse de mes revenus de l'ordre de cent mille dollars; comme je suis une artiste et que j'administre moi-même mon régime de retraite, cela n'est pas négligeable.

Même si j'évoque l'opportunité d'un mandat plus bref, mon engagement au Conseil des Arts n'en est pas moins grand. Bien au contraire. Lorsque l'ex-gouvernement m'a désignée à la présidence, je pense qu'il voyait en moi une femme maternelle, enjouée et bien gentille qui ne provoquerait pas de remous ni d'enthousiasme. Ceux qui me nommèrent découvrirent rapidement qu'ils avaient commis une erreur. Je crois à la nécessité du Conseil des Arts et je pense maintenant que les artistes de ce pays me savent prête à jouer ma tête pour eux. J'ai tenté de compenser ma méconnaissance de l'appareil bureaucratique par mon sens des relations publiques. J'espère que les Canadiens apprécient maintenant davantage la chance qu'ils ont d'avoir un Conseil des Arts. Récemment, un journaliste me demandait à quoi, à mon sens, les Américains réussissent mieux que les Canadiens. Je n'ai pas eu à réfléchir longtemps avant de répondre: «À vanter leurs mérites.» Je me dis souvent que les Canadiens manquent de confiance en leurs talents et en leurs ressources. Quand on a mené comme moi une carrière internationale, on sait que les artistes de ce pays n'ont à rougir devant personne lorsqu'ils atteignent à l'excellence, comme ce fut le cas de Margaret Atwood, Jean-Paul Riopelle et Glenn Gould. Il faut que nous apprenions à croire en nous-mêmes.

J'aimerais aussi que plus de jeunes optent pour les arts. Je signalais récemment à un groupe de jeunes diplômés qu'ils auront plus de temps pour eux-mêmes, en raison du chômage croissant et de la réduction de la semaine de travail; s'ils s'intéressent aux arts, ils pourront donc mieux mettre à profit leurs loisirs et mener une vie plus passionnante. Dans ma famille, j'ai mis au point un petit programme pour soutenir les arts. J'offre à mes enfants une marge de crédit culturel. Parce qu'ils sont jeunes ou qu'ils viennent tout juste de fonder une famille et ne peuvent encore se payer du luxe, je leur achète des abonnements à l'opéra ou au ballet et je me suis même engagée à leur rembourser le prix de leurs billets de théâtre ou de concert. Ce pays regorge de richesses culturelles et c'est une tragédie que tant de jeunes deviennent des intoxiqués de téléromans.

Voilà pourquoi, à titre de Bonne Maman des artistes, dispensatrice de millions de dollars, je me bats sans arrêt afin d'obtenir plus d'argent pour subvenir aux besoins de ceux qui travaillent dans la solitude. Je ne veux pas que les jeunes artistes abandonnent parce qu'ils ne gagnent pas suffisamment pour s'offrir un repas décent. Quelques-uns des critiques artistiques les plus virulents ne comprennent pas qu'il faut plus d'années pour former un violoniste qu'un neurochirurgien. Chaque fois qu'on me demande de prendre la parole devant une association d'hommes d'affaires ou dans le cadre d'un de leurs congrès, j'implore les plus fortunés de laisser quelque argent au Conseil des Arts. Au lieu de faire installer sur un immeuble une plaque insignifiante que personne ne remarquera, je leur suggère de donner leur nom à un prix ou à une bourse. Ainsi, leur nom survivra à jamais, sans compter que leur don est déductible d'impôts. Je crois avoir soulevé quelque intérêt en ce sens et j'attends maintenant que les dons commencent à affluer. Comme je le dis toujours en pareille occasion, «vous ne pourrez pas emporter votre argent avec vous. La vie est une maladie mortelle!»

CHAPITRE 29

Une joie encore plus profonde

Pendant des années, j'ai fait plusieurs fois le même rêve: je patine dans un champ blanc à perte de vue, et lorsque je lève la jambe pour amorcer une vrille, l'autre jambe quitte le sol et je me retrouve soudain flottant au-dessus du paysage comme un personnage d'une toile de Chagall. Quels que soient les obstacles posés sur ma route, je les franchis d'un bond. Je suis légère comme l'air, libre, et rien ne peut m'arrêter. Je me sens toujours merveilleusement bien quand je m'éveille, et si les rêves donnent une mesure inconsciente de la vie du rêveur, cette vision correspond fidèlement aux souvenirs que je garde de la mienne. J'ai toujours réussi à surmonter les difficultés et les peines. J'ai sauté par-dessus tous les obstacles pour retomber chaque fois sur mes pieds et la vie m'a apporté encore plus que je n'espérais dans mes rêves d'enfant. Il n'y a pas si longtemps, le compositeur David Warrack a résumé cela dans un vers d'une chanson qu'il a écrite pour moi: «Mon conte de fées, je l'ai vécu.»

Même les moments que j'appréhendais le plus auront été une bénédiction. Quand les enfants eurent grandi et purent enfin m'accompagner dans mes déplacements au cours des vacances estivales, j'eus une brillante idée: l'expérience leur plairait davantage s'ils pouvaient aussi travailler. En 1977, lorsque le Santa Fe Opera me proposa le rôle de Madame Quickly dans *Falstaff*, j'acceptai à la condition que la direction de la compagnie me loue une grande maison et trouve des emplois à trois de mes adolescents. Susie était encore trop jeune pour travailler, mais Gina donna un coup de main à la billetterie, Linda fut engagée comme ouvreuse (mais perdit connaissance le premier soir), et Daniel devint apprenti machiniste et dut trimer seize heures par jour pour un maigre salaire. Au début, ils rechignèrent; mais il fit si chaud à Santa Fe cet été-là que, sous le soleil implacable, nous avions l'impression d'être déshydratés jusqu'à l'os. Quand Paula eut complété ses cours d'été et prit enfin l'avion pour nous rejoindre, mes autres enfants bouclaient déjà leurs valises pour rentrer dès le lendemain à la maison. Paula accepta de rester et de ramener avec moi la voiture à Toronto.

Ce fut l'une des rares occasions où nous nous soyons retrouvées toutes seules. Le jour de notre départ, alors que nous rassemblions nos effets et chargions de cartons le coffre de la voiture, des bribes de son enfance me revinrent en mémoire. J'ignore ce qui ramena ces souvenirs lointains, mais dès que je me mis à en parler, on aurait dit que les mots se bousculaient sur mes lèvres, comme malgré moi. Paula avait déjà entendu presque toutes ces anecdotes, à l'exception d'une seule: sa naissance dans une clinique de Berlin, deux ans avant que son père et moi ne convolions en justes noces.

J'avais redouté ce moment pendant vingt et un ans. Je récrivais son histoire et, du même coup, celle de toute notre famille. Jusque-là, les enfants avaient cru qu'Eugene et moi nous étions vraiment mariés secrètement en Europe et je ne savais pas comment Paula réagirait en apprenant la vérité. Elle avait toujours été d'une franchise absolue.

Cette révélation la stupéfia. Elle resta silencieuse un moment et ses grands yeux bleus s'embuèrent. Puis elle traversa la cuisine et me prit dans ses bras. «Oh, maman, dit-elle, quel moment difficile ce dut être pour toi. Et tu as supporté ça toute seule.»

Plus tard, alors que nous traversions le désert et les États du Centre-Nord, nous avons discuté maintes fois de la version revue et corrigée de sa vie. Elle y revenait toujours, parce que cela lui demandait d'un seul coup un formidable effort d'assimilation. Des années durant, elle m'avait demandé pourquoi elle s'appelait Paula Forrester Kash alors que son frère et ses soeurs avaient tous des prénoms usuels; j'avais toujours esquivé la question en lui rappelant qu'on m'avait baptisée Maureen Kathleen Stewart Forrester pour honorer la mémoire de ma grand-mère. Ma réponse l'avait alors satisfaite, mais elle en comprenait brusquement la véritable raison. J'avais craint que la vérité ne nous éloigne l'une de l'autre; en fait, elle nous rapprocha plutôt. Paula me voyait soudain autrement que comme une supermaman perpétuellement souriante qui menait une brillante carrière internationale. Elle prenait conscience de la force qu'il m'avait fallu pour survivre pendant les premières années de sa vie.

Aucune raison particulière ne m'avait incitée à choisir cet instant précis pour tout lui avouer; je savais depuis toujours qu'à un certain moment, dans la vie de chacun de mes enfants — lorsque je les jugerais assez vieux pour supporter le choc —, je leur apprendrais la vérité. Je voulais ainsi éviter qu'une version des faits déformée par les cancans ou un étranger malintentionné leur parvienne plus tôt aux oreilles et les induise peut-être à s'imaginer que Paula n'avait pas été désirée. Mais je tenais également à ce qu'ils soient en âge de comprendre ce qui peut se passer entre un homme et une femme. Je ne voulais surtout pas qu'ils blâment leur père, particulièrement à ce moment où Eugene et moi venions de nous séparer.

Dans chaque cas, j'attendis la bonne occasion. Je l'ai appris à Susie, la cadette, il y a seulement quelques années. Parce que les enfants ignoraient lesquels d'entre eux étaient au courant, ils n'abordaient jamais le sujet. Pendant un certain temps, Paula souffrit beaucoup de cette situation: elle n'avait personne dans la famille avec qui partager ce secret qui l'avait profondément ébranlée. Elle ignorait que j'en avais déjà parlé à Gina. Peut-être parce que Gina me ressemble davantage — moins émotive, plus rationnelle, elle adopte devant la vie une attitude très pragmatique —, je tâtai en somme le terrain en me confiant d'abord à elle. Je l'avais invitée à m'accompagner pour une tournée en Pologne dans l'espoir qu'elle perdrait ainsi ses illusions quant à certaines idées politiques de gauche qu'elle entretenait à l'époque, et j'avais craché le morceau dans l'avion. Gina remarqua que cette confession m'avait rendue très nerveuse. «Mais maman, dit-elle, ça ne change absolument rien. Toi et papa, vous vous aimiez et vous vous êtes épousés de toute façon. Alors, qu'est-ce que ça peut faire?»

Sa réaction me soulagea et me désarma tout à la fois. Je comprenais tout à coup que mes enfants avaient grandi dans un monde différent du mien; mon histoire n'avait rien d'exceptionnel à leurs yeux. Toute une génération de femmes choisissaient désormais de donner naissance à des enfants hors des liens du mariage, et jamais la société ni leur milieu professionnel n'auraient songé à les frapper d'ostracisme à cause de cela. Mes enfants ne voyaient rien de bien terrible à ce secret que j'avais jalousement gardé des années durant.

J'avais jugé Paula prête à entendre l'histoire de ses origines en partie parce qu'elle venait d'avoir vingt et un ans et qu'elle avait déjà entamé sa vie d'adulte. En 1971, lorsque nous étions retournés habiter Toronto, je l'avais laissée, à sa demande, en pension chez une voisine de Philadelphie pour qu'elle y complète ses études secondaires. C'était une élève brillante et elle n'avait que dix-sept ans lorsqu'elle décrocha son diplôme. Je ne la croyais pas assez adulte pour entrer directement à l'Université et je la persuadai de séjourner une année au Canadian Junior College de Lausanne, où elle pourrait se faire de nouvelles connaissances. Avant son départ, je pris grand soin de lui rappeler l'importance des moyens de contraception, parce que je lui prévoyais une vie sociale bien remplie. Presque le jour même de son arrivée en Suisse, elle eut le coup de foudre pour un de ses confrères, un certain Peter, fils de Pierre Berton.

Ils se fréquentèrent pendant toutes leurs études universitaires et s'installèrent ensuite ensemble, alors que Peter se lançait dans la carrière d'architecte. Pierre et Janet Berton accueillirent Paula comme un membre à part entière de leur famille déjà fort nombreuse, et, même si nous nous y attendions depuis longtemps, nous avons tous été ravis lorsqu'elle et Peter décidèrent de s'épouser. Il fut convenu que les noces seraient célébrées sur la vaste propriété des Berton à Kleinburg, au nord de Toronto; ce qui devait d'abord se limiter à une cérémonie intime, réservée à la famille immédiate, se transforma vite en une folle excentricité pour plus de deux cents invités. Paula disait que c'était le mariage de ses rêves. Digne fille de sa mère, la mariée faillit rater la cérémonie.

Paula et ses trois soeurs étaient venues s'habiller à mon appartement, dans le quartier Harbourfront de Toronto, en dégustant du champagne. J'avais loué des limousines, et, juste au moment où Paula prenait place à bord de la sienne, elle se sentit si nerveuse qu'elle décida de remonter à l'appartement pour y avaler un dernier verre. Je demandai au chauffeur de la première limousine de se mettre en route pour Kleinburg. Dans la confusion, le deuxième chauffeur l'imita. Quand Paula redescendit, l'allée devant l'immeuble était déserte. Elle demanda au portier où étaient passées les limousines. Il lui répondit qu'elles s'étaient rendues à un mariage. «Mais ils ne peuvent pas partir sans moi, s'exclama-t-elle en gémissant. Je suis la mariée!»

Nous avions tiré de sa retraite à Reno, dans le Nevada, le rabbin Abraham Feinberg, le seul disponible ce jour-là qui consentît à célébrer un mariage interconfessionnel. Même si la cérémonie n'avait pas lieu dans une synagogue, Paula avait insisté pour qu'on dresse un *huppah*, un dais nuptial, et ce détail toucha grandement Eugene. Lorsque Paula arriva enfin chez les Berton, les invités avaient déjà pris place, en demi-cercle sur la pelouse, devant deux tentes énormes qui claquaient au vent et où trônait le buffet planureux que j'avais commandé. C'était une superbe journée d'été et j'ai rarement eu l'occasion de participer à la mise en scène d'une production aussi émouvante. Toujours aussi sentimentale, Paula avait exigé qu'Eugene et moi remontions l'allée à ses côtés. Tandis que nous nous approchions du *huppah*, un joueur de cornemuse écossaise fit son apparition au sommet d'une colline, derrière le rabbin, en soufflant un air de Beethoven. Cela ne respectait pas exactement la tradition juive, mais toute l'assemblée n'en fut pas moins émue jusqu'aux larmes. Le lendemain, le *Globe and Mail* publiait en première page une photo de Peter et de Paula où l'on pouvait apercevoir à l'arrière-plan un Pierre Berton essuyant une larme.

Les journaux ont traité ce mariage comme une alliance entre deux dynasties. Quelques rares personnes seulement savaient à quel point cette journée était spéciale pour moi, parce qu'elle marquait la conclusion heureuse d'un conte commencé plusieurs années plus tôt sur une note plus qu'incertaine.

Paula et Peter ont maintenant leur premier enfant, Laura Naomi. Gina et son mari Paul ont déjà deux petits garçons et je me suis découvert des talents de grand-maman gâteau. Depuis le jour de sa naissance, je chante pour Ryan, l'aîné, qui peut se rappeler une rengaine après l'avoir entendue une seule fois. Il y aura peut-être un autre chanteur dans la famille.

J'avais remarqué au fil des ans que, dans d'autres familles, les enfants se voyaient rarement après avoir atteint un certain âge. Mes enfants adorent se retrouver et ils s'entraident volontiers. Il ne leur viendrait pas à l'idée de rater une première de Linda ou de Daniel ni de passer sous silence l'un de nos anniversaires. Pour aider à entretenir ce merveilleux esprit de famille, j'ai décidé d'acheter une grande maison de campagne où ils pourraient tous se réunir avec leurs maris, amis et enfants. Il y a quelques années, comme je donnais une tournée de concert pour le Conseil des Arts du Canada dans le nord de l'Ontario, j'eus le coup de foudre pour un coin de pays appelé Muskoka, tout particulièrement pour un lopin de terre encerclé de pins sur une colline, avec vue sur une baie paisible. Je l'appelle mon centre de villégiature. L'énorme maison pourrait abriter une armée, et plusieurs cabanes pour les invités sont disséminées sur la propriété. Les objets d'art populaire que je collectionne au fil de mes voyages s'entassent sur les tablettes en pin, et je n'ai plus le moindre espace pour les coussins dont je décore les enveloppes au petit point tout en mémorisant des programmes de concert, dans mes fréquents déplacements en avion.

Aux yeux des fanatiques de canot automobile qui passent en vrombissant près du débarcadère, le drapeau qui y flotte au-dessus des eaux n'est sans doute pas différent des autres unifoliés canadiens. Il m'est arrivé un jour, enveloppé dans du banal papier d'emballage, directement du bureau du Premier ministre à Ottawa. Ce drapeau flottait sur la colline parlementaire le 6 décembre 1981, jour où le Canada demanda officiellement le rapatriement de sa constitution, après une cérémonie au cours de laquelle j'avais interprété notre hymne national dans les deux langues officielles. «J'ai pensé que vous aimeriez l'avoir», m'avait écrit Pierre Trudeau.

L'été, des fleurs sauvages plantées par Gina s'épanouissent sur la pelouse devant la maison, et un moucherolle phébi refait inlassablement son nid dans la gouttière au-dessus de la porte. Ma nichée s'amène en petits groupes assortis, grossis d'amis et de leurs petits. Parfois, je fais l'aller retour en voiture dans la même journée pour y trouver un moment de paix entre des engagements et des obligations. Je m'assois et je regarde un cerf et des oiseaux-mouches se nourrir. Si je dois étudier une pièce de musique, je m'installe au baroque quart de queue Heintzman du salon; je chante en laissant errer mon regard en direction de la forêt et je pense parfois à Mahler qui exprime si bien dans ses oeuvres les forces de la nature indomptée. Les notes s'envolent au-dessus de la baie et me reviennent en écho, portées par l'eau. Ce n'est pas un hasard si cette partie de la baie porte le nom de Echo Rock.

Mes plus beaux moments, je les vis le jour de l'Action de grâces, quand Eugene et tous nos enfants et petits-enfants se rassemblent. De l'autre côté du lac, les érables sont écarlates parmi les bouleaux, et la longue table de réfectoire ploie sous les plats gastronomiques; chacun apporte ce qu'il réussit le mieux. Et lorsque je m'assois à la table, je ne peux m'empêcher de répéter ma joie d'avoir la famille dont je rêvais quand je grandissais, rue Fabre. Ainsi entourée de mes enfants et petits-enfants, j'ai la certitude d'avoir merveilleusement réussi ma vie. J'ai beaucoup souffert de solitude et j'ai parfois dû faire contre mauvaise fortune bon coeur, mais je n'éprouve aucun regret ni le besoin d'aucune justification.

La vie m'a tout donné: un mari, des enfants et une carrière qui m'a comblée bien au-delà de mes plus folles espérances. Je ne me permettrais pas de conseiller à une jeune cantatrice de suivre mon exemple, parce que mon cheminement ne lui conviendrait peut-être pas; mais si elle aime un homme, qu'elle veuille l'épouser et avoir des enfants, je lui dirais qu'elle ne devrait pas y renoncer. Plus une artiste réussit, moins il lui est facile de trouver le temps pour procéder à ces changements dans sa vie, et, un beau matin à son réveil, elle s'aperçoit qu'il est trop tard. Je rencontre parfois des cantatrices qui n'ont vécu que pour les critiques dans les journaux et dont le sort me paraît aujourd'hui tragique: elles n'ont plus en partage, à la fin de leur vie, que de vieux morceaux de papier.

Dans la *3ᵉ Symphonie* de Mahler, je chante un vers qui résume à mon sens toute ma vie: «*Lust tiefer noch als Herzeleid* — Une joie encore plus profonde qu'une peine de coeur.»

* * *

Quand j'étais jeune, j'affirmais souvent en entrevue que je prendrais ma retraite à quarante ans. J'ai eu quarante ans il y a déjà quelques années, mais je n'ai pas ralenti la cadence; à preuve, mon calendrier d'engagements est complet jusqu'en 1990. Je préviens toujours les gens que nous devrions dorénavant ajouter dans mes contrats une clause qui se lirait comme suit: «Si elle en est encore capable.» Depuis quelques années, je me promets d'accepter moins d'engagements, mais des gérants me téléphonent pour me proposer de remplacer une artiste à la dernière minute ou de participer à une soirée bénéfice qui, selon eux, pourrait m'intéresser, et à la fin de l'année j'ai encore donné cent vingt concerts. Mais je ne me fais pas d'illusions: ma voix n'a plus la richesse qu'elle avait il y a dix ans et j'ai renoncé à interpréter certaines pièces qui désormais ne me conviennent plus. Je suis toutefois encore capable de chanter, grâce à la technique que Bernard Diamant m'a enseignée. Ma carrière est entrée dans ses années de déclin, qui, à leur manière, sont aussi enrichissantes. Je n'attendrai pas, j'espère, que les commentateurs commencent à insinuer que je devrais me retirer. En fait, je crois que j'aurai le bon sens de faire ma sortie en beauté quand viendra le moment. Mais ce n'est pas parce que j'arrêterai de donner des récitals que je cesserai de chanter. Je continuerai de chantonner pour moi-même, comme je le fais maintenant dans la rue et dans ma baignoire. Pour moi, chanter est aussi vital que respirer. Je dis souvent, pour plaisanter, que je ferai probablement des vocalises en me rendant à mes funérailles.

Mais je crois que le destin a encore bien des projets pour moi. En mai dernier, par un dimanche superbement ensoleillé, à Waterloo en Ontario, j'ai jeté sur mes épaules une toge fuchsia et me suis coiffée d'un mortier appareillé à passepoil doré pour devenir chancelier de l'université Sir Wilfrid Laurier. Cela tient du prodige qu'une décrocheuse de l'école secondaire comme moi ait accumulé dix-sept diplômes honorifiques et que des étudiants fléchissent le genou devant elle en l'appelant Madame le Chancelier. Dans mon discours de réception, je rappelai aux diplômés qu'ils vivaient dans un monde en constante mutation et que cette cérémonie marquait seulement le début de leur cheminement. Plusieurs d'entre eux ne pourraient pas vraiment se servir de leur diplôme pour se trouver du travail et seraient forcés de modifier leur plan de carrière. Je les priai aussi de ne pas se montrer fiers au point de refuser, pour commencer, un emploi sans envergure.

«La vie, c'est un peu comme un compte en banque, leur dis-je. Vous n'en retirez rien tant que vous n'y avez pas mis quelque chose.» Je prodigue le même conseil à mes élèves. Il y a beaucoup de beaux jeunes gens talentueux et ambitieux, mais seuls ceux qui se vouent corps et âme à la musique réussissent.

S'il y a le moindre secret dans ma réussite, c'est que j'ai adoré chaque minute de la vie que j'ai choisie. Quand j'entre en scène, je sais que je passerai un bon moment et le public ressent mon plaisir. Le chant m'a ouvert des portes qui me semblaient interdites, même dans mes rêves, et quand j'ai rencontré sur ma route des obstacles qui me décourageaient, la musique me soulevait au-dessus d'eux et m'emportait hors de moi-même vers un tout autre univers. Il y a encore tellement de choses à faire et tellement de chansons qui attendent qu'on les chante. Je vous jure que j'ai à peine pris mon essor.

REMERCIEMENTS

Même si le travail de nègre s'accomplit nécessairement dans la coulisse, ce n'est pas un travail solitaire. Tant de personnes ont contribué à la réalisation de ce livre en donnant de leur temps et en prodiguant leurs encouragements qu'il est impossible de les remercier toutes. Je tiens cependant à exprimer tout spécialement ma reconnaissance à certaines d'entre elles: Merle Shain, pour son hospitalité et ses sages conseils; Frances McNeely, pour avoir retranscrit à une vitesse effarante le texte enregistré sur bande magnétique, et pour ses commentaires spirituels et judicieux; Roberta Grant, pour son travail de recherche efficace, consenti gratuitement; Veronica Sympson, pour avoir accepté avec joie de fouiller les détails les plus ésotériques, y compris les habitudes urinaires des koalas; Elwy Yost, pour avoir mobilisé son service des archives à Télé-Ontario, et Tania Kamal-eldin, pour avoir mis à contribution son traitement de texte et s'être vivement intéressée au projet. Helen Murphy m'a apporté un éclairage inestimable sur le fonctionnement du Conseil des Arts, et John Newmark m'a éclairée sur tout en me confiant ses souvenirs et ses dossiers méticuleusement ordonnés. Eugene Kash me découvrit un trésor d'albums remplis de coupures de journaux et partagea généreusement avec moi ses souvenirs et ses impressions, comme d'ailleurs tous les autres membres de la famille Kash. Ellen Seligman aida patiemment à épurer et à polir le manuscrit jusqu'à sa version finale, et m'offrit le gîte, le couvert et l'amitié bien au-delà de ce que commande le devoir.

Enfin, Barbara Czarnecki jeta un oeil attentif et apporta quelques retouches expertes aux dernières étapes du projet.

J'aimerais aussi remercier Kevin Doyle, de *Maclean's*, qui m'a accordé la liberté nécessaire, entre des séismes et des crises politiques, pour respecter mon échéancier, de même que mes collègues Glen Allen et Ian Austen, qui m'ont aidée à remplir mes obligations journalistiques. Mais l'apport le plus précieux à un travail comme celui-ci reste peut-être l'enthousiasme que l'on vous communique; et pour cela, mes remerciements vont à mes amis, qui ont entretenu la flamme par des interurbains, et à mes parents, James et Sherry Young.

Marci McDonald,
Washington, D.C.

* * *

Marci McDonald est chef de pupitre à Washington pour le magazine *Maclean's*. Avant d'être nommée à ce poste en 1984, elle passa huit ans à Paris comme correspondante de ce même magazine pour l'Europe et le Moyen-Orient, et elle a remporté trois National Magazine Awards. Diplômée de l'université de Toronto, elle entrait en 1967 au *Toronto Star*, où elle occupa pendant huit ans le poste de rédactrice en chef du service des arts et spectacles. C'est à cette époque qu'elle fit la connaissance de Maureen Forrester, dont elle rédigea un premier portrait en 1971.

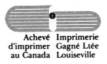

Achevé   Imprimerie
d'imprimer Gagné Ltée
au Canada Louiseville